"一带一路"国家语言政策与语言教育译丛

王 辉 徐丽华 / 丛书主编

非洲语言规划与政策

（第一卷）

博茨瓦纳 马拉维
莫桑比克 南 非

LANGUAGE PLANNING AND
POLICY IN AFRICA,
VOL. 1
BOTSWANA, MALAWI,
MOZAMBIQUE AND SOUTH AFRICA

〔澳〕小理查德·B.巴尔道夫（Richard B. Baldauf, Jr.）
　　　　　　　　　　　　　　　　　　　　　　　　　 / 主 编
〔美〕罗伯特·B.卡普兰（Robert B. Kaplan）

徐丽华 徐雷方 罗 丽 / 翻 译
陈兴伟 曾立人 / 审 订

社会科学文献出版社
SOCIAL SCIENCES ACADEMIC PRESS (CHINA)

本书的翻译获得以下项目资助

国家社科基金项目（项目名为"非洲语言政策与规划发展变革研究"，项目号为17BYY013）

教育部中外语言交流合作中心国际中文教育实践与研究基地项目（项目名为"多语环境下国际中文教育发展机遇、挑战与路径研究"）

国家社科基金重大项目（项目名为"人类命运共同体视域下非洲百年汉语传播研究"，项目号为21&ZD311）

本书为上述项目的阶段性成果，对上述项目的资助表示感谢！

目　录

丛书概览

自 1998 年在《多语言和多元文化发展》（*The Journal of Multilingual and Multicultural Development*）杂志上发表第一批涉及特定国家或地区语言状况的语言政策与规划的研究以来，现在已经有 25 项研究报告发表在该杂志上，1999 年以来也发表在《语言规划中的现实问题》（*Current Issues in Language Planning*）杂志上。这些研究都或多或少地涉及了 22 个共同问题（见附录 A "语言规划研究中的 22 个共同问题"），从而使它们具有一定程度的一致性。然而，我们敏锐地意识到，这些研究是按照它们完成的顺序发表的。虽然这样的安排对于期刊出版来说是合理的，但结果并不能满足地区领域专家们的需要，也不便于广大公众阅读各项研究。随着现有国家或地区研究报告数量的增加，我们计划在必要时更新并以连贯的区域卷形式重新出版这些研究。

第一卷是关于非洲的，一方面是因为关于非洲已经有了大量的研究报告，另一方面是因为非洲是一个在语言规划文献中明显研究不足的地区，但它却有着极其有趣的语言政策与规划问题。在非洲地区第一卷中，我们重印了四个国家的研究——博茨瓦纳、马拉维、莫桑比克和南非——作为《非洲语言规划与政策（第一卷）：博茨瓦纳、马拉维、莫桑比克和南非》。

我们希望第一本区域卷能够更有效满足专家们的需求。随着足量研究的完成，我们打算随后出版其他区域卷。我们将继续做下去，希望这些图书能够引起地区领域学者和其他对地理连贯地区语言政策与规划感兴趣的人们的关注。我们计划在未来会研究的区域以及可能还会包括的一些国家、地区或组织是：

- **非洲**，包括布隆迪、卢旺达、科特迪瓦、尼日利亚、突尼斯和津巴布韦；
- **亚洲**，包括孟加拉国、马来西亚、尼泊尔、菲律宾和新加坡；
- **欧洲**，包括芬兰、匈牙利和瑞典（付印中）；
- **欧洲**，包括捷克共和国、欧盟、爱尔兰、意大利、马耳他和北爱尔兰；
- **拉丁美洲**，包括厄瓜多尔、墨西哥和巴拉圭；

- **太平洋地区**，包括瓦努阿图和斐济。

与此同时，我们将继续推出《语言规划中的现实问题》，增加可纳入区域卷的国家或地区的名单。在这一点上，我们无法预测这些卷册面世的时间间隔，因为这些时间间隔将由已签约的作者完成相关研究工作的能力来决定。

与国家或地区研究相关的假设

我们对语言政策与规划的性质做了一些假设，这些假设影响了所呈现的研究的性质。首先，我们认为目前还没有一个更广泛、更一致的范式来解决语言政策与语言规划发展中的复杂问题。另外，我们也确实相信，收集大量具有可比性的数据，并对这些数据进行仔细分析，会产生一个更加一致的范式。因此，在征集国家或地区的研究报告时，我们要求每位作者回答大约20多个问题（需要这些问题与每个特定的国家或地区相关）；这些问题是作为可能涉及的主题的建议提出的（参见附录 A "语言规划研究中的 22 个共同问题"）。一些撰稿人严格遵循了这些问题，而另一些撰稿人在处理问题任务时更加自主独立。显而易见，我们是从一个也许并不成熟的基本理论出发的。在每个国家或地区的研究中，这一点变得很明显。

其次，我们努力寻找那些对他们所写的国家的语言规划和政策决策有亲身参与经历的作者；也就是说，我们正在寻找对相关国家或地区有内部了解和观点的人。然而，作为内部人员是这个过程的一部分，他们可能会觉得很难站在"他者"的立场对该过程提出批评。但他们没有必要甚至是不应该这样做——这可以留给其他人去做。正如彭尼库克（Pennycook，1998：126）所认为的那样：

> 我们需要从这种殖民语言政策的叙述中汲取的教训之一是，为了理解语言政策，我们需要了解它们的历史背景和具体语境。我的意思是，不论是推广本土语言而非主导语言，还是以牺牲本土语言为代价来推广主导语言，我们都无法假设这两种做法本身是好还是坏。我们常常从自由主义、多元主义或反帝国主义的视角来看待这些问题，却没有了解这些政策的实际背景。

虽然一些作者采取批判性立场或基于理论方法来处理数据，但许多研究主要是描述性的，旨在将特定政体的语言发展经验整合并展示出来。我们相信这对该领域的理论发展与范式发展是有价值的贡献。虽然根据部分数据对该领域的性质（如语言管理、语言权利、语言帝国主义）进行先验性描述可能会很有趣和具有挑战性，我们自己也未能完全免俗（Kaplan & Baldauf，2003，第12章），但我们认为建立足够的数据基础是范式发展的重要前提条件。

参考文献

Kaplan，R. B. and Baldauf，R. B.，Jr.（2003）*Language and Language-in-Education Planning in the Pacific Basin.* Dordrecht：Kluwer.

Kaplan，R. B. and Baldauf，R. B.，Jr.（1997）*Language Planning from Practice to Theory.* Clevedon：Multilingual Matters.

Pennycook，A.（1998）*English and the Discourses of Colonialism.* London and New York：Routledge.

附录 A　语言规划研究中的 22 个共同问题

第一部分　语言概况

1. 列举并简要描述国家/官方语言（法律上的或事实上的）。
2. 列举并描述主要的少数族裔语言。
3. 列举并描述少数族裔语言［包括"方言"、皮钦语（pidgins）、克里奥尔语（creoles）以及其他语言变异的重要方面］；少数族裔语言/方言/皮钦语的定义需要放在社会语言学语境中讨论。
4. 列举并描述主要的宗教语言；在某些国家中，宗教语言或传教政策对语言状况产生重大影响，并提供事实上的语言规划。在某些情况下，宗教一直是引进外来语言的工具，而在其他情况下，宗教则有助于推广本土语言。
5. 列举并描述用于识字的主要语言，假设其非上述语言之一。
6. 提供表格说明上述各种语言的使用人数，他们占人口的百分比，以及这些使用者主要在城市还是农村。
7. 在适当的情况下，提供一张（或几张）地图来显示语言使用者的分布、主要城市以及文中提到的其他特征。

第二部分　语言传播

8. 具体说明通过教育系统教授哪些语言，这些语言教给谁，什么时候教授，教授多长时间。

9. 讨论语言教育的目标和评估方法，以确定是否达到目标。

10. 尽可能追溯第 8 项和第 9 项中确定的政策与实践的历史发展（可以与第 8、第 9 两项相结合）。

11. 列举并讨论主要的媒体语言，以及媒体在社会经济阶层、种族群体、城市或农村分布的情况（包括可能的历史背景）。对于少数族裔语言，注意任何文献在多大程度上是（一直）以该语言提供的。

12. 具体说明移民是如何影响语言分布的，以及采取了哪些措施来满足学习国家语言和/或支持使用移民语言的需要。

第三部分　语言政策与规划

13. 描述目前已出台的任何语言规划立法、政策和执行情况。

14. 描述目前已出台的任何识字计划立法、政策和执行情况。

15. 尽可能追溯第 13 项和第 14 项中确定的政策/实践的历史发展（可与这些项目相结合）。

16. 描述并讨论在国家中运作的所有语言规划机构/组织（包括正式的和非正式的）。

17. 描述并讨论任何影响政府语言规划和政策的所有地区/国际影响（包括所有外部语言推广工作）。

18. 尽可能追溯第 16 项和第 17 项中所确定的政策/实践的历史发展（可与这些项目相结合）。

第四部分　语言保持与展望

19. 描述并讨论主要语言的代际传承（这种情况会随着时间的推移而改变吗）。

20. 描述并讨论国家中所有语言/语言变体的消亡概率、语言复兴的努力以及新兴的皮钦语或克里奥尔语。

21. 增加所有你想澄清的关于语言的状况及其在未来一两代人中可能发生的变化方向。

22. 增加相关参考文献或参考书目以及必要的附录（例如教育系统的总体规划，以澄清问题 8、9 和 14 的答案）。

博茨瓦纳、马拉维、莫桑比克和南非的
语言政策与规划：一些共同问题

小理查德·B. 巴尔道夫（Richard B. Baldauf Jr.）
（澳大利亚昆士兰大学教育学院）
罗伯特·B. 卡普兰（Robert B. Kaplan）
（美国南加州大学语言学系）

引　言

本卷汇集了四项与南部非洲[1]相关的语言政策与规划研究。[有关该丛书系列性质的一般性讨论，请参见本卷开头的"丛书概览"，附录 A 为每项研究要解决的 22 个问题。本卷还包含卡普兰等人（Kaplan *et al*, 2000）对研究本身的基本概念所做的讨论研究。] 本文不打算对这些研究涉及的材料进行介绍性的总结，而是想引出并讨论这些研究提出的一些更普遍的问题。

博茨瓦纳、马拉维、莫桑比克和南非在诸多层面上代表了一个集群：

- 在地理上，它们大致沿着南北轴线分布，有着共同的边界；即马拉维与莫桑比克接壤，莫桑比克和博茨瓦纳与南非接壤。
- 它们是南部非洲发展共同体成员，南共体有 14① 个成员国。
- 多种非洲语言在以上国家通用。
- 它们面临许多共同的教育、社会和经济问题。
- 其中三个国家的殖民语言为英语；另一个国家的殖民语言是葡萄牙语，但也把英语作为一种附加语言。
- 它们都有自己的语言，有些是共同的，都需要规划发展。

---

① 此为该书英文版出版时的统计数字，"南共体"现有 16 个成员国。——译者注（本书脚注均为译者注，下不一一标明。脚注使用①②③④⑤……序号，文中上标 1、2、3、4……者为原书注释，注释内容见该章章末。）

- 它们都是英联邦成员国。
- 它们在宗教语言方面都有共同的关注点。
- 它们都承认官方政策与实际做法之间存在差距。

还有一个重大的社会语言学和语言规划与政策分歧将它们区分开来，南非拥有更多的人口和资源，在以前种族隔离政权时期开始的将语言作为种族标志的政治化，吸引了更多的学术兴趣以及政府的实际参与。因此，有关南非出版的文献比博茨瓦纳、马拉维和莫桑比克多得多。对相关文献的搜索发现，后两个国家各有大约 20 篇有关语言政策与规划的参考文献，而南非则有 300 多篇。本文末尾按国家列出了最近出版的进一步阅读材料的精选清单——这些材料没有在随后的专论中引用。

意识形态和观念误区

语言政策与规划总是发生在由语言意识形态所限制的环境中，这些意识形态出现在特定的历史环境和物质条件下（Blommaert，1999；Pennycook，1998）。也就是说，这些意识形态产生于更广泛的社会政治和历史框架中，涉及权力关系、歧视形式和国家建设。有关语言的问题和辩论通常主导着大众媒体、政府和其他各种公共话语场所的讨论。语言意识形态虽然并非普遍存在，却反映在一些主流的与语言教育有关的观念误区中。由于语言教育是语言政策实施的主要甚至唯一的机制，因此，有必要在此列举一部分这些观念误区：

- 针对教育中的语言选择，有且只有一种"正确的解决方案"。针对所有多语言国家的初始识字训练和内容教学的教学顺序，有且只有一种"正确的解决方案"。
- 所有会说某种语言的人都能够使用或借助该种语言进行教学。
- 克里奥尔语（Creole）不是真正的语言；因此，克里奥尔语不能用作教学媒介。
- 如果一个主要目标是通过某种广泛交流的语言来发展最高程度的熟练度以及对教材的掌握，那么通过这种语言教育孩子的时间越多越好。
- 虽然完成任务的时间是一个主要问题，但开始语言教学的理想时间大约是在青春期（即中学时期），因为开始得越早，意味着小学生还没有具备第一语言的理解力和价值观［见大野晋、森本哲郎、铃木孝夫《日本・日本语・日本人》（新潮社，2001），转引自南波辰郎写给卡普兰的英文信件］。

- 在多语言的国家中（甚至在非多语言的国家中），用多种不同的语言编写教材和培训教师的成本太昂贵了（见 Tucker，2001：333）。
- 在一个国家中，每一种本土语言之间都有明确的界限，每种语言都需要独立发展才能进行教授（见 Djité，2000；Heugh，2003）。
- 本土语言无法处理现代概念，因此有必要使用一种更广泛交流的语言，如英语、法语、葡萄牙语等，作为教育的主要工具（Breton，2003）。
- 在多语言国家中——拥有大量本土语言的国家——有必要使用一种更广泛的交流语言进行教育，以减少"部落主义"和群体冲突（Breton，2003）。
- 重要的是在学校广泛教授更广泛使用的语言（尤其是英语），作为促进经济和增加生活机会的手段（特别是在新加坡，见 Kaplan & Baldauf，2003，第 8 章）。

方法论的问题与困难

在详细讨论某些专题研究提出的明确问题之前，有必要简要提一下这类研究存在的一些问题和困难。虽然本书为这些国家或地区的研究提供了一套框架问题（参见"丛书概览"，附录 A），在一致性和覆盖面方面有其优势，但也产生了读者应该意识到的一些矛盾。

资源问题

需要指出的是，在一些国家的研究中，实际可用的社会语言学作品少之又少，而且经济和社会条件恶劣（例如，一些非洲国家内部目前还在进行或刚结束内战），使学者的工作受到严重限制。例如，在科特迪瓦（Djité，2000），学术研究的条件和状况不容乐观（不仅是关于某个国家的已发表的成果，还有期刊和最新书籍的获取、计算机设施、研究时间、足够的工资，更不用说用于差旅和研究项目的资金等），以致这 22 个问题中的许多问题很难得到充分解决。从研究转向实践，也是一个现实问题，在依赖政府提供资助的大量竞争性需求中，语言政策与规划项目并不总是第一要务。在一些非洲国家，存在内战成本（货币、人力和时间）至高、商品价格不稳定、人力资源短缺、艾滋病流行等诸多问题，语言规划的相对优先性必然降低〔参见Kaplan & Baldauf，2003，尤其是第3章（第31–46页），作为政治意愿压倒财政约束的例子〕。这些因素意味着资源的限制会对"理想"专著的问世产生很大的消极影响。

背景框架

除了敦促作者解决研究中的 22 个问题之外，我们还敦促每位作者通过采取生态学的立场来构建其研究（参见 Kaplan & Baldauf，1997；Mühlhäusler，2000 等），但结果并不完全令人满意。因为每位作者实际上都是该国家或地区语言问题方面的专家；也就是说，各位专家受到他们工作所在的政治边界的限制，并不总能广泛地认识到跨越语言传播的生态感知中出现的问题。也许，我们期待有一个更广泛的认知是不现实的，虽然生态学的立场并没有必然地跨越政治边界，但在所研究的几个国家或地区中，都有各种生态学研究的证据。正是为了获得一个更广阔的生态视野，才有了这里正在进行的区域卷的构想。我们希望本文末尾的参考文献也有助于提供这种生态观点。

视角：自我与他者

彭尼库克（Pennycook，1998）对英语和殖民主义话语进行了批判性分析，特别是"自我"和"他者"、"局内人"和"局外人"、主位和客位之间的紧张关系。他的分析重点是殖民主义——包括历史上的和以欧洲为中心的新殖民主义形式，以及欧洲人对自己和被殖民者的正面描述。在此基础上，他进一步指出有必要"更多地从背景角度……审视殖民话语对语言发展施以影响的地点和原因……"，因为"文化和语言总是不断地被创造、发展和重新定义"，存在着"自我"和"他者"的殖民语言政策形象的不断协调（Pennycook 1998：128）。自我与他者之间的这种二分法和相互作用——在本书的专论中显而易见，这也是个人作者为其研究带来观点张力的特点。

一些参与人员是我们特意邀请的，因为他们实际上都在各自国家的语言规划和政策环境中工作过。我们有意的计划（邀请一些作者）和无意的计划（接受不请自来的作者）导致了一个意想不到的问题。先前发表的一卷研究受到了批评，理由是作者没有充分认识到政策和规划背后的政治问题

（Stroud，2001）。但是，当涉及把"理论"付诸实践时，我们认为这是一个不可避免的问题。只要有人积极参与到政策的制定、颁布和后续的计划工作中，那么他/她必然会被制定政策和计划的体制所俘获。上述个体的每一位也都会被这一过程所吸纳。然而，我们不希望制造一种错误的二分法；并非我们所有的作者都陷入了这个"局内人"陷阱。一些作者已经能够从"外部"看待问题，并且充分认识到已制定的政策/计划所造成的政治和社会问题。这并不是说作者（以及编辑）没有意识到语言政策是一种重要的政治活动（Baldauf & Kaplan，2003）；相反，我们只是承认，作者不同程度地直接参与了他们所描述的语言政策与规划，陷入了他们自己对自我和他者的想象之中。其结果是，政治和社会问题在不同的政体研究中有不同的看法。

在我们工作的大背景下（作为《语言规划中的现实问题》的编辑），我们相信，事后看来，这样一个偶然的选择恰好符合我们的长远意图，帮助发展一个学科理论化的基础。在内部工作的专家知道（也确实知道）详细报告（并参与汇报）谁做了什么、对谁做了什么、什么时候做的、出于什么目的。鉴于这是一系列的国家或地区的相关研究，如上所述，我们仍然认为《语言规划中的现实问题》的另一个焦点——每年有两期的"问题"集中在语言生态（CILP，2000，1∶3）、语言复兴（CILP，2001，2∶2 & 3）、后殖民主义（CILP，2002，3∶3）、语言权利（CILP，2003，4∶4）等主题上，将对收集的数据产生影响。这些数据将更多地关注政体研究中不可避免的政治和社会问题。

政策与现实的差异

鉴于资源匮乏和上一节中所述的其他困难，以及在社群中仍然存在的关于语言的观念误区，本卷所收有关非洲南部四个国家的研究都展现出语言活动在国家中的实际表现与该国已出台的政策或规划之间存在较大差异，也就不足为奇了。有好几个例子都是"官方"政策规划与现实情况截然相反，政府规定的语言很少被使用，而且有证据充分表明这种做法是由政治力量而非语言力量所驱动。例如，一种语言的"官方化"，可能是出于吸引欧洲大国（通常是前殖民者）对其开展资金援助的考量。这些差异的例子，在广泛交流的"殖民地"语言和本土语言之间的关系中尤为明显。

英语

在马拉维，英语是官方语言；齐切瓦语（Chichewa）某种形式上（大约

50%人口使用）是国家语言，同时还有 12 种其他本土语言（及变体）。正如卡扬巴津胡（Kayambazinthu）所指出的，"……语言规划实践（过去和现在）提供了一个有趣的带有普遍的临时性和反应性规划案例研究，它更多地基于自身利益和政治上的突发奇想，而不是研究"。

在博茨瓦纳，英语和茨瓦纳语是"官方"语言，后者（以某种形式）被约 80% 的人口作为第一语言使用。宪法对语言问题基本保持沉默，除了两个章节特别说明，在酋长院和国民议会任职必须具备英语说和读的能力。（1998 年，茨瓦纳语被正式授权在酋长院和国民议会使用）然而，茨瓦纳语与其说是一种语言，不如说是一种语言复合体。八个"主要部落"使用八种相互理解的茨瓦纳语变体。此外，还有 11 种其他部落使用接近茨瓦纳语的变体，以及 8 个部落使用与茨瓦纳语无关的语言。正如尼亚提－拉马霍博（Nyati-Ramahobo）所指出的，"政策制定和执行之间存在紧张关系，社会公正也出现失衡……虽然来自公民社会的压力导致政府做出进步性的政策决定，但政策执行仍缺乏内在动力……"。

在南非，最近摆脱了种族隔离制度，大约 25 种语言中的 11 种已在宪法中被"官方化"了。11 种语言中有 9 种是非洲语言；剩下的两种是阿非利堪斯语（Afikaans，南非荷兰语）和英语。政府制定了一项宽松的语言政策。卡姆旺加马鲁（Kamwangamalu）指出，语言政策和语言实践之间存在不匹配，前者促进使用多种语言，而后者至少在几乎所有高级领域显示了英语单语主义的趋势。

葡萄牙语

在莫桑比克，葡萄牙语是宪法规定的"官方"语言；其余 20 种语言都是班图语（Bantu）。这个国家从一场长达 16 年的毁灭性内战中走出来才 10 年时间。其现行的语言政策（在 1990 年修订的宪法中）要求"国家重视民族语言，促进其发展，并将其作为媒介语言，更广泛地用于公民教育之中"。洛佩斯（Lopes）指出："与葡萄牙语相比，想要改变班图语的地位并在社会上发展和推广班图语，还有很长的路要走。"总之，官方政策与语言现状之间存在巨大的差距。

差异分析

这个简短的总结歪曲了实际情况，因为它忽略了其他语言在每个国家中的影响以及它们的原生语言生态问题。在以上讨论的所有国家中，都需要考虑英语的作用；在莫桑比克，存在学习它的普遍压力；在博茨瓦纳、马拉维和南非也有类似的大众要求削弱它的影响的压力。在南非和莫桑比克，人们认识到有必要考虑移民人口中的亚洲语言。此外，出于经济和政治目的，对泛非交流手段的需求也日益增长。

因此，"标准"语言构成了一种纯粹的意识形态观念。这种观念的存在会给人留下语言统一的印象，而现实则反映了巨大的语言多样性。这种在一个社区存在并推广"标准"语言种类的观念表明，语言的统一是一种社会规范；它还表明了社会经济和社会政治的统一程度。这与非洲国家语言多样性的现实情况（通常反映在社会经济和政治多样性中）截然相反。使用一种成文标准化语言的义务（通常是法定的），可能会使少数族裔语言和方言使用者感到沮丧，因为标准化语言对他们来说是非主流的语言；少数族裔语言和方言的使用者或许使用一种接触性变体，可能与"标准"变体有相当大的差异（例如，科特迪瓦的流行法语与标准法语）。

> 许多国家的语言教育规划工作……反映了西方的文化观点。这些观点统称为交流的"管道"或"通道"或"电报"概念——将发送者头脑中的信息转换成语音信号（以语言形式编码），然后再由接收方还原成原始信息。因此，有必要确定一个单一的"标准"代码，以确保这个单一代码是最规范的、简单的和"现代"的，并确保有最佳渠道（如邮政服务、公路网络、铁路网络、航空服务、电报、电话、报纸、广播、电视、万维网等），使信号可以通过这些通道流动下去。问题在于，这个比喻并不是人类交流方式的可靠描述（Mühlhäusler，1996：207－208）。

此外，标准（语言）一词的含义和标准化（教育）的概念之间也出现了一些混淆。如前所述，一种标准语言被认为是国家统一的必要条件。（这种观点的论据还远不具备决定性）但是，如果标准语言的存在迫使教育系统将教育实践统一化，那就会造成另一种断层；教育系统应该增强独立思考和创造力，这是社会和经济发展的必要条件。培养出知识、技能和思维过程相同学生的教育系统是不可取的。这个问题在被研究的国家中也很明显。

结　论

总而言之，在本书讨论的国家或地区中，尽管语言教育规划广泛存在，但可以明确的是：

- 语言教育政策很少以国家的语言政策为基础；
- 语言教育政策往往是临时性的，有时被市场力量所驱动；
- 语言教育政策可能会随着不稳定的政治议程而突然或彻底改变其方向；
- 语言教育政策总体上是碎片化的，而且往往是无效的——甚至是浪费资源。

我们希望这第一本区域卷能更好地满足专家的需求。我们打算后续出版其他区域卷。这样做的目的是希望这些区域卷能够引起地区学者和其他对地理连贯地区语言政策和语言规划感兴趣的人的兴趣。（有关我们未来计划的更多详细信息，请参阅本卷其他部分的系列概述）

注　释

1. 本卷中的研究先前发表如下：**博茨瓦纳**《语言规划中的现实问题》（2000）1，243 – 300；**马拉维**《多语言和多文化发展》（1998）19，369 – 439；**莫桑比克**《多语言和多文化发展》（1998）19，440 – 486；**南非**《语言规划中的现实问题》（2001）2，361 – 445。如有重大变化，作者会通过增编以更新其研究，但目前作者们都认为无须增编。

参考文献

Baldauf, R. B. , Jr. And Kaplan, R. B. (2003) Language policy decisions and power: Who are the actors? In P. M. Ryan and R. Terborg（eds）*Language: Issues of Inequality*（pp. 19 – 40）. Mexico City: Centro de Enseñanza de Leguas Extranjeras, Universidad Nacional Autónoma de México.

Blommaert, J. (1999) *Language Ideological Debates*. Berlin: Walter de Gruyter.

Breton, R. (2003) Sub-Saharian Africa. In J. Maurais and M. A. Morris（eds）*Languages in a Globalising World*（pp. 203 – 216）. Cambridge: Cambridge University Press.

Djité, P. G. (2000) Language planning in Côte d'Ivoire. *Current Issues in Language Planning* 1, 11 – 46.

Heugh, K. (2003) Can authoritarian segregation give way to linguistic rights? The case of the Pan South African Language Board. *Current Issues in Language Planning* 4.

Kaplan, R. B. and Baldauf, Jr. , R. B. (1997) *Language Planning from Practice to Theory*. Clevedon: Multilingual Matters.

Kaplan, R. B. and Baldauf, Jr. , R. B. (2003) *Language and Language-in-Education Planning in the Pacific Basin*. Dordrecht : Kluwer.

Kaplan, R. B. , Baldauf, Jr. , R. B. , Liddicoat, A. J. , Bryant, P. , Barbaux, M. -T. and Pütz, M. (2000) Current issues in language planning. *Current Issues in Language Planning* 1, 135 – 144.

Mühlhäusler, P. (1996) Ecological and non-ecological approaches to language planning. In M. Hellinger and U. Ammon (eds) *Contrastive Sociolinguistics* (pp. 205 – 212). Berlin: Mouton de Gruyter.

Mühlhäusler, P. (2000) Language planning and language ecology. *Current Issues in Language Planning* 1, 306 – 367.

Pennycook, A. (1998) *English and the Discourses of Colonialism*. London and New York: Routledge.

Stroud, C. (2001) Reviewof R. B. Kaplan and R. B. Baldauf, Jr. (1999) *Language Planning in Malawi, Mozambique and the Philippines*. Clevedon: Multilingual Matters. *Language and Education* 15, 306 – 309.

Tucker, G. R. (2001) A global perspective on bilingualism and bilingual education. In. J. Alatis and A. -H. Tan (eds) *Language in our Time: Bilingual Education and Official English, Ebonics and Standard English, Immigration and the Unz Initiative* (pp. 332 – 340). Washington, DC: Georgetown University Press. [*Georgetown University Round Table on Language and Linguistics*, 1999.]

延伸阅读文献

博茨瓦纳

Arthur, J. (1996) Code switching and collusion: Classroom interaction in Botswana primary schools. *Linguistics and Education: An International Research Journal* 8 (1), 17 – 33.

Arthur, J. (1997) 'There must be something undiscovered which prevents us from doing our work well': Botswana primary teachers' views on educational language policy. *Language and Education* 11, 225 – 241.

Arthur, J. (2001) Perspectives on educational language policy and its implementation in African classrooms: A comparative study of Botswana and Tanzania. *Compare* 31, 347 – 362.

Batibo, H. M. (1997) Double allegiance between nationalism and Western modernization in language choice: The case of Botswana and Tanzania. In M. Putz (ed.) *Language*

Choices: *Conditions, Constraints, and Consequences* (pp. 195 – 205). Amsterdam: John Benjamins.

Batibo, H. M. and Smieja, B. (eds) (2000) *Botswana: The Future of Minority Languages.* Peter Lang.

Beitz, S. and Vossen, R. (1994) A trilingual model as an answer to educational problems? In search for adequate media of instruction for the pupils of Botswana. *Frankfurter Afrikanistische Blatter* 6, 1 – 8.

Herbert, R. K. (1999) Review of L. -G. Andersson and T. Janson (eds) (1997) *Languages in Botswana: Language Ecology in Southern Africa. Anthropological Linguistics* 41, 561 – 563.

Maruatona, T. L. (2002) A critique of centralized curricula in literacy programs: The case of Botswana. *Journal of Adolescent and Adult Literacy* 45, 736 – 745.

Mpofu, S. T. and Youngman, F. (2001) The dominant tradition in adult literacy-A comparative study of national literacy programme in Botswana and Zimbabwe. *International Review of Education* 47, 573 – 595.

Mundy, K. (1993) Toward a critical analysis of literacy in southern Africa. *Comparative Education Review* 37, 389 – 411.

Nyati-Ramahobo, L. (1999) The National Language: *A Resource or a Problem? The Implementation of the Language Policy of Botswana.* Gaborone, Botswana: Pula Press.

Smieja, B. (1999) Codeswitching and language shift in Botswana: Indicators for language change and language death? A progress report. ITL: *Review of Applied Linguistics* 123 – 124, 125 – 160.

Sommer, G. (1991) Gradual language shift in Egypt and Botswana: Two case examples. [Gradueller Sprachwechsel in Agypten and Botswana: Zwei Fallbeispiele.] *Afrikanistische Arbeitspapiere* [African Studies Working Papers] special issue, 351 – 368.

马拉维

Chimombo, M. (1994) The language of politics in Malawi: Influences on the Chichewa vocabulary of democracy. *Afrikanistische Arbeitspapiere* [African Studies Working Papers] 38 (June), 197 – 208.

Chimombo, S. and Chimombo, M. (1996) *The Culture of Democracy: Language, Literature, the Arts and Politics in Malawi,* 1992 – 1994. Zomba, Malawi: WASI Publications.

Kamwendo, G. H. (1997a) Language policy in Malawi. *Zimbabwe Journal of Educational Research* 9 (2), 203 – 215.

Kamwendo, G. H. (1997b) Language rights in the dictatorship: The case of Malawi during Dr Banda's rule. *Language Matters* 28, 36 – 50.

Kishindo, P. J. (1996) Dr H. Kamuzu Banda's language policy: A study in contradictions. *Afrikanistische Arbeitspapiere* [African Studies Working Papers] 48 (Dec), 55 – 79.

Kishindo, P. J. (1998) On the standardization of Citumbuka and Ciyao orthographies: Some observations. *South African Journal of African Languages* 18 (4), 85 – 91.

Matiki, A. J. (2001) The social significance of English in Malawi. *World Englishes* 20 (2), 201 – 218.

Schmied, J. (1996) English in Zimbabwe, Zambia and Malawi. In V. de Klerk (ed.) *Focus on South Africa* (pp. 301 – 321). Amsterdam: John Benjamins.

Williams, E. (1996) Reading in two languages at year five in African primary schools. *Applied Linguistics* 17, 182 – 209.

莫桑比克

Alves, J. and Hoisnard, J. Y. (1997) Mozambique: French in full renaissance. [Mozambique: Le francais en pleine renaissance]. *Diagonales* 41 (Feb), 41 – 44.

Cahen, M. (1990) Mozambique: An African nation with Portuguese as an official language? [Le Mozambique: une nation africaine de langue officielle portugaise?] *Revue canadienne des etudes africaines* [Canadian Journal of African Studies] 24 (3), 315 – 347.

Faulstich, E. (1995) Toward language planning of Portuguese: Portugal, Brazil, and Africa: Some reflections. [Vers la planification linguistique du portugais: Portugal, Bresil, Afrique, quelques reflexions.] *Terminologies Nouvelles* [New Terminologies] 14 (Dec), 66 – 76.

Firmino, G. D. (1996) Revisiting the "language question" in postcolonial Africa: The case of Portuguese and indigenous languages in Mozambique. *Dissertation Abstracts International* 57 (3), 1199A.

Garcez, P. M. (1995) The debatable 1990 Luso-Brazilian orthographic accord. *Language Problems & Language Planning* 19, 151 – 178.

Lopes, A. J. (2001) Language revitalisation and reversal in Mozambique: The case of Xironga in Maputo. *Current Issues in Language Planning* 2, 259 – 267.

Lopes, A. J., Sitoe, S. J. and Nhamuende, P. J. (2002) *Moçambicanismos para um Léxico de Usos do Português Moçambicano*. [Mozambicanisms in the use vocabulary of Mozambican Portuguese]. Maputo, Mozambique: Livraria Universitária, Universadade Eduardo Mondlane.

Louzada, N. C. M. (1987) Mocambique: O portugues como segunda lingua no sistemanacional de educacao. [Mozambique: Portuguese as a Second Language in the National System of Education]. *Trabalhos em Linguistica Aplicada* [Studies in Applied Linguistics] 10, 87 – 96.

Matsinhe, S. F. (1993) The use of African languages as medium of instruction in Mozambique: Problems and possibilities. *South African Journal of African Languages/Suid-Afrikaanse Tydskrif vir Afrikatale* 13 (supp. 2), 5 – 13.

Mkuti, L. D. (1997) Language and education in Mozambique since 1940: Policy, implementation, and future perspectives. Dissertation Abstracts International, A: *The Humanities and Social Sciences* 58 (1), 65 – A – 66 – A.

Muller Bochat, E. (1996) German in the Portuguese-speaking African states, especially Mozambique. [Das Deutsche in den portugiesischsprachigen Staaten Afrikas, insbesondere Mosambik.] *Etudes Germano Africaines* [German-African Studies] 14, 65 – 69.

Ngunga, A. (1999) Literacy campaigns in Mozambique: Why did they fail? *Language Matters* 30, 147 – 156.

Passanisi, D. J. and Wolf, W. C., Jr. (1991) The social and political consequences of language planning in Mozambique. *Knowledge: Creation, Diffusion, Utilization* 13 (1), 17 – 35.

Rothwell, P. (2001) The phylomorphic linguistic tradition: Or, the siege of (the) Portuguese in Mozambique. *Hispanic Research Journal* 2 (2), 165 – 176.

Schmitz, J. R. (1998) Orthographic reform, planning, and linguistic diffusion: The example of Portuguese. [Reforma ortografica, planejamento e difusao linguistica: o caso da lingua portuguesa]. *Language Problems & Language Planning* 22, 254 – 266.

Stroud, C. (1999) Portuguese as ideology and politics in Mozambique: Semiotic (re) constructions of a postcolony. In J. Blommaert (ed.) *Language Ideological Debates* (pp. 343 – 380). Berlin: Mouton de Gruyter.

南非

Alexander, N. (1992) Language planning from below. In R. Herbert (ed.) *Language and Society in Africa: The Theory and Practice of Sociolinguistics* (pp. 56 – 68). Johannesburg: Witwatersrand University Press.

Alexander, N. (1995) Nation building and language in the new South Africa. In M. Pütz (ed.) *Discrimination Through Language in Africa? Perspectives on the Nambian Experience* (pp. 29 – 43). Berlin: Mouton de Gruyter.

Alexander, N. (2002) Linguistic rights, language planning and democracy in post-apartheid South Africa. In S. J. Baker (ed.) *Language Policy: Lessons from Global Models* (pp. 116 – 129). California: Monterey Institute.

Balfour, R. J. (1999) Naming the father: Re-examining the role of English as a medium of instruction in South African education. *Changing English* 6 (1), 103 – 113.

Banda, F. (2000) The dilemma of the mother tongue: Prospects for bilingual education in South Africa. *Language, Culture and Curriculum* 13, 51 – 66.

Barkhuizen, G. P. (2002) Language-in-education policy: Students' perceptions of the status and role of Xhosa and English. *System* 30, 499 – 515.

Barkhuizen, G. P. and de Klerk, V. (2000) The Role of Xhosa in an Eastern Cape army camp. *South African Journal of African Languages* 20 (2), 186 – 193.

Bernsten, J. (2001) English in South Africa: Expansion and nativization in concert. *Language Problems and Language Planning* 25, 219 – 235.

Beukes, A. M. (1996) New language council protects many South African languages. [Nuwe taalraad bewaak vele tale van SA.] *Taalgenoot* [*Language Companion*] 65 (3), 10 – 11.

Bhola, H. S. (1992) Literacy in Southern Africa. In W. Grabe *et al.* (eds) *Annual Review of Applied Linguistics*, 12: *Literacy* (pp. 243 – 259). NewYork: Cambridge University Press.

Bodenstein, E. W. (1993) German as mother tongue and language of instruction in South Africa. [Deutsch als Mutter-und Unterrichtssprache in Sudafrika.] *Germanistische Mitteilungen* [*Germanic Studies Communications*] 38, 115 – 130.

Bosch, B. (1996) Afrikaans and Afrikaans linguistics: A balancing perspective. [Afrikaans en die Afrikaanse taalkunde: 'n gebalanseerde perspektiej.] *Tydskrift vir Geesteswetenskappe* [*Journal of Mental Science*] 36 (4), 247 – 257.

Chick, J. K. and Wade, R. (1997) Restandardisation in the direction of a New English: Implications for access and equity. *Journal of Multilingual and Multicultural Development* 18, 271 – 284.

Chick, K. and McKay, S. (2001) Teaching English in multiethnic schools in the Durban area: The promotion of multilingualism or monolingualism? *Southern African Linguistics and Applied Language Studies* 19 (3 – 4), 163 – 178.

Coetzee, A. E. (1993) The maintenance of Afrikaans in a New South Africa. *AILA Review* 10, 37 – 51.

Culver, A. D. de V. (1992) Language planning models for a post-apartheid South Africa. *Language Problems and Language Planning* 16, 105 – 136.

Dangor, A. (1995) South Africa after apartheid: Reclaiming Afrikaans as a language of the people. *Van Taal tot Taal* [*From Language to Language*] 39 (3), 125 – 127.

De Kadt, E. (1993) Language, power, and emancipation in South Africa. *World Englishes* 12, 157 – 168.

De Kadt, E. (1996) Language and apartheid: On the power of minorities. [Sprache und Apartheid: Zur Macht von Minderheiten.] *Etudes Germano Africaines* [*German-African Studies*] 14, 25 – 32.

De Kadt, E. (1997) McWorld versus local cultures: English in South Africa at the turn of the millennium. In L. E. Smith, M. L. Forman and S. Romaine (eds) *World Englishes*

2000 (pp. 146 – 168). Honolulu, HI: College of Languages, Linguistics and Literature University of Hawaii with East-West Center.

De Kadt, E. (1998a) German as a native language in South Africa-Present state and future prospects. [Die deutsche Muttersprache in Sudafrika-Gegenwartiger Bestand und Zukunftsperspektiven.] *Muttersprache* [*Native Language*] 108 (1), 1 – 14.

De Kadt, E. (1998b) Keeping the kitchen clean: Towards an analysis of English-medium interactions between Black people and White people in post-apartheid South Africa. *Multilingua* 17 (2 – 3), 249 – 276.

De Klerk, G. (2002) Mother-tongue education in South Africa: The weight of history. *International Journal of the Sociology of Language* 154, 29 – 46.

de Klerk, V. (ed.) (1996) *Focus on South Africa Varieties of English Around the World, Volume* 15. Philadelphia: John Benjamins.

de Klerk, V. (1999) Black South African English: Where to from here? *World Englishes* 18 (3), 311 – 324.

de Klerk, V. (2002) Changing names in the 'new' South Africa: A diachronic survey. *Names* 50 (3), 201 – 221.

de Klerk, V. and Barkhuizen, G. P. (1998a) English in the South African defence force: A case study of 6SAI. *English World Wide* 19, 33 – 60.

de Klerk, V. and Barkhuizen, G. P. (1998b) Language policy in the SANDF: A case for biting the bullet. *Language Problems and Language Planning* 22, 215 – 236.

de Klerk, V. and Barkhuizen, G. P. (2001) Language usage and attitudes in a South African prison: Who calls the shots? *International Journal of the Sociology of Language* 152, 97 – 115.

de Klerk, V. and Barkhuizen, G. P. (2002) English in the prison services: A case of breaking the law? *World Englishes* 21, 9 – 22.

de Klerk, V. and Bosch, B. (1995) Linguistic stereotypes: Nice accent-nice person? *International Journal of the Sociology of Language* 116, 17 – 37.

de Klerk, V. and Bosch, B. (1998) Afrikaans to English: A case study of language shift. *South African Journal of Linguistics* 16 (2), 43 – 51.

Desai, Z. (1994) Praat or speak but don't thetha: On language rights in South Africa. *Language and Education* 8, 19 – 29.

Desai, Z. (1995) The evolution of a post-apartheid language policy in South Africa: An ongoing site of struggle. *European Journal of Intercultural Studies* 5 (3), 18 – 25.

Desai, Z. (2001) Multilingualism in South Africa with particular reference to the role of African languages in education. *International Review of Education* 47 (3 – 4), 323 – 339.

Dirven, R. (1992) Attitudes of Southern African linguists toward languages and language policies. In A. Van Essen and E. I. Burkart (eds) *Homage to W. R. Lee: Essays in Eng-*

lish as a Foreign or Second Language (pp. 213 – 220). Berlin：Foris Publications.

Dyers, C. (1999) Xhosa students' attitudes towards Black South African languages at the University of the Western Cape. *South African Journal of African Languages* 19 (2), 73 – 82.

Engelbrecht, J. T. (1978) The teaching of Bantu languages to White children in primary schools. In L. W. Lanham, K. P. Prinsloo (eds) *Language and Communication Studies in South Africa：Current Issues and Directions in Research and Inquiry* (pp. 219 – 232). Cape Town：Oxford University Press.

Erasmus, G. (1998) How does the constitution protect your linguistic and cultural rights? [Hoe beskerm die Grondwet jou taal-en kultuurregte?] *Taalgenoot* [*Language Companion*] 67 (7), 6 – 7, 31.

Esterhuyse, C. J. and Groenewald, P. S. (1999) The history of the development of written Sepedi. [Die geskiedenis van die Sepediskryfwyse.] *Tydskrif vir Taalonderrig* [*Journal for Language Teaching*] 33 (4), 316 – 330.

Finchilescu, G. and Nyawose, G. (1998) Talking about language：Zulu students' views on language in the new South Africa. *South African Journal of Psychology* 28 (2), 53 – 61.

Finlayson, R. and Madiba, M. (2002) The intellectualization of indigenous languages of South Africa：Challenges and prospects. *Current Issues in Language Planning* 3, 40 – 61.

Granville, S., Janks, H., Mphahlele, M., Reed, Y., Watson, P., Joseph, M. and Ramoni, E. (1998) English with or without g (u) ilt：A position paper on language in education policy for South Africa. *Language and Education* 12, 254 – 272.

Grobler, G. M. M. (1995) Creative African-language writing in South Africa：Writers unshackled after apartheid? *South African Journal of African Languages* 15 (2), 56 – 59.

Hamersma, E. (1997) Afrikaans as a foreign language in South African schools：Problems and challenges. [Afrikaans as 'n vreemde taal in Suid-Afrikaanse skole：slaggate en uitdagings.] *Tydskrif vir Taalonderrig* [*Journal for Language Teaching*] 31 (4), 284 – 291.

Henning, E., Gravett, S. and Daniels, D. (1998) 'Rules for another language game' in a teacher development programme for initial reading pedagogy. *Tydskrif vir Taalonderrig* [*Journal for Language Teaching*] 32 (3), 191 – 199.

Heugh, K. (2002) Recovering multilingualism：Recent language policy developments. In R. Mesthrie (ed.) *Language in South Africa* (pp. 449 – 475). Cambridge：Cambridge University Press.

Heugh, K. (2003a) Can authoritarian segregation give way to linguistic rights? The case of the Pan South African Language Board. *Current Issues in Language Planning* 4.

Heugh, K. (2003b) *Language Policy and Democracy in South + Africa：The Prospects of Equality within Rights-based Policy and Planning*. Stockholm：Stockholm University：Centre for Research on Bilingualism.

Hibbert, L. and Makoni, S. (1997) The plain English campaign and South Africa. *English Today* 13 (2), 3 – 7.

Holliday, L. (1993) The first language congress for Afrikaans. In J. A. Fishman (ed.) *The Earliest Stage of Language Planning: The 'First Congress' Phenomenon* (pp. 11 – 30). Berlin: Mouton de Gruyter.

Hornberger, N. H. (2001) Ideological paradox and intercultural possibility: Andean language-in-education policy and practice and its relevance for South Africa. *Southern African Linguistics and Applied Language Studies* 19 (3 – 4), 215 – 230.

Janks, H. (2001) Critical language awareness: Curriculum 2005 meets the TRC. *Southern African Linguistics and Applied Language Studies* 19 (3 – 4), 241 – 252.

Kamwangamalu, N. M. (2000) The new South Africa, language, and ethnicity: Prognoses. *International Journal of the Sociology of Language* 144, 137 – 138.

Kamwangamalu, N. M. (2002a) English in South Africa at the millennium: Challenges and prospects. *World Englishes* 21 (1), 161 – 163.

Kamwangamalu, N. M. (2002b) Multilingualism, the judiciary and security services: Belgium, Europe, South Africa, Southern Africa. *World Englishes* 21, 165 – 174.

Kamwangamalu, N. M. (2002c) The social history of English in South Africa. *World Englishes* 21, 1 – 8.

Kaschula, R. H. (1999) South Africa's language policy in relation to the OAU's language plan of action for Africa. *International Journal of the Sociology of Language* 136, 63 – 75.

Kriel, M. (1997) Language and morals: The nationalist and religious moral values underlying linguistic purism. [Taal en sedes: die nasionalistiese en religieus-morele waardes onderliggend aan taalpurisme.] *South African Journal of Linguistics* 15 (3), 75 – 85.

Lubbe, J. and Du Plessis, T. (2001) Debate around the interpretation of the official language policy principles of the interim constitution in the printed media: A content analysis. [Die debat rondom die vertolking van die amptelike taalbeleidsbeginsels van die oorgangsgrondwet in die gedrukte media: 'n inhoudsontleding.] *Southern African Linguistics and Applied Language Studies* 19 (1 – 2), 23 – 41.

Maake, N. P. (1991) Language and politics in South Africa with reference to the dominance of the Nguni languages. *English Studies in Africa* 34 (2), 55 – 64.

Madiba, M. (1999) Multilingualism and nation-building inthe 'New' South Africa: Problems and issues. *Language Matters* 30, 59 – 81.

Madiba, M. (2001) Towards a model for terminology modernisation in the African languages of South Africa. *Language Matters* 32, 53 – 77.

Maher, G. (1998) 'We should not have to keep correcting the record'. *English Today* 14 (1), 35 – 36.

Makoni, S. B. (1993) Mother-tongue education: A literature review and proposed research design. *South African Journal of African Languages/Suid-Afrikaanse Tydskrif vir Afrikatale* 13 (3), 89 – 94.

Makoni, S. B. (1995) Deconstructing the discourses about language in language planning in South Africa. *South African Journal of African Languages* 15 (2), 84 – 88.

Manie, F. (1998) The dominant role of English in multi-language South Africa. *Modern English Teacher* 7 (1), 67 – 70.

Martin, D. (1997) Towards a new multilingual language policy in education in South Africa: Different approaches to meet different needs. *Educational Review* 49 (2), 129 – 139.

Matsela, Z. A. (1995) Empowerment of the masses through the use of African languages. In M. Pütz (ed.), *Discrimination Through Language in Africa? Perspectives on the Nambian Experience* (pp. 45 – 56). Berlin: Mouton de Gruyter.

Mawasha, A. L. (1996) Teaching African languages to speakers of other South African languages: Operationalising the new democratic language policy in South Africa. *Tydskrif vir Taalonderrig/Journal for Language Teaching* 30 (1), 35 – 41.

McArthur, T. (1999) English in the world, in Africa, and in South Africa. *English Today* 15 (1), 11 – 16.

McCormick, K. (1994) Language policy issues in South Africa. ERIC *Document Reproduction Service*, ED391354, 13.

McKay, S. and Chick, K. (2001) Positioning learners in post-apartheid South African schools: A case study of selected multicultural Durban schools. *Linguistics and Education* 12, 393 – 408.

Mda, T. V. (1997) Issues in the making of South Africa's language in education policy. *Journal of Negro Education* 66, 366 – 375.

Mesthrie, R. (1999) A new English for a new South Africa? Language attitudes, language planning and education. *International Journal of the Sociology of Language* 136, 142 – 143.

Mesthrie, R. and McCormick, K. (1999) Introduction. *International Journal of the Sociology of Language* 136, 1 – 6.

Meyer, D. (1997) The languages of learning: Current practice and its implications for language policy implementation. *Tydskrif vir Taalonderrig* [*Journal for Language Teaching*] 31 (3), 226 – 237.

Meyer, D. (1998) What teachers say they want, what they actually do and its implications for language in education policy. *Tydskrif vir Taalonderrig* [*Journal for Language Teaching*] 32 (1), 1 – 17.

Mfusi, M. J. H. (1992) Soweto Zulu slang: A sociolinguistic study of an urban vernacular in Soweto. *English Usage in Southern Africa* 23, 39 – 83.

Miller-Ockhuizen, A. and Sands, B. E. (1999) !Kung as a linguistic construct. *Language &*

Communication 19 (4), 401 – 413.

Mkonto, B. B. (1996) The positive side of obscene language usage in Xhosa literature: A libertarian view. *South African Journal of African Languages* 16 (3), 93 – 96.

Mmusi, S. (1998a) On the eleven-official languages policy of the new South Africa. In D. A. Kibbee (ed.) *Language Legislation and Linguistic Rights: Selected Proceedings of the Language Legislation and Linguistic Rights Conference, the University of Illinois at Urbana Champaign, March,* 1996 (pp. 225 – 239). Amsterdam: John Benjamins.

Moller, L. A. (1995) Criteria for proposed names changes. *Nomina Africana* 9 (1), 86 – 106.

Morphet, T. (1996) Afterword. In M. Prinsloo and M. Breier (eds) *The Social Uses of Literacy: Theory and Practice in Contemporary South Africa* (pp. 257 – 264). Bertsham, South Africa: Sached Books.

Moyo, T. (2001) Problems in implementing instructional languages: Why the language-in-education policy will fail. *Language Matters* 32, 97 – 114.

Mtuze, P. T. (1993) The language practitioner in a multilingual South Africa. *South African Journal of African Languages* [*Suid-Afrikaanse Tydskrif vir Afrikatale*] 13 (2), 47 – 52.

Mundy, K. (1993) Toward a critical analysis of literacy in southern Africa. *Comparative Education Review* 37 (4), 389 – 411.

Mutasa, D. E. (1996) The problems of standardizing spoken dialects: The Shona experience. *Language Matters* 27, 79 – 93.

Mutasa, D. E. (1999) Language policy and language practice in South Africa: An uneasy marriage. *Language Matters* 30, 83 – 98.

Mutasa, D. E. (2000) Language policy and language use in South Africa: An uneasy marriage. *South African Journal of African Languages* 20 (3), 217 – 224.

Napier, D. B. (2003) Language issues in South African education, identity and democratization. In P. M. Ryan and R. Terborg (eds) *Language: Issues of Inequality* (pp. 41 – 75). Mexico City: Centro de Enseñanza de Leguas Extranjeras, Universidad Nacional Autónoma de México.

Nkabinde, A. C. (1998) The designation of official languages in the South African constitution. *South African Journal of African Languages* 18 (3), 78 – 79.

Ntlhakana, P. (2000) People's English: Language policy in South Africa and its impact on English in education. *English Today* 16 (2), 11 – 17.

Oberprieler, G. (1994) Language policy for a post-apartheid South Africa: Models and questions. In C. A. Blackshire-Belay (ed.) *The Germanic Mosaic: Cultural and Linguistic Diversity in Society* (pp. 181 – 194). Westport, CT: Greenwood.

Ormeling, F. (1997) Cartographic problems in a multilingual society: Mapping the new South Africa's place names. *Nomina Africana* 11 (1), 37 – 49.

Peirce, B. N. (1992) English, difference, and democracy in South Africa. *TESOL Matters* 2

(3), 19.

Peirce, B. N. and Ridge, S. G. M. (1997) Multilingualism in Southern Africa. In W. Grabe *et al.* (eds) *Annual Review of Applied Linguistics*, 17: *Multilingualism* (pp. 170 – 190). New York: Cambridge University Press.

Penn, C. and Reagan, T. (1990) How do you sign 'apartheid'? The politics of South African Sign Language. *Language Problems and Language Planning* 14, 91 – 103.

Penn, C. and Reagan, T. (1994) The properties of South African Sign Language: Lexical diversity and syntactic unity. *Sign Language Studies*, 319 – 327.

Phillipson, R. (1996) Linguistic imperialism: African perspectives. *English Language Teaching Journal* 50 (2), 160 – 167.

Pieterse, H. (1995) Alternative Afrikaans. *Language Matters* 26, 59 – 84.

Prabhakaran, V. (1997) The parameters of maintenance of the Telugu language in South Africa. *Language Matters* 28, 51 – 80.

Raidt, E. H. (1996) Afrikaans as a scientific language [Afrikaans as wetenskapstaal]. *Tydskrift vir Geesteswetenskappe* [*Journal of Mental Science*] 36 (4), 239 – 242.

Reagan, T. (1986) The role of language policy in South African education. *Language Problems and Language Planning* 10, 1 – 13.

Reagan, T. (2000) A South African perspective: Second language teaching and learning in the university. In J. W. Rosenthal (ed.) *Handbook of Undergraduate Second Language Education* (pp. 253 – 275). Mahwah, NJ: Erlbaum.

Reagan, T. (2001) The promotion of linguistic diversityin multilingual settings: Policy and reality in post-apartheid South Africa. *Language Problems and Language Planning* 25, 51 – 72.

Reed, Y. (2002) Language (s) of reflection in teacher development programmes in South Africa. *World Englishes* 21 (1), 37 – 48.

Ridge, S. G. M. (2000) Mixed motives: Ideological elements in the support for English in South Africa. In T. Ricento (ed.) *Ideology Politics and Language Policies: Focus on English*. Amsterdam: John Benjamins.

Sacks, V. (2000) Can law protect language? Law, language and human rights in the South African constitution. *International Journal of Discrimination and the Law* 4 (4), 343 – 368.

Setati, M., Adler, J., Reed, Y. and Bapoo, A. (2002) Incomplete journeys: Code-switching and other language practices in mathematics, science and English language classrooms in South Africa. *Language and Education* 16, 128 – 149.

Smit, B. (1994) German as a foreign language in a post-apartheid education system. *Deutschunterricht im Sudlichen Afrika* [*German Instruction in Southern Africa*] 25 (1), 51 – 58.

Smit，U. (1996) South African English in the 1990s：A field study on status，roles and attitudes. *English World Wide* 17（1），77 – 109.

Steyn，J. C. (1996a) Afrikaner nationalism and choosing between Afrikaans and Dutch as cultural language［Afrikanernasionalisme en die keuse tussen Afrikaans en Nederlands as kultuurtaal］. *South African Journal of Linguistics* 14（1），7 – 24.

Steyn，J. C. (1997) The position of Afrikaans as a medium of instruction and the subject Afrikaans and Dutch at Universities［Die posisie van Afrikaans as voertaal en die vak Afrikaans en Nederlands aan universiteite］. *Tydskrift vir Geesteswetenskappe*［*Journal of Mental Science*］37（4），236 – 247.

Steyn，J. C. (1998) Review article：Afrikaans as heard by the Dutch. Our Afrikaanslanguage shame. ［Resensie-artikel：Afrikaans hoort by Nederlands. Ons Afrikaanseaalverdriet.］ *Tydskrif vir Taalonderrig*［*Journal for Language Teaching*］32（2），142 – 147.

Steyn，J. C. (2001) Afrikaans 2000：New success stories and set-backs［Afrikaans 2000：nuwe suksesverhale en terugslae］. *Tydskrift vir Geesteswetenskappe*［*Journal of Mental Science*］41（2），118 – 132.

Strike，N. (1996) Talking our way out of the laager：Foreign languages in South African education. *Language Matters* 27，253 – 264.

Sukumane，J. B. (1998) Language policy in education and the future of indigenous languages in post-apartheid South Africa. In D. A. Kibbee （ed.）*Language Legislation and Linguistic Rights：Selected Proceedings of the Language Legislation and Linguistic Rights Conference*，*the University of Illinois at Urbana Champaign*，*March*，1996（pp. 248 – 260）. Amsterdam：John Benjamins.

Thornycroft，P. (2000) Another revolution? The South African languages conundrum. *Linguist* 39（1），16 – 18.

Titlestad，P. J. H. (1996) English，the constitution and South Africa's language future. In V. e Klerk （ed.），*Focus on South Africa*（pp. 163 – 173）. Amsterdam：John Benjamins.

Titlestad，P. J. H. (1998) South Africa's language ghosts. *English Today* 14（2），33 – 39.

Van der Walt，C. (1997) English as a language of learning in South Africa：Whose English? Whose culture? *Language Awareness* 6（2 – 3），183 – 197.

Van der Walt，J. L. and Van Rooy，B. (2002) Towards a norm in South African Englishes. *World Englishes* 21（1），113 – 128.

Van Huyssteen，L. (1999) Problems regarding term creation in the South African African languages，with special reference to Zulu. *South African Journal of African Languages* 19（3），179 – 187.

Venter，D. (1998) Silencing babel? Language preference in voluntary associations-Evidence from multi-cultural congregations. *Society in Transition* 29（1 – 2），22 – 39.

Verhoef, M. (1996a) The influence of political determinants on the recent language debate concerning Afrikaans [Politieke determinante in die hedendaagse gesprek oor Afrikaans]. *Literator* 17 (3), 29 – 43.

Verhoef, M. (1997) The transformation of Afrikaans-A review of the media debate of the last decade [Die transformasie van Afrikaans-die afgelope dekade se mediadebat in oenskou]. *Literator* 18 (1), 1 – 19.

Verhoef, M. (1998a) Functional multilingualism in South Africa: An unattainable ideal? [Funksionele meertaligheid in Suid-Afrika: 'n onbereikbare ideaal?] *Literator* 19 (1), 35 – 50.

Verhoef, M. (1998b) In pursuit of multilingualism in South Africa. *Multilingua* 17 (2 – 3), 181 – 196.

Verhoef, M. (1998c) Toward a theory of language attitude planning in South Africa ['n Teoretiese aanloop tot taalgesindheidsbeplanning in Suid-Afrika]. *South African Journal of Linguistics* 16 (1), 27 – 33.

Visser, H. (1998) The right to go to your native language school [Die reg om in jou moedertaal skool te gaan.] *Taalgenoot* [*Language Companion*] 67 (3), 6 – 7.

Watermeyer, S. (1996) Afrikaans English. In V. de Klerk (ed.) *Focus on South Africa* (pp. 99 – 124). Amsterdam: John Benjamins.

Webb, V. (1992a) Language attitudes in South Africa: Implications for a post-apartheid democracy. In M. Pütz (ed.) *Thirty Years of Linguistic Evolution: Studies in Honour of Rene Dirven on the Occasion of his Sixtieth Birthday* (pp. 429 – 460). Amsterdam: John Benjamins.

Webb, V. (1994a) Language policy and planning in South Africa. *In W. Grabe et al.* (eds) *Annual Review of Applied Linguistics*, 14: *Language Policy and Planning* (pp. 254 – 273). New York: Cambridge University Press.

Webb, V. (1994b) Revalorizing the autochthonous languages of Africa, In M, Pütz (ed.) *Language Contact and Language Conflict* (pp. 181 – 203). Amsterdam: John Benjamins.

Webb, V. (1995) The technicalization of the autochthonous languages of South Africa: Constraints from a present day perspective. In M. Pütz (ed.) *Discrimination Through Language in Africa? Perspectives on the Nambian Experience* (pp. 83 – 100). Berlin: Mouton de Gruyter.

Webb, V. (1996a) English and language planning in South Africa: The flip-side. In V. de Klerk (ed.) *Focus on South Africa* (pp. 175 – 190). Amsterdam: John Benjamins.

Webb, V. (1996b) Language planning and politics in South Africa. *International Journal of the Sociology of Language* 118, 139 – 162.

Webb, V. (2002) English as a Second Language in South Africa's Tertiary institutions: A case study at the University of Pretoria. *World Englishes* 21 (1), 49 – 61.

Webb, V. N. (2002) *Language in South Africa: The Role of Language in National Transformation, Reconstruction and Development*. Amsterdam: John Benjamins.

Webb, V. and Kriel, M. (2000) Afrikaans and Afrikaner Nationalism. *International Journal of the Sociology of Language* 144, 19 – 49.

Wessels, M. (1996) Language of learning in South African State Schools and educational publishing: The current crisis. *Language Matters* 27, 159 – 196.

Wright, L. (1996) The standardisation question in Black South African English. In V. de Klerk (ed.) *Focus on South Africa* (pp. 149 – 162). Amsterdam: John Benjamins.

博茨瓦纳语言状况

莉迪亚·尼亚蒂－拉马霍博（Lydia Nyati-Ramahobo）

（博茨瓦纳大学教育学院）

本文概述了博茨瓦纳[1]的语言状况，描述了这个国家所使用的语言和方言的数量、每种语言的使用者数量以及每种语言在社会中扮演的不同角色。文章回顾了语言教育政策的发展历史，同时也考察了语言教育的目标和评估方法，并介绍了媒体中使用的语言。本文第三部分描述了语言规划和实施的相关工作，还介绍了参与规划过程和法律制定的机构。政策制定和执行之间存在紧张关系，社会公平也存在失衡。根据人们所说的语言，大部分语言社区被当作少数语言社区对待。虽然来自民间的社会压力促使政府做出积极的政策决策，但没有内在动力来实施这些决策。非政府组织受到这些积极政策决定的鼓舞，但他们的努力因领导层对变革的潜在消极态度而受到阻碍。对此，需要领导层的承诺来支持保护博茨瓦纳境内的所有语言。目前，一种同化模式已经渗透到了博茨瓦纳社会、经济、政治和文化生活的方方面面。

引　言

本文包括描述性研究和案例研究，具体描述了博茨瓦纳的语言概况、茨瓦纳语的传播、语言规划和语言活动，以及推广和保护该国语言的正式与非正式努力。这项工作所用的数据收集于 1989 年 1 月至 1990 年 9 月。这一数据包括自博茨瓦纳独立以来的语言规划活动，主要是在 1977 年至 1990 年间，当时政府正在执行第一届国家教育委员会（NCE 1）的建议。该委员会评估了博茨瓦纳独立以来至 1976 年间的教育制度。第一届国家教育委员会于 1977 年完成了工作，其建议被收录于《1977 年政府第 1 号白皮书：国家教育政策》（以下简称"1 号白皮书"）中，并于同年 8 月得到议会的批准（Republic of Botswana，1977）。本文所用数据（即"1 号白皮书"所呈现的数据）在 1996 年 6 月至 1998 年 5 月期间得到了进一步更新。第二届国家教育委员会（NCE 2）在完成对 1978 年至 1991 年教育制度的评估后，所形成的建议得到了官方认可，收入《1994 年政府 2 号白皮书：国家教育政策修订案》（RNPE）中，并于当年开始实施（Republic of Botswana，1994）。本研究还利用了 1999 年 1 月至 9 月由卡曼纳卡欧协会①（Kamanakao Association）代表国际发展研究中心内罗毕办事处为《东部和南部非洲语言机构名录》所收集的数据。因此，本研究介绍的博茨瓦纳的语言状况截至 1999 年 10 月。

对学校决策者和实践者的正式采访，为教育和社会语言政策的制定和实施提供了数据。来自社会领域、社会服务、媒体和政府印刷局的观察，为语言政策在社会中的实施以及政府使用茨瓦纳语和英语提供了数据。对语言规划、双语教育、识字、宗教、媒体和文史资料等领域政策文件和文献的分析，为政府和非政府组织的语言政策制定和实施提供了基础数据。《语言规划中的现实问题》（*Current Issues in Language Planning*）的编辑们为这些数据的呈现提供了一种格式，以便与其他国家或地区进行比较。

背　景

博茨瓦纳位于非洲南部的中心，东部与津巴布韦、西部和北部部分与纳米比亚、南部与南非、北部与赞比亚接壤。它是内陆国家，大部分货物都通过南非海港转运。南回归线穿过博茨瓦纳境内（Republic of Botswana，1997：8：3）。博茨瓦纳平均海拔约 1000 米，陆地面积 582000 平方公里（224715②平方英里），与肯尼亚或法国的国土面积相当。

博茨瓦纳地势大致平坦，有一些裸露的岩石和起伏的山地（Republic of Botswana，1997：8：3）。西北地区是奥卡万戈三角洲（Okavango Delta），湿地面积达 16000 平方公里（6177③平方英里）（Tlou，1985），栖息着各种野生动物和鸟类。西边是卡拉哈里（Kalahari）沙漠，也是野生动物的天堂。该国中部有马卡迪卡迪（Makgadikgadi）盐场。所有这些地区都吸引着大批游客。由于该国位于南半球高压带附近，因此该国的气候通常被描述为干旱

---

① 卡曼纳卡欧协会（Kamanakao Association）是一个注册的非政府组织，其基本目标是维护和发展博茨瓦纳北部瓦耶伊族的语言和文化遗产。什叶伊（Shiyeyi）是指瓦耶伊人的语言和文化。在什叶伊语中，Kamanakao 意为"遗产"。该协会的网址是：https：//kamanakao.trip-od. com/。

② 原文为 222000 平方英里，疑误。

③ 原文为 6106 平方英里，疑误。

或半干旱。最低降雨量介于西南地区的 250 毫米和东北地区的 650 毫米之间。大多数降雨发生在 12 月至 3 月之间。主要有两个季节：冬季（5 月至 7 月）和夏季（8 月至 4 月）。最低气温在 22 摄氏度（一般出现在 7 月）到 33 摄氏度（一般出现在 1 月），最高气温在 32 摄氏度到 43 摄氏度之间。

博茨瓦纳的经济主要由采矿业支撑。独立时，博茨瓦纳被认为是世界上最贫穷的国家之一。然而，1967 年，在世界上已知最大的金伯利岩之一的奥拉帕（Orapa）发现了钻石，后来在莱特哈尼（Letlhakane）和朱瓦能（Jwaneng）也发现了钻石。在塞莱比 - 皮奎（Selibe-Phikwe）也发现了铜和镍。目前，博茨瓦纳有三座钻石矿、两座铜镍冶炼厂、一座煤矿、一座纯碱和盐提炼厂。采矿业已将博茨瓦纳转变为非洲增长最快的经济体之一。现有数据显示，1994 年和 1995 年矿产资源贡献了国内生产总值（GDP）的 34% 和国家出口收入的 74.9%。它还贡献了超过 50% 的政府收入（Republic of Botswana，1997）。当然，牛肉产业也为经济做出了贡献。例如，在 1994 年和 1995 年，牛肉产业贡献了 GDP 的 3.7%，比采矿时代之前创纪录的 40% 有所下降。大部分牛肉销往欧盟。博茨瓦纳的人口仍然是农村人口，其中大部分以农业为生，主要形式包括自给农业、农作物生产和养牛。农业也贡献了大约 2% 的正式就业。其他收入来源是制造业、旅游业、运输业和建筑业。博茨瓦纳正在努力实现经济多元化，以减少对钻石的依赖。这些努力包括鼓励外国在博茨瓦纳的制造业和旅游业等领域的投资。

在英国人来到博茨瓦纳之前，政府的治理体系是通过酋长制来实现的。每个部落都有一个拥有绝对权力的酋长（Somolekae & Lekorwe，1998）。一些部落生活在较小群体中，每个部落都有一个拥有绝对权力的领袖，人们称其为酋长或长老。在大多数说茨瓦纳语的部落中，酋长是由男性血统世袭的。酋长的长子将继承这个职位。在母系部落中，例如瓦耶伊族（Wayeyi），酋长的职权是由女性家族世袭而来的。换句话说，酋长的职权会传给酋长姐姐的长子。酋长在他们的子民和其他部落中赢得了很多尊重。酋长也对他的子民负有责任。他必须保护他的子民免受战争、饥饿和其他自然灾害的影响。他将主持开启狩猎和耕作季节。他是一名巫医，会为他的子民进行某些宗教活动，以保护他们免受疾病和不幸。他还要处理结婚、分配土地及调解纠纷的事宜（Mgadla & Campbell，1989；Mgadla，1998）。当然，酋长会配有副酋长，以协助其工作。在大多数情况下，这些副酋长都是近亲。他也会有他的 mophato[①]

---

① 茨瓦纳语，意思是部落的一群人，一般在同一年出生。一起接受传统训练，执行酋长批准的任何任务，比如说为酋长狩猎。

（同龄的团队）。酋长必须慷慨大方，对法治敏感，并且必须不辜负子民的期望。有句俗话 kgosi ke kgosi ka Batho①（酋长只因子民而伟大）表达了这个基本原则。没有子民的支持，他什么也不是，所以对他来说，不滥用权力是至关重要的。

1885 年 1 月，英国执行了一项枢密令，宣布他们打算占领博茨瓦纳南部。1890 年，这一命令扩展到该国北部，并开始了实际的殖民统治。该命令背后的动机是为了阻止德国人占领该地区，就像 1884 年在西南非洲发生的那样（Ramsay，1998）。通过这一命令，英国通知博茨瓦纳酋长，英国人是前来保护他们免受德国人的伤害的。这意味着这保护的权力实际上是强加给酋长的；而非某些历史记载（Ramsay，1998）中所述的那样，三名首领被召集到英国，就接受保护国的问题进行了磋商。这三名酋长分别是中部地区巴曼瓜托部落（Bamangwato）② 的卡马三世（Khama III）"克戈西"（Kgosi）（意为"酋长"）、西南部地区邦瓜克茨（Bangwaketse）部落的加塞茨维一世（Gaseitsiwe I）酋长以及巴奎纳（Bakwena）部落的塞舍勒一世（Sechele I）酋长。虽然卡马三世主动接受了这个想法，但其他人在某种程度上是不情愿地接受了它（Ramsay，1998）。1885 年至 1965 年，该国被称为贝专纳保护国（Bechuanal and Protectorate）。英国人将该国军队分为九个预备队，每个预备队由其酋长领导。虽然传统上酋长拥有完整的立法、行政和司法权力，但 1890 年的枢密令将这些权力给了英国高级专员，所以酋长不再被认为是"土地的最高统治者"。土地特许权被授予了不列颠南非公司，它进驻并排挤了其他公司。维多利亚女王被认为是"土地的最高统治者"。

1891 年的另一项枢密令赋予高级专员更多立法权，以制定司法行政的法律。但是，他也被提醒，须对本土法律保持敏感度，只要这些法律不与英国人的利益相冲突。1895 年，前面提到的三位酋长向伦敦递交了一份请愿书，反对他们的权力在他们自己领地上受到侵蚀，但这一请求被忽略了。到那时，他们的作用已经减少到征收棚屋税、为殖民地的运作筹集资金等。1934 年博茨瓦纳引进了最直接的立法——《土著行政公告》，它减少了酋长的权力并改变了博茨瓦纳的习俗和法律。它要求酋长的继任者必须由整个部落任命并要得到高级专员的认可才行（Somolekae & Lekorwe，1998）。这削弱了酋长的世袭地位，并且酋长的任命必须得到高级专员批准。它使英国人能够

---

① 茨瓦纳语，意思是说酋长要依靠部落的人才能获得成功，或者做出决策。

② 巴曼瓜托部落（Bamangwato）与后文的班格瓦托部落（Bangwato）是同一部落，只是存在不同称谓。

选择符合英国人利益的酋长而不一定符合部落人民利益。因此，高级专员可以雇用和解雇酋长。1934 年第 75 号土著法庭公告进一步削弱了酋长的立法权和司法权。酋长审理强奸、谋杀和凶杀案件的权力被取消。这些权力在独立后得以保留，所有这些立法的本质在现行法规中仍然有效。酋长和副酋长是地方政府部的雇员，该部有权解雇他们。

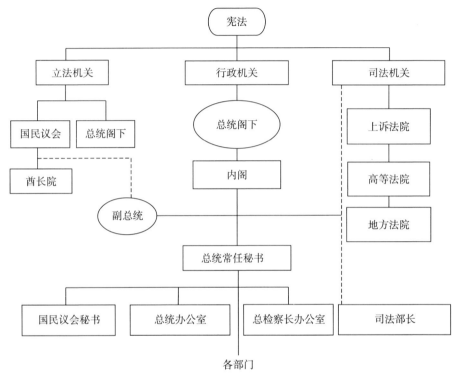

图 1　博茨瓦纳最高中央政府

博茨瓦纳宪法赋予每个公民基本权利和自由。它建立在民主、团结、发展、自力更生的四项民族原则之上。选举每五年举行一次。它规定了立法、行政和司法权力的分工结构（见图 1）。立法机关是由国民议会组成，国民议会有 40 名议员，每个选区一名。除了国会选举出的议会成员外，四分之一的成员是由议会选拔出具有特殊技能和专项才能的领先人物来推荐给国会。这是 1999 年 10 月选举后议会成员的组成情况：女性人数从 2 名增加到 8 名，其中 4 名是部长，2 名是助理部长，另外 2 名是经过特别选举产生的。

立法部门还包括酋长院，目前有 15 名众议院议员。其中 8 个是说茨瓦纳语部落的最高酋长（见注释 1 中的表 1），这意味着他们生来就是酋长。另外 4 人是说茨瓦纳语以外语言的不属于 8 个部落的最高酋长管辖地区选出的副酋长。这些地区包括东北部、卡拉加迪地区（Kgalagadi）、甘西地区（Gantsi）和乔贝地区（Chobe）。西北部的那些部落，包括汉布库舒（Hambukushu）、赫雷罗（Herero）、苏比亚（Subia）、瓦耶伊（Wayeyi）、巴奇里库（Baqcereku）和巴萨瓦（Basarwa），由巴塔瓦纳（Batawana）代表和管治。众议院通过特别选举，选出三名额外成员，不以茨瓦纳语为母语的部落是不允许选拔出最高酋长代表的。他们必须是由茨瓦纳语作为第一语言的人来作为代表。这是为了让每个人都融入茨瓦纳语言和文化。

酋长院具有很强的象征意义，因为它的作用是表达国家的整体文化并从文化的角度去影响政策。众议院目前的组成，自独立以来就一直受到挑战，因为它剥夺了其他族裔群体为决策过程做贡献的机会。此外，它违反了代表制的民主原则。自独立以来，来自一个部落的酋长和副酋长压迫另一个部落，一直是一个具有争论性的问题。在该国的某些地区，即使是所谓的八个主要部落中的一些地区，部落成员也是由其他人统治的。这引起了一些阻力，例如，生活在巴克韦纳（Bakwena）地区的巴卡特拉（Bakgatla）人在抗拒巴克韦纳的统治，而在班瓜克齐（Bangwaketsi）地区的巴罗隆（Barolong）人也在抗拒班瓜克齐统治。许多观察者已经呼吁增加酋长院的成员数量，使它更具有包容性。

酋长问题也被高度政治化。由于该国的大多数人仍然尊重他们的首领，他们倾向于投票支持他们首领所同情的政党。由于酋长是政府雇员，他们自然会效忠于政府。这是导致博茨瓦纳被描述为一党制国家的因素之一（Molutsi，1994）。在这种情况下，其他政党获得广泛支持的可能性很小。只要人们尊重他们的酋长作为他们文化的守护者，只要执政党确保所有公务员的忠诚，现状就可能保持不变（Molutsi，1998b）。没有对执政党表示支持的酋长已经受到了恐吓。例如，班瓜克齐的最高酋长西帕皮索四世（Seepapitso IV），一直是反对党博茨瓦纳民族阵线（BNF）的支持者，该地区支持博茨瓦纳民族阵线。由于长期支持反对党，地方政府部部长于 1994 年将他停职（Somolekae & Lekorwe，1998）。经过法庭斗争之后，他才重新回到权力岗位。

由于酋长职位与种族和语言有关，政府正是在上述背景下继续推行同化政策。如果每个人都说茨瓦纳语，那么每个人都会忠于执政党，只要执政党是由蒙瓦托（Mongwato）人领导的（见注释 1 中的表 1）。博茨瓦纳第一任总统塞雷茨·卡马（Seretse Khama）去世后，因为他是巴曼瓜托部落的首领，总统马西雷（Masire）是蒙瓜克西（Mongwaketsi）人，不得不任命塞雷茨的堂弟伦耶莱茨·塞雷茨（Lenyeletsi Seretse）为副总统，来安抚巴曼瓜托人。同样，1999 年，莫盖（Mogae）总统不得不任命塞雷茨·卡马的儿子伊恩·卡马（Ian Khama）为副总统，来安抚巴曼瓜托人。伊恩·卡马也有望利用他在巴曼瓜托的酋长地位和父亲的魅力为执政党赢得选举，该党在 1994 年的大选中失利。现在种族、语言和酋长问题将继续主导博茨瓦纳的政治辩论。宪法第 77 - 79 条、《酋长法》和《部落土地领土法》所记载的现代同化模式使他们继续保持突出地位。

因此，政府的立法机构由国民议会和酋长院组成（见图 1）。还有国民议会议长也由国会选举产生。司法部长也从国民议会中选出，他就法律事务向议会提供建议。

政府的第二个部门是行政部门。它由总统和他的内阁部长以及总统负责公务员事务的常务秘书组成。最后是司法部门，包括上诉法院、高等法院、地方法院和司法行政官（见图 1）。

第一部分　博茨瓦纳语言概况

理论框架

斯库特纳布 - 坎加斯和菲利普森（Skutnabb-Kangas & Phillipson，1989）将语言权利描述为存在于从同化到维持的连续统一体的过程之中。在这个连续统一体中，有一些法律法规可以被明示或暗地禁止、容忍、规定非歧视，也有法律允许或促进使用少数民族语言。他们以美国为例，以参议员赫德尔斯顿（Huddleston）的英语修正草案为基础，阐述了一种隐蔽的禁止同化的情况，即"英语应成为美国的官方语言"（Skutnabb-Kangas，1990：27）。这项提案旨在同化其他群体，让他们使用英语，并禁止他们使用自己的语言。虽然没有提及其他语言，但这意味着它们被间接或暗中禁止使用了。[2]

当法律规定一种语言为其他语言提供空间而不对其做出任何承诺时，就存在同化容忍模式。这种模式的一个例子是津巴布韦，那里的广播使用卡兰加语（Karanga①）等少数族裔语言，但没有承诺将其用于其他社会领域。另外，维护许可连续体的一个例子是南非。1955 年的《自由宪章》也得到现行立法的支持，其中规定"所有的人都有平等使用自己语言的权力，发展自己的民间文化和习俗"。其目的是保持尽可能多的语言，从而允许它们发展。

---

① 原文中的 Karanga（卡兰加语）通常写成 Kalanga。

在本文第三部分的讨论中，笔者注意到博茨瓦纳宪法没有提及语言政策。但是，宪法第 61（d）、79（c）条规定，要成为酋长院或国民议会议员，必须具备说读英语的能力。这表明英语是唯一被允许在议会和酋长院中使用的语言。因此，宪法暗中禁止使用其他语言。1998 年，茨瓦纳语被允许在议会中使用，这是一个在同化连续体过程中对茨瓦纳语从禁止到容忍的过程。但是，仍然禁止使用其他语言。因此，博茨瓦纳的案例最多也只能描述为同化禁令，即禁止其他人使用自己的语言，而必须被同化而使用茨瓦纳语和英语。过去 33 年的实践进一步表明，包括教育在内的社会领域仅允许使用茨瓦纳语和英语。

勒鲁（Le Roux，1997）描述了三种类型的同化。第一种他称之为同化（assimilation），一种单向的过程，少数群体放弃他们的语言、文化和传统，并采用了占主导地位群体的语言、文化和传统，他称这种模型为"冰激凌加盐理论"。第二种是融合（amalgamation），也被称为大熔炉，是少数文化与多数文化相互融合形成新的独特文化的另一种同化形式，具有区别于原有文化的特点。第三，他描述了一种结构同化（structural assimilation）或"搅拌机"（blender）方法，在这种方法中，基于宗教、语言、种族等原因，拒绝任何类型的分组，这也被称为"开放社区"（open community）意识形态。在这种方式下，群体没有权利，个人权利被视为社会秩序的核心。这种方法的支持者认为群体权利在一定程度上限制了个人权利，他们认为同化和融合是反多元的。正如本文所表明的，博茨瓦纳政府采用了同化方法，即非茨瓦纳语的使用者必须融入茨瓦纳语群体的文化中。

瑞兹（Ruiz，1984）提出了语言规划的三个取向（orientation）。它们分别是：语言作为一种问题、一种资源或一种权利。他相信"语言的基本取向及其在社会中的作用会影响任何特定背景下的语言规划工作的性质"（Ruiz，1984：15）。他将取向定义为"对语言及其作用的综合倾向——这与语言态度有关，因为它们构成了态度形成的框架"（Ruiz，1984：16）。取向主要在潜意识层面，但可以从现有的政策和实践中推断出来。如表 2 所示，语言规划者如何看待语言决定了他们解决语言问题将采用的策略。

- 当语言规划者将语言多样性视为**问题**时，他们就会采用同化模型。在地位规划（status planning）中，他们的目标是消除少数族裔语言，语言本体规划（corpus planning）活动的特点是只发展国语（national language）而忽视少数族裔语言。在这种取向的影响下，语言习得规划（acquisition planning activities）活动将只涉及以国语进行教学和开发教学资源。

- 当规划者或政策制定者将语言多样性视为一种**权利**时，他们的地位规划活动将包括承认少数族裔语言，并公开准许这些语言的使用者使用这些语言。在语言本体规划中，将努力开发并使少数族裔语言标准化，以促进习得规划。使用少数族裔语言的儿童将被允许用他们的母语进行学习。

- 当语言多样性被视为一种**资源**时，地位规划中的政策表述会朝着发展、保护和尽可能使用多种语言的方向努力。更多的语言将被用于生活的方方面面，例如用于教堂、投票、媒体和许多其他社会领域，就像南非的情况一样。语言本体规划者将开发尽可能多的语言的书面语。习得规划过程中将编制教学资源以促进这些不同语言的学习。

表2　语言规划类型、取向和目标（Nyati-Ramahobo，1998b：55）

	取向	问题	权利	资源
	目标	同化	语言保持	语言多元主义
类型	地位规划（语言功能）	少数族裔消亡	承认少数族裔	保存和发展尽可能多的语言
	本体规划（语言结构）	只规范国语而忽视少数族裔语言	少数族裔语言的图形化和标准化	从词汇和社会语言上扩展少数族裔语言
	习得规划（语言学习）	只进行国语的课程开发和教学；用少数族裔语言学习	少数族裔语言的课程开发、教学与学习	人力资源开发、编写教学资源、识字技能

表2显示了语言规划取向、目标和规划类型之间的关系。

尼亚提－拉马霍博（Nyati-Ramahobo，1999a）认为，博茨瓦纳的语言规划受到被视为问题的语言多样性取向的影响，该取向认为必须根除少数族裔的语言、文化和身份。所有儿童都必须学习茨瓦纳语并将其用作教学媒介。他们必须融入茨瓦纳的语言和文化。民主要求给予群体权利，从而支持诸如青年、妇女和残疾人等群体。同样，必须容忍少数群体的权利，并应允许各群体按照种族和语言界限组成注册组织。这些权利会在同化主义模式和民主制度之间制造紧张关系。种族身份没有消失的原因之一在于，在民主制度下，人们不会再因发展和使用他们的语言而被监禁。本专著的第四部分，将在非政府组织在语言保持中的作用一节中进一步讨论这个问题。

主要语言和少数族裔语言

英语是博茨瓦纳的官方语言。它渗透到所有受过教育的巴茨瓦纳人（Batswana）① 的社会、经济和文化生活中，政府更喜欢使用英语胜于用该国任何其他语言。而茨瓦纳语是博茨瓦纳的主要语言，一些学者估计，大约80%的人口将其作为第一语言使用（Obondo-Okoyo & Sabone，1986）。其他人则认为，单独来看，大多数说茨瓦纳语的部落是博茨瓦纳的少数族裔，而综合起来，他们可能会或可能不会成为非茨瓦纳部落的多数（Mpho，1987）。例如，帕森斯（Parsons，1985：27）坚持认为：

> 兼具哲学性和领土性的茨瓦纳王国（Tswanadom）使许多观察家假设博茨瓦纳是一个单一民族国家……［其实］仅仅是茨瓦纳族这个少数族裔成功地将其文化强加在了占人口大多数的、来源极端多样的其他民族之上而已……［就是这样］种族认同感也没有消失。

然而，由于这种强制措施，构成茨瓦纳语的八种方言的使用者被认为是该国的多数部落。《酋长法》第41章第1款（Republic of Botswana，1965）指出，"'部落'指的是巴曼瓜托部落、巴塔瓦纳（Batawana）部落、巴卡特拉部落、巴克韦纳部落、邦瓜克茨部落、巴马利特（Bamalete）部落、巴罗隆部落和巴特洛夸（Batlokwa）部落"（见注释1中的表1，第1类）。《部落领土法》第32章第3款（Republic of Botswana，1965）也定义了与这些部落有关的部落领土，这意味着只有这些部落才是这片土地主权的所有者。这些部落中的大多数在迪法卡尼（Difaqane）时期起源于南非19世纪20年代和30年代的战争（Tlou & Campbell，1984：101；Ncqocqo，1979；Ramsay *et al.*，1996：61）。巴克韦纳族、班格瓦托族和班瓜克齐族是马洛浦族（Tlou，1998）的后代，它们在19世纪初因迪法卡尼战争而成为独立的部落。目前，班瓜克齐族人居住在博茨瓦纳的西南部，而巴曼瓜托人居住在中部，巴克韦纳人居住在南部。现在约有10%的人将茨瓦纳语作为第二语言（Obondo-Okoyo & Sabone，1986）。

其他部落讲的语言被视为茨瓦纳语的子方言。然而，讲这些方言的人都认为自己的部落是自治部落。这些部落包括巴比瓦（Babirwa）、巴特斯

---

① 巴茨瓦纳人亦称茨瓦纳人（Tswanas）、博茨瓦纳人（Botswana）或贝专纳人。

瓦蓬（Batswapong）、巴胡鲁特（Bahurutshe）、巴库鲁特（Bakhurutshe）和巴佩迪（Bapedi）。这些部落大多数也起源于南非，现在生活在与南非接壤的博茨瓦纳东部边界。到 1800 年，巴佩迪人已经在整个中央区定居。1913 年，巴库鲁特人搬到了中央区的内部（Ramsay *et al.*，1996：15）。巴胡鲁特人居住在靠近两国南部边界的奎嫩（Kweneng）区（见注释 1 中的表 1，第 2 类）。其他语族包括巴卡拉卡语、巴萨瓦语、瓦耶伊语、汉布库舒语（Hambukushu）、巴雷罗语（Baherero）、巴苏比亚语（Basubiya）巴西瑞库语（Baciriku）、巴嘎拉嘎迪语（Bakgalagadi）、巴戈图语（Bakgothu）、巴沙加语（Bashaga）和巴纳布吉瓦语（Banabjwa）（见注释 1 中的表 1，第 3 类）。据估计，这些群体约占总人口的 15% 至 20%（Obondo-Okoyo & Sabone，1986；Janson & Tsonope，1991：86 – 7）。他们说与茨瓦纳语既不相关，也相互听不懂的语言。巴萨瓦族大约由 17 个说不同语言的桑（San）族群组成（附录 1）。

上面所列的所有部落，均为少数部落。根据定义，术语"少数"和"多数"在博茨瓦纳没有任何数字意义。决定一个部落是大部落还是小部落是根据它是否属于八个茨瓦纳部落中的一个，是否说八种茨瓦纳语中的一种。例如，巴卡拉卡人（Bakalaka）被认为是中区最大的部落，但他们却被视为少数部落，因为他们说伊卡兰加（Ikalanga）语，而伊卡兰加语与茨瓦纳语无关。瓦耶伊人约占恩加米兰（Ngamiland）地区人口的 40%（Anderson & Janson，1997；另请参阅参考文献中的卡曼纳卡欧协会网站）。相比之下，巴塔瓦纳人仅占总人口的 1%，却被视为多数部落。巴塔瓦纳人统治着瓦耶伊人，巴塔瓦纳最高酋长也在酋长院中代表瓦耶伊人。政府不承认瓦耶伊的最高酋长，此事目前正在高等法院审理。巴莱特族（Balete）和巴特洛夸族的人口很少，仅占据一个村庄，但是他们却被视为主要族裔，并在酋长院中有代表自己的最高酋长。

总体的情况是，讲茨瓦纳语的群体统治着非茨瓦纳语群体。主要部落的村首府是所有其他部落都紧相靠近的首府。不管距离此村首府的距离如何，政府都在这里提供服务。这就是语言帝国主义渗透到那些不以茨瓦纳语为第一语言部落的社会和经济生活的方式。在所有的民族活动中，描绘的主要文化都是八大部落的文化。少数族裔语言和文化受到压制，并不鼓励在公共领域使用它们。这些政策旨在促进民族团结和民族文化认同，它和同化主义的模式相一致，都把语言和文化多元化视为问题和对民族团结的威胁。

宗教语言

阿曼泽（Amanze，1998：1）坚持认为，"传统宗教是当今巴茨瓦纳人的一种活生生的信仰"。之所以如此笃定，是因为"他们已经复兴并一直遵守他们大量的宗教信仰和实践，其中一些被早期传教士攻击为邪恶和有害于巴茨瓦纳的精神生活"。他进一步指出，非洲人"在他们的传统宗教中出生、生活和死亡"（Amanze，1998：2）。最近的一份报纸报道表明，大多数巴茨瓦纳人，包括受过高等教育的人，仍然依赖传统医学（*The Voice*，1998 年 5 月 21 日，星期五）。传统医学与传统宗教密切相关。正是这种宗教保护人们免受巫术、干旱、不确定性、疾病、不幸和其他身体、精神、经济和社会现象的影响（Amanze，1998：3）。

像大多数非洲人一样，巴茨瓦纳人相信有一个至高无上的存在［如在茨瓦纳语中的"Modimo"，什耶伊语（Shiyeyi）中的"Urezha"（Tlou，1985），或是廷布库舒语（Thimbukushu）中的"Nyambe"和伊卡兰加语中的"Nzimu"］。这个至高无上的神灵在博茨瓦纳各族部落中总是以拟人化的描述出现。他可以看到、听到、生气、原谅、应验等等。这种文化反映在人的名字上，例如 Oarabile（他很灵验）。他们也相信祖先神灵——在茨瓦纳语里叫"Badimo"，在什耶伊语里叫"Wazumu"。死者被认为继续以神灵形式存在，他们充当生者与上帝之间的中介。鬼魂也可以忽视或惩罚活人；他们可以原谅、保护并在需要时接近活人。当他们生气时，可能会带来疾病、不幸或死亡。需要遵循某些做法才能使他们开心。这些做法由来已久，镇上的人们周末都会到村里进行这样的仪式。这种现象使城镇工人阶级与其传统村庄之间保持着牢固的联系。虽然一些仪式如入会仪式已经停止，但那些与健康和财富相关的习俗仍在继续，尽管传教士试图废除它们。这些习俗主要包括保护孩子免受疾病和坏情绪伤害的出生仪式，以及确保夫妻不会离婚的结婚仪式。

非洲宗教中的神职人员包括占卜师、药师和祈雨者。酋长还拥有宗教权力。在殖民统治期间，英国公开禁止某些宗教活动。他们觉得博格韦拉（Bogwera）[1]（男性启蒙）等做法占用了酋长们为殖民地工作的大量时间。例如，1931 年，传统主义者巴克韦纳部落的塞贝莱二世酋长（Kgosi[2] Sebele

---

[1] Bogwera：非洲一种和男性启蒙有关的宗教活动。

[2] Kgosi：茨瓦纳语"酋长"的意思。

Ⅱ）想要遵从成为酋长或受人尊敬的成年男性所必需的（Ramsay，1987）博格韦拉习俗。英国人与他的亲戚合作，这些亲戚反对他将平民提升为酋长的政策，他们利用自己的不满把塞贝莱二世变成了政治犯，而真正的原因是他坚持推崇博格韦拉礼仪。目前，只有巴卡特拉族的林奇维二世克加费拉酋长（Kgosi Linchwe Ⅱ Kgafela）仍在操持博格韦拉礼仪。由于现在的酋长是选举产生的，并不一定是天生的统治者，他们的宗教权力被削弱了。他们只是巫医的客户，巫医会增强他们的力量，保护他们免受邪恶和对手的伤害。1998年，瓦耶伊人告诉塔瓦纳酋长，他们想拥有自己的首领。他在一次村事务会（kgotla）[3]上说，"我不怕你会坐上我的椅子［意思是酋长的座位］，因为我在它下面放了一些强大的咒语，没有人能把它拿走"（Davies，1998）。其实提供咒符的是药师而不是塔瓦纳酋长本人，瓦耶伊人也知道。酋长已不再有能力为子民带来雨水和丰收。他们已经失去了宗教的力量。

18世纪上半叶，伦敦传教士协会（LMS）的传教士来到贝专纳（博茨瓦纳）传播基督教。传教士的首要任务是让八个主要部落的最高酋长皈依基督教。这种做法使伦敦传教士协会在博茨瓦纳和南非的茨瓦纳语发展中发挥了重要作用。茨瓦纳语是埃塞俄比亚以南所有语言里翻译第一部圣经的语言，这项任务在1850年完成（Parsons，1998）。伦敦传教士协会在博茨瓦纳建造了三所至今仍在运营的高中：莫丁中学（Moeding College）、蒙恩中学（Moeng College）以及马翁中学（Maun Secondary School）。他们还建造了目前仍在提供医疗服务的医院。在这一时期，茨瓦纳语在宗教中的使用是显而易见的，因为学校和医院的晨祷都是用茨瓦纳语进行的。当执事和其他教会领袖访问医院为病人祈祷时，这些服务也是用茨瓦纳语进行的。独立后，学校的晨祷开始用英语进行。因此，基督教在教会促进茨瓦纳语和英语以及按照同化主义模式去排斥其他语言方面发挥了重要作用。酋长通常由传教士或受过传教士培训并为其工作的当地牧师进行辅导。例如，班瓜克齐的西帕皮索二世酋长（Kgosi Seepapitso Ⅱ）从小就接受伦敦传教士协会的莫托瓦格·莫罗格瓦（Mothowagae Motlogelwa）传教士（Moruti）的辅导，后来进入南非的一所教会学校洛夫代尔学院（Lovedale Institute）就读。因此，宗教不仅在建立学校方面发挥了重要作用，而且在教育酋长和教他们英语方面也发挥了重要作用。这有助于保持传统方式，像西帕皮索这样的迪戈西（dikgosi）酋长利用他们的教育来抵制英国人想要实施的一些变革。像塞贝莱一样，他是一位传统主义者，他相信基督教，但也不放弃茨瓦纳的法律和习俗（Ramsay，1987）。他的英语说得很好，因此能够向英国人表达他的观点。由于他本人能说流利的英语，因此他并不反对在教堂使用英语的同时也翻译成茨瓦纳语。

虽然博茨瓦纳的大多数人信仰他们的祖先神灵，但基督教却是该国的官方宗教。博茨瓦纳约有 176 个基督教教派（Amanze，1994）。还有其他宗教，如巴哈伊教、伊斯兰教、佛教和印度教（见表 3）。

表3　宗教及其成员人数和占比

宗教	成员人数	占比（%）
基督徒 Christian	392035	30.00
巴哈伊 Bahai	5000	0.38
穆斯林 Muslims	3848	0.23
印度教徒 Hindus	2000	0.15
佛教徒 Buddhists	150	0.01
锡克教徒 Sikhs	144	0.01

资料来源：Amanze（1988：x）。

在基督教会中有三种类型（Amanze，1998：ix）：传教教会（30.5%），由于非洲的传教工作而出现；五旬节教会（6.58%）和独立教会（64.93%）主要来自非洲特别是博茨瓦纳血统（原文如此，百分比增加到原始的100%以上）。独立教会主要是西方和非洲宗教哲学的混合体，它延续了非洲的宗教和传统。在传教教会中，最大的是拥有47000名成员的罗马天主教会，其次是拥有24000名成员的路德教会（Amanze，1994）。博茨瓦纳基督教会的宗派分类包括：罗马天主教、路德教、长老会、圣公会、公理会、卫理公会、浸信会、基督复临安息日会、五旬节会和独立教会（Amanze，1999）。他们对待宗教的方法包括使徒的、先知的、福音的和属灵的。虽然饮酒、纳妾、婚前性行为、多配偶和吸烟等传统宗教行为并未被禁止，但大多数教会，包括独立教会，都反对这些做法，当然也取得了不同程度的成功。尤其是在独立教会中，敬拜的方法混合了西方和非洲的风格。服装和西方一样正式，但仪式包含了非洲风格，如鼓掌、击鼓、跳舞和使用非洲音乐。

宗教增加了茨瓦纳语和英语的使用。尼亚提-拉马霍博（Nyati-Ramahobo，1991）进行的一项研究得出的结论是，大多数教会使用英语和茨瓦纳语，并且前者在教会的教学中发挥着重要作用。例如，在南部非洲联合公理会（UCCSA），主要信息是用英语传达的，并翻译成茨瓦纳语。城市地区的巴茨瓦纳牧师使用英语传递信息。在发布公告时，秘书可以自行决定哪些公告同时使用茨瓦纳语和英语，哪些公告只使用茨瓦纳语。教堂唱诗班用茨瓦纳语和英语唱赞美诗，而会众则用茨瓦纳语。圣经可以用茨瓦纳语或英语阅读，但两种语言的文本不一定相同。城市教会使用英语的增加是年轻教会领袖人数的增加和年轻教友更多地参与教会活动的结果。然而，茨瓦纳语在农村教会中仍占主导地位。

在语言同化主义模式中，语言多样性被认为会对和平造成威胁，因此教会很少使用少数族裔语言。然而，在 20 世纪 80 年代，总部设在伊利诺伊州奥罗拉的路德宗圣经翻译会和博茨瓦纳基督教委员会在少数族裔语言的发展中发挥了重要作用，如下面讨论的伊卡兰加语。将《新约》翻译成汉布库舒语和伊卡兰加语，导致该国东北部和西北部的一些教堂非正式地使用这些语言。什耶伊语正字法的发展导致一些赞美诗被翻译成什耶伊语。这些赞美诗是在一些葬礼上演唱的。宗教在少数族裔语言的发展和逐渐引入农村教堂方面发挥着越来越重要的作用，不然这些教会在其活动中只用茨瓦纳语。其他宗教的成员基本上由主要使用英语的外国人组成，除了伊斯兰教和印度教，它们使用阿拉伯语或印度语。

国家社会语言的复杂性

自独立以来，全国人口和住房的普查没有包括与该国种族或语言构成有关的数据。由于语言多样性被视为一个问题，因此此类数据可能会提高种族意识并破坏同化过程。这种做法隐含的是促进国家形象认同（national identity）而不是种族认同（ethnic identity）。另一个原因是，由于多数和少数的定义是非数字确定的，这样的数据就会很快引起人们的注意，即政府认为的主要民族实际上是数量上的少数。人口普查中缺少种族和/或语言信息，这阻碍了人们更轻松地去获取经验和科学数据，而这些数据可以准确描述该国的社会语言复杂性。由于这个问题，研究博茨瓦纳各种语言和种族的学者们将他们的信息建立在估计的基础上。表 4 显示了恩加米兰（Ngamiland）这个地区独立前的人口普查数据。1936 年和 1946 年的人口普查是最后一次将种族包括在内（Tlou，1985，来自 Shapera，1959）。这些数字只能作为粗略的指导，因为这些民族在该国其他地区也有代表，而其他民族在该地区没有代表。表 4 表明，瓦耶伊族是两个时期中人数最多的群体，但根据政府的定义，他们被视为少数族裔。

提洛（Tlou，1985）告诫不要在此期间使用人口普查数据，因为那里面只包括主要村庄。

表4 1936年和1946年恩加米兰各族裔人口

班图（Bantu）	1936年（人口普查）	1946年（人口普查）
巴格塞雷库（BaGcereku）	–	1513
巴雷罗（Baherero）	2933	5798
巴卡拉卡（BaKalaka）	–	728
巴嘎拉嘎迪（BaKgalagadi）	2270	1918
巴罗西（BaRotsi）	–	744
巴萨瓦（Basarwa）	3067	3704
索托（BaSotho）	–	42
巴苏比亚（Basubiya）	–	486
巴塔瓦纳（BaTawana）	7072	8124
巴耶（Bayei）/瓦耶伊（Wayeyi）/巴耶伊（Bayeyi）	16496	13261
汉布库舒（Hambukushu）	5919	5286
马特贝莱（Matebele）	–	103
其他	4402	–
总计	42158	41707

资料来源：Tlou（1985：9）。

1946年进行的人口普查可能是在大多数人都在田间耕作的季节进行的。对1936年至1946年人口减少的另一个可能的解释是，人口普查在1948年法庭案件之前，在巴耶/瓦耶伊人和巴塔瓦纳人之间的冲突最激烈时进行了人口计数。在此期间，大多数少数族裔受到恐吓，被迫将自己的身份认定为巴塔瓦纳人。这样解释似乎是有道理的，因为可以看出巴塔瓦纳族的人口增加了，但其他种族（如瓦耶伊、汉布库舒和巴嘎拉嘎迪等族）的人口却减少了。

莫夫（Mpho，1987）提供了1946年中央区人口普查的数据（见表5）。卡兰加人是这个保护区中人数最多的族裔，但在独立时，他们却被宣布为少数群体，并且因为他们不说茨瓦纳语，所以认为他们不会促进博茨瓦纳国家概念的统一，因而他们的语言被禁止在学校使用。

表6提供了独立后的方言使用者数据以及学者的最新预测。其中巴提多等人的汇编（Batibo *et al*，1997）依赖于安德森和詹森的估计。由于当时许多瓦耶伊人否认什耶伊语使用者的身份，所以瓦耶伊的数字可能更高。事实上，安德森和詹森（Anderson & Janson，1997：73）估计瓦耶伊人数可能在

28000－37000人之间。虽然自我否认综合征并不是瓦耶伊族独有的，但巴塔瓦纳人让瓦耶伊人比任何其他部落更广泛地成了自己的奴隶。他们中的大多数人已经被同化，不会说什耶伊语，剩余的人就算会说这种语言，也不承认他们会说，因为这种语言与奴隶制的联系使其地位低下。然而，自1995年卡曼纳卡欧协会成立以来，情况可能略有变化（见第四部分）。巴赫雷罗人的数字可能要低得多。他们于1904—1905年移民到博茨瓦纳（Anderson & Janson，1997），但是一直将自己视为纳米比亚人。

表5　巴曼瓜托保护区（现为中央区）的人口

族群	人口
巴卡拉卡	22777
巴曼瓜托	20159
巴特斯瓦蓬	11237
巴比瓦	9636
桑	9567
巴库鲁特	5441
巴嘎拉嘎迪	3963
巴特劳特	3538
巴卡阿	3055
巴佩迪	2572
巴帕伦	2409
奥瓦埃罗	1013
巴洛齐	1006
巴克韦纳	892
巴塞莱卡	889
巴纳吉瓦	844
巴耶／瓦耶伊／巴耶伊	724

表6　方言使用者估计人数

单位：人，%

民族 Ethnic Group	人口和人口百分比	
巴雷罗	31000（1.7）	31000（2.2）
巴卡拉卡	150000（11）	150000（11）

续表

民族 Ethnic Group	人口和人口百分比	
巴嘎拉嘎迪	15000 (1.4)	10000 + （？）
巴萨瓦	39800 (2.8)	40000 (4)
巴苏比亚	7000 (0.5)	7000 (0.5)
巴耶／瓦耶伊／巴耶伊	20000 (1.4)	37000 (4)
汉布库舒	8000 (0.6)	6000 +
巴茨瓦纳*	1100000 (79)	1100000 + (80)
其他	20000 (1.4)	–
总计	1390800	1381000

* 巴茨瓦纳指的是八个所谓的主要部落所说的八种方言。在过去的 63 年里，没有关于这些部落中各个部落人数的数据。

资料来源：Batibo *et al.* (1997)，Anderson &Janson（1997）。

1996 年纳米比亚独立后，一些人迁回，而另一些人则留在博茨瓦纳各地。1991 年的人口普查表明，博茨瓦纳 54% 的人口居住在农村地区（Central Statistics Office，1995：5）。由于缺乏可靠的数据，很难估计生活在农村或城市地区每个民族的百分比。

应非常谨慎地对待表 6 中的数字，它们只是基于 1936 年和 1946 年的恩加米兰和中部地区人口普查数据的估计数。总数的差异证实，这些只是估计数字，我们不可能使用 63 年前的数据来计算当前的数据，尤其是在政策有意加速语言转化后的情况下。斯米伽和马唐瓦尼（Smieja & Mathangwane，1999）也讨论了语言向茨瓦纳语转化的速度；萨默和沃森（Sommer & Vossen，1995）认为这样的估计可能不可靠。语言转化意味着自我认知和身份的转变。1991 年的人口普查不包括种族或语言信息。巴蒂博和他的同事严重依赖安德森和詹森的数据。因此，他们不可能提供一个可供替代的分析标准。

第二部分　语言传播

语言教育政策的发展

独立后的教育状况

在殖民时期，只有四所教会学校提供教育。很少有人能上这些学校，因而在独立时，领导国家的人才严重短缺。在过去 33 年中，教育部门在学生、学校和教师数量方面进行了巨大的扩张。1974 年，即独立八年后，第一任总统塞雷茨·卡马爵士（Sir Seretse Khama）任命了一个委员会来评估整个教育系统并提出实施建议。由时任斯德哥尔摩国际教育研究所所长的托森·胡森（Torsen Husen）教授担任国家教育委员会（NCE1）主席。并于 1975 年开始工作，1977 年完成。这项调查的主要结果是教育部门的学生人数在不断增加（见表 7）。但是，也发现了一些问题，包括成功率较低。委员会指出，"学校甚至没有很好地实现其有限的学术目标"（NCE，1977a：18）。

　　该体系以欧洲模式为基础，并没有改变以适应当地在课程内容方面的需求。评估主要用于选择进入下一阶段，最终为学习者做白领工作而做准备。小学入学率（74%）和中学入学率的迅速扩大（1966 年至 1976 年增加了 6 倍），对提高教师培训、校舍、设备和行政管理水平提出了更大的需求。因此，虽然有更多的孩子进入教育系统，但没有足够的资金为他们提供教育。教育部也人手不足。因此，学校没有得到定期检查。没有进行课程审查，旨在改进该系统的目标和政策没有得到执行。

表 7　入学人数（1966—1976 年）

年份	小学（人）	中学（人）	大学（人）
1966	71546	1531	0
1967	71577	1854	0
1968	78963	2299	0
1969	82214	3099	0
1970	83002	3905	0
1971	78442	4740	42
1972	81662	5564	70
1973	95511	6152	132
1974	103711	7055	201
1975	116293	8434	289
1976	125588	9558	465

　　资料来源：全国教育委员会（National Commission on Education，1977：14）。

　　另一个问题是，教育部在质量问题上侧重于中等和高等教育，而忽视了初等教育。例如，小学一级的大多数教师都没有受过培训。还有城乡之间在提供教育方面的差距。例如，在农村地区，大多数孩子必须走很远的路去上学，有时他们不得不搬到另一个村庄去上学。农村学校未经培训的教师更多，设施更差。另外，农村地区的儿童说的是非学校语言，所以在理解国语教学方面存在问题。

委员会提出了解决当时教育系统面临的一些最紧迫问题的建议。其中包括以下内容：

（1）需要优先重视初等教育，作为其他各级教育的基础；具体来说，在这一层次上，课程应该同时关注数量和质量问题，例如，应该确保每个孩子获得基本的读写和计算的技能。

（2）建议通过几种方式增加进入初中教育的机会，包括非全日制学习、取消入学年龄限制、扩大设施以及发展师范学院和更多学校等。它还建议在技术教育和职业教育之间建立一个连贯的系统。

（3）茨瓦纳语的考试成绩应列入小学毕业考试（PSLE）成绩，并应为说其他语言的儿童制订补偿方案。

（4）教育系统应该培养国家发展的三项原则：自力更生、团结一致和民主——这在社会正义（Kagisano）哲学中达到顶峰。该委员会编制的报告名为"为社会正义提供教育"，接受的建议载于1977年8月1日议会通过的第1号政府白皮书《国家教育政策》中。

表8 1979—1991年教育入学人数

年份	小学（人）	初中（人）	高中（人）	大学（人）
1979	156664	14165	2551	–
1984	209772	23500	3864	–
1988	261352	27989	12368	–
1991	298812	52866	22496	–
1997/98				8302

资料来源：全国教育委员会（National Commission on Education, 1993）；中央统计办公室（Central Statistics Office, 1999）。

（5）委员会建议将教育结构从7:3:3:4改为7:2:3:4（小学、初中、高中和大学）。

（6）委员会建议设立课程开发和评估司。

（7）委员会还就使用茨瓦纳语作为教学语言和其他语言相关问题提出了建议。这些将在以下有关语言教育政策的部分中详细讨论。

1977 年至 1992 年，教育部（见图 2）试图落实第一届全国教育委员会的建议，为社会公正提供教育。1992 年，第二任总统凯图米尔·马西雷（Ketumile Masire）爵士任命了第二个全国教育委员会（NCE 2），重新评估了整个系统，指出其优势和劣势，以期找到通往下一个千年的办法。自 1977 年以来，社会、经济、政治和文化发生了许多变化，这一趋势也随之而发展。时任总统事务和公共行政部长波纳谢戈·凯迪基尔韦（Ponatshego H. Kedikilwe）先生担任该委员会的主席。他又是教育部长，很多人认为他有机会实施自己的建议。然而，他后来辞去了内阁职务。委员会于 1992 年 4 月开始工作，并于 1994 年完成。它确定了自上届委员会以来已经取得改进的关键领域，并指出了需要在系统中关注的领域。据报道，以下改进已经发生：

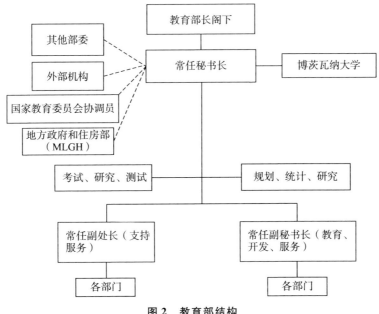

图 2　教育部结构

- 入学人数继续扩大（见表 8）；
- 课程开发与评估司成立，课程普遍对社会公平哲学保持敏感；
- 课程有了很大的改进，促进学习的新教学措施和方法已经到位；
- 已实现初等教育的普及，初中教育的机会增加（见图 3）；
- 博茨瓦纳大学初等教育系于 1981 年成立，旨在将教师培训到该有的证书水平，将教育官员培训到该有的学位水平。因此，未经培训的教师人数从 1978 年的 38.6% 稳步下降到 1991 年的 13.3%。

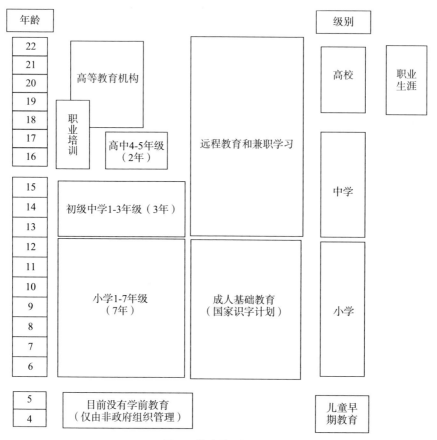

图 3　教育培训结构

而以下领域仍然存在问题：

- 高中教育入学难仍然是一个问题（NCE 2，1993：148）；
- 仍然需要在农村和城市地区之间提供教育公平；
- 中等教育和初等教育之间的教育供给仍然不平衡，小学教师仍然没有住房，学校没有电气化，教室仍然短缺。这些问题今天仍然存在。小学中仍然存在大量未经培训的教师。

委员会随后在四个主要领域提出了建议：

（1）公平：不仅需要城乡之间、中小学教育之间的公平，而且对于特殊能力或残疾儿童在校内外教育和性别之间也需要公平。委员会注意到女孩接受初等教育的比率很高，但她们在初中和高中阶段的辍学率也很高。它还注意到，在高等教育中，与科学相关的领域的女性人数不足。这方面的一些建议，包括在学前阶段使用母语和小学阶段应要求使用母语，都被议会否决，因此未列入附录 2。

（2）质量：小学的学习成绩仍然很低，近年来中学水平略有改善。委员会进一步建议，教育制度现在应该解决质量问题，并重新引入 7 : 3 : 2 : 4 制度。教学发展中由于教师对绩效的影响最大，因此教育的专业性已被确定为解决教育质量的主要策略。这种发展应包括提高教师的地位、提供更好的工作条件和激励措施以及改进教师培训计划。

（3）学校管理：委员会注意到管理不善的学校表现不佳，建议采取措施解决这个问题。例如，校长的作用应明确界定为教学领导，并应提供适当的培训。

（4）财务：委员会注意到，教育制度需要成本回收和有效的筹资制度。教育管理人员的发展和教学系统的审查是改善教育的关键。

这里一共提出了 134 条建议，其中被采纳的建议载于 1994 年 4 月国会通过的题为《国家教育政策修订版》（RNPE）的第 2 号白皮书。从那以来，一直致力于实施这些建议。这些关于语言的建议见附录 2。

现有的最新数据是 1997 年的数据，这并没有说明该系统自提交报告以来的执行情况。然而，报告显示，以少数族裔为主的地区，如卡拉加迪、恩瓦基茨、奎嫩、甘特西和恩加米兰的辍学率最高，复读率最高，未经培训的教师人数最多，教室短缺最严重（Central Statistics Office，1999：24，30，36）。

语言教育政策

1966 年博茨瓦纳独立时，没有关于学校教学语言的明确政策。然而，人们普遍认为，英语（宪法规定的官方语言）将构成教学语言。但是由于教师资历相对较低，而且他们无法用英语交流，所以在低年级时可以允许使用茨瓦纳语进行教学。其他语言，如独立前在学校教授的伊卡兰加语（Ikalanga），独立后就被禁止在学校使用了。

该政策假定使用英语作为各级教学媒介，并在小学一、二年级交流出现问题时，允许使用茨瓦纳语。另外，实践表明，在整个小学和中学阶段，教师实际上在茨瓦纳语和英语之间进行转换（NCE，1977a）。实践进一步表明，在东北部地区，尽管伊卡兰加语被禁止使用，但它仍然被作为学校的非正式教学媒介。尽管存在这种现实，教育部的一些官员仍然认为英语是必需的教学媒介。因此，更多的努力和资源被用于改善英语教学和使用英语作为教学媒介上，而不在茨瓦纳语上，因为茨瓦纳语在当时是一个非考科目。第一届全国教育委员会（NCE 1，1977a：76）认为这种情况忽视了国家语言。它指出：

> 早在小学三年级就引入英语作为教学媒介……显然是对国家语言的歧视。委员会强烈认为，每个国家都应该在其教育系统中给予自己语言突出的地位。

委员会进一步认为，第一语言教育不仅有助于早期概念的形成，而且有助于其他语言的习得。委员会随后建议在小学的前四年使用茨瓦纳语。然而，它并没有就教育中使用少数族裔语言提出任何建议，而是建议为讲其他语言的儿童制订一个补课方案。科马雷克·基蒂米维（Komarek & Keatimilwe，1988）对该方案进行了可行性研究。他们建议在茨瓦纳语不作为母语的地区，采用一种过渡性的双语教育模式，从母语到茨瓦纳语，再到英语。然而，政府没有接受这一建议，因为这将与同化政策相抵触。

第二届国家教育委员会（NCE 2，1993：113）将茨瓦纳语作为教学语言的年限从四年减少到一年。该委员会认为，"目前的语言政策使儿童无法掌握在小学、继续教育和工作生活中取得更好成绩所需的主要语言"。该委员会认为第一语言教育阻碍了儿童接触商业语言，也就是英语。这一论点不但没有考虑第一语言在学习过程中的作用，还忽视了这样一个现实：在1977年政策出台之前，教育系统的特点是学习成绩低下，但当时英语被认为是教学媒介。因此，第一语言的使用不可能是造成成绩低下的唯一原因。然而，该委员会建议在学前教育中使用第一语言，包括少数族裔语言，但该建议被议会否决了。

博茨瓦纳的语言规划进程受到一种倾向的影响，这种倾向认为语言多样性是一个问题，是对民主成果的逆转或否定，是对团结、社会和谐和发展的威胁（Nyati-Ramahobo，1991：201）。第一任总统塞雷茨·卡马爵士告诉全国，他的政党"代表了民族和国家的缓慢但稳定的进化，部落群体虽然仍然存在，但将处于次要地位"（Carter & Morgan，1980：291）。1989年，第二任总统凯图米莱·马西雷爵士要求博茨瓦纳人：

> ……不要因为争取民族语言群体优先于茨瓦纳语而破坏了国家普遍的和平与团结，如果各部落都坚持自己的语言成为自己地区的教学媒介，将会分裂这个国家。（《博茨瓦纳日报》1989 年 6 月 30 日，第 123：1 号）

这些声明反映了博茨瓦纳对使用其他语言的公开禁止。时任副总统的莫加（Mogae）访问了中央区的杜克维（Dukwi）和莫塞特（Mosetse）村，以便在巴芒瓦托部落的两名副酋长强加给巴卡拉卡部落之后，消除巴芒瓦托部落和巴卡拉卡部落之间的紧张关系。一位报道这次访问的记者写道：

> 据报道，他［莫加］告诉杜克维和莫塞特的居民，所有生活在中央区的人都应该认为自己是班格瓦托人，从而证明那恩瓦托人（Ngwato）对巴萨瓦、巴卡拉卡、巴比瓦、巴特斯瓦蓬等部落的霸权是正当的。……莫加没有通过领导能力测试。对于他来说，这是个机会，他可以站出来承认确实存在一个相当扭曲的宪法安排。相反，他延续了向"主要"部落献媚的怪念头传统。有足够的证据表明，部落平等的倡导者都是为了国家的统一，但不能以牺牲部落的完整性为代价。（Moeti, 1998：9）

这显然是"冰激凌加盐"的同化模式。总统说，这些部落必须被融合，放弃他们的文化，完全融入那恩瓦托文化。这是公然禁止实现这些人的文化。执政的博茨瓦纳民主党内部的趋势是维护宪法，尽管可能存在歧视，但那些指出这个问题的人却很快就会被贴上"部落主义"和"种族冲突制造者"的标签。由于害怕被贴上这样的标签，批评者往往保持沉默。由于执政党推行单一语言制和单一文化主义，议会于 1994 年 4 月批准的《国家教育政策修订本》只包含了 NCE 2 中涉及茨瓦纳语和英语教学的建议（见附录 2）。

值得注意的是，虽然新政策提倡以英语作为教学媒介［18（a）］，而牺牲了茨瓦纳语，其他的主张在教育中使用茨瓦纳语。建议 3 要求制定一项全面的语言政策，可能在其他社会领域，例如商业、技术、政府、法律和政治结构中促进茨瓦纳语。还值得注意的是，编号为 46（b）的提案认为有需要具备茨瓦纳语能力的工作机会。研究表明，与英语能力要求相比，目前很少在广告中发现这样的工作要求（Nyati-Ramahobo, 1991）。这种做法是使茨瓦纳语的学生和教师失去积极性的主要因素。茨瓦纳语的经济用途必须多样化，不仅仅限于广播播音员、法庭口译员和教师，要让茨瓦纳语成为一种社会流动性语言，因此它必须吸收教育制度的成果。一项全面的语言政策必须非常认真地对待这个问题，以便促进建议 31 和 46（b）的实施。在政策通过五年之后，除了目前正在准备实施的第 18（a）项涉及英语在标准 2 的使用外，没有一项建议得到落实。更多的资源将继续用于包括教育在内的所有社会领域的英语使用上。这种做法使学者和公民认为，政府正在推动英语的单语化，并在一定程度上承认茨瓦纳语的作用。

因此，教育中的语言政策涉及在教育中具体使用茨瓦纳语和英语。由于国家教育委员会第二届会议的建议没有一个被落实，国家教育委员会第一届会议关于教学语言的政策仍然存在。因此，茨瓦纳语是要求作为小学一年级到四年级的教学媒介语，而英语在这些年级是一门课程。英语成为小学五年级的教学语言，并一直延伸到高等教育阶段，而茨瓦纳语则仅仅作为一个科目进行教学（Republic of Botswana，1977：4）。这项政策适用于全国所有的公立学校。私立学校从小学一年级开始就使用英语作为教学媒介，但它们在教授茨瓦纳语的年限有灵活的政策。自独立以来，英语学分一直是进入大学的必要条件。然而，计划从 2000 年开始改变这一政策。理科除外，进入大学需要英语考试。茨瓦纳语的学位是用英语授课的，因此进入该课程需要通过英语。

以语言多样性问题为导向的同化模式在语言教育政策中十分明显。明令禁止使用其他语言进行学习，使得少数族裔占主导地位的地区在教育方面继续处于不利地位。过分强调英语是为了让学习者接触科技、社会流动和全球化的语言。因此，要面对以下两方面的矛盾：一方面要平衡各种当地语言与茨瓦纳语的作用，另一方面又要平衡茨瓦纳语和英语之间的关系。亚瑟（Arthur，1996：46）认为，这种"不平等反映并延续了博茨瓦纳社会的等级语言价值观，官方将英语和茨瓦纳语以外的语言排除在课堂之外"。英语是最受重视的，大多数人会报告自己会说英语即使他们实际上不会（Vossen，1988）。这进一步反映在资源的分配上，英语在合格教师、课时分配和政策方面得到最大的份额。茨瓦纳语排在第二位，尽管政策方向和最近在议会的使用都承认茨瓦纳语是国语。少数族裔语言是最不受重视的，既没有政策也没有实践来解决这个问题。沃尔夫森和马内斯（Wolfson & Manes，1985：前言）认为，一个人的母语是一个人身份的重要组成部分，否认它实际上就是否认一个人的沟通能力。贬低一个人的语言就等于贬低这个人。在这方面，剥夺儿童学习母语机会的同化政策被认为是不人道的。

目标和评估

教学大纲由教育部课程开发和评估司的课程开发官员（CDO）编写。课程开发官员的一些职责包括制定教学大纲的总体目标，以及就如何在教学和学习情境中使用材料以实现教学大纲的目标提出建议。

茨瓦纳语和英语教学大纲的目标非常相似，可以概括如下。两个教学大纲都是用英语编写的：

- 以帮助儿童获得非常必要的听、说、读、写技能；
- 确保儿童在与其他儿童、成人和大众媒体的交流环境中应用这些技能；
- 以此作为继续教育的基础；
- 为茨瓦纳语和英语作为教学媒介的发展奠定坚实的基础；
- 以促进儿童的创造力；
- 鼓励学习和保护茨瓦纳语文化；
- 帮助孩子们认识到，良好的茨瓦纳语口语既可以在家庭也可以在学校中习得；
- 提供课程，以加强茨瓦纳语作为国家建设的重要工具。（Ministry of Education，1982：1）

访谈数据表明，教授茨瓦纳语的主要目的是对文化的认同和早期概念的形成。人们相信，如果小学一至四年级（旧政策，NCE 1）或小学一年级（新政策，NCE 2）用茨瓦纳语为儿童编写教材，就可以实现文化认同和保护。早期概念形成的问题似乎早在标准 4 就已确定。用英语教学的目的主要在于，它是更广泛的交流及商业和工作领域的语言。

茨瓦纳语和英语的教学方法据说是交际法。改变这种方法的决定来自第一届国家教育委员会的建议，该委员会认为语言教学集中在语法和谚语上，牺牲了阅读和写作的识字技能。这种方法的基本理由是："我们不期望孩子在使用语言之前先分析语言"（Ramatsui，1989 年 7 月 30 日，个人交流）。这对十年的基础教育计划来说也是必要的，该计划力求为儿童提供他们在日常生活中需要的技能。交际教学大纲是在委员会提出建议后制定的，于 1982 年出台，提供了一些交际主题，但主要还是结构性的。不过，1995 年进一步修订了教学大纲。1998 年，出版公司为应对新教学大纲基于交际教学和评估方法开发了新的教材。迄今为止，这些教材只在学校使用了一年，因此它们的影响和作用还未得到评估。

考试是在七年小学教育、三年初中教育和两年高中教育之后进行的。第一届国家教育委员会建议继续进行评估和补习教学以提高成绩。这些建议尚未得到落实。普及初等教育和十年基础教育的实现，意味着小学毕业考试

（PSLE）不再是一种选拔工具。大约 95.3% 的学生能升入初中（Central Statistics Office，1999：xiv）。因此，考试已经从典范参考变成了标准参考，也就是说一个孩子的表现不是与其他孩子比较，而是与一套标准比较。

新的教学大纲强调，评估技术应该侧重于发现儿童是否能读、写、说和听。教师应该着重评估学生的能力，以不同的目的阅读，针对不同的受众写不同的话题，在不同的情况下听和说。如果孩子们能够在每个年级的每个技能目标中完成这四项语言技能，这就意味着他们有能力在同等年级要求的能力范围内使用语言规则。新的教学大纲进一步指出，持续评估应该是语言评估程序的一个组成部分。例如，应该根据学生自愿阅读的书籍数量、撰写报告的数量和在课堂上的讨论的数量来评估他们。特别是当技能目标被用作评估标准时，标准参考测试应该是有用的。这种类型的测试在 1997 年首次实施，人们普遍认为成绩有所提高（Central Statistics Office，1999：107）。当 C 级和 D 级成绩成为总分的一部分时，总体通过率有所提高。然而，当只有 A 级和 B 级用于形成总体及格等级时，则没有改善。将 C 级和 D 级学生包括在内是适当的，因为他们也可以进入初中。

虽然官方的语言教学方法是交际性的，但有证据表明，即使在所有科目都采用标准参考测试之后，评估仍然继续反映结构方法。所有小学毕业考试和中学阶段的所有其他考试（除茨瓦纳语科目外）都使用英语。在小学四年级结束时进行的数学、英语和科学的能力测试用茨瓦纳语书写。英语科目的测试用英语书写。这些测试的目的是"确定儿童是否达到了茨瓦纳语的基本读写能力以及英语和数学的基本能力"（Republic of Botswana，1977：4）。然而，这并不是一个通过或失败测试，因为有一个自动升级的政策。相反，小学四年级的达标测试是为了遏制自动升级政策的缺陷，因为它是为了识别那些在进入五年级之前或进入五年级时需要额外帮助的儿童。然而，据报道，由于教师要么没有接受过辅导教学方面的培训，要么没有足够的时间去做，所以并不总是能提供辅导工作（Nyati-Ramahobo，1999a）。

媒体语言

媒体在博茨瓦纳国民生活中的作用可以追溯到 1850 年代（Sechele，1998）。它在南非被称为"茨瓦纳新闻"的一部分。塞谢勒（Sechele）报告说，茨瓦纳新闻社是：

    ……一种基于茨瓦纳语的新闻，在南非贝专纳（Bechuanaland）保

护国（现为博茨瓦纳）、北开普省、前德兰士瓦省和前奥兰治自由邦等讲茨瓦纳语的人所居住的地区。（p. 412）

　　用茨瓦纳语书写的印刷品有助于基督教的传播和识字技能的获得。它还通过提供有关博茨瓦纳周围事件的信息，为提高博茨瓦纳人的生活质量做出了贡献。例如，1886 年，一份名为 *Mahoko a Bechuana* 的报纸发表了一篇文章，讲述了一个白人向 Lehututu（南非）的巴嘎拉嘎迪部落出售酒水，从而耽误了村庄的发展。用祖鲁语和茨瓦纳语报道的《人民报》（*Abantu-Batho*）在提高非洲群众的政治意识方面发挥了重要作用，并成为非洲国民大会的一个强大机构。在贝专纳也有一些报纸，如总部设在加特伦（Kgatleng）区的《国家之光》（*Lesedi la Sechaba*）、《茨瓦纳人之灯》（*Lebone la Bechuana*）和《巴茨瓦纳之星》（*Naledi ya Batswana*）。博茨瓦纳第二任总统马西雷·凯图米尔（Masire Ketumile）爵士曾是后者的记者。这份报纸报道了 1948 年巴塔瓦纳和巴耶伊之间的酋长身份问题。所有这些报纸都用茨瓦纳语报道。虽然没有公开禁止使用其他语言，但也没有公开允许或在媒体上推广这些语言，因为传教士只编纂了茨瓦纳语。目前还不清楚原因，但茨瓦纳语的媒体已经不存在了，甚至在南非也不存在。

　　目前，博茨瓦纳有八家私营报纸，所有这些报纸都是用英语出版的。其中一份报纸包括茨瓦纳语的版面和一个伊卡兰加语的专栏。它们主要在较大的村庄和城镇发行。自 1982 年诞生以来，独立媒体在一个由政府媒体主导的国家中提供了另一种声音（Sechele, 1998）。许多人认为，独立媒体揭露了政府的腐败、政治上的傲慢、麻木不仁、缺乏透明度和问责制（Grant & Egner, 1989）。大多数人认为，正是这种媒体报道导致了反对派在 1994 年大选中的议会席位从 3 个增加到 13 个（Sechele, 1998）。在 1999 年的大选中，独立媒体继续发挥这一功能。执政党的压倒性胜利并不是因为博茨瓦纳人对该党有信心，而是因为大选前 12 个月反对党的内斗和随后的分裂。许多人认为，除了分裂反对党，执政党已经没有赢得选举的策略了。尽管存在分裂，反对党在 1994 年赢得的 12 个选区，在 1999 年（民众）仍然投票支持了反对党。要是反对派更团结的话，肯定会比 1994 年更能削弱执政党的力量。在博茨瓦纳，媒体被认为是加强民主的核心。

　　然而，媒体也有其影响力被限制的问题。这些问题包括：农村地区识字率低，一些编辑因害怕受害而进行自我审查，缺乏设施，工作人员没有经过培训，以及记者缺乏动力。推广英语并在一定程度上推广茨瓦纳语的语言政策限制了信息向农村地区的有效流动。因此，选民和艾滋病教育仅限于城镇和主要村庄（Sechele，1998）。同时，立法也限制了新闻自由。例如，1995年出台了《腐败和经济犯罪法》，禁止记者报道仍在调查中的案件。腐败与经济犯罪调查局负责调查白领犯罪，包括那些可能由部长犯下的罪行。

政府印刷厂专门为政府提供特殊服务。它负责印刷所有政府文件。政府各部委下的订单会被记录在一个登记簿上，注明下订单的日期、需要完成的工作类型、需要的数量和收集订单的日期。我们选择了农业部、商业部和卫生部作为研究对象，以了解政府与公众沟通的语言。农业部是一个合适的选择，因为该国很大一部分人口依赖农业，而农业在经济中占有重要地位。1982年，政府通过商业和工业部推出了财政援助政策（FAP）。该政策鼓励普通公民通过贷款来创办小企业。这项政策旨在创造就业机会，帮助博茨瓦纳人参与商界（Republic of Botswana，1985：239）。由于这项政策，人们可能期望政府和公众之间的沟通增加，向他们提供有关这些计划、如何入门以及未来计划的信息。同时，卫生部是一个处理影响整个人口的问题的机构，而不仅仅是其中的一部分人口，特别是在艾滋病毒与艾滋病大流行的框架内。因此，与人民就健康问题进行沟通是至关重要和不可避免的。

从这三个部委收集的数据表明，农业部61%的面向公众的文件是全英语的，而工商部95%的文件也是全英语的。这些英语文件包括公众在申请财政援助时必须填写的所有表格。卫生部的双语文件（42%）多于英语或茨瓦纳语文件。在这三个政府部门的主要语言是英语。因此，非供公众使用的文件100%是英语，而供公众使用的文件有59%是英语。可以总结为，政府在卫生、农业和商业问题上是用书面英语与公众沟通的。例如，在该国最偏远的地区发现用英语书写的健康海报是很平常的事。不管申请人的教育水平如何，为获得财政援助而设计的表格都是英文的（Nyati-Ramahobo，1991）。这种情况在未来十年内不太可能改变。

对政府所有的电台每周播出的节目进行分析，以了解广播的语言。以年轻人需求为重点的私营电台主要（70%）用英语广播。两个政府电台的数据显示，36个（42%）节目是用茨瓦纳语，19个（22%）用英语，30个（35%）同时用茨瓦纳语和英语。对前面提到的三个部委他们各自制订的计划进行了分析。结果表明，在三个选定的部委中，项目数量的62%都用茨瓦纳语。

政府还拥有一份报纸，即《每日新闻》。该报纸共有8页，其中6页半是用英语写的。最后一个半版是将前几页的材料翻译成茨瓦纳语。因此，政府主要用英语与公众交流。值得注意的是，这份报纸没有送达该国较偏远的地区；因此，只有主要村庄和城镇的人可以看到这份报纸。根据报纸和广播的数据，可以得出这样的结论：政府似乎更喜欢在广播中使用茨瓦纳语，在书面形式中使用英语。而媒体只使用这两种语言。

政府一直不愿意为私人拥有的广播电台提供广播许可证。多年来，人们都认为是总统办公室负责发放这种许可证。该办公室反过来不断告知公众，不存在允许发放此类许可的立法。1994 年，当一位年轻的律师帕特里克·冈达（Patrick Gunda）就此事将政府告上法庭时，很明显，博茨瓦纳电信公司是负责发证事务的。以前推出总统办公室这个挡箭牌是为了阻止私人拥有广播电台，因为面对私营广播电台，政府的审查更加困难。电台也可以用少数族裔语言进行广播。冈达（Gunda）先生在申请广播电台执照时失败了，因为他的申请表明他打算使用少数族裔语言。这表明在媒体中使用少数族裔语言是暗中禁止的。许多人将艾滋病毒/艾滋病在该国的猖獗蔓延归咎于人们缺乏对相关信息的全面理解能力。其他有关国家利益问题的教育活动也没有传达给民众。关键的信息只传达给了大约 40% 的人口，这种效率低下的沟通不可避免地影响了发展。

移民

16 世纪，巴卡拉卡部落（Bakalaka）从津巴布韦和南非部分地区迁移到博茨瓦纳东北部（Tlou & Campbell，1984），这使得该国的这一部分地区主要讲伊卡兰加语（Ikalanga）。随后卡兰加人被班格瓦托（Bangwato）部落奴役并被带到了中部地区。目前，他们主要居住在班格瓦托的首府塞罗韦（Serowe），并且他们中的大多数人已经被班格瓦托文化同化。瓦耶伊人（也称为巴耶伊或耶伊）从中非经马拉维和赞比亚来到博茨瓦纳。他们在卡普里维地带（纳米比亚）一个叫迪耶伊（DiYei）的地方定居。提洛（Tlou，1985）估计他们一定是在 1750 年或是更早时候来到博茨瓦纳的。默里（Murray，1990：4）估计他们可能早在公元 1000 年就来了；其他人说他们是在 1400 年左右来的（Gazette，1999）。尼亚提-拉马霍博（Nyati-Ramahobo，1999b）也同意默里的观点，因为什耶伊语里采用了他们在奥卡万戈（Okavango）三角洲接触的科伊桑语（Khoisan）中的咔嗒声。为了实现这个过程，这两个群体必须共同生活很长的时间。科伊桑人被认为是博茨瓦纳的原住民。汉布库舒人是在两个不同时期来到博茨瓦纳的。第一批是在 1876 年至 1890 年之间来的，第二批是在 1969 年因为安哥拉的战争而来的。而赫雷罗人在 1897 年至 1906 年间来到博茨瓦纳（Murray，1987），是为了逃离当时德国在西南非洲（纳米比亚）的统治。

19 世纪的部落战争和其他社会事件导致了说茨瓦纳语部落的分化（Tlou & Campbell，1984：57 - 100），这促成了茨瓦纳语向全国各地的传播。例如，1795 年中部地区班格瓦托部落儿子之间的战争（Sillery，1965）导致其中一个儿子［塔瓦纳（Tawana）］迁到了现在巴塔瓦纳部落居住的恩加米兰地区（西北区）；这是茨瓦纳语传播到该地区的主要方式。由于巴塔瓦纳人"强加于人"（Sillery，1965：22），他们迫使该地区的大多数瓦耶伊人说茨瓦纳语，并惩罚瓦耶伊人说他们自己的语言。一些瓦耶伊人随后为了避免塔瓦纳的征服而逃到了中部地区，并向班格瓦托部落的酋长，博茨瓦纳第一任总统塞雷茨·卡马爵士的父亲卡马三世寻求庇护。卡马三世接受了他们，但条件是他们必须讲茨瓦纳语，以便能有效地向他传达他们的委屈，并使他能够在法庭和其他重要情况下以村事务会（kgotla）的名义为他们辩护。结果是，大多数瓦耶伊人都不会说什耶伊语，同样，巴卡拉卡人也不鼓励说伊卡兰加语，因而在塞罗韦的大多数巴卡拉卡人只说茨瓦纳语。

在 17 世纪，巴罗隆部落从南非的德兰士瓦迁往东北部将茨瓦纳语引入了该国的这一地区。因此，茨瓦纳语是该国的通用语言；大多数孩子在家里和学校都学习它。这一因素使得茨瓦纳语更容易被选为国家语言。外国人在博茨瓦纳职前培训中心学习茨瓦纳语和文化。因此，茨瓦纳语的传播是通过讲茨瓦纳语的群体向该国其他地区传播而进行的。茨瓦纳语作为唯一的当地语言在学校中使用，以及独立后禁止使用在该国使用的所有其他语言，进一步促进了茨瓦纳语的传播。

与其他一些非洲国家的情况不同，博茨瓦纳没有大量的欧洲人或亚洲移民定居；独立后，其他国籍的人以个人身份来到这里成为侨民或公民。由于社区尚未形成，因而语言或原籍地对这些人来说还不是问题。

第三部分　语言政策与规划

博茨瓦纳的语言政策没有成文的规定；它是从现实中理解、推断和观察到的。诸如在前面讨论过的宪法中，在国家教育委员会的报告中，在国家的发展计划中，以及在一些课程材料和新闻媒体中都提到了它。这些来源只提到它，没有定义它，也没有把它作为讨论的主题。他们在处理与语言和教育相关的其他问题时提到了它。例如，在讨论国民议会和酋长院的选举资格时，宪法规定：

　　……一个人有资格当选为国民议会议员，除非……（d）他能够说话，并且除非因失明或其他身体原因而丧失能力，能够阅读英语，足以积极参与议会的议事活动［第 61（d）条 00：37 和第 79（4）（c）条 00：46］。

宪法的其他章节在讨论人们的基本权利和自由时也提到了语言政策。例如，第 10（2）（f）条规定：

> 每个被指控犯有刑事罪行的人，如果无法理解审判时使用的语言，则应被允许无偿地获得翻译员的帮助……（00：11）

如前所述，独立时，英语通过宪法间接地被宣布为官方语言。目前英语被用于司法、行政、教育和商业部门，直到 1998 年底，它还在议会中使用。所有的政府信函和记录都使用英语。公务员系统中的所有会议也均以英语进行和记录。40% 的人口都在使用和阅读英语（Obondo-Okoyo & Sabone 1986：12），他们主要是居住在城镇受过教育的精英。虽然茨瓦纳语被认为是国家语言，但宪法却并未提及它，它主要用于非正式场合和传统事务中。

全国成人识字计划是用茨瓦纳语进行的，计划执行时并不考虑其所在社区是否存在其他语言。修订后的国家教育政策建议校外项目的目标如下：

（1）建立一个学习型社会，将教育视为一个终身的过程。
（2）保障学龄儿童和成人普遍接受基础教育，以促进社会公平和社会正义。
（3）为年轻人和成年人提供机会，将他们的初始教育进一步提升到更高的阶段，以提高人口的总体教育水平。
（4）为成年人提供获得与工作相关技能的机会，以提高他们的生产力和生活水平，并促进经济增长。
（5）提高成年人参与社会、政治、文化和体育事务的能力，以提高他们的生活质量并促进他们更多地参与发展过程。（Republic of Botswana，1994：34－5）

该政策呼吁将成人教育作为一个终身学习的过程。该政策还应该为那些因为某种原因错过教育机会的学龄儿童提供进一步教育的机会。它还要求通过增加正常学校教育以外的学习机会，来建立一个有教养的和知识型的社会。公共教育应该让人们意识到生活所需的技能。

非政府组织一直在推动承认其他语言和族群的存在（见第四部分）。这在一定程度上对政府产生了影响例如，议会通过了以下议案，允许在教育和广播中使用这些语言。然而，目前没有努力将这些议案变成法律或去真正地实施它们。

- 1995 年议会批准了对宪法第 77 条至 79 条的审查，该条规定只有八个部落的酋长才能成为酋长院的确定成员。
- 1997 年 8 月 8 日星期五，议会通过了一项议案，允许在学校教授所有语言，并在广播和其他必要的领域中使用。
- 博茨瓦纳第二任总统马西雷·凯图米莱爵士（Sir Masire Ketumile）组建了一个特别工作组为国家在新的千年里制定一个国家愿景。时任博茨瓦纳银行行长兼现任财政和发展规划部部长巴莱兹·高拉特先生（Mr Baledzi Gaolathe）领导的工作组编制了一份名为《2016年愿景》的文件。该文件指出"承认和平等地去发展博茨瓦纳的所有语言是一项挑战"（Presidential Task Group，1997：21，摘要版）。
- 2016 年愿景进一步指出，"博茨瓦纳丰富且不同的语言和文化传统将在教育系统中得到承认、支持和加强。没有任何一个博茨瓦纳人会因为母语与该国两种官方语言的不同而在教育系统中处于不利地位"（Presidential Task Group，1997：5）。

所有这些议会决议都是致力于将语言多元化作为国家建设的必要组成部分的积极信号。虽然他们承认这样一个事实：压制博茨瓦纳的语言和文化不是民主和进步的组成部分之一。事实上，压制语言和文化可能会破坏政府建立一个团结而自豪的国家的目标。正如笔者在 1999 年 10 月 26 日的千年系列讲座小组讨论中所指出的那样，政府不愿实施上述调查的行动，表明了它缺乏政治意愿。该系列讲座由性别政策和计划委员会组织，成员包括政府部长。它也表明，议会动议的通过可能仅仅是因为选民的压力，而政府领导层对根本理想没有做出任何承诺。

本文前面所引用的三位总统的发言表明，虽然专业人士撰写的文件提供了积极的政策，但政治领导层去践行的可能性却很低。这就造成了政策与实践之间的紧张关系。虽然纸面上的政策是进步的，提倡改革，但实践上是保守的。政府似乎仍然致力于同化模式（assimilation model），仍然把语言多样性（language diversity）视为一个问题。另外，公众呼吁语言维护模式，并要求将该国存在的语言多样性视为一种资源和一种权利。许多非政府组织则认为，语言和文化是人权问题（见第四部分）。

语言规划机构

1979 年，教育部长成立了茨瓦纳语国家语言委员会（SNLC），以修订 1937 年在南非制定的正字法。这个修订是必要的，因为该正字法是基于特拉平方言（Setlhaping）① 的，而博茨瓦纳没有这种方言。委员会进行了审查并制定了 1981 年的《茨瓦纳语标准正字法》。

1981 年正字法公布两年后，用户开始表达对它的不满，表明需要再次修订。1986 年，根据总统的指示成立了全国茨瓦纳语言理事会（NSLC），负责审查 1981 年的正字法，并就茨瓦纳语作为国家语言的教学提出了必要的建议。委员会关注的主要是作者在使用茨瓦纳语正字法方面缺乏一致性。儿童在茨瓦纳语考试中表现不佳；尤其是那些说茨瓦纳语以外语言的儿童表现更差。委员会还就茨瓦纳语的地位低于英语以及由此导致的茨瓦纳语言与文化的恶化提出了一些建议。理事会的工作通过四个主要委员会进行。

(1) 书籍审查委员会负责审查学校使用的书籍，以确保它们在道德方面是可以接受的。
(2) 正字法委员会将审查 1981 年的正字法。
(3) 术语委员会负责汇编所有外来词，以便创造出茨瓦纳语中的对应词。
(4) 财政委员会负责管理教育部为理事会工作所提供的经费。

修订后的国家教育政策的第 3 条建议说，"全国茨瓦纳语言理事会更名为博茨瓦纳语言理事会，并赋予其新的职权范围，包括负责制定全面的语言政策"（Republic of Botswana，1994：13）。博茨瓦纳第二任总统在教育部组建了另一个工作组，负责成立博茨瓦纳语言理事会。该工作组由国家教育政策修订协调员、教育部前常务秘书杰克·斯瓦特兰（Jake Swartlan）先生担任主席（见图 2）。该工作组的任务是明确说明博茨瓦纳语言理事会的使命和愿景，制定职责范围，确定成员结构以及办公场所。该工作组于 1997 年 3 月开始工作，并于同年 8 月结束。该工作组的报告于 1997 年底提交给了内

---

① 特拉平语和特拉平人还是沿用茨瓦纳人和茨瓦纳语的词缀规则："mo –"表示一个人，"ba –"是多个人，"se –"是语言文化集合名词，故：Mortlhaping = 一个特拉平人，Batlhaping = 众多特拉平人（或是整个特拉平族裔），Setlhaping = 特拉平语言文化。

阁，但没有得到批准。因此，无论是全国茨瓦纳语言理事会还是博茨瓦纳语言理事会目前都没有作为语言规划机构。换言之，正式的语言规划活动在1997 年该工作组完成工作后就结束了。下一部分将讨论非政府组织开展的非正式的语言规划活动，这些活动关注的是即将消亡的语言。

第四部分　语言保持与展望

茨瓦纳语的代际传承

人们普遍认为茨瓦纳语正在输给英语。过去，英语仅限于正式的社交领域以及与外国人的对话，但现在在酒吧、工作场所和街上经常可以听到博茨瓦纳人用英语交谈。大多数年轻人都会说一些英语，一些家庭开始用英语作为家庭成员之间交流的主要媒介。据报道，有些家庭在家里根本就不使用茨瓦纳语。[4]虽然这个过程目前看来缓慢而微不足道，但似乎预示着一个黑暗未来，茨瓦纳语最终将成为只有老年人和未受教育者使用的语言。事实表明，即使是成人学习者也开始要求在非正规教育课程中引入英语，因为现在所有类型的工作都需要英语（Nyati-Ramahobo，1996）。这并不奇怪，因为如前所述，旨在提高茨瓦纳语在教育和社会中地位的建议从未得到执行。詹森和佐诺普（Janson & Tsonope，1991：75－6）指出：

> 从某种意义上说，这种语言一直被忽视，因为它主要被视为传统社会的一部分，因此，对忙于带领博茨瓦纳走上发展道路的一代规划者来说，他们对于这种语言并不很感兴趣。……官方政策对有关茨瓦纳语的问题也表现出了一定程度的漠不关心。

博茨瓦纳的其他本土语言也是如此。正是领导层的这种态度，不仅威胁着茨瓦纳语的存在，而且威胁着它对子孙后代的价值。

广播电台是语言智能化和支持语言代际相传的有效手段。电台播音员和公众在广播讲话时会进行英语和茨瓦纳语之间的切换。没有人有意识地努力去说纯正的茨瓦纳语，以便年轻人学好茨瓦纳语。以至年轻人在习得语言中借用的英语单词时，会以为它们是茨瓦纳语单词。即使存在与英语单词对应的茨瓦纳语单词，英语单词的使用也更普遍。例如，大多数人似乎更喜欢英文单词"change"——音译为 chencha——而不是对应的茨瓦纳语中的 fetola

或 fetoga。现在的年轻人发现很难用茨瓦纳语来完全地表达自己。

另外，一种新的民族意识似乎正在增强。这可以从最近的三个例子中看出：

- 关于少数族群权利的辩论在 1999 年成为选举议题，并导致 2000 年 8 月任命总统调查委员会调查宪法第 77 – 79 条；
- 出版了一本关于茨瓦纳语作为国语地位的专著；
- 1999 年的环球小姐来自博茨瓦纳。

当环球小姐从选美比赛胜利归来时，她向全国发表感言的第一句话是用英语表达的，这让大多数博茨瓦纳人非常失望。人们在一个叫茂卡能（Maokaneng）的广播节目中表达了这种失望。在这个节目里，公众通过电话用茨瓦纳语讨论国家利益问题。环球小姐第二次采访时，是在卫生部为她举办的一场音乐会上，她表达了她对艾滋病毒及艾滋病的有关看法。在会上，当年轻人要求她用茨瓦纳语来发表演讲时，她忍不住哭了。这位环球小姐泪流满面地说她很难做到，但在人们的坚持鼓励下，她最终做到了（Ndlovu，1999）。每年，博茨瓦纳人都对总统用英语发表独立宣言表示失望（Kgengwenyane，1996）。这种公众态度可能是普通民众追求民族认同的信号。其他积极的迹象有：

- 如前所述，从 1989 年开始，其中一家私营报纸提供了茨瓦纳语的插页；
- 其他报纸也开始接受茨瓦纳语的文章；
- 虽然茨瓦纳语正在失去一些独有的特征，例如成语和谚语，但有更多新概念的茨瓦纳语词正在被创造出来（Anderson & Janson，1997）；
- 茨瓦纳语仍然是乡村和城镇传统法庭的主要语言。

这些努力表明人们希望促进和保持茨瓦纳语的使用，或者茨瓦纳语能作为一种主要语言继续自然地持续存在。保护茨瓦纳语的各种努力是否成功将取决于人民支持的广度和政治意愿。如果目前的官方态度继续这样下去，茨瓦纳语很可能在未来三十年内成为一种濒危语言。

在同化模式下，如果当前的政策不变得更具包容性，那么不被政府承认的其他少数族裔语言的未来将会更加黯淡（Tsonope，1995）。社会精英在促进语言消亡方面起着至关重要的作用。大多数家长认为在家里使用英语有助于孩子在学校学习英语，事实确实如此。由于高中和大学的名额有限，入学必须使用英语，大多数家长认为使用茨瓦纳语作为教学媒介是导致学业成绩低下的一个因素。因此，他们把孩子送到英语学校，那里所有的教学都是用英语进行的，而茨瓦纳语只是一门课程。这些学校的孩子很少说茨瓦纳语，除非通过语码混合（code-mixing）。

语言消亡与语言保持

如前所述，博茨瓦纳政府在独立时就采用了语言多样性是一个问题的取向，并致力于消除所有的少数族裔语言。经济的繁荣和诸如学校、诊所和道路等社会便利设施的提供，也使许多博茨瓦纳人长期接受了这一立场。由于这一政策，所有社会领域都禁止使用少数族裔语言。在这种情况下，除了茨瓦纳语和英语之外，即使现在博茨瓦纳的所有语言都灭绝了也不足为奇。不过同化是在一段时间内发生的，并受自尊等因素的影响，目前仍有 26 种语言在各地使用（Botswana Language Use Project，1996）。这些语言的使用者大都是 40 岁以上的成年人。在某些情况下，17 岁的年轻人还能说这些语言，但另一些 17 岁以下的青少年就只能听而不会说了。不过，如卡兰加语、苏比亚语、廷布库舒语、赫雷罗语和某些科伊桑语在部分社区里仍然被孩子们所使用。

沃森（Vossen，1988）在加米兰（西北区）进行了一项关于语言使用情况的社会语言学调查。该研究包括位于 12 个村庄 19 所学校的 13 种语言。虽然茨瓦纳语的人口总数少于所有使用其他语言的人口总数，但他观察到，调查中的大多数儿童都表示，他们对茨瓦纳语的了解比其他任何语言都多。他进一步观察到，在某些地区的被调查人中，他们的母语使用率普遍下降，这表明发生了某种程度的语言转用。在一些地区被观察到的廷布库舒人和赫雷罗人，他们的语言保持水平高于其他地区。他得出的结论是，什耶伊语是恩加米兰地区最受威胁的语言，因为孩子们不再说这种语言。后来萨默和沃森（Sommer & Vossen，1995）的工作对沃森的研究成果表示了赞赏。

如前所述，巴塔瓦纳人奴役了瓦耶伊人 250 多年。即使奴隶制在世界范围内被废除后，人口占多数的瓦耶伊人仍继续由少数的巴塔瓦纳人统治，尽管他们从 1936 年起就争取自治。因此，瓦耶伊人对此很自卑，许多人宁愿不透露自己的真实身份，而说自己是巴塔瓦纳人，尤其是对那些没必要知道任何情况的外人。那些还会说这种语言的人也不愿意在公共场所使用它。这种情况意味着沃森的数据可能只表明了一种身份危机和显性语言使用的缺失，而不是语言知识的准确图景。另外，缺乏语言运用的语言知识最终导致语言走向死亡的说法也是正确的。很难说什耶伊语在多大程度上已经死亡，也很难说该语言的复兴要多大努力才有可能成功。

如前所述，政府对茨瓦纳语的态度伴随着对博茨瓦纳所有其他语言的不容忍。由于这种压制的态度，可以说博茨瓦纳的所有语言都受到了某种程度上的威胁。有例证表明，年轻人不会说他们的第一语言亦出现在其他语言中，包括茨瓦纳语。斯美伽和马唐瓦尼（Smieja & Mathangwane, 1999）还观察到在非茨瓦纳语使用者中，如巴比瓦（Babirwa）人、卡兰加人和巴特斯瓦蓬（Batswapong）人，语言高度转向了茨瓦纳语和英语。在许多少数族裔群体中已经观察到大量文化和语言的丧失（Vossen, 1988）。这引起了人们的关注，一些少数族裔开始成立组织来复兴他们的语言和文化。以下介绍其中一些组织的工作。

语言保持的非正式努力

劳工和内政部下设社团注册办公室。由于社团权利是通过结社权授予的，因此该办公室的主要职责是依据 1972 年第 19 号《社团法》第 5 条来登记注册非政府组织（NGO）。为了注册，一个组织必须有一个章程，有明确的目标、活动和成员，它必须指明它将关注的具体领域和行将运作的具体地理区域。注册组织本身就是一个法人实体，它可以起诉，也可以被起诉，它有权接受个人和其他地方及国际机构的捐赠。在博茨瓦纳，所有注册的非政府组织都有一个母体机构，叫博茨瓦纳非政府组织理事会（BOCONGO）。它的作用是在三个主要领域来协助它的成员：（1）政策研究和宣传；（2）能力建设；（3）网络交流和信息传播。要成为 BOCONGO 的会员，一个组织需要支付初始注册费和年费。成为 BOCNGO 会员的好处包括收到培训课程的邀请。例如，它提供管理、会计和营销策略方面的培训。非政府组织可以免费派员参加此类培训。其他好处包括广泛了解关于别的非政府组织正在做什么资料，包括在国际舞台上的工作动向。BOCONGO 还将每个会员的所有有价值的信息都放在自己的网站上。一旦在 BOCONGO 注册，该组织还可以接触到对自己领域感兴趣的捐助者。

目前有 81 个非政府组织在 BOCONGO 注册。由于没有现成的数据，很难统计那些未在 BOCONGO 注册的非政府组织的数量。这些非政府组织分为九类。在每个类别中，BOCONGO 选择一个非政府组织作为该领域的牵头组织（见表9）。

表 9　按类别划分的非政府组织（NGO）

类别	牵头非政府组织
残疾人	博茨瓦纳残疾人委员会
妇女	妇女非政府组织联盟
健康/艾滋病	博茨瓦纳艾滋病网络
人权	博兹瓦纳人权中心
儿童和青少年	博茨瓦纳全国青年理事会
农业	可持续农业论坛
普世教会	博茨瓦纳基督教理事会
社区	博茨瓦纳社区网络
媒体	南部非洲媒体研究所

资料来源：BOCONGO（1999）培训。

在社团注册处注册使非政府组织有了在法律框架内运作的自由，而在
BOCONGO 注册使其有机会与具有相似利益的其他机构建立联系。BOCONGO
还为这些非政府组织提供了一个统一的声音，让他们在共同关心的问题上与
政府对话。由于 BOCONGO 收费较高，所以并非所有在社团注册处注册的非
政府组织都是 BOCONGO 的成员。处理语言和文化问题的组织属于人权类，
他们的牵头机构是博茨瓦纳人权中心（Ditshwanelo①）。在同化政策的框架
内，那些不被政府承认的语言使用者认为该政策是对他们人权的剥夺，即剥
夺了以他们自己的语言获取信息的能力。因此，他们的工作重点是恢复和保
持他们的语言和文化权利。那些从宗教角度处理语言问题的组织属于普世教
会范畴。目前，有六个从人权角度来处理语言和文化问题的组织。

伊卡兰加语言促进协会（SPILL）

在可信数据的有限范围内，卡兰加人被认为是博茨瓦纳少数族裔中人数
最多的民族。1946 年的人口普查表明，巴曼瓜托区（中央区）有 22777 名
卡兰加人（Mpho，1987：134，见表5）。这不包括东北地区的那些卡兰加人
（见表6）。卡兰加人有强烈的身份认同感。目前，卡兰加民族是少数几个孩
子在家也讲伊卡兰加语的少数族裔之一，包括那些住在城镇中的上层和中产

---

①　"Ditshwanelo" 在茨瓦纳语中是 "权利" 的意思。

阶级的卡兰加家庭。考虑到巴曼瓜托部落在 19 世纪奴役了他们，这其实是相当了不起的。有一种普遍的说法是，由于这种压迫，卡兰加人开发了一种编码系统来获得教育机会。他们在申请入学时，每个卡兰加人的申请书的右下角都会画一个花生，这是他们民族的主食。大多为卡兰加籍的教育主管官员会确保录取这些孩子。许多博茨瓦纳人认为，这是卡兰加人目前受教育程度最高和能担任高级政府职务的主要原因。由于来自茨瓦纳语总统的压力，卡兰加人部长们都只能公开支持语言同化模式，但是他们又暗中支持将卡兰加人推崇到更高的地位，来作为可替代的赋权策略。

由于伊卡兰加语在独立时就被禁止纳入教育系统，所以该语言被正式降级为仅在家庭环境中使用。出于这个原因，卡兰加人的文化就一直处在慢慢消亡的状态中。基于这种认识，卡兰加的精英们于 1981 年成立了 SPILL 协会，以发展和维护伊卡兰加语和文化。该协会的社会工作还包括土地权利和通过酋长结构来实现自治权力的问题。当伊卡兰加语言促进协会（SPILL）开始发挥作用时，它在政府部门内部引起了负面反应。它被认为具有部落主义和分裂性质。有人发起了激烈的反对，让人们刻意回避和诋毁它，并且把它当作一种威胁国家和平与稳定的存在。而那些相信这场运动的卡兰加人，则认为这是一种恐吓策略，旨在阻止他们和潜在的捐助者发展伊卡兰加语。同样，卡兰加人之间也存在分歧。尤其是在一些担任高级政府职务的人之中，他们在公众场合反对 SPILL 的成立。那些担任高级政府职务的人一直担心政府会怀疑他们对政府的忠诚，因而影响自己的工作。因此，虽然卡兰加精英们（Kalangas）在政府圈子中具有很高的影响力，但在 1997 年的动议尚未成为法律之前，他们都无法利用这种影响去说服政府允许在广播或教育中使用伊卡兰加语。

SPILL 的工作始于恢复和修订独立前的伊卡兰加语正字法，该正字法出版于 1995 年。现在该组织还出版了一本伊卡兰加语的赞美诗集。《新约》也被翻译成伊卡兰加语。穆卡尼运动（Mukani Action Campaign，MAC）是 SPILL 的教育分支组织，已经为伊卡兰加语的非正式教学编写了 14 本识字小册子，一旦政府实施 1997 年的动议，就会立即在学校中使用。MAC 还出版通讯简报并鼓励用伊卡兰加语发布新闻文章。其中一家独立报纸每周用伊卡兰加语发表一版专栏。如前所述，他们的主要捐助者是总部设在美国的路德宗圣经翻译会，该组织为弗朗西斯敦的办事处提供技术支持。该办公室在正字法和《新约》圣经的翻译上处于翻译发展的前沿。通过博茨瓦纳大学成人教育系，联合国教科文组织正在资助一个关于在当地使用少数族裔语言的项目，即成人识字项目。该项目包括伊卡兰加语和什耶伊语。就伊卡兰加语项目而言，它为 MAC 的成员提供培训讲习的资金支持，并制作了一些教材。另一个资金来源是协会会员费。SPILL 通过多种策略筹集资金，该资金用于运行协会的日常工作。有关 SPILL 的更多详细信息，可以在其网站的参考资料部分中找到。

卡兰加人一直在推动的一件事是，他们的最高首领在酋长院中的代表权。如第一部分所述，在政治上，他们被视为巴曼瓜托部落的成员，他们的最高首领是巴曼瓜托部落的酋长。在他们的驻地附近地区，他们可以有一位卡兰加副酋长。目前，酋长院里有一位卡兰加副酋长，但他不是最高首领，因此不被认为是所有卡兰加人的代表。因此，SPILL 在语言规划方面发挥着至关重要的作用。它是提倡将语言多样性视为一种权利和一种发展资源的机构之一。

卡曼纳卡欧（Kamanakao）协会

瓦耶伊人住在恩加米兰地区。在政治上，根据同化政策，这个地区的每个人都被称为莫塔瓦纳人（Motawana），这是因为讲茨瓦纳语的巴塔瓦纳部落统治着他们。如前所述，巴塔瓦纳人奴役瓦耶伊人。而瓦耶伊人最受奴役的原因有两个：第一个原因是当巴塔瓦纳人抵达恩加米兰时，瓦耶伊人与巴塔瓦纳人有直接的接触；第二个原因是瓦耶伊族人温和且爱好和平的天性。1962 年，皮托罗·塞迪萨（Pitoro Seidisa）（一位来自古马雷的瓦耶伊人）开始与开普敦大学的欧内斯特·韦斯特法尔（Ernst Westphal）教授合作，为什耶伊语制定正字法。由于瓦耶伊人和巴塔瓦纳人在农奴制问题上有冲突，所以当时巴塔瓦纳族的摄政王普兰（Pulane）下令逮捕了塞迪萨先生（Seidisa），罪名是他擅自发展什耶伊语。巴塔瓦纳人认为，什耶伊语的发展可能会提高瓦耶伊族人的觉悟，并会加强他们为摆脱奴役而进行斗争。当韦斯特法尔意识到执政的巴塔瓦纳人无法接受什耶伊语时，他就停止了对该语言的研究，并在其遗嘱中指出，在他死后，所有关于什耶伊语的材料都应被烧毁。到他去世时，什耶伊语的正字法已经完成，但字典还没有完工，《马太福音》第八章和一些赞美诗已被译成了什耶伊语。

1966 年博茨瓦纳独立后，语言政策继续阻止推广和使用除茨瓦纳语以外的任何语言。卡曼纳卡欧协会于 1995 年由瓦耶伊族的精英成立，以继续塞迪萨先生和韦斯特法尔教授的工作。该协会的目的是发展和维护什耶伊的语言和文化。什耶伊正字法方面的工作于 1998 年完成，材料制作和培训方面的工作正在进行。该协会已经制作了一本跨教派的赞美诗集、一本教授什耶伊语的短语集和一本包含歌曲、故事和诗歌的小册子，还制作了什耶伊语的日历。

卡曼纳卡欧协会的项目有三个主要的资金来源。路德宗圣经翻译会资助了什耶伊正字法的开发和前面提到的一些出版物。该会一直资助什耶伊语赞美诗的翻译，并将《耶稣》电影翻译成了什耶伊语。目前，翻译《路加福音》的计划也在进行中。联合国教科文组织关于什耶伊语发展的项目分为三个阶段：第一阶段包括培训中学毕业生使用什耶伊正字法来编写文化主题的故事；第二阶段将包括故事和歌曲的写作；第三阶段将涉及编写成人识字的入门读物。目前，培训工作与故事和歌曲的创作同步进行。第三个资金来源是社区。卡曼纳卡欧协会在整个中央区北部和恩加米兰区有九个分支委员会。这些社区负责该组织文化方面的工作。他们组织文化活动，负责接待到村庄访问的什卡提·卡曼纳卡欧（Shikati Kamanakao）（什耶伊的酋长）。这些委员会资助他们自己的活动，他们通过销售 T 恤、小册子、袋子和日历，当然还有文化活动，为协会筹集资金。

这两个组织与政府之间的关系是一种不和谐的容忍关系。虽然劳工和内政部根据结社权批准了他们的注册登记，但他们被视为反对同化政策的带头人。在酋长问题上尤其如此。身居政府高位的瓦耶伊精英们在支持他们所相信的正义事业和冒着丢掉饭碗的风险之间左右为难。所以，他们往往保持一种中立和不可预测的态度。一些瓦耶伊人，特别是执政党内的政客，他们被用来反对卡曼纳卡欧协会的工作。他们把协会的性质描述为部落主义，并反对接受什卡提·卡曼纳卡欧在酋长院代表瓦耶伊人。他们将政府告上了法庭，罪名是政府歧视瓦耶伊人的最高酋长。另外，一些瓦耶伊精英和学者已经通过村委会或支部委员会，成功地将协会的信息传达给了人民。该信息被理解为语言人权以及代表权方面的政治权利。1999 年 4 月，什卡提·卡曼纳卡欧就任瓦耶伊最高酋长后，实施了他通过公众会议来教育人民去发展和保持他们自己语言和文化权利的职责。警察局的刑事调查官员也参加了公众会议，这些官员们试图恐吓参加会议的人们。经过一年的公众教育活动，人们现在可以自由地参加村委会和其他文化活动，并在要求获得代表权方面越来越有信心。他们也为诉讼费用提供了资金。

该诉讼可能对加快政府审查宪法第 77 - 79 条的决定产生了一定的影响，这些条款在酋长院的代表权方面存在部落歧视。2000 年 2 月，一位独立报社记者采访了莫哈埃（Mogae）总统，报道如下：

莫吉（Mmegi）：议会通过了一项修改宪法第 77 - 79 条的动议，这几条被认为具有冒犯性，但在去年选举期间，你说不存在对部落的歧视。我能否在我有生之年看到我部落的成员作为酋长院的当然成员？（记者是卡兰加人）。

莫哈埃总统：我不知道你从哪里得到我在所有事情上都会反悔的印象。我和议会都从未说过宪法对不同部落有歧视。我们说过，你提到的那些条款应该被修改，我也认为是这样，如果宪法中有任何条款对我们社会的任何成员造成了刺激，那我们都必须研究并修改这些条款。我们正打算这样做，并且我们已经任命了一个特别工作组，去咨询包括你在内的博茨瓦纳人。它将于下月初开始运行。［Chilisa，2000：19（2月11－17日）］

虽然总统的承诺并不是什么新鲜事，但很多人认为，这起诉讼很可能会结束对宪法修正案的无理拖延。然而，人们纷纷猜测政府正在游说广大民众去接受现状。事实上，总统在采访中也提到了他自己对现状的偏好。他说："我有自己的看法，……关于东北、卡拉嘎迪和杭济（Ghanzi）地区的安排是我喜欢的类型。它更加民主，但博茨瓦纳人却相信酋长是天生的，我并不打算改变这一种信念。"［Chilisa，2000：19（2月11－17日）］

如上所述（见背景部分），这里被提到的地区以少数族裔为主，代表他们的是酋长院里通过选举产生的副酋长，而不是这些少数族裔部落中通过出身认定的最高酋长。这符合同化理论，即只有说茨瓦纳语的部落才能由出身的最高酋长来代表。少数族裔部落只能由选举产生的副酋长来代表，以确保当选者能对博茨瓦纳的同化政策保持共情的态度。就恩加米兰地区而言，那里的部落由讲茨瓦纳语的巴塔瓦纳酋长代表。根据瓦耶伊人的说法，他们认为自己没有代表权，因为将巴塔瓦纳酋长强加给他们，并拒绝他们自己本族最高酋长的做法是不民主的。但是与公众进行协商也不太可能改变目前的情况，有人指控说，游说会按照选举情况进行挨家挨户地贿赂和误导。农村人口因为无法获得信息而不知情，所以很可能会接受政府所提供的信息。因此，就是在协商之后，也很可能维持现状。另外，如果受过教育的精英向特别工作组提交书面意见，并与非政府组织合作，向政府施加压力而促其改变，那就有了改变的机会。如果特别工作组完成其工作并对相关章节进行修改，而诉讼仍在法庭上被拖延（听证会在1999年10月至12月被推迟了两次），那么法院的判决将有助于工作组的建议。工作小组的工作也可能导致撤诉。卡曼纳卡欧和SPILL都是由当地力量驱动的组织，而且都是BOCONGO的成员。

艾刹普世社区（Etsha Ecumenical Community，EEC）

艾刹普世社区是博茨瓦纳基督教理事会于 1970 年发起的一项倡议。理事会由 20 个教会和 7 个与教会相关的组织组成（Hopkins，1995）。它为包括残疾人、妇女和街头流浪儿在内的弱势群体实施许多普世项目。艾刹项目侧重于为宗教目的发展和使用廷布库舒语（Thimbukushu）（见注释 1 中的表 1）。它利用由纳米比亚和其他地方的语言学家所开发的廷布库舒语阅读材料，每周至少为汉布库舒人的成年女性举办三次识字班。它的一些活动包括：在艾刹对汉布库舒族中和瓦耶伊族中的女性进行编织篮子的培训，在博茨瓦纳以外的地方销售篮子，在廷布库舒州开办学前班，为失学青年开办家禽项目和小型客栈。这项工作为在博茨瓦纳复兴和维护廷布库舒语提供了灵感。目前汉布库舒人正在努力注册一个廷布库舒语的文化组织。

巴萨瓦人（布须曼人）属于大约 17 个主要的科伊桑语族（Khosian）（见附录 1）。他们是博茨瓦纳的原住民，是游牧民族。据估计，博茨瓦纳约有 40000 名巴萨瓦人，约占总人口的 4%。他们主要是猎人和采集者。由于他们是游牧民族，所以在八个行政区中的七个区都有他们的足迹（Mazonde，1997）。他们主要集中在杭济、奎嫩、恩加米兰和纳瓦克斯（Ngwaketsi）地区，他们的语言保持程度很高（Smieja & Mathangwane，1999）。自远古以来，巴萨瓦人就为富有的茨瓦纳语族群工作，他们被用作牧童，获得微薄的工资，主要以食物形式提供。巴萨瓦人没有土地，在他们居住的任何地区都受茨瓦纳最高酋长的统治。举个例子，奎嫩地区的巴萨瓦人被认为是巴克韦纳人，由巴克韦纳的最高酋长统治。莫格韦（Mogwe，1994：57）对巴萨瓦人的困境做了最好的描述：

> 巴萨瓦人是穷人中最穷的人。……为什么旨在提高他们生活水平的发展计划侧重于同化和融合，而没有知情的选择？在规划和实施过程中也没有巴萨瓦人的参与？……对巴萨瓦人的严重歧视意味着他们在文化、政治、社会和经济上被边缘化了……国家把不属于他们文化或语言群体的领导人强加给他们，这反过来又加剧了他们的边缘化。由于缺乏巴茨瓦纳习惯法法院的运作语言，使用该法的尝试也遭到了挫败。

1999 年，两名巴萨瓦人因谋杀罪被高等法院判处死刑；他们的案件由博茨瓦纳人权中心提起上诉（见表 9）。人们发现，巴萨瓦人没有机会在法庭上用自己的语言说话，当他们用茨瓦纳语挣扎着去表达对律师的不满时，也没有人听取他们的意见。高等法院没有听取他们的申诉，而是判处他们死刑。然而，1999 年上诉法院下令重审此案。莫格韦认为，巴萨瓦人的人权既没有得到国家的尊重，也没有受到国家的保护。该州认为博茨瓦纳人权中心无权代表巴萨瓦人，这挑战了博茨瓦纳人权中心所作的努力，进一步侵犯了巴萨瓦人的代表权。

由于巴萨瓦人的边缘化地位，许多国际组织来到博茨瓦纳建立以社区为基础的发展项目。以下各节将简要介绍在注册组织下运作的三个此类项目。它们是外部倡议的结果，主要由荷兰的教会组织以及各个发展机构，如加拿大国际开发署（CIDA）、联合国儿童基金会（UNICEF）、世界观组织（World View）、挪威政府等提供资金。

库鲁（Kuru）发展信托基金

费德扎尼（Fidzani，1998）认为，在博茨瓦纳，牛的分布是不均衡的。只占 5% 的人口拥有全国 50% 的牛群，45% 的农村家庭没有牛。这意味着富有的养牛人也同时拥有大部分土地。因此，游牧的巴萨瓦人很难拥有自己的土地。博茨瓦纳政府的旅游政策要求他们从旅游景点的所在地区迁走。1979年，政府将所有生活在卡拉哈里（Kalahari）中央野生动物保护区（KCRG）内的巴萨瓦人聚集在一个名为沙迪（Xade）的保护区内。1986 年，政府决定暂停该地区的开发，并将巴萨瓦人迁至保护区外的新沙迪地区（Mazonde，1997）。在两个设在荷兰的外部机构——卡拉哈里支持小组（Kalahari Support Group）和卡拉哈里人民基金（Kalahari People's Fund）——的支持下，1986 年，杭济区十个村庄的巴萨瓦社区成立了库鲁发展信托基金（Kuru Development Trust）。该组织的主要目的是促进巴萨瓦社区和个人积极参与发展过程，并支持他们获得土地和土地权利。马宗德（Mazonde，1997）观察到，对土地的渴望导致杭济区的巴萨瓦人要求拥有自己的地区，以及一名莫萨尔瓦议员、一名莫萨尔瓦人酋长院成员和一名莫萨尔瓦人议会成员。库鲁发展信托基金一直在激励巴萨瓦人捍卫自己的权利并实现他们的梦想。他们和其他群体一样，也可收获民主的果实。同化主义模式并没有证明对他们有效。在 1999 年的大选中，一位莫萨瓦女士参加了杭济区的议会选举，但不幸的是她失败了。同时，一名莫萨瓦副酋长在沙迪被任命，但他目前还不是酋长院的成员。

库鲁发展信托基金的一些活动包括在巴萨瓦人中发展创新技能，以促进参与式学习过程来提升自我意识与发展。库鲁发展信托基金还通过引入替代农业方法来促进农业活动，并积极参与社会教育、语言发展和文化认同活动。它举办一年一度的文化节，以纳柔语（Naro）和朱隆语（Ju/hoan）的歌舞为特色（见附录1）。库鲁发展信托基金还经营着一家由伯纳·凡·李（Bernard Van Leey）基金会资助的博物馆。这家博物馆展示了巴萨瓦人的历史，并收藏了他们大量的文物。该信托基金还收集萨尔瓦的手工艺品，并在国内和国际上销售。库鲁发展信托基金有一个语言部门，专门通过纳柔语言项目研究纳柔语，该项目始于1991年，并由荷兰基督教改革教会资助（Visser, 1998）。到1997年，该项目已经产生了纳柔语的正字法和音韵学，并出版了一些刊物（如初级入门书、字典和识字材料）。该语言项目用纳柔语开设了学前班，在杭济区也开办了纳柔语成人识字班。目前，库鲁发展信托基金经营着一家皮革厂、一家木工店、一个围栏建造工作坊、一个丝网工艺生产项目，以及用萨瓦语举办的关于艾滋病毒和艾滋病、商业技能和谈判技巧的讲习班。

1998年，库鲁发展信托基金将其活动扩展到奥卡万戈三角洲。库鲁发展信托基金在沙卡韦（Shakawe）设立了一个办事处，为布加奎（Bugakhwe）人和夏尼赫韦（Xanikhwe）人、桑族（San）人、瓦耶伊人、汉布库舒人和吉里库（Giriku）人提供社区发展工作，特别关注文化旅游的发展。库鲁发展信托基金目前正在协助这些社区组建和注册信托基金，并为旅游活动申请土地。这个信托基金的工作并不容易。像大多数以种族为导向的组织一样，库鲁发展信托基金被认为是在煽动巴萨瓦人违抗政府的命令，并阻碍政府在新沙迪为巴萨瓦人提供社会福利的努力。

与库鲁发展信托基金合作的荷兰传教士被视为在博茨瓦纳追求个人利益而非巴萨瓦人利益的人。因此，政府在1993年因勒鲁牧师（Le Roux）在库鲁发展信托基金的活动发布了驱逐令。有人看到他在影响巴萨瓦人，不让他们搬离卡拉哈里野生动物保护区。虽然人权组织设法向政府施加压力以解除驱逐令，但他们未能说服政府撤销将巴萨瓦人迁出野生动物保护区的决定。最终沙迪地区的巴萨瓦人产生了分歧，一些人支持搬到新沙迪，而另一些人则选择留在野生动物保护区的老沙迪。政府认为自己的政策和努力是为了使巴萨瓦人现代化，使他们进入主流社会。而发展机构则认为这种政策是同化主义政策，目的在于消灭巴萨瓦人的语言和文化，最重要的是剥夺他们的经济权力。将巴萨瓦人从野生动物保护区迁移到新沙迪意味着他们不能打猎和采集水果，而将更加依赖政府的补贴。反过来，将使他们更加忠于执政党。同化主义模式的目的不仅要把少数族群融入茨瓦纳族群，而且要把它们融入执政党中。他们隐藏的目标是拥有一种语言、一个民族和一个政党。

卡拉哈里原住民组织（First People of Kalahari，FPK）

卡拉哈里原住民组织（以下简称 FPK）成立于 1992 年，旨在为巴萨瓦人争取土地权利，特别是桑、恩、奥科海恩（San/N/Oakhine）族群（见附录 1）。与库鲁发展信托基金一样，FPK 是在卡拉哈里支持小组和卡拉哈里人民基金的支持下成立的。土地权问题是巴萨瓦人赖以生存的基础，他们主要从事狩猎和采集水果。FPK 是试图解决这个问题的组织之一。它的创始人约翰·哈德巴特尔（John Hardbattle）于 1996 年在新沙迪争议最激烈的时候去世。

虽然 FPK 是由可识别的种族和语言群体组成的，它的一些活动也包括语言发展，但该组织的主要目标是实现巴萨瓦人的人权，特别是拥有土地的权利。国家坚持认为，巴萨瓦人是游牧民族，没有土地的权利（Mogwe，1994）。这就规定了他们只能在非游牧民族拥有和控制的土地上去狩猎和采摘水果。这对巴萨瓦人的日常生活造成了严重的影响。对他们来说，唯一的选择是为富人工作以获取低工资回报。FPK 是一个全国性的倡导者，支持、组织和协调杭济区定居点和社区内的发展项目，以获取土地以及采集和狩猎的土地权力。它将这些社区与南非和纳米比亚等邻国的社区联系起来。它有一个教育部门负责收集和传播有关人权的信息，并监控侵犯人权的行为，特别是那些涉及狩猎许可证的行为。FPK 的主要活动包括宣传巴萨瓦人的权利并与政府谈判。FPK 在鸵鸟和家禽养殖方面也有创收项目，它还经营着一个文化中心。

巴萨瓦研究项目

巴萨瓦研究项目由博茨瓦纳大学协调，通过前国家研究与发展研究所，即现在的研究与发展理事会，并与非洲语言和文学系合作。该项目由挪威政府资助，旨在对南部非洲地区巴萨瓦人的社会、语言、文化、政治和经济福祉进行研究。该项目也举办区域讲习班，为学者提供一个论坛，来报告他们与科伊桑语言和文化以及桑族人其他方面相关的工作。以个人身份来博茨瓦纳进行巴萨瓦研究的西方学者，也有机会通过该项目在博茨瓦纳大学展示他们的研究成果。这些努力有助于恢复和保持科伊桑语。

总结

非政府组织的工作已开始向政府发出信号，表明存在语言和文化问题需要关注。1989 年劳工和内政部设立了青年和文化司（DYC），1992 年该司成立了博茨瓦纳国家文化委员会（BNCC），该部门负责制定国家文化政策。目前，有一家咨询机构负责审查政策文件的草案，除其他事项外，还负责审查处理有关文化的机构的能力和它们之间的联系，尤其是 DYC 和 BNCC、酋长院和非政府组织之间的联系。该咨询机构还将对博茨瓦纳文化背景下各民族在社会、历史和语言方面的相互关系提供最新的说明。这表明政府愿意开始解决与该国语言和文化多样性有关的棘手问题，以及在人权和全球化框架内的酋长问题。

政府似乎确信文化在发展中的作用，并有计划发展文化村。然而，政府的观点似乎是，通过建立博物馆和为公众开放的文化村可以最好地保护文化。文化不被视为一种生活方式，即一个社区必须作为国家发展的一部分来生活，也没有认真地将语言和文化的研究贯穿到教学课程中去（Milon，1989；Nyati-Ramahobo，1998a）。显然，还有一种观点认为，不使用少数群体的语言也能保存他们的文化。这是一项艰巨的任务，因为文化的一些重要方面只能通过语言来表达。恢复和保持博茨瓦纳语言的努力取决于民间社会的意愿，他们不顾政府的阻挠，坚持不懈地工作。上层人士，尤其是学术界人士的作用，对博茨瓦纳语言的发展和保持至关重要。在博茨瓦纳，民主的一个主要特征是言论自由。学术界、其他活动家和媒体都利用这一特点，把问题带到公共领域。然而，我们的民主制度中还有一个因素与此相悖。虽然有言论自由，却没有言论之后的自由（Mogwe，1994）。也就是说，人们可以说话，但不会被人倾听，而且还有很多微妙的方式来伤害那些敢于说话的人和政府雇员。正是这个原因，政府雇员在促进博茨瓦纳少数群体的语言和文化权利方面起到了相当不利的作用。

皮钦语和克里奥尔语

当瓦耶伊人被巴塔瓦纳人奴役并被迫说茨瓦纳语时，什耶伊语和巴塔瓦纳人说的森格瓦托（Sengwato）方言之间发生了语言接触。这种接触导致了一种叫作塞塔瓦纳（Setawana）的克里奥尔语的出现——它的基本结构包括森格瓦托句法和大量的什耶伊语词汇——现在它被认为是茨瓦纳语的一种方言。例如：

Ba ne ba ile go shaora。（他们去游泳了）
Shaora 在什耶伊语里是"游泳"的意思。

Ha o bua maxambura ke tla go caka。
［如果你说废话，我会砍你（用斧头砍你）］
Maxambura 在什耶伊语里是"废话"。Caka 是"拿斧头砍"的意思。

虽然在该国的其他地方可能存在与这些词相对应的茨瓦纳语词，但对恩加米兰人来说，只有什耶伊语的词汇才是正常的说话方式。他们绝不会使用 go thuma 这样的词来表示游泳，因为该词是在该国南部使用的。由于这个克里奥尔语变体未被研究，所以很难判断它究竟是克里奥尔语，还是一种带有某种什耶伊语语码转换的方言。由于瓦耶伊人地位低下，以及越来越多的人从西北部（马翁地区）迁移到南方工作，这似乎产生了一种倾向于使用标准的森瓦托方言，以及不惜一切代价避免使用什耶伊语的趋势。然而，年老和未受过教育的人口还在继续使用这种混合语。

安德森和詹森（Anderson & Janson，1997）讨论了南非塔尔语（Tsotsitaal），并质疑它是否在博茨瓦纳使用过。这种皮钦语从南非输入博茨瓦纳可能有许多因素：

- 两国之间的经济活动的流动是一个不变的因素；
- 很多家庭被分离在边境两边居住；
- 在种族隔离时代，大量南非难民涌入博茨瓦纳；
- 巴茨瓦纳人观看南非的电视节目。

因此，城镇中的年轻人，尤其是南部地区的年轻人，使用南非塔尔语的程度几乎与他们讲美式英语的程度相同。目前，这些现象仅限于年轻人，他们在与成人交谈时，会自然地改用正常的茨瓦纳语。博茨瓦纳目前关于皮钦语和克里奥尔语的研究情况是，两者都没被学者真正详细研究过。

未来可能的方向

关于种族和语言不平等的争论在博茨瓦纳已经持续了很长时间。1988

年，议会首次就审查宪法第 77 – 79 条的动议进行辩论。反对党在议会中败北，一位来自执政党的议员说"我们打败了他们"（Republic of Botswana，1988：511）。霸权话语在当时更为强大。因此，在政府圈内，都存在"他们"和"我们"的心态。这对民主和社会正义来说似乎不是什么好兆头。"茨瓦王国"（Tswadom）似乎已经稳定，而少数族裔坚持修改宪法的机会却变小了。不过，这种话语在 1995 年发生了变化。在 1988 年的辩论中占主导地位并以上述话语结束辩论的同一位议员，在 1995 年的辩论中却一言不发。执政党在 1994 年大选中输给了反对党 10 个席位。在这场辩论中，来自执政党和反对党的少数派议员在讨论中有力地陈述了他们的观点。一位执政党人士说：

> ……我们每个人都希望出现在法律，尤其是国家最高法律的眼中并被承认，她的同胞是平等的……我们现在的情况要求我们修改宪法第 77、78 和 79 条，以便体现其他部落的利益。这将确保我们的共和国具有真正共和国的特征。一部宪法应该反映这些特征……不应有任何其他的概念，不应该在任何人的脑海中形成某些人或某些团体、某些部落之利益高于其他人、团体或部落的观念或印象。如果我们这样做，或者允许这种情况发生，那么我们的国家必然会出现不和谐的现象。（Republic of Botswana，1995：86 – 7）

如第三部分所述，该动议于 1995 年获得通过，主要是受到来自反对党和支持该动议的执政党成员的压力。执政党的多数茨瓦纳议员勉强接受了动议，霸权话语已经退潮。这种紧张关系解释了为什么迄今为止还没有尽力去实施它。另外，过去四年来，致力于推广少数族裔语言和文化的非政府组织的压力不断加大。目前的情况是，虽然这些积极的政策声明鼓励非政府组织在执行层面推动改革，但这些非政府组织的努力却也因暗中领导层的消极态度而受挫。这种情况也许会继续限制非政府组织可能产生的影响。在这种紧张状态下，很难预测博茨瓦纳语言发展和使用的未来方向。

在讨论 1999 年大选是否由议题驱动时，一份报纸指出：

> ……也许唯一得到有效阐述的问题是与种族不平等有关的问题。尤其是反对派，似乎有效地向选民陈述自己的观点……看起来，受影响地区的很多人都被它收买了。（Mbuya，1999：15）

许多反对党向选民承诺，如果当选执政，学校将教授其他语言，并将审查宪法中基于部落属性的歧视性条款。然而，对选举结果的分析表明，少数族裔聚居区的人们都把选票投给了执政党。据称有四个因素造成了这种情况：

（1）一直持续到选举之日的反对党之间的内部冲突使选民别无选择，只能选择他们熟悉的魔鬼；

（2）执政党利用了无法接触媒体的农村穷人的无知。据称，人们在挨家挨户的宣传活动中被告知，宪法已被修改，已纳入了关于种族和性别的法律。

（3）还有贿赂指控——在选举周期间，一些村民被金钱和旱灾救济食品所贿赂。

（4）在选举前一周的全国巡视中，总统告诉他的听众，宪法没有歧视任何人。这给人的印象是宪法已被修改，从而证实了挨家挨户宣传中所提供的信息。事实上，许多瓦耶伊人很高兴他们的族长能进入酋长院，所以他们投票支持执政党。

如果这些指控成立（这些指控由来已久），那么通过议会程序实现变革的可能性就更小了。在一个超过40%的人口生活在贫困线以下的国家（Jeffris，1997），这种做法很可能会持续一段时间，至少在出现强大而团结的反对力量之前。

一个倡导种族和语言权利的组织已将政府告上法庭，理由是政府歧视他们的最高酋长，并拒绝其成为酋长院的成员。如果政府胜诉，那这个问题不太可能消失，争论可能会上升到更高的层次。政府在这个问题上表现出不容忍的态度，它不太可能同意那些非茨瓦纳语部落的要求。无论政府是否接受变革，许多语言都有可能通过非政府组织的工作得到保存和加强。这些非政府组织有必要共同努力，并寻求人权团体的支持，以便对政府施加更大的压力。来自少数族裔的议员也持有变革的通行证。如果他们在修改宪法第77－79条的动议辩论中坚守诺言，政府可能会迅速采取行动。然而，如果他们感受到威胁，变革就将是缓慢而痛苦的。

博茨瓦纳所有种族和语言群体在独立时就信奉统一和民主原则，随后虽然茨瓦纳身份（Tswanadom）接受了现代主义和同化主义的范式，然而正是这些原则为他们保持和不放弃自己的民族身份提供了充足的理由。独立33年后，民族身份问题已不再是问题。现在的问题是，这种民主和民族地位为我们每个人带来了什么。对这个问题所作反应的尝试清楚地表明，茨瓦纳身份的概念使这个国家的一些成员在经济、政治和文化上都处于低下和不可接受的地位。出于这个原因，博茨瓦纳众所周知并受到尊重的民主制度受到了挑战。将语言和文化多样性视为问题的观点会对民主进步产生反作用。我们的选择只能是迅速从公开的同化模式转向真正的多元模式，在这种模式中，群体权利和个人权利才能得到保障，民主的代表原则才能得到尊重。

注　释

1. 国家名称是博茨瓦纳（Botswana），国人叫巴茨瓦纳人（Batswana），来自博茨瓦纳的单个人叫莫茨瓦纳（Motswana），国语是茨瓦纳语（Setswana）。这个前缀公式适用于八个讲茨瓦纳语的部落，他们由其最高酋长代表。

表 1　语族

第 1 类（八个茨瓦纳语部落）		
部落名称（复数）	方言/语言	个人
Bamangwato/Bangwato	Sengwato	Mongwato
Bakgatla	Sekgatla	Mokgatla
Batawana	Setawana	Motawana
Balete	Selete	Molete
Batlokwa	Setlokwa	Motlokwa
Bakwena	Sekwena	Mokwena
Bangwaketsi	Sengwakets	Mongwaketsi
Barolong	Serolong	Morolong

该公式也适用于语言接近茨瓦纳语但不被认为是茨瓦纳方言的部落（一些部落由来自他们自己部落——四个地区选出的副首长代表，而另一些则不是由他们自己的人代表，而是由该地区的最高酋长代表）。

第 2 类（语言接近茨瓦纳语的部落）		
部落名称（复数）	方言/语言	个人
Bakgalagadi/Makgalagadi	Sekgalagadi	Mokgalagadi
Babirwa	Sebirwa	Mmirwa
Batswapong（Baseleka）	Setswapong	Motswapong
Bahurutshe	Sehurutshe	Mohurutshe
Bakhurutshe	Sekhurutshe	Mokhurutshe

续表

第 2 类（语言接近茨瓦纳语的部落）		
部落名称（复数）	方言/语言	个人
Bakgothu	Sekgothu	Mokgothu
Bashaga	Seshaga	Moshaga
Bangologa	Sengologa	Mongologa
Batlhwaring	Setlhwaring	Mo tlhwareng.
Batalaote	Setalaote	Motalaote
Bakaa	Sekaa	Mokaa

虽然说与茨瓦纳语完全无关的语言的部落最初并没有遵循这个公式，但随着时间的推移，这个公式已经应用于他们的语言和部落名称。表中提供了原始名称，带括号的是"茨瓦纳化"了的版本。

第 3 类（与茨瓦纳语无关的部落）		
部落名称（复数）	方言/语言	个人
Ovaherero（Baherero）	Herero（Seherero）	Herero（Moherero）
Wayeyi（Bayeyi）/Bayei	Shiyeyi	Muyeyi（Moyeyi）
Hambukushu（Ma/ Bambukushu）	Thimbukushu（Se－）	Hambukushu
Kalanga（Ma/Bakalaka）	Ikalang（Sekalalaka）	Kalanga（Mokalalaka）
Subia（Ma/Basubia）	Subia（Sesubia）	Subia（Mosubia）
Ciriku（Ma /Bacirikuba）	Othiciriku（Seciriku）	Mociriku
Ba / Masarwa	Sesarwa	Mosarawa
Ba/Manajwa	Senajwa	Monajwa

备注：替代性前缀 Ma－是用于贬低部落的。第 2 类和第 3 类部落使用的语言被视为少数族裔语言。

2. 可以在 Kaplan & Baldauf（付印中）中找到对"仅有英语"的情况的更详细描述。

3. 这是一个传统的会议场所，酋长在这里听取案件、咨询并向其人民通报村里的发展事宜。

4. 由博茨瓦纳协会于 1996 年 10 月 15 日至 18 日组织的"博茨瓦纳生活质量"的专题讨论会参与者供稿。

5. 酋长的名字与协会的名字相同。

参考文献

Amanze, J. N. (1994) *Botswana Handbook of Churches*. Gaborone: Pula Press.

Amanze, J. N. (1998) *African Christianity in Botswana: The Case of African Independent Churches*. Gweru: Mambo Press.

Amanze, J. N. (1999) *A History of the Ecumenical Movement in Africa*. Gaborone: Pula Press.

Anderson, L. and Janson, T. (1997) *Languages in Botswana: Language Ecology in Southern Africa*. Gaborone: Longman.

Arthur, J. (1996) Language pedagogy in Botswana: Paradigms and ideologies. *Mosenodi: Journal of the Botswana Educational Research Association* 4 (1), 47 – 57.

Batibo, H. M., Mathangwane, J. T. and Mosaka, N. (1997) Prospects for sociallinguistic research undertakings in Botswana: Priorities and strategies. In B. Smieja (ed.) *Working Papers in Preparation for the LICCA Conference* (pp. 27 – 36). Proceedings of the LICCAWorkshop. Duisburg: University of Duisburg.

Bocongo (1999) *A Quick Reference to Bocongo Members*. Gaborone: Bocongo.

Botswana Language Use Project (1996) *Dipuo tsa Botswana*. Gaborone. Botswana Language Use Project.

Carter, G. M. and Morgan, P. (1980) *From the Front-line: Speeches of Sir Seretse Khama*. London: Rex Collins.

Central Orthography Committee (1937) *Minutes of the Conference on Orthography for Secwana*. Johannesburg: Central Orthography Committee.

Central Statistics Office (1995) *Education Statistics 1993*. Gaborone: Government Printer.

Central Statistics Office (1999) *Education Statistics 1997*. Gaborone: Government Printer.

Chilisa, E. (2000) Mogae defends his government: Part II. Mmegi: *The Reporter*, 11 – 17 February.

Davies, C. (1998) Bayeyi can have their own chief, says Tawana. Mmegi: *The Reporter*, 25September-1 October, 6.

Department of Information and Broadcasting (1989) *Botswana Daily News* 30 June, Number 123: 1.

Fidzani, N. H. (1998) Land reform and primitive accumulation: A closer look at the Botswana Tribal Grazing Land Policy. In W. A. Edge and M. H. Lekorwe (eds) *Botswana: Politics and Society* (pp. 229 – 42). Pretoria: JL van Schaik.

The Gazette (1999) A 1000 years of Botswana history. *The Gazette*, December 22, pp. 6 – 9.

Grant, S. and Egner, B. (1989) The private press and democracy. In J. Holm and P. Molutsi (eds) *Democracy in Botswana* (pp. 247 – 64). Gaborone: Macmillan.

Hopkins, P. (1995) *Directory of Non-Governmental Organisations in Botswana*. Gaborone: NORAD.

Janson, T. and Tsonope, J. (1991) *The Birth of a National Language: The History of Setswana*. Gaborone: Heinemann & National Institute of Development Research.

Jeffris, K. (1997) Poverty in Botswana. In D. Nteta and J. Hermans (eds) *Poverty and Plenty: The Botswana Experience* (pp. 33 – 59). Gaborone: Botswana Society.

Kamanakao Association (1996) Report on the Installation of the Wayeyi Chief. 24 April 1999. Gumare.

Kamanakao Association. Website. http://www. mindspring. com/okavango/ kamanakao/html.

Kaplan, R. B. and Baldauf, R. B., Jr (in press) Not only English: 'English only' and the world. In R. D. González with I. Melis (eds) *Language Ideologies: Critical Perspectives on the Official English Movement*. Champaign-Urbana, IL: NCTE.

Kgengwenyane, O. (1996) President disappointing. *Midweek Sun* 9 October, 7.

Komarek, K. and Keatimilwe, A. (1988) *Language Competence and Educational Achievement in Primary Schools in Botswana: Part 11*. Aligemeine Bildung, Wissenchaft und Sprot. Journal of the Deutsche Gesellschaft für Technische Zusammenarbeit (GTZ).

Le Roux, J. (1997) *Multicultural Education: What Every Teacher Should Know*. Pretoria: Kagiso.

Mazonde, I. (1997) Battlefield of wits: Interface between NGOs, government and donors at the development site. *Pula: Journal of African Studies* 11 (1), 96 – 107.

Mbuya, T. (1999) Of issues, gaffes and trivia. Mmegi: *The Reporter* 15 – 21 October, 15.

Mgadla, P. T. (1998) The *Kgosi* in a traditional Tswana setting. In W. A. Edge and M. H. Lekorwe (eds) *Botswana: Politics and Society* (pp. 3 – 10). Pretoria: JL van Schaik.

Mgadla, P. T. and Campbell, A. C. (1989) Dikgotla, dikgosi and Protectorate administration. In J. Holm and P. Molutsi (eds) *Democracy in Botswana* (pp. 48 – 57). Gaborone: Macmillan.

Milon, J. (1989). *Discourse in the Primary English Syllabus of Botswana*. Report submitted to the German Foundation for International Development. Gaborone.

Ministry of Education (1982) *Primary School Syllabuses for all Subjects*. Department of Curriculum Development and Evaluation. Gaborone: Government Printer.

Moeti, M. (1998) Blame tribalism on the constitution. Mmegi: *The Reporter* 9 – 15 January, 9.

Mogwe, A. (1994) Will basic human rights and individual freedoms continue to be protected, promoted and respected? In S. Brothers, J. Hermans and D. Nteta (eds) *Botswana in the Twenty First Century* (pp. 49 – 68). Gaborone: Botswana Society.

Molutsi, P. (1994) Botswana's democratic institutions: The strengths and prospects. In S. Brothers, J. Hermans and D. Nteta (eds) *Botswana in the Twenty First Century* （pp. 21 – 38）. Gaborone: Botswana Society.

Molutsi, P. P. (1998a) Elections and electoral experience in Botswana. In W. A. Edge and M. H. Lekorwe (eds) *Botswana: Politics and Society* (pp. 363 – 77). Pretoria: JL van Shaik.

Molutsi, P. P. (1998b) Politics and society in Botswana: Future scenarios. In W. A. Edge andM. H. Lekorwe (eds) *Botswana: Politics and Society* (pp. 489 – 98). Pretoria: JL Van Shaik.

Mpho, M. K. (1987) Representation of cultural minorities in policy making. In J. Holm and P. Molutsi (eds) *Democracy in Botswana* (pp. 130 – 38). Gaborone: Macmillan.

Murray, A. (1987) The growth of regional politics after the war: The northwest. In F. Morton and J.

Ramsay (eds) *The Birth of Botswana: A History of Bechuanaland Protectorate from* 1910 *to* 1966 (pp. 110 – 22). Gaborone: Longman Botswana.

Murray, A. (1990) *Peoples' Rights: The Case of Bayei Separatism.* Roma: Institute of Southern African Studies.

National Commission on Education (NCE 1) (1977a) *Education for Kagisano*, Vol. 1 (pp. 23 – 34; 235 – 53). Gaborone: Government Printer.

National Commission on Education (NCE 1) (1977b) *Education for Kagisano*, Vol. 2 (pp. 2 – 8 – 2 – 12). Gaborone: Government Printer.

National Commission on Education (NCE 2) (1993) *Report of the National Commission on Education.* Gaborone: Government Printer.

National Setswana Language Council (NSLC) (1984 – 90) *Minutes and Tape Recordings of Meetings.* Gaborone: NSLC.

National Setswana Language Council (1989) *Report on the Review of the* 1981 *Standard Orthography.* Gaborone: NSLC.

Ncqocqo, T. (1979) Origins of the Tswana. *Pula Journal* 1 (3), 1 – 16.

Ndlovu, T. (1999) The language that stirred the storm. *The Reporter* 15 – 21 October, 22. [Arts and Culture Section]

Nyati-Ramahobo, L. (1991) Language planning and education policy in Botswana. PhD Thesis, University of Pennsylvania. *Dissertations Abstract International* DAO 64793.

Nyati-Ramahobo, L. (1996) Challenges for improving literacy in Botswana. *Mosenodi: Journal of the Botswana Educational Research Association* 4 (2), 49 – 55.

Nyati-Ramahobo, L. (1998a) Language, culture and learning: The missing link in teacher education. In C. D. Yandila, P. Moanakwena, F. R. O'Mara, A. M. Kakanda and J. Mensah (eds) *Improving Education Quality for Effective Learning: The Teacher's Dilemma* (pp. 207 – 14). Gaborone: Ministry of Education. [Proceedings of the Third Biennial Teacher Education Conference]

Nyati-Ramahobo, L. (1998b) Language planning in Botswana. *Language Problems and Language Planning* 22, 48 – 62.

Nyati-Ramahobo, L. (1999a) *The National Language a Resource or a Problem: Implementation of the Language Policy of Botswana*. Gaborone: Pula Press.

Nyati-Ramahobo, L. (1999b) Oppression in democracy: The case of the Wayeyi. Paper presented at the African Studies Association Conference on 'Listening to and Interpreting Africafor the Millennium'. 11 – 14 November 1999. Philadelphia.

Obondo-Okoyo, T. and Sabone, I. (1986) *Twenty Years of Progress: An Official Handbook.* Gaborone: Department of Information and Broadcasting, Publicity Section & Government Printer.

Parsons, N. (1985) The evolution of modern Botswana: Historical revisions. In L. A. Picard (ed.) *Evolution of Modern Botswana: Politics and Rural Development in Southern Africa* (pp. 26 – 39). Lincoln, Nebraska: Nebraska University Press & London: Rex Collins.

Parsons, N. (1998) *King Khama, Emperor Joe, and the Great White Queen.* Chicago: Chicago University Press.

Presidential Task Group (1997) *Long Term Vision for Botswana: Towards Prosperity for All.* Gaborone: Government Printer.

Ramatsui, P. (1989) Personal communication.

Ramsay, J. (1987) The neo-traditionalist: Sebele II of the Bakwena. In F. Morton and J. Ramsay (eds) *The Birth of Botswana: A History of the Bechuanaland Protectorate from* 1910 – 1966 (pp. 30 – 44). Gaborone: Longman.

Ramsay, J. (1998) The establishment and consolidation of the Bechuanaland Protectorate, 1870 – 1910. In W. A. Edge and M. H. Lekorwe (eds) *Botswana: Politics and Society* (pp. 62 – 98). Pretoria: JL van Schaik.

Ramsay, J., Morton, B. and Mgadla, T. (1996) *Building a Nation: A History of Botswana from* 1800 *to* 1910. Gaborone: Longman.

Republic of Botswana (1965) *Chieftainship Act.* Gaborone: Government Printer.

Republic of Botswana (1965) *Constitution of Botswana.* Gaborone: Government Printer.

Republic of Botswana (1965) *Tribal Territories Act.* Gaborone: Government Printer.

Republic of Botswana (1977) *National Policy on Education: Government Paper No. 1 of* 1977. Approved by the National Assembly, August. Gaborone.

Republic of Botswana (1983) *Report on the Population and Housing Census* 1981. Gaborone: Government Printer.

Republic of Botswana (1985) *National Development Plan* 6 1985 – 91. Gaborone: Government Printer.

Republic of Botswana (1988) *The Official Hansard No. 95 Part* 11: *Proceedings of the 5th*

Session of the 5th Parliament. Gaborone: Government Printer.

Republic of Botswana (1989 – 90) *The Daily News.* Gaborone: Government Printer.

Republic of Botswana (1994) *Government Paper No. 2 of 1994: The Revised National Policy on Education.* Gaborone. Government Printer.

Republic of Botswana (1995) *The Official Hansard No. 110. Proceedings of the 5th Session of the 7th Parliament.* Gaborone: Government Printer.

Republic of Botswana (1997) *National Development Plan 8: 1997/98 – 2002/2003.* Gaborone: Government Printer.

Ruiz, R. (1984) Orientations in language planning. *Journal of the National Association for Bilingual Education* 8 (2), 15 – 34.

Sechele, S. T. (1998) The role of the press in independent Botswana. In W. A. Edge and M. H. Lekorwe (eds) *Botswana: Politics and Society* (pp. 412 – 22). Pretoria: JL van Shaik.

Setswana National Language Committee (1981) *Setswana Standard Orthography* 1981. Ministry of Education. Gaborone.

Sillery, A. (1965) *Founding a Protectorate: History of Bechuanaland* 1885 – 1895. The Hague: Mouton.

Skutnabb-Kangas, T. (1990) *Language Literacy and Minorities.* London: Minority Rights Group.

Skutnabb-Kangas, T. and Phillipson, R. (1989) *Wanted! Linguistic Human Rights. ROLIG-papir* 44. *Roskilde: Roskilde University Centre.*

Smieja, B. and Mathangwane, J. T. (1999) Report on the survey of language use and language attitudes in Botswana (manuscript).

Sommer, G. and Vossen, R. (1995) Linguistic variation in Siyeyi. In A. Traill, R. Vossen and M. Biesele (eds) *The Complete Linguist. Papers in Memory of Patrick J. Dickens* (pp. 407 – 79). Cologne: Rüdiger Köppe.

Somolekae, G. and Lekorwe, M. H. (1998) The chieftaincy system and politics in Botswana, 1966 – 1995. In W. A. Edge and M. H. Lekorwe (eds) *Botswana: Politics and Society* (pp. 186 – 98). Pretoria: JL van Schaik.

SPILL at http://www. spil. society. webjump. com.

The Voice, 21 May 1998.

Tlou, T. (1985) *A History of Ngamiland* 1750 – 1906: *The Formation of an African State.* Gaborone: Macmillan.

Tlou, T. (1998) The nature of Batswana states: Towards a theory of Batswana traditional government-the Batawana case. In W. A Edge and M. H. Lekorwe (eds) *Botswana Politics and Society* (pp. 11 – 31). Pretoria: JL van Schaik.

Tlou, T. and Campbell, A. (1984) *History of Botswana.* Gaborone: Macmillan.

Tsonope, J. (1995) Prospects for the indigenous languages of Botswana. Implications of the Government White Paper No. 2 of 1994. *Mosenodi*：*Journal of the Botswana Educational Research Association* 3 (1&2)，5 – 13.

Visser, H. (1998) Language and cultural empowerment of the Khoesan people：The Naro experience. Lecture delivered at the University of Botswana, 6 March1998.

Vossen, R. (1988). *Patterns of Language Knowledge and Language Use in Ngamiland in Botswana*. Germany：Eckhard Breitinger.

Wolfson, N. and Manes, J. (eds) (1985) *The Language of Inequality*. New York：Mouton.

附录1：主要科伊桑语族群（括号内为子族群）

Ju/hoan

Xani

Tcg′aox′ae（or ＝Kx′au//′ein or′Kxc′au/ein）

Dxana

Dcui

Naro：（//Ana：Naro，//Gana，/Gwi，Khute）

Qgoon

San/N/Oakhine

Nama

Shua：（Xaise，Deti，Cara，Shua，Ts'ixa，Danisi，Bugakhwe，Xanikhwe）

Tshwa：（Tshwa，Kua，Tshauwau，Heitshware）

Tchuan

≠Hua

Hai//om

! Xoo

! Kwi：（/Xam，＝Khomani，//Xegwi and //Ng!′e）

Tshu

附录2：与茨瓦纳语和英语相关的建议
（国家教育政策，1994 年 3 月）

建议 3 ［第2.3.30 段］

关于语言政策，国家教育委员会建议将国家茨瓦纳语言委员会更名为博

茨瓦纳语言委员会，并给予修订后的职权范围，包括制定综合语言政策的责任。（第 13 页）

建议 18［第 4.4.31 段］

在小学语文教学方面，

a. 应尽快使用英语作为标准 2 的教学语言。（第 59 页）

d. 茨瓦纳语应作为博茨瓦纳公民在整个小学系统中的必修科目来教授。以及应立即开始在职培训计划，以改进茨瓦纳语作为一门学科的教学。（第 18 页）

建议 31［第 5.5.7 段］

委员会建议三年制初中课程的目标陈述如下：

a. 初级证书课程的目标是在所有儿童中发展并学习；

b. 让儿童精通茨瓦纳语和英语的使用，来作为有效沟通、学习和工作的工具；

c. 让儿童增加对社会的理解、对文化的欣赏和公民意识的培养等。（第 21 页）

建议 32［第 5.5.13 段］

关于初级证书课程方面：

b. 每名学生须修读八门核心科目，即英语、茨瓦纳语社会课程等。

d. 此外，每个学生应至少选择两门，最多三门选修科目。所选科目中至少有一个应来自以下各组科目：

（iii）第三语言。（第 63 页）

建议 46［第 5.10.33 段］

为了改进茨瓦纳语的教学，委员会建议：

a. 教师应该接触尽可能多的语言教学方法，以便为教师和学习者提供多样性，并强调交流方法，从而使茨瓦纳语作为一门学科来教学更有趣。（第 26 页）

b. 应更广泛地传播有关除教学以外的工作机会的信息，例如媒体、专业和翻译、法庭口译和议会翻译。在学校层面的一些指导下，学生会更认真地学习语言，而认识到语言发展的机会。（第 66 页）

c. 博茨瓦纳大学非洲语言文学系应发挥主导作用，指导茨瓦纳语的学术

报告，以及与教育学院合作推进茨瓦纳语的教学。（第 26 页）

建议 70〔第 7.6.9 段〕

关于为高等教育机构的学生开发核心课程，委员会建议：

d. 博茨瓦纳文化和价值观的模块，指出了在异质的非洲文化背景下，博茨瓦纳生活方式所具有的独特性和普遍性。（第 34 页）

建议 100〔第 10.5.9 段〕

c. 初级教师培训课程应让教师做好充分利用一些创新方法的准备，例如茨瓦纳语、项目方法、持续性评估、指导和咨询、特殊教育、辅导教学，尤其是支持评估进展方面，做出突破。（第 45 页）

建议 101〔第 10.5.13 段〕

e. 应审查入学要求，以允许招聘持有 COSC/GCE 的有经验的小学教师接受茨瓦纳语教师培训。（第 46 页）

建议 103〔第 10.5.19 段〕

a. 茨瓦纳语教师培训应与拟议的赠款/贷款计划中的科学和技术研究领域的严重人力资源短缺类别合并在一起。（第 46 页）

b. 与科学和数学教师类似，茨瓦纳语教师应享有更高的起薪和平行晋升的机会。（第 46 页）

马拉维语言规划状况

埃德林尼·卡扬巴津胡 (Edrinnie Kayambazinthu)

（马拉维大学校长学院英语系）

本文详细研究了马拉维的语言规划状况，探讨了该国语言规划的历史和政治进程，以及当前的语言规划实践。文章进一步重构并展示了马拉维是如何看待其社会政治变化，以及这种看法是如何转化为教育、媒体和语言使用的一般模式中的语言规划的。杰出人物的影响、语言状况本身和社会政治问题应该是理解马拉维语言规划的基础。将由此产生的语言规划实践（过去和现在）结合起来，提出了一个有趣的案例研究，即普遍而专门且有针对性的语言规划，更多的是基于自身利益和政治冲动，而非研究本身。

引　言

马拉维位于非洲中南部，东北部与坦桑尼亚接壤，西部与赞比亚相邻，东南部与莫桑比克相交。该国长约 900 公里，宽约 80 - 160 公里。国土总面积为 118486 平方公里，其中陆地面积为 94276 平方公里，其余为长约 475 公里的马拉维湖（马拉维国家统计局，1996：1）。马拉维分为三个主要行政区：北部地区、中部地区和南部地区。全国进一步可划分为 27 个区，其中北部 5 个区，中部 9 个区，南部 13 个区。马拉维估计有 1200 万人口[1]，1987年全国识字率为 42%，89% 的人口生活在农村地区。

马拉维在语言上是异质性的，国内有 13 种马拉维语言及众多的方言（Kayambazinthu，1995）。马拉维的语言状况，就像大多数其他非洲国家一样，其特点是官方语言英语、国家语言齐切瓦语（Chichewa）和其他 12 种本土语言及其变体的不对称共存。本文描述了马拉维的语言状况及其各个方面，包括使用多种语言的活力。本文重点关注马拉维的主要语言及其传播、语言规划和语言保持及前景。本文还汇集了在马拉维进行的一些独立调查，以阐明那里的语言状况，也从宏观和微观角度探讨了主要语言和少数族裔语言的相互作用和使用情况。

第一部分　马拉维的语言概况

术语定义

本文中，语言（language）的定义是以地缘政治和谱系分类为基础的。钱伯斯和特鲁吉尔（Chambers & Trudgill，1980：5）将方言视为"特定语言的分支"。相对于方言，他们将语言定义为相互能听懂的方言或变体的集合。不过进一步讨论可以看出，在许多边缘案例中，政治和社会层面很难对语言和方言进行区分。如果以是否互相听懂为标准，马拉维的一些语言如科霍霍拉语（Khokhola）和洛姆韦语（Lomwe）可以认为是同一种语言，而尧语（Yao）和洛姆韦语则不是。因此，不同语言的定义和计数可能与传统或官方计数有很大差异，特别是在奇蒂帕区，该地区对语言的定义是基于老旧的语言知识或社会政治考量，而不是从语言学角度出发（Ntonya，1998）。

这些语言的名称是目前在马拉维使用的语言名称。语言名称取决于语言，根据情况添加（或不添加）前缀 Chi‑、Ki‑ 或 Kya。出于一致性的考虑，本文将不使用语言前缀[2]。另外，"说话者"（speaker）这个词的定义是指那些能够轻松使用某种语言谈论各种话题，并能将语言传授给孩子，以及那些具有基本书面阅读和传承信息能力的人。这就排除了那些只能理解语言，不能完整传承信息或语言不太流利的人。鉴于该国仅有的一次语言普查是在 32 年前，因此给出的说话者人数只能作为一个估计。除了对切瓦语（Chewa）[①]、尧语和通布卡语（Tumbuka）范围有限的研究，马拉维语还没有被研究或恰当地记录过。

语言及其历史背景

马拉维与赞比亚东部、莫桑比克北部和坦桑尼亚北部在地理和文化上相连，所有这些邻国都对马拉维民族和语言构成做出了贡献，反之亦然。从类

[①]　译文依据作者所提"本文将不使用语言前缀"，将"Chewa"翻译成"切瓦语"。如文中出现带有前缀"chi‑"的"Chichewa"，为与原文一致，将翻译成"齐切瓦语"。

型上看，所有马拉维语言都起源于班图语系（Bantu）。从公元 13 世纪到 19 世纪，几个政治实体起源于刚果盆地，每个政治实体大概都由一个单一民族和单一语言的核心主导：如切瓦语、通布卡语和恩古卢贝语族群。随着恩戈尼人、尧人和洛姆韦人的到来，完成了现代民族和语言地图的基础。尽管该地区存在越来越多的民族和语言差异，但马拉维政治历史的特点却使这些族群都能和平相处。在这一时期，马拉维的大多数语言作为其文化的主导语言的地位大致相同。正是传教士的到来和后来班达博士权力的崛起，决定性地打破了权力平衡，转向了齐切瓦语。本文重点介绍从公元 13 世纪到 19 世纪原住民语言和方言的历史，以展示产生各种方言的历史过程。鉴于其不同的历史关系，马拉维使用的语言可分为三个不同的群体：主要本土语言、次要本土语言和次要非本土语言。在接下来的篇幅中，将会讨论属于每种语言的地域特性和社会语言学地位。

本土语言

齐切瓦语（N 区，第 20 组）[3]

自 1968 年以来，在众多标准和非标准语言中，齐切瓦语一直被用作马拉维地区在国家行政、识字和文化方面的唯一国家语言。在广大农村和城市，齐切瓦语是 50.2% 马拉维人的母语（MNSO，1966），它有许多方言变体，这反映了人口的地理起源以及与领土扩张相关的迁移浪潮。马拉维公认的主要方言是切瓦语、尼扬贾语（Nyanja）和曼加尼亚语（Mang'anja）。

根据菲里等人的说法（phiri *et al.*，1992：608），马拉维的中部和南部主要是讲切瓦语的人和他们的亚群体，即希雷河谷下游的曼加尼亚人和马拉维湖南端周围的尼扬贾人。马拉维湖西侧的北部地区，从中部的通布卡 - 切瓦边缘带到北部的松圭河，被三个语族占据：通布卡语族（Tumbuka）、恩贡德 - 尼亚久萨语族（Ngonde-Nyakyusa）和苏夸 - 兰比亚 - 尼哈语族（Suk-wa-Lambya-Nyiha）。

历史学家（Alpers，1968，1972；Pachai，1973；Phiri *et al.*，1992：615）一致认为，13—16 世纪，马拉维中部和南部的大部分地区栖居着讲班图语的人。这些人起初是马拉威人（Maravi）① 或马拉维（Malawi）广大居住群体的一部分，他们现在被称为切瓦人、尼扬贾人和曼加尼亚人。马拉维人从扎

---

① "马拉威"是旧称，包含现在莫桑比克和赞比亚的部分地区。"马拉维"是目前的国家称呼。

伊尔东部的鲁巴（Luba-Lunda）王国迁徙而来，在他们的领导人卡隆加（Kalonga）的领导下定居在马拉维的一个叫作曼坎巴（Mankhamba）［今为代扎（Dedza）区］的地方。在这里，他们与早期居民——原始切瓦人混居在一起。

从历史上看，移民浪潮与空间不足和领土扩张有关。正如帕猜（Pachai，1973：8）所指出的，从术语上讲，切瓦语的各种方言群[4]，他们所说的语言，在马拉威帝国的移民、经济实力和政治组织的框架内可以得到更好的理解。由于分裂和权力下放，最初的马拉威最终变成了切瓦、曼加尼亚、尼扬贾、奇佩塔（Chipeta）、恩森加（Nsenga）、齐昆达（Chikunda）、姆博（Mbo）、恩通巴（Ntumba）和津巴（Zimba）。在17世纪的半个多世纪中，马拉威人与葡萄牙人，以及后来的阿拉伯人，在与基尔瓦和莫桑比克进行象牙贸易的基础上建立了一个帝国，并开始领土扩张，从马拉威中部和南部延伸到了邻近的赞比亚和莫桑比克（Phiri et al.，1992）。菲里还指出，到17世纪初，他们的国家联盟涵盖了赞比亚东部的大部分地区、马拉威中部和南部以及莫桑比克北部。人口增长导致土地紧缺、地方纷争、独立定居的愿望，以及控制或保护贸易路线和货物的冲动（Pachai，1973）。结果，帝国解体，导致几个说着不同切瓦方言的附属酋邦和王国的建立（Marwick，1963；Pachai，1972）。

例如，出于政治和经济原因，据说卡隆加（Kalonga）派遣了他的一些亲戚在不同地区建立定居点（Alpers，1968）。姆瓦塞人（Mwase）定居在卡松古（Kasungu）的象牙盛产区；卡夫威提人（Kaphwiti）和隆杜人（Lundu）定居在赞比亚东部（今为奇蒂帕区）的希雷河谷下游和姆坎达。所有这些朝贡的王国都效忠于至高无上的卡隆加。然而，这种联系后来被切断了。例如，温迪人（Undi）去了莫桑比克的领地，据说在1614年他们就与葡萄牙人开展了贸易，这种情况降低了卡隆加的地位（Pachai，1973：8）。一些外部因素诸如贸易、可从葡萄牙和阿拉伯商人那里获得武器和弹药、黄金和象牙交易加强了温迪、伦杜（Lundu）和姆瓦塞－卡松古（Mwase-Kasungu）等朝贡国王的权力（Pachai，1973）。卡本杜利人（Kabunduli）、丘卢人（Chulu）、卡卢鲁马人（Kaluluma）和坎延德人（Kanyend）迁入通布卡－切瓦边缘地区，形成了一个混合社会语言群体，其中最明显的例子就是恩霍塔科塔（Nkhota Kota）北部和恩哈塔湾（Nkhata Bay）地区的通加人（Tonga）（Phiri et al.，1992：622）。

无论他们搬到哪里，马拉威人都以他们定居的地理区域来称呼自己，以区别于其他群体。例如，来自赞比亚姆坎达酋邦的人称自己为切瓦人、昆达人（Kunda）、恩森加人（Nsenga）和姆博人（Ambo）；西南湖岸和希雷河的人自称为尼扬贾人（意为湖边的人或沿湖居住的人）。那些定居在卡松古（Kasungu）、都瓦（Dowa）、恩奇西（Ntchitsi）、姆钦吉（Mchinji）腹地的温迪（Undi）和姆瓦塞（Mwase）卡松古人自称为奇佩塔人（Chipeta，意为高草或稀树草原）。卡夫威提（Kaphwiti）的人被称为曼加尼亚人。"这些不同的方言名称只不过是属于同一文化和语族的人所在区域或地理名称，后来发展出了不同的方言"（Schoffeleers，1972：96）。在这些族群中，以切瓦人命名的族群是数量上最大的族群（Marwick，1963；Pachai，1973），而这些族群80%都生活在马拉维，其余20%生活在赞比亚和莫桑比克（Pachai，1973：6）。

与其他历史学家不同，舍夫勒（Schoffeleers，1972：96）坚持认为，说切瓦语的人从来没有被统称为切瓦人或马拉威人，他们有两个名字：一个特定的名字和一个通用的名字，通用名是马拉威人。但从所有历史记载中可以清楚地看出，马拉威（而非切瓦）这个名字代表一个民族或它的一部分。因此，人们会不同意齐里潘恩（Chilipaine，1985：3）所说的所有这些群体属于切瓦族，因为民族历史证据表明他们属于马拉威族，但在方言上相当不同。尽管关于切瓦语和尼扬贾语之间的从属关系仍存在争议，但切瓦民族历史很可能涉及三个群体和切瓦统治地位之间的周期性交替。关于曼加尼亚人的名字也存在争议。班达（Banda，1975）和姆乔博（Mchombo，年份不详）坚称是一种尼扬贾人的葡萄牙语变体。葡萄牙人与像昌干（Ama Tchangane）、科萨（Ama Xhosa）等南非少数族群的接触，使他们在葡萄牙语音系的影响下，腭音 ny /ɲ/ 变成了 ng /ŋ/，从而就出现了一个新的族群曼加尼亚族，其实就是切瓦民族。

根据舍夫勒援引现有历史和口头证据，几乎没有证据支持这种爱国主义声明，但他认为：

> 我们在17世纪的葡萄牙文献中发现的证据表明，现在的民族名称在当时已经被使用了。尼扬贾和曼加尼亚等名称在当时已经出现，尽管目前还不清楚它们是否也被用作民族名称。（Schoffeleers，1972：6）

这种说法比班达的说法更有说服力，因为曼加尼亚人主要生活在希雷高地而不是湖岸，最有可能的是，他们和其他族群一样用不同的名字称呼自己。切瓦人、尼扬贾人和曼加尼亚人的方言仍在马拉维使用，但像恩通巴语（Ntumba）、姆博语（Mbo）[5]和津巴语（Zimba）已经不在马拉维使用，倒是在莫桑比克或赞比亚能找到这些方言的踪影（Henriksen，1978：249）。根据帕猜（Pachai，1972）的说法，在马拉维，这些群体与恩戈尼人（Ngoni）混居在一起，他们主要生活在这些群体曾经占领过的地区。

通布卡语（N 区，20 组）

通布卡语是马拉维北部的主要民族和地区通用语言。在哈斯廷斯·班达（Hastings Banda）博士禁止使用这种语言而支持齐切瓦语之前，通布卡语一直是（1947—68）北部地区的教育和广播语言。对于大多数北方人来说，它具有第二语言的地位（Kayambazinthu，1995）。通布卡语广泛分布在北部地区五个区中的三个区，根据1966年的人口普查，大约有9%的人口使用这种语言。该语言的起源和多样性源于定居区，布莱恩（Bryan，1959）确定了八种方言：通布卡语、恩卡曼加语（Nkhamanga）、恒加语（Henga）、弗卡语（Phoka）、温亚语（Wenya）、富利瓦语（Fulirwa）、兰克逊语（Lakeshore）和森加语（Senga）。

从18世纪到19世纪中期，伦菲区（Rumphi）和姆津巴区（Mzimba），以及向西延伸至赞比亚东部现代伦达兹（Lundazi）区的卢安瓜（Luangwa）山谷地区，也经历了通布卡移民潮（Vail，1972；Phiri *et al.*，1992）。[6]帕猜（Pachai，1973）指出，通布卡语是马拉维北部最古老的族群，基本上是牧民和母系族群。根据韦尔（Vail，1972）和菲里等人（Phiri *et al.*，1992）的说法，通布卡族人在其民族首领的领导下，组织成了一个松散的联盟，其经济和文化生活随着其首领姆洛沃卡（Mlowoka）领导下的商人的到来而改变。例如，栖息在尼卡高原（Nyika Plateau）和高原与湖岸之间边缘地带的弗卡（Phoka）人；居住在恩卡曼加平原的恩卡曼加人、恒加山谷的恒加人、奇蒂帕区的温亚人和恩塔利尔（Nthalire）人，以及奇廷巴（Chitimba）和卡隆加（Karonga）南部之间的富利瓦人。在弗卡人下方居住着湖岸人，他们因在马拉维湖沿岸栖居而得名。菲里等人（Phiri *et al.*，1992：612）进一步指出，由于通布卡族群体和来自西部的鲁巴族（Luba-Lunda）移民之间的交流沟通，现在居住在伦达齐（Lundazi）地区的恩森加人（Nsenga）似乎已经演变成一个部落。他们的语言类似于与他们共享氏族名称的通布卡人的语言。与马拉威人一样，通布卡人栖居地的地理分布形成了其独特且可以相互理解的方言。

1780年代，通布卡的经济和文化生活随着姆洛沃卡（Mlowoka）的到来而发生改变，他具备对外贸易相关知识和经验。他留在当地并与当地人交易珠子、布料和象牙。通过经济的力量，姆洛沃卡在恩卡曼加族的齐库拉马彦贝（Chikulamayembe）王朝下建立了一个松散的联盟，但是他的影响力仅限于该地区以及他的贸易伙伴卡通比（Katumbi）、姆瓦文尼（Mwalweni）、绛波（Jumbo）和姆瓦罗韦（Mwamlowe）控制的地区（Vail，1972）。

通加语（N区，10组）

从功能上讲，通加语是居住在今天恩哈塔湾区的通加民族的语言。根据1966年的人口普查，大约有1.9%的人口使用这种语言，并且是仅限于其边界地区的少数族裔语言之一。通加人居住在卢韦亚河西部和南北方向的维菲亚山脉之间的地区。在汤加兰的北部和西部，就是现在的恩哈塔湾区，说的是通布卡语，而恩霍塔科塔区南部说的是切瓦语。根据帕猜（pachai，1973）的说法，最早的居民是尼亚鲁班加（Nyalubanga）部落，但他也将通加人与马拉威人和巴洛沃卡语（Balowoka）联系起来。根据韦尔和怀特（Vail and White，1989）的说法，通加语在语法和词汇方面与通布卡语相似，但两者不是同一种语言。

恩古卢贝语族［恩贡德语（Ngonde）和尼亚久萨语（Nyakyu-sa），M区，第30组；兰比亚语（Lambya），N区，20组；尼哈语（Nyiha），M区，20组；苏夸语（Sukwa）、恩达利语（Ndali）和曼布韦语（Mambwe），M区，第10组］[7]

所有这些语言在功能上都可以归类为在其族群内使用的民族语言；换言之，其他族裔群体不使用这些语言，这些语言也没有被记录在案。南部的德旺瓦河和北部的松圭河之间的地区栖居着许多族群，他们形成了不同的语言群体。在16世纪，来自东北部的恩古卢贝人也移居此处。他们建立了兰比亚（Lambya）、恩贡德、奇丰圭（Chifungwe）、苏夸和尼亚久萨等州（Phiri et al. 1992）。

恩贡德人定居在马拉维湖西北岸的松圭地区，北与坦桑尼亚南部的尼亚久萨接壤，西与苏夸和兰比亚为邻，南与通布卡相接。卡林加（Kalinga，1985）（一位恩贡德的历史学家）将他们的定居点追溯到15世纪中叶左右。他们的新土地盛产象牙，用来和尼卡人（Nyika）和米苏库（Misuku）山的人交换布料、瓷器和金属制品。象牙贸易使他们的领袖卡云古（Kyungu）成为了一个强大的人物（Kalinga，1985；McCracken，1972）。但是即使在权力鼎盛时期，恩贡德人在他们的定居区（即现在的卡隆加地区）之外，也没有太大的影响力。威尔逊（Wilson，1972）指出，恩贡德人、尼亚久萨人和兰比亚人之间的共同点在于，他们都起源于马拉维湖北部顶端以外的布金加（Bukinga）区。威尔逊（Wilson，1972：138）进一步指出恩贡德人和尼亚久萨人有着密切的文化和历史联系，虽然口音不同，但说的是同一种语言。卡林加（Kalinga，1985：1）也有同样的说法："他们（恩贡德人）与尼亚久萨人的关系比该地区的任何其他族群都更密切。他们的语言加恩贡德语是齐尼亚久萨语（KiNyakusa）的一种方言，并且像尼亚久萨人一样，他们擅长养牛。"由此可以得出，恩贡德语是一种尼亚库萨方言[8]（另见 Tew，1950：75），尽管在马拉维它们被视为是一种独立的或不同的语言（见表 10）。

另一个群体，兰比亚人可以追溯到坦桑尼亚的伦圭（Rungwe），他们的领袖是姆瓦兰比亚（Mwaulambya）。民族历史证据表明，尼哈人是这片土地最早的居民，后来兰比亚人在此定居并和平建立了政治权威。兰比亚语是尼哈语的一种方言（Phiri et al.，1992；Wilson，1958：28 – 9）。笔者与一个兰比亚人[9]的私下交流也同样印证了这一事实，那就是兰比亚人和尼哈人的语言有共通之处，他们的语言是可以相互理解的。另一位恩古卢贝语领导人卡么么（Kameme），他在乌兰比亚（Ulambya）以西的尼哈定居并建立了政治权力。

表 10　按使用者占比排列的母语[55]

语言	使用者人数	预计 1998 年使用者人数	使用者占比（%）	使用的地区
齐切瓦语	1644916	5263731	50.2	都瓦、扎代、尼洛姆韦、恩齐西、布兰太尔、南卡松古、奇拉祖鲁、恩霍塔科塔、姆钦吉、萨利马
洛姆韦语	476306	1524179	14.5	木兰杰、乔洛、松巴、布兰太尔马钦加、奇拉祖鲁
尧语	452305	1447376	13.8	曼戈奇、马钦加、松巴、奇拉祖鲁、布兰太尔、木兰杰
通布卡语	298881	956419	9.1	姆津巴、伦菲、卡隆加、奇蒂帕、恩哈塔湾
塞纳语	115055	368176	3.5	恩桑杰、奇夸瓦
科霍霍拉语	74466	238291	2.3	乔洛、木兰杰
通加语	62213	199082	1.9	恩哈塔湾
恩戈尼语	37480	119936	1.1	姆津巴、德萨、尼切乌
恩孔德语	31018	99258	<1	卡隆加
兰比亚语	18646	59667	<1	奇蒂帕
苏夸语	18300	58560	<1	奇蒂帕

续表

语言	使用者人数	预计 1998 年使用者人数	使用者占比（%）	使用的地区
尼亚久萨语	3994	12781	<1	卡隆加
斯瓦希里语	2854	9133	<1	卡隆加
曼布韦语	39538	126522		奇蒂帕
恩达利语				奇蒂帕
尼哈语				奇蒂帕
英语	209			奇蒂帕

菲里等人指出曼布韦族（Mambwe）和南旺加族（Namwanga）的语言群体迁移到了卡么么酉邦。菲里等人（Phiri *et al.*，1992：626）清楚地总结了土著群体和移民之间的语言互动：

> 现代语言状况反映了各个移民群体的人数实力，他们建立了酋长制以及掌权以后统治人民的手段。奇兰比亚语（Cilambya）和卡么么语是土著尼哈人的方言，而恩贡德语和尼亚久萨语是恩古卢贝人的方言。换言之，姆瓦兰比亚人、卡么么人及其追随者在语言上被同化，而土著恩贡德人和尼亚久萨人则被移民所同化。现代苏夸语（Chisukwa）是恩达利语［松圭（Songwe）北部的一个语族］下的一种方言。尼哈语的使用者可以理解，而且恩贡德人学起来比尼哈人本身还更容易［原文如此］。苏夸语因此在尼哈语和恩贡德语之间形成了一座桥梁。

有趣且值得注意的是，奇蒂帕，是马拉维语言最多样化的地区，上述大部分语言都能在该地区找到踪影。笔者在这个地区的信息提供者反映说，该地区有多达 13 种语言（另见 Ntonya，1998）。这可能是对语言和方言差异的夸大或混淆，但它能表明不同族群之间的交流互动。他们已经在一个狭小的地区内共同生活，但仍使用各自的语言。

塞纳语（N 区，40 组）

1966 年，在恩桑杰和奇夸瓦大约有 3.5% 的人口使用塞纳语（Sena）。在下希雷地区，据说塞纳人从祖国莫桑比克沿赞比西河下游迁移到马拉维。缇欧（Tew，1950）认为塞纳语是一组语言，主要包括塞纳语、尼温圭语（Nyungwe）和齐昆达语。由于缺乏关于马拉维这一族裔群体的文献或资料，人们很难准确判断他们何时迁移到该国，尤其是何时迁移到奇夸瓦和恩桑杰地区。然而，沃特金斯（Watkins，1937）指出塞纳语在赞比西河下游使用，并且根据维尔纳（Werner，1906）的说法，它实际上与尼扬贾语完全相同。她还指出，称为塞纳语和尼温圭语的语言其实就是尼扬贾人的方言。然而，根据母语人士的说法和笔者本人在该国的经历，上述说法有待商榷。因为塞纳语的母语人士称他们的语言与尼扬贾人的语言并不互通。[10]任何马拉维人都认为塞纳语不同于切瓦语或马拉维的任何其他语言。

菲里等人（Phiri *et al.*，1992）称这部分马拉维人具备一定程度的社会和宗教凝聚力，尽管他们在政治和语言上存在分歧。虽然北部的大多数族群是父系族群（通加族除外），但马拉维中部和南部的民族，包括通加族在内都是母系族群，婚后居住在女方族群（另见 Tew，1950）。几乎所有民族的宗教实践都涉及祭祀祖先、灵魂附体、造雨和巫术。对切瓦人来说，纽奥（Nyau）秘密协会是表达和演绎民族创造神话、道德准则等的重要工具（Phiri *et al.*，1992：613）。雨水崇拜是地域宗教体验的主要表现形式。通布卡族的齐康昂贝（Chikha-ng'ombe）崇拜和切瓦族的齐松裴（Chisumpe）崇拜都属于这一类。对于这两个族群，神灵都以蛇的形式出现（Phiri *et al.*，1992）。

从前面的讨论中，我们可以看到社会政治和经济环境是如何影响马拉维的语言现状的。大规模移民、政治扩张、权力下放、贸易和解体等因素极大地影响了早期少数族裔语言群体的地理分布。由于地理阻隔，语言和文化同源的人中出现了不同的方言。迁移方式还可能涉及语言间的演变关系，如切瓦语、通布卡语和通加语之间；或是恩贡德语、尼亚久萨语、恩达利语、兰比亚语和尼哈语之间。这些民族由于时间和地理的间隔，发展出了不同的文化和语言。由于文献很少，很难推测这一时期的语言联系。在其他族裔群体到来之前，这些群体已经在马拉维生活了六个世纪。我们之后会讨论那些后来的族群。

19 世纪的马拉维：1848—1897

和之前讨论的大规模迁移不同，马拉维历史上的这一时期被视为是一些孤立族群"入侵"的迁移时期（Palmer，1972）。这个阶段有自己的社会语言学趋势，即在不同情况下，小族群融入数量大的族群。

恩戈尼语（N区，第10组）

恩戈尼语（Ngoni）是另一种少数族裔语言，1966 年约有 1.1% 的人口使用该语言。恩戈尼语是一种濒临灭绝的语言，除了一些少数地区之外，大多数会说这种语言的人都使用齐切瓦语或通布卡语。

19 世纪首先入侵马拉维的是恩戈尼人，他们是南非祖鲁族的一个分支。1848 年，他们的首领万根达巴（Zwangendaba）在坦噶尼喀湖南端去世，由于继承纠纷，恩戈尼人分散到了不同的地方。对本文有重要意义的是马塞科（Maseko）恩戈尼人和姆佩泽尼（Mpezeni）恩戈尼人。前者在戈马尼（Gomani）的领导下定居在了代扎（Dedza）和恩楚（Ntcheu）地区的柯克山脉（Kirk Range），而齐帝奥迦（Chidyainga）手下的人则定居在了切瓦人聚居的恩楚区。另一个在切瓦人聚居区定居的群体由格瓦扎·杰雷（Gwaza Jere）领导，他们定居在多瓦（Dowa）区。姆贝尔瓦（Mbelwa）领导下的恩戈尼人推翻了齐库拉玛延贝（Chikulamayembe）王朝，并在通布卡人聚居的姆津巴地区定居下来。

麦克拉肯（McCracken，1972）和斯皮尔（Spear，1972）一致认为，恩戈尼人是一个好战的族群，无论他们走到哪里，都会将其政治或国家结构强加给从属的群族。然而，在经济和社会方面，他们采用了原住民的农牧经济方式，也靠在当地抢夺接济。

在与土著人共处、互动和融合的过程中，恩戈尼人自己也产生了一些文化和社会变化。他们与原住民之间的文化和语言交流，根据恩戈尼人的同化政策或缺乏同化政策，加上当地的具体情况，采取了多种形式。例如，哈丁（Harding，1966）指出，在代扎和恩楚征服了说尼扬贾语人的戈马尼恩戈尼人（Gomani Ngoni）说的是祖鲁语（Zulu）的恩古尼（Nguni）方言。"虽然从此以后他们的方言被称为齐恩戈尼语（Chingoni），但是除了几个词外，在他们现在的方言中找不到恩古尼语的痕迹"（Harding，1966：2）。同样，定居在赞比亚的恩戈尼人在很大程度上受到切瓦人和塞纳人习俗和语言的影响，而姆贝尔瓦领导下的恩戈尼人则受到通布卡语的影响（另见 Mtenje & Soko，1998）。

导致恩戈尼人语言转变的文化适应过程可以更好地解释为"恩戈尼人威望和权力的下降，以及当地人的数量优势和文化持久优势"（Spear，1972：36）。斯皮尔进一步指出，通常在定居下来之前的所谓"行军"或移民时期，恩戈尼语得以保留，是因为恩戈尼语的威望，也因为没有与之竞争的语言。然而，在定居之后，这个外来族群变成了少数族裔，由于恩戈尼人和森加人、切瓦人和通布卡人通婚，孩子们就说他们母亲（被征服者）的语言了。即使在"行军"过程中，由于不同族群加入队伍中，恩戈尼语本身也已经发生了变化。恩戈尼人仍然是少数，俘虏占多数。词汇、发音和语法都被不同的同化群体陆续改变，因此恩古尼语中独特的咔嗒声消失了，增加了新的词汇和前缀（Spear，1972）。尽管他们在种族上仍然是恩戈尼人，但就语言层面而言，他们已经变成了切瓦人或通布卡人。他们的语言也对其他与之融合的语言产生了较大影响，产生了新的方言。虽然他们的定居模式沿用了被征服者的模式，但他们的政治结构和名称依然存在（Mtenje & Soko，1998）。

在通布卡，由于恩戈尼人的隔离政策，恩戈尼语被保留了一段时间，使用者主要是年长的恩戈尼人。在恩西斯韦尼（Emcisweni）①，直至 20 世纪，恩戈尼语依旧保留完好（Spear，1972：31）。[11]然而，语言本身已经发生了相当大的变化。

> 方言的变化，例如逐渐消除咔嗒声和将"l"替换为"r"，恩戈尼语中特有的双辅音"dl"和"hl"也丢失了，用于修饰动词的代词形式也发生了变化，并从通布卡语中借用了大量的词语。（Werner，1906：35）

由于通婚，通布卡语逐渐流行，即在恩戈尼语社会中有越来越多的母亲是通布卡人（Kishindo，1995；Read，1936）。从恩戈尼史学（Elmslie，1899；Fraser，1914；Read，1956；Kishindo，1995；Mtenje & Soko，1998）可以清楚地看出，除语言之外的核心领域，文化的主导地位仍然存在。例如，恩戈尼人仍以他们的英戈马舞（Ingoma）和战争装备、彩礼习俗、父系制度和其他恩戈尼仪式为骄傲，并且有增无减（Mtenje & Soko，1998）。虽然在文化层面，他们归属于恩戈尼，但在语言上，他们已然成了通布卡人的一员。恩戈尼人的语言基本上已经消失了。唐纳德·弗雷泽（Donald Fraser，1914：189）写道："有很多地区，要是还能找到一个纯粹说父辈语言的老人已经很不寻常了，从年轻人嘴里就更听不到了。"

除了通婚和少数族裔地位等因素外，还可以推测出的一点是，恩戈尼人并没有将他们的语言强加于被统治者。虽然对于像恩戈尼人这样强大且富有侵略性的好斗族群来说，不将其语言强加给俘虏，颇令人惊讶。不这样做的一个可能的解释是，恩戈尼人并不怎么关心和宣传他们的语言，加之通布卡语生命力顽强。恩戈尼人的隔离政策以及缺乏对外围臣民的控制，也使得通

---

① 姆佩伦贝（Mpherembe）的首府。

布卡人得以脱离。一个群体定居在了马拉维湖尽头的卡隆加区,直到今日,他们仍居住在这个"坐落在恩贡德人海洋中的通布卡语言和文化岛屿上"(Vail & White, 1989:153)。

尧语(P区,20组)

尧族是马拉维的第三大民族,1966年尧语使用者人数占总人口的13%。尧族方言的变异也是源于不同的地理定居点,有三种方言是可识别的:曼戈奇语(Mangochi)、马钦加语(Machinga)和马坎吉拉尧语(Makanjira Yao)(Kishindo *et al.*, 1997)。

尧族人是第二批入侵马拉维的移民,他们的名字来自位于莫桑比克姆温贝(Mwembe)①附近的尧山(Yao Hill)(Murray, 1922:45)。尧族人是来自莫桑比克的长途商人(那里有大量的发现),他们在19世纪50年代由于内部争端或战败(Alpers, 1972)或干旱(Webster, 1978),迁移到马拉维,并定居在马拉维湖南端的尼扬贾人中。他们产生了强大的首领,与阿拉伯人和斯瓦希里人(作为中间人)进行象牙交易,后来又参与奴隶交易,以换取布料、装饰品和枪支。根据阿尔佩斯(Alpers, 1972)的说法,尧族成为马拉维南部的整个北半部地区的主要人群,在军事和商业上都很强势。直至19世纪末,他们陆续在希雷高地统治并征服了切瓦人、尼扬贾人和曼加尼亚人。他们与穆斯林商人的长期接触也影响了大多数人信奉伊斯兰教并采用阿拉伯服饰(Henriksen, 1978:248)。

尧族分为两个群体:现在定居在奇拉祖鲁(Chiradzulu)、布兰太尔(Blantyre)、松巴(Zomba)和木兰杰(Mulanje)地区的曼戈奇尧族,以及定居在曼戈奇(Mangochi)、马钦加(Machinga)和里旺德(Liwonde)地区的马钦加尧族。默里(Murray, 1922:84)指出,与定居在希雷高地的人不同,马钦加尧族或里旺德尧族与切瓦族很少异族通婚。我们从默里(Murray, 1932:46-47)那里获悉:

> 希雷高地的尧族失去了他们的种族自豪感,不再遵守他们的风俗习惯,年轻一代不了解他们祖先的风俗,与恩古鲁和尼扬贾族通婚现象也很普遍……所以他们成为了名义上的尧族,语言上的尼扬贾人。即使在今天,许多高地土著人的起源也存在诸多疑点。大多数所谓的尧族人其实并不是真正意义上的尧族人,他们尧语说得很差,并有尧

---

① 位于卢延达(Lujenda)河和鲁武马(Rovuma)河之间。

语失传的迹象。

这表明，通过与尼扬贾人的互动，尧族逐渐转向尼扬贾人文化和语言。这在很大程度上要归功于爱好和平的尼扬贾人和尧族人之间最初的和谐共处，当尧人开始进行奴隶贸易时，这种关系发生了变化（Phiri，1978）。尽管通婚是语言转用的原因之一，但这也与欧洲雇主发现尼扬贾方言更容易学习，并因此推广尼扬贾方言而损害尧语有关（Murray，1932：46）。

虽然希雷高地的尧族与尼扬贾人和曼加尼亚人混合在一起，但信奉伊斯兰教的曼戈奇和马钦加姚尧族则很保守。即使在今天，他们仍是尧族中人口最多且与其他民族缺乏融合的群体。人们还应该注意到，随着另一群洛姆韦人的到来，希雷高地也是他们诸多语言互动的地区。

洛姆韦语（P 区，30 组）

洛姆韦族是马拉维的第二大族群（14%）。他们的语言仅限于本族群，是该国使用最少的语言。洛姆韦族的历史学表明，洛姆韦族以小群体的形式迁移，他们的迁徙可以追溯到 1760 年（Rashid，1978）左右，直到 1895 年以后，他们的影响力才逐渐扩大（Vail & White，1989：167）。洛姆韦语的名称来源于莫桑比克的洛姆韦山（Lomwe Hill），他们与洛洛人（Lolo）同源（Boerder，1984；Soka，1953）。诺斯（Nurse，1972）根据词法统计学，认为洛洛人是洛姆韦人的祖先。索卡（Soka）还记录说，今天居住在松巴、木兰杰、乔洛、奇拉祖鲁和马钦加地区的洛姆韦人属于五个方言分区：穆希皮蒂语（Muhipiti）、马夸语（Makua）、米图语（Meeto）、尼亚姆韦洛语（Nyamwelo）和米哈瓦尼语（Mihavani）。另一个群体科霍霍拉人（Khokhola）（意为：林地人）渡过若河（Ruo River），定居在木兰杰（Mulanje），而另一部分，阿塔夸尼人（Athakwani）（以山丘命名）也定居在同一地区。

拉希德（Rashid，1978）研究了洛姆韦族的一个分支，姆贝维族（Mbewe），与尧族和切瓦族之间的关系。他认为，尧族人、洛姆韦人和尼扬贾人之间大量的互动，为一个多民族社会作出贡献，首先起源于努鲁人（Nguru）[12] 和尼扬贾人。尧语越来越受他们的欢迎。通过种族间的互动和象牙贸易，洛姆韦人采用了：

> 一种数量上非常少但很有声望的贸易精英语言……由于被采用的语言不是一个主要民族的通用语，这可能是国家建设和同化的一个优势……它的使用与经济优势和声望密切相关。（Rashid，1978：20）

尽管19世纪早期就这样，后来的洛姆韦族移民通常被视为迟来的希雷高地移民，在那里曼加尼亚人和尧人有牢固的立足点。究其原因，这可能是因为他们不像其他入侵者那样作为武装人员或商人，而是以寻找一方安身之地的定居者进来的。根据尧族领主以及晚来的英国种植园主达成的唐加塔（Thangata）条件（一种用劳动换取土地的封建制度），洛姆韦人在希雷高地安居下来。洛姆韦族在这一制度下提供了现成的和持久的劳动力供应。正如默里（Murray，1932：56）所观察到的，与其他移民一样，洛姆韦人的语言要么转向尧语要么转向切瓦语：

> 在马拉维定居的安古鲁（Anguru）人正在迅速失去他们的部落和社会特征。在保护国出生的孩子中，只有几个男孩或女孩修过牙，几乎没有女孩为穿唇环而刺过唇洞。大多数女孩后来采用了公认的尧族标志，戴上鼻扣，并与曼加尼亚族、安彦贾族和尧族通婚。他们的语言借鉴了曼加尼亚语词汇，有时会进行一些微调……例如在洛姆韦语中是用o而不是ku来修饰动词不定式，而且重音的位置也不对。但大多数年轻一代都能说一口流利的尼扬贾语或希雷高地尧语。

根据这些洛姆韦人的记载，可以证明洛姆韦人不像尧族和恩戈尼族那样是入侵者；相反，他们是作为领主的臣属定居和生活。这种定位对其语言和自尊已经产生并正在产生严重的影响。在文化上，切瓦族、洛姆韦族和尧族都是母系群体和母系社会，而塞纳族是南方唯一的父系群体。

其他语言

阿拉伯语和斯瓦希里语

斯瓦希里人和阿拉伯人居于东非海岸，他们与马拉维的第一次联系主要是通过19世纪40年代以来的象牙和奴隶贸易（McMillan，1972：263）。斯瓦希里人组成了属于阿拉伯奴隶贩子的战斗力量。根据默里（Murray，1922）的说法，他们的人数并不多。他们在马拉维湖岸的各个中心建立了定居点，特别是卡隆加（Karonga）、恩霍塔科塔（Nkhota-kota）和曼戈奇（Mangochi）地区。默里（Murray，1922）指出，通过与当地讲尼扬贾语的人通婚，他们的语言在当地被采用，但仅限在那些受其影响的区域。像其他移民群体一样，他们也对其所接触的语言产生了影响，形成了一种在发音和词汇上与希雷高地切瓦语差别很大的方言。

英语

最后一批入侵者是英国人，他们在马拉维引入了英语[13]。尽管 1966 年马拉维只有大约 250 名英语母语人士，但英国人却是马拉维语言史上另一个重要而有趣的部分。苏格兰传教士、希雷高地的种植园主和政府管理人员在语言政策的修订中所扮演的角色都很重要。此处只是一笔带过，具体会在本文的第三部分详述。

第一批访问马拉维的英国人是大卫·利文斯顿博士（Dr David Livingstone）和他的团队。他们于 1858 年至 1864 年以及 1866 年至 1873 年，以商业和基督教传教的名义两度造访马拉维。下一批造访的欧洲人是中非大学传教团（UMCA）、利文斯敦尼亚传教团（Livingstonia Mission）和布兰太尔传教团（Blantyre Missions）的先驱。他们分别于 1875 年在湖边和希雷高地的布兰太尔定居。之后来到此地的一批人被称为"种植者"，目的是为了在此地寻求财富。他们在希雷高地获得了大片土地，后来用于种植咖啡和茶叶。

欧洲人的出现给马拉维社会带来了许多变化。首先，英国为了保护它在马拉维的国民，于 1891 年宣布马拉维（当时的尼亚萨兰）为英国的中非保护国。1907 年 7 月 6 日，又更名为尼亚萨兰保护国。其次，基督教及其精英阶层的发展冲击了马拉维的文化和社会结构。最后，它推动了通信系统的发展，但也带来了经济发展的不平衡，使得南部地区特别是希雷高地地区比其他地方都更发达。科尔金（Cole-King，1972：88）指出，到 1918 年，现代通信系统的基础已经建立，包括服务货物和乘客进出口的铁路、公路和河流运输路线，连接世界其他地方的电报和邮政通信，以及连接国内行政中心的公路网络。这些基础设施的建设、现金经济为导向的就业机会的提供以及城市中心的发展，例如作为行政首府的松巴和作为商业中心的布兰太尔，这些因素极大地影响了各民族的流动性。人们开始在茶园和烟草庄园工作。移民变得单向，也就是向该国南部的希雷高地迁移，甚至向津巴布韦、南非和赞比亚的矿山迁移。城市移民创造了对种族间交流的通用语的需求，采用种族间交流的通用语言显得十分必要。在像希雷高地这样的语言异质地区，情况变得更加复杂。本文后续会讨论不同社会或种群对上述变化的应对情况，这对于了解马拉维当前的语言状况至关重要。

马拉维语言的人口分布

本文根据 1966 年人口普查数据［马拉维国家统计局报告（MNSO，1966）］[14]，显示了不同语言母语社群的规模，大约对 16 种语言进行了调查。其中，用于区分语言和方言的标准尚不清晰。1966 年的总人口约为 3275181 人。表 10 反映了语言及其位置分布。正如许多学者都认同的，语言人口普查数据准确性的难点在于难以准确统计居住在传统领土附近的具有原住民血统和身份的人数。一些人的身份认定可能更偏官方而非实际功能性，年轻一代在讲这种语言的人中所占的比例微不足道。这对于洛姆韦语和恩戈尼语等语言尤为如此，他们的年轻一代很少（如果有的话）说他们自己的语言（Kayambazinthu，1995；Matiki，1996－1997；Mtenje & Soko，1998）。

正如怀特利（Whiteley，1984）所警告的那样，人口普查数据通常使用种族而不是语言从属关系作为识别人的方式。由于种族和语言单位不具可比性，所提供的人口普查数据并未提供该语言作为母语或第二语言使用人数的准确信息。此外，正如斯塔布斯（Stubbs，1972）所观察到的，作为马拉维最大的四个语言群，人口普查并未尝试分析文化同化的程度，即家庭语言和语言理解程度的指标。人口普查仅询问人们通常在家中使用的语言，以及他们理解一种或多种指定语言的能力，如尼扬贾语、通布卡语、尧语和英语。统计的基数估计已经过时，仅能用作大致参考而已。1966 年总人口为 3275181 人，而 1998 年的预估人口为 12000000 人。

表 10 中的数据表明齐切瓦语是最普遍的家庭语言，大约 50.2%[15] 的人口说齐切瓦语。其次是洛姆韦语（14.5%），最后是尧语（13.8%）和通布卡语（9.1%）。从数量上看，这四种语言是马拉维最大的语言群体。鉴于年增长率为 3.2%（MNSO，1996），我们可以预测这些民族的新数据。然而，预测应该考虑到这样一个事实，即一些语言，如洛姆韦语、恩戈尼语和尧语，都是正在消亡的语言，它们可能不会以与齐切瓦语同样的速度增长。基于独立的调查数据（Kayambazinthu，1995；Matiki，1996－1997；Kishindo *et al.*，1997—Chiyao Survey；Chitumbuka Survey，1998）我们可以推断，无论是在城市还是农村，现在超过 50% 的马拉维人都说齐切瓦语。

观察心得

本部分强调了多语制的出现是马拉维历史事件和社会性质的体现。从上述历史背景出发，我们可以追溯社会语言学的变化趋势。16 世纪至 18 世纪，马拉维由南部和中部地区的马拉威人或切瓦语人主导，而其他土著群体，如通布卡和其他较小的族群则控制着北部地区。应该将这一语言接触时期视为后来移民与土著居民之间的融合时期。对移民本身来说，这是和平共处和稳定的时期，几乎没有语言同化或语言转用的现象。

19 世纪的马拉维在经济和政治上都被入侵者（尧族人、恩戈尼人和英国人）控制，他们征服了土著民族。从社会语言学的角度来看，有趣的是，在英国统治出现之前，有一种土著群体维护语言的趋势，因为他们人数众多。在入侵者中有一种语言转用的趋势，不管他们政治、军事和经济实力如何，因为他们人数很少。族群的规模、通婚、迁移的性质、移民的态度和土著群体的友善程度等因素都可能导致语言的转用。然而，大多数移民语言依然存在，表明那是一个没有全部或完全整合的时期。在一些核心地区，仍可以找到尧语、洛姆韦语和少量恩戈尼语，它们对切瓦语或通布卡方言的影响是显而易见的。

除了茨瓦纳语，我们还可以追溯通用语的发展，即为跨种族交流而采用和使用的语言。主要几种通用语包括切瓦语、通布卡语和尧语，因为作为本土语言，它们要么在人口分布上很有优势（切瓦语和通布卡语），要么具备经济优势和威望（尧语）。基于此，我们可以观察到不同地区语言的发展，中部和南部地区讲切瓦语，北部地区讲通布卡语，南部地区讲尧语；以及不同语言的地理方言的发展。

随着英国人的到来，因精简行政、教育和传教的需要，催生了一种不同的语言——英语。这就形成了一个完全不同的时期。殖民主义建立马拉维的边界，并将马拉维人限制在目前的边界内，人为地将语言群体彼此分开，包括赞比亚东部和莫桑比克西部的切瓦人与马拉维的切瓦人，以及马拉维的尧族人和洛姆韦人与莫桑比克的语言群体。赞比亚东部的通布卡人也与马拉维的同族人断绝了联系。不同于非洲族群的入侵，英国人的入侵是彻底的，导致欧洲人对这个国家的完全控制，并极大地促进了马拉维通用语的兴起和传播，以及英语和本土语言之间的分层。

第二部分 马拉维的语言传播

本部分描述了马拉维的一些语言，这些语言已经超越了它们的种族界限，成为一种民族语言（齐切瓦语）或地区语言（通布卡语）。鉴于这两种语言的传播范围和重要作用，我们将重点关注这两种语言，其他语言则不做详述。

概念框架

库珀（Cooper，1982：6）将语言传播现象定义为：随着时间的推移，为某项特定传播功能采用某种特定语言或变体的传播网络大小的增加。并对传播中语言使用人数的增加和语言功能的增加做了区分。这种区分对于讨论使用人数较少但传播功能较广的马拉维语非常重要。正如冯·格莱希（Von Gleich 1994：77）所指出的，语言政策传播应该被解释为国家或政府的一项政策，旨在促进特定语言在其边界内外的传播，包括谁使用什么语言、什么时候使用、为什么使用以及如何使用。语言传播的原因有很多，例如军事征服和宗教传教活动（Kaplan & Baldauf，1997：67；Djité，1988）。笔者还观察到，除了语言规划者将语言传播作为明确的目标之外，语言传播也可能是自然发生的（Ammon，1992）。在语言规划方面，语言传播试图增加说这种语言的人数，通常以牺牲另一种语言为代价，而导致语言转用（Wardaugh，1987）。然而，语言传播也可以被视为一种无计划的语言规划现象（Baldauf，1994）。接下来将试图讨论齐切瓦语和通布卡语在马拉维的崛起背景，并同时解释其传播的原因。在讨论这两种语言的传播时，马拉维语言教育政策的作用是有计划和无计划语言传播争论的核心。

马拉维现行的教育制度

正如韦什（Welsh，1985：1）所指出的那样，有足够的证据表明，非洲的中等和高等教育代表了教育机会不平等的结果。此外，非洲的职业和教育结构紧密地交织在一起，个人所获得的职业水平是由他/她设法取得的教育资格水平决定的。由非洲殖民政权开始并由大多数独立的非洲国家延续下去的教育结构，是一个金字塔，在每个阶段进步机会都会缩小。

马拉维的正规教育体系包括八年小学教育、四年中学教育以及各种专科文凭和学位课程。基本结构见图 4。小学教育从 1994 年开始普及，但家长需要支付从中学到大学的学费。自 1996 年以来，由于女孩基础识字和基础教育项目（GABLE）的推行，女孩获得了免费的教育。教育系统的失学率很高，因为学生一进入这个系统，它就无法维持他们。

从小学阶段进入中学阶段（小学 8 年级到初 1）限制严苛且竞争激烈，因此大多数小学毕业生进不了中学。

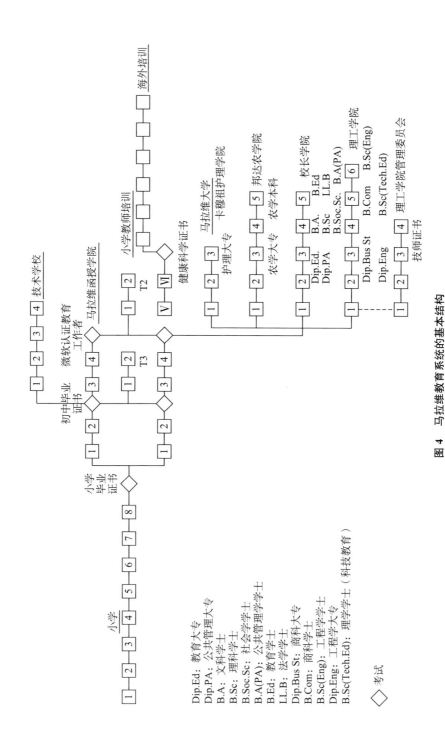

图 4　马拉维教育系统的基本结构

Dip.Ed.：教育大专
Dip.PA：公共管理大专
B.A.：文科学士
B.Sc.：理科学士
B.Soc.Sc.：社会学学士
B.A(PA)：公共管理学学士
B.Ed：教育学士
LL.B：法学学士
Dip.Bus St：商科大专
B.Com：商科学士
B.Sc(Eng)：工程学学士
Dip.Eng：工程学大专
B.Sc(Tech.Ed)：理科学士（科技教育）

◇ 考试

例如，1996 年小学 1 年级的总入学人数为 2887107 名学生。这些学生中只有 2%（N = 57812）的人能上中学，只有 0.13%（N = 3872）的人能继续上大学（Basic Education Statistics，1996）。初等教育对于攀登教育金字塔并进入"现代产业"至关重要。然而，学生能否有机会接受教育且顺利通过学业水平测试取决于区域自身发展水平或其他社会阶层因素，如阶级、种族或其他因素。影响入学和失学的重要因素包括：性别、家庭生活水平、父母教育、职业、收入和贫困程度（Welsh，1985）。尽管教育增长率很高，[16]但政府并没有为所有的公民提供平等的中学教育机会。

如果小学和中学的入学率和失学率存在差异，那么这些差异也会直接影响地区、社区、阶级、种族间的基本经济差异，并会对用于区分社会群体的所有其他社会变量也产生直接影响。反过来，这也会影响人们的语言学习和使用。

除了地区差异外，这一比率还取决于人们是生活在城市还是农村。城市地区的学生处于优势，因为师生比例和教育设施都优于农村地区。松巴（Zomba）、姆祖祖（Mzuzu）、利隆圭（Lilongwe）和布兰太尔（Blantyre）的师生比接近 1∶70，而农村地区的师生比高达 1∶203（Basic Education Statistics，1996：20 - 21）。

如果教育统计数据是可靠的，人们可能会说，当学生完成小学教育时，齐切瓦语的识字率就已确立。此外，在北部和其他识字率高的地区，许多人已经学会了齐切瓦语。然而，如果那些在小学阶段辍学的人融入各自的语言群体（目前就是这样），那么他们齐切瓦语的能力或习得程度就难以确定。他们可能退回到自己的语言，失去在学校本已经习得但在家里不会使用的国家和官方语言能力。与此同时，这也与学习国家语言的动力不足相联系，因为国家语言可能不如英语有利可图。此外，该系统的性质创造了少数城市居民精英群体，占比约为 3.4%［Malawi National Statistical Office（初步报告），1987：2］，他们会说英语或其他程度不同的欧洲语言。成人文盲率女性为58%，男性为 28%（World Development Report，1997）。

语言教育政策问题

以教育为目的的语言规划在非洲和其他地方受到了广泛关注，但相关讨论并未得出明确结果。哈特肖恩（Hartshorne，1995：306）引用弗尔（Faure，1972：170）的说法，任何国家的教育政策都反映了其政治选择、生活传统和价值观以及对未来的构想。教育政策也存在于特定社会经济和政治秩序的背景下。教育旨在实现某些目标，而其基础则是一些基本问题，例如人生哲学、宗教信仰、国家和社会观念、政治意识形态和经济力量的运作。本文将在此背景下讨论马拉维语言教育政策。

在马拉维等后殖民社会，乃至整个非洲，语言教育规划者面临的主要问题是学校系统中应包含哪些语言。马拉维（和其他英语国家）的问题通常是围绕英语作为通用语言的可行性。因为从科学、技术和世界文明角度而言，英语颇具实用价值。但是从维护马拉维人的文化身份和便利大众交流的角度出发，采用英语似乎又不合理，因为对于普通大众来说，英语依然与之相去甚远。这种困境往往会转化为程序性问题，例如学校的第一交流媒介应该是什么，以及何时应该过渡到英语。另一个争论，围绕应该使用哪种语言作为读写能力的主题（Bamgbose，1984）以及何时引入它而展开。大多数教育家和语言规划者都承认使用母语或方言作为教学媒介，在文化和教育上是有好处的（Bamgbose，1976，1984；Fishman，1989；UNESCO，1953）。人们普遍认为，语言决定了文化哪些方面会被传播，并应提供与个人身份和社会延续性的个体和群体根源之间的基本联系。邦博斯（Bamgbose，1976）指出，儿童和成人首先用自己的母语识字，都能更好地学习阅读和书写第二种语言。费什曼（Fishman，1989：474）认为，在教学中使用弱势母语可能会提高学业成绩并维护少数群体的社会文化和政治利益。但是，联合国教科文组织和费什曼等也承认这种方案在多语种国家带来了财政负担。其他学者警告说，不要把殖民语言完全本土化，特别是当所选择的本地语言与当地人口（Eastman，1983：71）、世界时事、科学技术、就业和整体的向上流动性等问题没有什么关联的时候（Sawadogo，1990，on Burkina Faso）。正如费什曼（Fishman，1989）所正确指出的那样，使用本地语言需要有整个社群的支持，能够推动本地化、经济和政治发展。这项讨论的意义在于，旨在推行一体化的语言规划者应该清楚地阐明使用这些语言后的经济和文化效益。如果一种本地化语言不能提高人们的社会流动性和经济地位，那么把它提升为一种教学语言就没有任何意义了。类似的政策注定会像布基纳法索那样以失败告终（Sawadogo，1990）。

下一节将讨论在马拉维教育规划中社会文化互动模式和需求框架下的语言规划。

教育部门的语言使用[17]

马拉维语言教育规划的历史以何时使用本地语言和何时引入英语的两难困境为特征。上一节文献回顾表明，在引入英语这门被视为对社会经济进步至关重要的语言之前，需要先用母语建立起识字和算术的能力。马拉维教育系统中使用的语言因教育水平和学校类型的不同而不同。学校可分为三类：政府学校、教会主办但由政府资助的学校，以及私立或特定的学校。前两者的语言政策由政府控制，后者则自行制定政策，将英语作为沟通媒介。

关于学前教育，目前还没有官方语言政策来规范语言的使用。然而，在实践中，可以确定三类语言的使用。大多数学前班使用本地语言和少量英语。第二大群体采用双语政策，同时使用英语和当地语言。人数最少的学校专门使用英语作为教学和交流的媒介。农村的学前班可能更多地使用本地语言而非英语，而半城市化地区的学前班倾向于采用双语政策，精英学前班仅使用英语作为科目和交流的媒介。

在小学，现行的书面政策规定，从1年级到4年级，所有的教学都应使用该地区流行的本地语言，除了英语和齐切瓦语这两门科目应该使用对应的语言进行教学。从5年级到8年级，除齐切瓦语课外，所有教学均以英语进行。从小学5年级到大学阶段，英语成为唯一的教学语言。每种语言的课时数根据其影响力的不同而有所不同，每种语言的课时数详见表11。

需要有英语学分才能进入大学。除法语、拉丁语和齐切瓦语外，大学中的所有教学均以英语进行。大一英语是必修课，所有大一学生都必须在马拉维大学的五个学院里每周参加四学时的学术英语技能课程，并且必须通过英语测试才能进入下一年级。表11说明马拉维在教育中采用双语政策，随着学生进入高年级，英语教学的占比不断增加，齐切瓦语教学的占比则相应减弱。

媒体语言

表12展示了马拉维广播公司（以下简称MBC）的每周时间表。据节目调度负责人称，MBC自1964年成立以来，主要以两种语言播出，即英语和齐切瓦语。通布卡语的使用规模很小，直到1968年，才被班达博士禁止播放。MBC每天广播19小时，自1996年11月15日以来，已经用六种马拉维语言播报：齐切瓦语、通布卡语、尧语、洛姆韦语、塞纳语和通加语，主要用于新闻简报。通布卡语、塞纳语、洛姆韦语、尧语和通加语等语言仅占每天广播时长的15分钟，或每周1小时75分钟的新闻公告。一些特别问题，如马拉维社会运动基金会（MASAF）、私有化、祈祷、竞选活动以及一些体育信息和广告等，也会用这些少数族裔语言播出。[18]这占每周4.7小时。每周还有3.3小时用双语广播（齐切瓦语和英语），用于商业广告、体育、个性节目和特别节目。从数据可以明显看出，MBC的齐切瓦语播出时长（58.9%）比英语

（41%）或任何其他语言都更多。齐切瓦语格外突出，是因为无线电广播被视为向群众（大部分是文盲）传达重大社会经济信息的唯一有效手段。

表 11　每种语言的时间分配取决于教育阶段[56]

年级/等级	语言	每周节数	每节课/讲座时长（分钟）	每周教学总小时数
小学 1 – 2 年级	英语和齐切瓦语	9	30	4 小时 30 分钟
小学 3 – 8 年级	英语和齐切瓦语	9	35	5 小时 25 分钟
中学 1 – 4 年级	英语	8	40	5 小时 20 分钟
中学 1 – 2 年级	齐切瓦语、法语、拉丁语	3	40	2 小时
中学 3 – 4 年级	齐切瓦语、法语、拉丁语	4	40	2 小时 40 分钟
大学 1 年级	英语（必修）	4	60	4 小时
大学 1 – 4 年级	经典语言、法语、齐切瓦语、英语（自选）	4	60	4 小时

资料来源：J. T. K. Banda（法语首席教育方法顾问）1998 年 1 月 16 日，教育部。

然而，由此推定大多数马拉维人都理解齐切瓦语是不对的（Kamwendo，1994；Ntonya，1998）。它被假定为只需有限地使用其他的马拉维语言，而事实并非如此。

表 12　齐切瓦语广播和英语广播

每周总广播小时数：109.5				
	每周齐切瓦语广播		每周英语广播	
星期	小时数	占比（%）	小时数	占比（%）
周一	8.9	13.9	5.7	12.7
周二	9.7	15	4.9	10.9
周三	9.0	13.9	4.8	10.6
周四	7.5	11.6	7.8	17.3
周五	9.2	14.2	8.2	18.2
周六	9.7	15.0	7.6	16.9
周日	10.6	16.4	5.9	13.1
总计	64.6	100	44.9	100
每周每种语言的总百分比		58.9		41

资料来源：1998 年 1 月 22 日与马拉维广播公司（MBC）第一电台节目调度的私下交流。

当地报纸也是马拉维使用双语的典型代表（Chimombo & Chimombo，1996），但与广播不同，出版物主要是以英语出版的。表 13 中的数据显示，虽然一些报纸同时使用齐切瓦语和英语发表，但英语是占主导地位的语言。只有那些面向农村人口的报纸或版面是用齐切瓦语写的，有时还有部分是用通布卡语和尧语写的。导致英语相对于齐切瓦语来说更占主导地位的两个因素是报纸费用和大众识字率。对一个普通的马拉维人来说，报纸的费用是负担不起的。在马拉维精英日常涉及的阅读和写作领域，英语占据主导地位。大多数受过教育的马拉维人更喜欢用英语阅读和写作，而不是用齐切瓦语或任何其他本地语言，因为相较本地语言，英语的语法和写作是在学校中被完整和正式教授过的（Kayambazinthu，1995）。在所有报纸中，只有两份是用本地语言，一份是政府报纸，另一份是教会报纸，旨在免费向农村地区传播信息。与萨摩亚（Baldauf, 1990：261）一样，数据显示，马拉维的印刷媒体推动了英语的使用。

英语的优势也体现在其他媒体领域，例如电影以及图书馆和书店里的大量英语书籍。高文盲率和报纸的高昂费用使得报纸不能成为向大众传播基本信息和政治思想的媒介。

马拉维的印刷媒体和电子媒体与构成本地语言使用者核心的较低阶层相比，它们更青睐受过高等教育的精英或社会经济的上层人士。

表 13　马拉维流通的报纸

名称	出版商	出版语言
我们的政府（*BomaLathu*）	马拉维政府（Government of Malawi）	仅齐切瓦语
调查者（*The Enquirer*）	路星出版社（Lucene Publications）	英语为主，部分齐切瓦语
新视野（*The New Vision*）	新视野出版社（New Vision Publications）	英语为主，部分齐切瓦语
星报（*The Star*）	明星出版社（Star Publishers）	英语为主
政治家（*The Statesman*）	本芬出版社（Benfin Publishers）	英语为主
电讯报（*The Telegraph*）	艾克威特·桑德（Akwete Sande）	英语为主
周末新闻（*The Weekend News*）	马拉维政府（Government of Malawi）	齐切瓦语和英语
国家议程（*National Agenda*）	-	英语和齐切瓦语
爱心杂志（*Care Magazine*）	天主教会（Catholic Church）	英语
纪事报（*The Chronicle*）	杰米森宣传社（Jamieson Promotions）	齐切瓦语和英语
每日时报（*The Daily Times*）	布兰太尔印品公司（Blantyre Print）	仅英语
马拉维新闻（*Malawi News*）	布兰太尔印品公司（Blantyre Print）	英语为主，部分齐切瓦语

续表

名称	出版商	出版语言
独立报（*The Independent*）	当下出版社（Now Publications）	英语和齐切瓦语
镜报（*The Mirror*）	境报出版社（Mirror Publications）	英语和齐切瓦语
国家报（*The Nation*）	国家出版社（Nation Publications）	仅英语
国家周末（*The Weekend Nation*）	国家出版社（Nation Publications）	英语为主，部分齐切瓦语
奥迪尼（*Odini*）	天主教会（Catholic Church）	仅齐切瓦语
这是马拉维（*This is Malawi*）	马拉维政府（Government of Malawi）	英语
UDF 新闻（*UDF News*）	民联党（UDF Party）	英语和齐切瓦语

资料来源：Jamieson，RA（1998）Jamieson Promotions（Pvt.）Limited。

马拉维的移民语言

马拉维政府对移民语言保持沉默。教育系统和媒体不迎合移民人群，认为他们已经学会或将会学英语和齐切瓦语。移民语言包括希腊语（Greek）、意大利语（Italian）、古吉拉特语（Gujarati）、索马里语（Somali）、黎巴嫩语（Lebanese）、乌尔都语（Urdu）和旁遮普语（Punjabi）等，这些语言都是马拉维少数族裔社群使用的语言。目前还没有关于这些语言的统计数据。来自赞比亚、莫桑比克和坦桑尼亚等邻国的移民预计将使用跨境语言，如齐切瓦语。尽管亚洲人是最早的移民，构成了马拉维最高的社会经济阶层，但除了他们所在的社区外，学校没有针对他们的语言规定。预计新移民将被吸收到他们的印度或亚裔社区，在那里保留他们的语言。大多数移民的儿童都会上私立学校，这些学校都用英语授课，大多数外籍人士的孩子都去那里上学。说英语的孩子就读于指定的英语学校，如哈里·约翰斯顿爵士、圣安德鲁斯、麦肯齐主教和菲尼克斯。这些都是著名而又昂贵的学校，它们战略性地分布在三个主要城市（布兰太尔、松巴和利隆圭），以满足这些移民群体中高社会经济群体的需求。

马拉维语言使用和传播的历史渊源与过程

齐切瓦语和英语在教育系统和媒体中的独特地理分布和功能优势，以及某种程度上通布卡语的存在，可以追溯到殖民时代和后殖民时代早期的语言实践和政策的应用。最早的殖民主义施以影响的做法是将横向交流模式和纵向交流模式区别开来（Heine，1977，1992）。横向交流是指一个国家的管理机构之间的所有书面和口头话语实践，而纵向交流则是发生在当局和民众之间的互动结构。当时，英语占据了横向交流的角色，而后一种形式则由齐切瓦语占据。

在殖民时代，英语和尼扬贾语（Chinyanja）是最早用于纵向和横向交流的官方语言。传教士和政府都必须考虑到马拉维的语言异质性，这被视为运作效率的障碍。传教士和政府关心的是找到一种当局和民众之间的互动结构。当时，横向交流主要使用英语，而纵向交流则主要是找到合适的媒介与非洲人交流。传教士和政府都偏爱在南部和中部使用尼扬贾语作为一种垂直交流的语言。在对南部的尼扬贾语产生最初的热情之后，人们发现，它的地理分布并不包括通布卡语分布良好的马拉维北部地区。[19]在殖民时代和后殖民时代，尼扬贾语相对于其他马拉维语言拥有至高无上的地位，就源于这些19世纪的实践，通过应用不同的横向和纵向交流模式，来简化该国的语言异质性以提高行政的效率。

传教士的渗透本身也影响了尼扬贾语和通布卡语的传播与使用。也就是说，传教士对南方尼扬贾语和北方通布卡语的偏爱，实际上组织了这两种语言在从未使用过的地区的传播，现在不得不将其作为第二语言来习得。通布卡语的出现完全是由利文斯敦尼亚传教团所引发的。作为马拉维北部的代理人和定居者，他们使用、强加并传播通布卡语，将其作为马拉维北部殖民教育的强制性语言。

殖民时期：1875—1964 年

语言接触和语言发展中，一直存在的一个问题是通用语是如何产生的。阿卜杜勒阿齐兹 - 姆基利菲（Abdulaziz-Mkilifi，1993）和库伯（Cooper，1982）建议从语言学、人口学、社会学起源、人们对它的态度、发展和传播的活力程度以及它对与之接触语言的文化亲和力等角度开展研究。因此，接下来的讨论集中在齐切瓦语和其他马拉维语言的相互关系上。

殖民时期可分为两部分。1875 年至 1918 年是无计划或无协调计划的自由放任阶段，当时每个传教士团体根据其自身需要和语言环境自行制定政策，没有尝试进行语言地位规划，语言被用作服务于宗教和教育目的的交流工具。1918 年至 1964 年，是殖民政府和传教士协同努力的一个阶段。更重要的是，在殖民时期，殖民主义者的意识形态和目标，他们对待各种语言群体及其文化的方式，以及如何从地位和声望方面重新定义语言群体之间的关系。

1857—1917 年的不协调时期

教会教育、福音传道和尼扬贾语与通布卡语的兴起

与其他非洲国家一样［见吉泰（Djité, 1988）论朱拉（Dyula）语的崛起；迪奥普（Diop, 1989）关于塞内加尔和沃洛夫语的崛起；姆卡玛（Mukama, 1991）关于乌干达的巴干达语和卢干达语的崛起］，西方形式的正规教育及福音传道和殖民主义的双重目标可以被视为语言发展和语言传播的主导力量。教育有助于产生感知社会现实的新理想和新观念（Kashoki, 1990），并创造条件，使马拉维人有机会接触外来语英语及其代表的价值观。教育的显著发展与福音传道一起被认为是促进语言传播以及后来的语言规划的重要社会因素。

马拉维传教工作的出现以及传教士遇到的多种语言产生了相应的语言需求，这种语言能服务于福音传道并用来教育非洲人。各种基督教传教机构均在他们的影响范围内采用了当地语言来进行福音传道和开展教育。例如，南部地区的中非大学传教团（UMCA）使用了尼扬贾语和尧语，利文斯敦尼亚传教社（Livingstonia Mission Society，以下简称 LMS）也是如此。当利文斯敦尼亚传教社（LMS）搬到马拉维北部时，他们希望使用尼扬贾语和英语，原因有二：（1）尼扬贾语已经是圣经的书写语言；（2）英语是"高雅"文化的语言（ElmslietoLaws, 1892；Rahman, 1995）。因此，早在 1901 年，尼扬贾语就因其文学遗产而被视为"一种共同或通用的语言，富有从其他语言借鉴来的词汇"（Jack, 1901：34），而被南方的种植者、[20]政府和民众所使用。然而，由于恩戈尼语的衰落和通布卡语的崛起，北方的情况有所不同。传教团接受了这种情况，并放弃了利用尼扬贾语作为克服北方语言不协调的中立方式的政策（Turner, 1933；Vail, 1981）。

系统性地减少马拉维语言而改用罗马字母，始于基督教传教士，极大地促进了某些语言的发展。这提高了某些语言的地位，相对于其他语言，这些语言最终被人们所选择。多克（Doke, 1961a：52）写道：

这一时期班图文学的发展，除了一些小学读物、教理问答和赞美诗书籍外，还仅限于翻译经文。圣经翻译工作……非常重要。正如考夫代尔（Coverdale）在 1535 年对圣经进行的英语白话翻译，在最终的文学英语标准化方面具有不可估量的价值一样，早期的班图本地语翻译也为

这些语言的文学奠定了基础。

人们使用语音字母或罗马字母将圣经或其中的一部分翻译成了尼扬贾语（西部和东部）、恩戈尼语、尧语、恩孔德语/尼亚久萨语、通布卡语、洛姆韦语、尼哈语、通加语。除了圣经翻译外，这一时期还出版了一些刊物（Kishindo，1990，1994；Kayambazinthu，1995）。吉兴多和卡扬巴津胡都指出，主要的语言分析是按尼扬贾语、尧语和通布卡语的顺序进行的。这种语言发展模式对这些语言的地位产生了重大影响。

由于不同的传教机构根据圣经或部分圣经翻译成方言，他们开始协同努力，以建立统一的尼扬贾语。[21] 1900 年，一个联合圣经翻译委员会成立，目的是开发一个尼扬贾语联合版本，可供所有的传教团体使用。委员会选择整合齐切瓦语和曼加尼亚语，这促成 1901 年出版了《马太福音》，1906 年出版了《新约》，1922 年出版了整本《圣经》。这本《圣经》的修订版于 1936 年出版（Doke，1961b；Heine，1970：62）。很明显，不同的传教团体推广了不同的方言：南部地区的中非大学传教团（UMCA）推广了过去鲜为人知的尼扬贾语［东部或利科马（Likoma）方言］，荷兰归正会（DRC）推广了齐切瓦语，而布兰太尔传教会（BM）进一步推广了曼加尼亚语，一种较为流行的方言[22]。

图书的出版发行主要由各宣教机构及其出版社控制。[23] 为文学的发展做出主要贡献的传教机构是 1926 年成立的非洲基督教文学国际委员会（IC-CLA），旨在促进与非洲传教工作相关的文学作品的制作、出版和发行。另一个为同样目的而成立的机构是基督教知识传播促进会。1949 年，ICCLA 得到了北罗得西亚（赞比亚）和尼亚萨联合出版局的协助，在尼亚萨兰设有地方分支机构，即 1958 年成立的基督教文学委员会，现已被马拉维基督教文学协会（CLAIM）取代。重要的是，这一时期出版的文献主要以尼扬贾语和英语以及其他传教地区所使用的语言出版，比较有代表性的是尧语和通布卡语。例如，利文斯敦尼亚出版社（Livingstonia Press）以通布卡语、英语和通加语（学校教材）出版，而赫瑟维克出版社（Hetherwick）则主要以尼扬贾语和英语出版。

语言教育政策

根据比勒托利亚（Pretorius，1971）和其他人的说法，马拉维西式学校的先驱（例如 UMCA、BM、LMS、DRC 等）使用本地语言作为教学媒介，其中包括尼扬贾语、尧语、通布卡语和通加语。学校被精简为三个层次：小学①、初中和高中。尧语是马拉维南部和恩霍塔科塔（Nkhota Kota）区的 UMCA 学校的教学语言，而尧族的两所政府学校则使用尼扬贾语教学。北部地区的 LMS 学校在小学和中学低年级都使用通布卡语、通加语和恩孔德语教学。在中学高年级，英语成为教学语言，但本地语言作为科目进行教授（Annual Reports，1930）。到 1902 年底，全国至少有八个传教团体，管理着约 300 所小学、一所教师培训学校和一所高等学校（Overtoun Institute，奥夫顿学院）（Pretorius，1971：72）。

传福音和教育对民族团体的影响及文化刺激

不同民族对教育的不同反应也影响了齐切瓦语和通布卡语的兴起和传播。根据 LMS：

> 恒加族（the Henga）是一个热心的、充满活力的进步民族，大多数教会成员来自他们。他们的学校人数众多，学生们都很聪敏，男孩和女孩的人数大致相等。（Livingstonia Mission Report，1911：38，引自 Mc-Cracken，1977：106）

然而，"恩贡德人……行动缓慢，极其保守，对周围正在发生的新运动持怀疑态度"（Livingstonia Mission Report，1911：38，引自 McCracken，1977：106）。麦克拉肯认为，与其他族群不同，通布卡人对基督教的反应是积极的，因为他们自己的宗教奇康宫贝崇拜（Chikangombecult），由于恩戈尼人的入侵，基本上已经消亡。所以，他们已经准备好尝试新的宗教。[24]另外，恩戈尼人出于政治和经济原因邀请传教团留在他们的土地上，但同时又担心上帝的话语可能会腐蚀他们传统的军事道德（McCracken，1972）。他们没有送自己的孩子去上学，只是送通布卡奴隶的孩子去上学（Vail，1981；Vail & White，1989）。通过接受包含大量英语语言成分的教育，恒加人正在发展成为受过教育的小资产阶级，其价值观受到维多利亚时代传教士的教导和榜样的影响（Vail & White，1989：154）。恒加人成为当地学校的教师，到 1909 年，通布卡语被当地学校使用，在很大程度上取代了其他语言（McCracken，1972：118）。到 1914 年，除了通加人继续使用自己的语言之外，通布卡语在传教团的影响下，通过强加的方式，得到了广泛的使用。

---

① 原文为 vernacular，根据上下文应是"小学"。

随着通布卡人接受教育，他们的语言获得了尊重；并且作为拥有新教育机会的早期精英，他们的语言不再被视为唯有奴隶使用的语言。相反，它是一群迅速扩大的受过教育和进步人士群体的语言（Vail & White，1989：154）。正如韦尔和怀特所指出的，传教团的印刷媒体通过出版数以千计的通布卡语文本，确立了通布卡语的地位。对于通布卡人来说，这是他们不断上升的体面和自尊的心理象征。而对恩戈尼人来说，这是他们在更大的竞争背景下采用的语言。通过政治斗争，通布卡语成为北部地区的语言（Vail，1981）。

然而，马拉维中部和南部的情况有所不同：教育效果相对较差。在南部，种植园主希望在没有政府或传教士干预的情况下，经营他们的庄园或管理他们的工人。因此，传教工作被禁止进入庄园。在北方建立的学校网络在南方没有发展（Vail & White，1989：167）。其中尧族伊斯兰教成为主要的阻挠因素。正如阿尔卑斯（Alpers，1972：175）所观察到的："尧族信奉伊斯兰教，因为他们认为这是实现社会现代化的最佳方式，尤其是能让人民识字……每个穆斯林村庄都有自己的古兰经学校"。伊斯兰教在非洲给人们提供了一个既能突破等级森严的部落体制，又能让非洲人获得可以和欧洲人一比高低的提升社会地位和尊严的机会（Shepperson & Price，1958：407）。吉兴多（Kishindo，1994：133）认为，与通布卡语不同的是，学校的发展以及最终将尧语作为通用语，是殖民政府受基督教传教士对伊斯兰教怀有敌意而态度复杂的影响。[25]虽然这在很大程度上是对的［尤其是吉兴多引用的时期（1912）及其前后］，[26]但这并不能解释政府为什么对尧人有好感，这将在后文加以详述。可以说，马拉维南部的语言环境本身，加上尼扬贾语的早期发展，不允许发展一种替代的通用语，因为尼扬贾语已经长期占据了这一地位。[27]正如格林伯格（Greenberg，1972：201）所观察到的那样，一旦通用语言掌握了优势，它就会迅速地使其他语言黯然失色。

教育也促进了记录其族群历史的早期精英和说客的产生，他们记录了他们民族的历史，对某些民族历史的记录灌输了民族意识和分裂主义。韦尔（Vail，1981）挑选了各族的文化经纪人，如爱德华·博特·曼达（Edward Bote Manda）、安德鲁·恩孔杰拉（Andrew Nkonjera）和卡伦·杨（Cullen Young）是通布卡族的，卡姆祖·班达（Kamuzu Banda）是齐切瓦族的，班达威（Bandawe）是洛姆韦族的，阿卜杜拉（Abdallah）是尧族的，耶萨亚·奇班博（Yesaya Chibambo）是恩戈尼族的。简而言之，这些历史强调了分离主义和尼亚萨兰境内各民族存在的重要性。作家们美化他们所写人物的过往，将他们描绘成帝国的建设者和文化的传承人。

虽然很难概括传教士或教育对马拉维社会的影响，但可以注意到，首先，不同传教机构的政策和土著人民本身对教育的反应对于解释马拉维的语言实践至关重要。正如麦克拉肯（McCracken，1972：230 – 31）所说：

> 北部各民族的动态反应，再加上利文斯敦尼亚自身对变革的特殊关注，使得这个北部省份成了非洲中部教育活动最先进的地区。[28]

其次，教育是有选择性的，只对少数人开放，因此社会是分层的，只有少数人能够使用英语。第三，马拉维精英在一个没有工业的地区的增长，导致他们大量移民到马拉维南部的就业地区，那里主要讲齐切瓦语。第四，教育赋予了精英们谈判的能力，推动了政治施压团体的发展。政治问题的出现从单一的自利团体到可以提交给殖民政府的问题，这统一了他们原本不同的独立主张。在这个政治演变的过程中，人们使用通用语言来表达他们的不满。韦尔和怀特（Vail & White，1989）认为不同地区对政治的不满有不同的看法。对南方人来说，它是 Thangat 制度（一种用劳动换取土地的制度）的废除而失去了获得占用土地的机会。中部地区的不满主要集中在欧洲人对烟草贸易的垄断，遏制非洲人的参与。然而，值得注意的是，这一切最终促成了非洲尼亚萨兰教育委员会的成立，该委员会允许这些来自南方和北方的知识分子发表他们的观点。[29]同样重要的是，在北方，通布卡语成了团结人民的语言；而在南方，没有一种语言能够做到这一点（Vail，1981；Vail & White，1989）。

1918—1964 年政府的贡献

由于各种原因，尼扬贾语获得领先于其他语言的优势。尼扬贾语分布在马拉维的中部和南部，在地理上处于有利地位。殖民政府记录了它认为的对国家运行至关重要的语言。由于殖民政府坐落的地区，尼扬贾语是主导语言和通用语言，政府选择尼扬贾语作为他们的行政语言，并通过一系列出版物进行推广。[30]因此，尼扬贾语成为警察和军队的官方语言。之前受过教育的尼扬贾精英充当其传播者，将尼扬贾语传播到了马拉维、赞比亚（Heine，1970：61）和津巴布韦这些从未使用过这种语言的地区。[31]尼扬贾人充当了欧洲人和非洲人之间的中间人。"由于邻近地区缺乏熟练的文员、监督员、工匠和专家，尼扬贾人很快扩展到了赞比亚和津巴布韦，并把这种语言带到了边界之外"（Heine，1970：61）。

政府还要求殖民地农业、兽医和林业部门的官员谙熟行政语言。殖民政府将尼扬贾语设为公务员考试语言，进而巩固了尼扬贾语的重要地位。这些职位的所有新入职者都将用尼扬贾语参加更高标准的考试，此作为第一水平等级或晋职奖金的先决条件（Kittermaster，1936a：4）。

20 世纪 40 年代末，尼扬贾语被纳入尼亚萨兰（马拉维）和北罗得西亚（现赞比亚）的剑桥学校证书的教学大纲，并获得了国际认可："两种本地方言，齐本巴语（Chibemba）和尼扬贾语，作为剑桥学校证书考试的科目已经约有二十年历史了"（Mwanakatwe，1968：21）。伦敦大学东方和非洲研究学院也在使用马拉维人作为信息提供者研究尼扬贾语（Kishindo，1990：65）。因此，由于政府的政策，尼扬贾语在赞比亚和马拉维都被广泛应用，成了一种重要的通用语。

另一种政府推广的语言（但不是国家或地区的通用语）是尧语。拉希德（Rashid，1978）认为尧族、洛姆韦族（姆贝维族群）和尼扬贾族之间的互动促成了一个多民族社会，该社会主要源于努鲁族和尼扬贾族，尧语在这两个族群中越来越流行。通过这种种族间的互动和象牙贸易，洛姆韦人采用了：

> 使用者数量很少但颇富声望的贸易精英语言……所采用的语言不是一个主要民族的通用语，这可能是国家建设和同化的一个优势……它的使用与经济优势和声望有关。（Rashid，1978：20）

因此尧族的崛起可以追溯到贸易方面。在政治上，英国人接受最传统和最保守的尧族首领，把他作为间接统治的工具（Vail & White，1989：170）。这两位作者还认为，殖民主义者制定了种族理论和非洲分化的刻板印象。相较其他民族，他们对尧族友好的态度也证实了这一点。对白人来说，洛姆韦人是"歹徒、非正规士兵、饥饿的赤身裸体的难民……醉酒、懒惰和恶毒……他们是赤裸裸的土匪，他们的猎物是人的血肉，有着像鬣狗一样的大眼睛，然后他们吸饱了血回到了曼古鲁（Maguru），大部分时间都充满活力"[《尼亚萨兰时报》（*Nyasaland Times*），1942 年 7 月 13 日和 8 月 6 日]。努鲁族、洛姆韦族充斥着一些游手好闲的犯罪分子"，而"尧族聪明敏捷，是优秀的仆人，而作为士兵，他们也有着不可估量的价值；此外，他们还说中非所有语言中最好的语言"（Murray，1922：55 - 7，95）。与尧族相比，尼扬贾族是勤劳、安静和爱好和平的人，但是他们没有尧族的体格和大脑，也没有努鲁族人的农耕精神……他们很容易受到影响"（Murray，1932：83）。这些对洛姆韦族、尧族和尼扬贾族，尤其是对洛姆韦族的刻板印象根深蒂固，一直持续到了 20 世纪 80 年代初期（Vail & White，1989：173），这也极大地导致了这些语言的衰落。韦尔和怀特还说，战后官方继续支持尧族统治精英，助力其政治和经济权威的增长，这进一步推动了英国行政人员与尧族间联盟的发展。作为尊重尧人与其真实历史的标志，不同于对其他当地非洲人的态度，政府出版社以尧语和英语出版了阿卜杜拉的《尧族人》，其目的是写"一本讲述所有我们尧族习俗的书，以便提醒自己我们起源于哪里，民族根源在哪里"（Abdallah，1919："前言"）。请注意，尧族人把自己看作是一个多语言保护国中的民族。这份文献当然不是像吉兴多（Kishindo，1994）所暗示的那样，是用来巩固个人权力基础的。

协调时期

尼扬贾语继续被公认为一种通用语言，殖民政府、传教士和马拉维人自己以更加协调的方式发表的言论证明了这一点。1918 年，一位政府管理人员提议将尼扬贾语设为所有学校使用的官方语言，因为它在保护国中被广泛使用。尽管殖民者担心这种做法会团结马拉维的各个族群《蒙贝拉地区年度报告》（*Mombera District Annual Report*，1918 – 1919，文件号：S1/1008/19），但政府为了削减行政成本，主张采用单一的官方语言以推动国家统一和经济发展（Moggridge，1919：4）。1930 年 6 月，教育普通委员会批准了这项提议，将尼扬贾语列为所有政府资助学校的必修科目，不迟于本地语小学 3 年级阶段。咨询委员会还采纳了其语言和教科书小组委员会的建议，即在所有政府和资助学校中，不迟于小学 4 年级引入尼扬贾语作为教学语言（Young H. to Cunliff-Lister，1934）。

然而，LMS 已经在北部用通布卡语工作，并用它出版了大量文本。1933 年 7 月 15 日，他们公开表示无法接受这一在社会经济层面严重威胁其努力的决议（Turner，1933；Young，1933）。之前被传教团强制要求使用通布卡语的恩贡德人（Chief Kyungu to District Commissioner, 9 November 1932：18）和通加人接受了这项决议，但通加人自己却通过他们的文化经纪人和教育家列维·蒙巴（Levi Mumba）反对这个做法，他说"强迫人们接受一种他们不希望的语言是不公平的……人们去学校学习他们自己本地语言编写的书，之后他们希望学习英语，这会带来更多效益"（NNM1/16/4，Mombera District Council，1931/39）。

如果真要说点什么，那就是语言问题导致了当地通布卡语和民族意识的合并，在这个多语言的国家，因为拥有共同语言而团结在一起。通布卡语成了集中表达他们对殖民政府不满的语言（Vail，1981：165）。面对这种抗议，新任总督休伯特·杨爵士试图向北部地区推行这一政策，但遇到了各种不同的回应。恩戈尼族领导人告诉他，"这里是通布卡语区，不需要尼扬贾语"和"通布卡语应该保留给后代，就像本地农产品、家畜和野生动物需要保留种子一样。"（NN1/2005，Native Administration，Mzimba，1932，Minutes of Barazas）列维·蒙巴（Levi Mumba），一位颇有影响力的教育咨询委员会的高级成员，与反对尼扬贾语的势力达成一致，认为在尼亚萨兰推行单一的通用语言还为时过早，如果真要推行一种通用语言的话，那么也应该是英语（S1/449/32，Minutes of 19 October 1933 and 1936 Round Table Conference in PROCO 525/161）。因此，英语作为一种值得学习的语言而备受推崇。

尽管遭到 LMS、通布卡族和尧族的抵制，政府还是在 1934 年宣布：

> 经过慎重考虑，尼亚萨兰政府决定将尼扬贾语作为通用语言和保护国的官方语言。尼扬贾语语言能力是入选公务员的必要条件。在母语不是尼扬贾语地区的传教机构，须在所有受助的乡村学校从 3 年级开始，将尼扬贾语作为一门课程进行教授。（Young, H., 1934：7）

这些传教团体要么被迫遵守新的政府法规，要么失去政府的教育拨款。然而，LMS 直接向伦敦的白厅官员提出上诉（Turner to Vischer，1935）。哈罗德·基特马斯特（Harold Kittermaster）爵士被命令召开一次会议，并停止执行该政策（Kittermaster，1936b；Bottomley to Sir Kittermaster，1935）。

1936 年 6 月 22 日在松巴举行的圆桌会议决定，鼓励尼扬贾语作为保护国的通用语言，但不应压制或阻止其他母语的自由使用［Public Records Office, Colonial Office（PROCO）file no. 25352，CO 525/161 1936：5 – 7］。1947年二战后，尼扬贾语和通布卡语成为官方语言（Vernacular Language Policy，1947）。它们不仅在广播中播出，也在其所在地区的学校中作为教学媒介进行教学和使用。语言政策的执行可以在以下引文中得到最好的体现：

> 尼扬贾语是全境的通用语……通布卡人的要求得到了批准，通布卡语是北部省份的教育通用语（Annual Report，Nyasaland Education Department，1949：8）

并且在 1951 年我们了解到：

> 尼扬贾语仍然是该国的通用语言。但人们不断认识到，通布卡语是

北部省份的自然语言，而政府本身也认可将其用于语言考试。（Annual Report，Nyasaland Education Department，1951：11）

标准化和实施

政策的执行包括尼扬贾语[32]的标准化，以期弥合各种方言之间的差异。政府任命了一个委员会，并于1931年召开了第一次会议。其中一项重要提议是制定1931年尼扬贾语的正字规则。1945年，菲尔普斯－斯托克（Phelphs-Stoke）委员会接管了这项工作，并在非洲出版局（African Publications Bureau）的邀请下重新召开了会议。1953年，联邦政府颁布法令，所有拥有大量使用者的语言都应标准化。结果是，广播中播放了多种语言，其中就包括马拉维的尼扬贾语和通布卡语。

纵观这一时期语言问题的发展趋势，有必要提出一些相关问题：为什么选中尼扬贾语、通布卡语和尧语，而不是其他语言？为什么少数群体使用的通布卡语能够获得这样的地位？针对第一个问题，尼扬贾语除了作为南部和中部的通用语言，其地位的不断提升和传播的愈加广泛，在很大程度上归功于以下因素：

（1）它是原住民与传教士之间接触的第一种语言；也是被统治者和推广它的政府之间的第一种语言；通过这种接触，它成为第一种拥有文学遗产的语言。

（2）它靠近权力和权威的位置。殖民者的总部设在尼扬贾语区，并使用尼扬贾人充当其助手、向导或传教士，为该语言创造了声望。由于这种接触，他们构成了第一代精英的主体。

（3）主要位于尼扬贾语区的城镇出现了新的经济支柱，吸引了来自不同地区和民族的人们来此寻找更好的机会。

南部的语言异质性创造了对通用语言的需求，尼扬贾语显然是理想的选择，因为这种语言已经得到了确立。从历史和社会政治事实可以清楚地看出，由于这些相互关联的因素，殖民主义的主要结果是，尼扬贾语在全国的声望得到了巨大的提升。

尽管尧语崛起成为贸易通用语言和UMCA学校的教学语言，但它并没有成为区域通用语言，具体原因在前文已有论述。对于通布卡语来说，受过教育的非洲人和苏格兰传教士组成的联盟至关重要。它确保并提升了通布卡语目前的地位。很明显，除了恩戈尼族人人会说以外，通布卡语仍然是一种少数族裔语言，其区域地位只能用教育和其使用者的优越感来解释。不可否认的是，教育赋予了非洲人谈判的能力。如果没有像列维·蒙巴这样有影响力的人或是像卡伦·杨这样的传教士，通布卡语就不会获得这样高的地位。与支持人民争取语言权益一样，传教团体也同样从语言政策中获取了巨大的经济效益，他们不必出版新书或培训新教师。因此，出于经济和教育的双重考量，通布卡语被保留了下来。

殖民主义的出现、基督教的引入和教育的作用提升了两种本土语言作为官方语言的地位。从社会语言学的角度看，这也改变了现有文化以及这些语言相对于其他语言的价值。在这些语言中，尼扬贾语是一种重要的通用语言，在纵向交流的殖民管理中占主导地位。加上工业位于尼扬贾语区的事实，尼扬贾语在推动城市化方面发挥了重要作用。英语仍然是横向和纵向交流重要的教育和官方语言，因此英语是一种受教育程度高的体现，能带来更好的就业机会。

如果要探究外来语言与尼扬贾语之间的关系，英语比尼扬贾语更有威望。语言分层早已经扎根。首先，白人将自己的语言视为高雅文化语言，这就意味着本土语言和他们的文化没那么有声望。因此，英语成为高等教育、议会和法律的语言，精英的语言，以及普遍优越性和权力的语言。其次，随着土著人自己开始接受教育，这种做法得以延续，因为他们看不起自己和自己的文化，而偏爱外国语言和文化。正如罗斯科（Roscoe，1977：4）所说：

> 殖民环境造成了这样一种局面，即出于所有实际目的，欧洲语言的实用识字能力被等同于说英语的能力。因此，非洲人刻意地将自己的语言视为"原始语言"，并将掌握英语视为摆脱旧的农民模式、进入殖民者的货币经济和白领生活的最佳手段。

因此，从殖民时代开始，尼扬贾语和其他语言是达到学习英语这一最终目标的垫脚石。当尼亚萨兰（马拉维）1964年获得独立时，该国也继承了这种殖民政策。

自 1964 年以来的后殖民时期

卡姆祖·班达时期：1964—1994

虽然尼扬贾语在马拉维是一种成熟的通用语言，但它在马拉维北部地区的传播，是由 1964 年至 1994 年的马拉维共和国第一任总统海斯廷斯·班达博士（Dr. Hastings Banda）一手完成的。班达的语言政策从其实施和传播中可以看出，这是一种深思熟虑的、激进的传播语言的方式。1968 年，在利隆圭举行的当时执政的马拉维国大党年度大会上，民族团结问题再次被提出，大会建议为了民族团结：

（1）马拉维采用尼扬贾语作为国语。

（2）尼扬贾语这个名字从今以后改为齐切瓦语。

（3）齐切瓦语和英语成为马拉维的国家官方语言，所有其他语言将继续在各自的语言区的日常生活中使用。（Malawi Congress Party，1978：6）

政策实施和传播

将齐切瓦语作为马拉维唯一的官方语言影响了其他语言，例如通布卡语在广播和大众媒体中的使用。政策制定中决议三的第二个短语暗示该国仍可使用其他语言，齐切瓦语是唯一用于内部交流和国家一体化的语言。其他方言可用于政治群众集会和日常生活。因此，齐切瓦语的传播范围不断扩大，它作为通用语的隐含地位日益增强。该政策由教育部门和为传播齐切瓦语而设立的各种其他组织来执行。

教育与文化部

根据马拉维国大党年度大会的建议，议会颁布法令，齐切瓦语和英语是该国仅有的两种官方语言。法令颁布之后，教育和文化部宣布从 1969—1970 学年起，所有小学和师范院校都将教授齐切瓦语。英语成为一门必修科目，也是获得任何证书或达到证书级别的教育和一般目的的先决条件。因此，在小学教育的前三年，齐切瓦语是教学语言，而英语则作为一门科目进行教授。从第三年开始直到大学，英语取代齐切瓦语，成为教学语言。在小学教育的最后五年，英语成为唯一的教学语言，而齐切瓦语变成了一门强制性的必学科目，并且直到初中毕业，大学后变成可选科目。

马拉维证书考试委员会（MCEB），即现在的马拉维国家考试委员会（MANEB）的成立，取代了剑桥海外考试，随后考试评分政策发生了变化，对于想进入中学的学生，北方和南方的学生需要在小学离校考试中取得比中部地区学生更高的成绩（Short，1974；Vail & White，1989）。此外，教育部长还进一步下令，所有未通过齐切瓦语必修课程考试的学童将被要求重新参加考试（Short，1974）。所有这些严格的举措都是为了提高齐切瓦语的地位，并确保其他民族别无选择，必须学习齐切瓦语。

名人和齐切瓦语委员会的作用

根据纳希尔（Nahir，1977，1984）的说法，语言改革是一种有意操纵语言的行为，旨在促进语言使用，以及服务于当时社会潜在的政治、经济、文化和意识形态倾向的需要。佩里（Perry，1985：295）将语言改革定义为"主要是一个社会政治的过程，而不是语言和文化的过程，尽管它的影响仍然影响着后代的语言和文学"。班达时期的语言改革，由他在1972年成立的齐切瓦语委员会负责。他责成该委员会研究齐切瓦语的扩张及净化，以适应其作为马拉维国语的角色（Chichewach Board 1984 Malawi Congress Party Convention Fliers Ref. No. CD/4/25/104）。成立该委员会的目的是：

- 提供新的齐切瓦语词典［A brief history of the Chichewa Board（1970 – 1971）Ref. No. ADM/1/40：1］以取代目前尚有欠缺的词典。这些词典都是由非母语人士编写的，而且受曼加尼亚语方言影响，不具有代表性；
- 为教育、媒体和出版领域的语言使用者提供指导；
- 鼓励并开展研究工作，以使齐切瓦语的描述标准化，其成果将反映在媒体出版和教育机构使用的材料中（A brief history of the Chichewa Board，1970 – 1971：1；Kishindo，1990：67）。

班达时代的改革方法可与土耳其语改革（Dogançay-Aktuna，1995）以及法兰西学院（French Academy）对语言的见解相提并论。然而，与土耳其不同的是，马拉维起主导作用的不是宗教因素，而是政治因素，以及班达的个人喜好。改革的形式是净化和剔除所有不属于卡松古齐切瓦语（Kasungu Chewa）即班达所说的齐切瓦语的词汇。班达将语言视为国家建设不可或缺的一部分，将齐切瓦语提升为国家语言，等同于统一不同的马拉维人。与此同时，班达不相信其他马拉维语言的真实性。

班达对齐切瓦语的兴趣可以追溯到 1937 年，当时他是马克·汉娜·沃特金斯（Mark Hannah Watkins）的信息提供者。沃特金斯 1937 年出版了《英属中非班图语之齐切瓦语语法》。[33] 班达对齐切瓦语的持续兴趣也体现在他于 1970 年代初至中期（1972—1976）在校长学院，一所马拉维大学，就语言的各个方面发表的演讲上（Banda，1975）。班达是"齐切瓦语事务的最高权威"（Kishindo，1990：67），对语言保存或改革采取纯粹主义的态度。"尼扬贾语首先必须标准化，成为真正的尼扬贾语，一门真正的齐切瓦语"，就像他年轻时所说的，在中部地区村庄里仍在说的一样。他不想要当前镇上的英语化的"传教齐语"（Chi-mission）、"上帝齐语"（Chi-Heaven）或"种植园齐语"（Chi-planter）（Hansard，1963：844）。因此，齐切瓦语的"正确"形式是他所掌握的齐切瓦语方言，而不是南部地区流行的曼加尼亚语方言。他在演讲和公开宣读圣经时强调了这一点。正如韦尔（Vail，1981：147）所指出的：

> 这一点在 1960 年代末和 1970 年代尤为明显。齐切瓦人和齐切瓦文化是现代马拉维的核心，因为它的历史最为悠久、受殖民主义影响最小。马拉维文化将被视为齐切瓦文化的同义词。

与土耳其语改革一样，马拉维语改革是一种中央集权的受政府资助的语言改革（Tollefson，1981）。改革主要包括两项工作：改变拼写法和加强"正确"齐切瓦语的使用。齐切瓦语委员会首先制定了拼写规则（Chichewa Board，1973，1980，1992），旨在纠正传教士在 1931 年制定的规则。当时，齐切瓦语委员会负责语言本体规划决策，并编纂字典、语法和指南。其决策的实施是一项由总统监督的集中活动。

马拉维大学的作用

班达指导马拉维大学成立了齐切瓦语系，对这种语言进行研究和描述，进一步加强了齐切瓦语的传播。该系（现为非洲语言和语言学系）将齐切瓦语教师（教育学士）和其他语言学家培训到研究生水平（文学学士）。目前尚不清楚班达为加强齐切瓦语而设立的两个语言机构之间是否存在任何协调，即齐切瓦语委员会是否在其决策或变更中纳入了该部门的研究成果。

媒体和出版商

与教育一样，媒体也采取双语政策。除了针对农村人口消费的出版物，大多数出版物是英文形式的。这促成了以英语和齐切瓦语为主的出版物的流行，而非其他语言。包括新闻、评论文章、特写和广告的期刊也以双语为主（有关出版物语言的讨论，请参见 Ng'ombe，1985）。短篇小说、戏剧、小说主要是英文的（Chimombo，1994）。几乎所有不适合农村消费的学术和政府出版物以及其他杂志都只用英文出版。然而，圣经协会继续以各种当地语言印刷圣经和赞美诗。

马拉维广播公司（MBC）也采取了双语政策。主要的新闻公告和新闻简报在其他时间用英语和齐切瓦语播出。吉兴多（Kishindo，1990）将齐切瓦语节目分为纯粹的音乐娱乐、教学和教育类。专门为推广齐切瓦语设计的节目有 Timphunzitsane Chichewa（让我们互相传授齐切瓦语）。在这套节目中，听众会给节目写信，表达他们对某一表达方式、词汇或句法结构的看法。由齐切瓦语委员会成员领导的小组随后会讨论他们的观点。在节目的最后，达成一个解决方案或结论，并推荐给听众。

英语的传播

英语在马拉维扮演着至关重要的角色，尽管它的传播无法与齐切瓦语相提并论。它的重要作用与有限的传播，应在横向和纵向沟通模式的功能负荷语境里，以及精英封闭（Djité，1990；Scotton，1993）和帝国主义（Phillipson，1992）的概念下来讨论。这两个术语都指一种语言对另一种语言的特权支配，有权力、文化和金钱的精英在许多领域都使用一种语言，以至限制了使用其他语言的人获得此等权力和特权的机会。从殖民时代到现在，英语的主导地位和有限的使用机会造就了一个精英群体。

英语在马拉维的使用可以理解成一个囊括迥异的语言熟练度的连续体。连续体的一个极端是马拉维少数精英知识分子，他们接受了正规教育，直至大学或其他更高层次，同时，他们的英语水平接近母语（Kayambazinthu，1994）[34]，根据 1992 年的数据，这些精英在他们的专业环境中，往往使用英语。他们通常占据政治、行政和学术机构的高层。连续体的另一个极端是完全没有受过教育的人，他们根本不会说英语，或者英语能力有限，仅会说一些简单词汇，尤其是市场上的小贩和一些喜剧演员。

大部分人的英语熟练程度介于这两个极端之间。以单词或短语的形式进行语码转换和借词很常见（Kayambazinthu，1994，1998）。由于教育水平与英语学习密切相关（Kayambazinthu，1994），前文给出的数据表明马拉维教育系统的辍学率非常高，导致接触英语的机会有限，很难提高熟练度。在这种制度下，女孩尤其处于劣势。长久以来的性别不对等产生的影响，体现在男性的英语使用频率和流利程度都比女性高（Kayambazinthu，1994）。根据经验，如表14中的数据所示，马拉维民众对英语表达水平和英语标准的逐步下降表示了强烈抗议。大多数用人单位都抱怨学生的表达水平，马拉维大学外部考官的报告也是如此。标准下降的原因可能是教育系统本身、资源（教科书）的缺乏和高生师比例造成的。

关于民众的英语使用模式，卡扬巴津胡（Kayambazinthu，1994）报告说，以英语为主要互动方式的家庭数量可以忽略不计（2%），尽管在家庭中使用语码转换的情况有所增加（14%）。因此，可以说英语在马拉维本土语言盛行的家庭环境中扮演着渺小的角色。

表 14　1987—1997 年英语成绩[57]

年份	区分度	分数	通过率（%）
1997	0.13	13	71
1996	0.19	14	68
1995	0.13	12	55
1994	0.4	13	56
1993	0.22	37	71
1992	0.18	27	60
1991	0.17	32	70
1990	0.37	39	7
1989	0.30	38	81
1988	0.30	38	80
1987	0.62	38	90

资料来源：马拉维国家考试委员会（MANEB，1998）。

虽然英语的传播仅限于少数精英群体范围内，但它在马拉维的功能性传播和重要性是不可否认的。

如前所述，英语在马拉维人的阅读和写作实践以及语码转换或语码混合中占据主导地位。在 1968 年的宪法中，英语被确定为该国的官方语言。作为官方语言，英语仅限于政府机关、正式和书面的交流场景。在横向沟通层面，英语是马拉维所有立法、行政和司法机构的互动媒介。在立法议会中，英语是马拉维议会辩论和演讲的交流媒介，使得英语水平低的人难以充分、有意义地参与辩论。英语也是编写马拉维宪法和所有其他法律文本的唯一语言。在行政层面，官员之间的所有书面通信以及在正式场合（例如会议等）的口头交流都使用英语（Kayambazinthu，1994）。在司法系统中，所有的法律和法令，以及书面报告、起诉和审判都是英文的。总体而言，机构层面所有形式的横向沟通通常都使用英语。在正式的社会经济和政治决策层面，英语是政府事务的唯一语言，只有在向大众传播信息时才使用其他语言。由于其局限性，英语不是一种大众传播性语言，而是一种代表权力和声望的语言。因此英语虽然传播广度有限，但在国家运行中却发挥着至关重要的作用。表 15 展示了班达时代官方语言使用的领域。

英语是下级法院以外的法院所使用的主要语言。在地方法院和高等法院，可以为不懂英语的人提供口译服务。所有法律、法规、法令、指令、规则和条例、合同等相关文件都是用英语编写的，这就导致这些文本对普通马拉维人的普及性很低，只服务于精英权贵。

古典语言的运用

在学校中再次引入希腊语和拉丁语是一种一厢情愿的行为。使用这些语言源于班达哲学，即"没有学习过经典的人不能称自己真正受过教育"（A brief history of the Academy and Kamuzu Academy Programme，1986：13）。班达开设了自己的学校 Kamuzu Academy（俗称非洲的伊顿公学），以便在缺席 15 年后在学校重新引入拉丁语。班达在学院的开幕致辞中宣称，"如果你不准备学习这些科目（**拉丁语和希腊语**——粗体为本书作者所加），那你就不能来这里学习，（因为）像拉丁语这样的科目是为了训练思想和大脑"（New Era in Education，1981）。教育部被迫在学校重新开设古典文学，为了满足古典文学教师稀缺的需求，他们重新雇用了退休教师。在同样的压力下，马拉维大学成立了古典文学系，接收学院的学生以推选给校长学院，并培养古典文学中学教师（Kishindo，1998：261）。班达对拉丁语和希腊语所发表的观点和所持的热情远远超过了这些语言在马拉维的实用性。

表 15　马拉维官方语言使用总结（1968—1994）

领域		使用的语言				
		英语	齐切瓦语	法语	拉丁语	希腊语
议会		＋＋	—	—	—	—
法律/立法机关		＋＋	—	—	—	—
地方法院		＋＋	—	—	—	—
高等法院		＋＋	—	—	—	—
低等法院		＋＋	＋＋	—	—	—
广播		＋＋	＋＋	—	—	—
电影		＋＋	—	—	—	—
报纸		＋＋	＋＋	—	—	—
广告		＋＋	＋＋	—	—	—
杂志		＋＋	＋＋	—	—	—
成人识字		—	＋＋	—	—	—
农业推广服务		—	＋＋	—	—	—
教育教学媒介	小学低年级	—	＋＋	—	—	—
	五年级 至大学	＋＋	—	—	—	—
科目	小学低年级	＋＋	＋＋	—	—	—
	中学到大学	＋＋	＋＋	＋＋	＋＋	＋＋
国际交流		＋＋	—	＋＋	—	—

资料来源：Kayambazinhu（1995）。

　　因此，正如吉兴多（Kishindo，1998）所观察到的，这些古典语言至少在教育部项目中正走向自然死亡。

　　前面的讨论将齐切瓦语和英语的传播放在了殖民和新殖民实践的语境中。齐切瓦语的传播可以被视为一种有意或明确地促进和传播该语言的政策，利用教育和大众媒体作为实施媒介。卡姆祖·班达时期，在未经适当咨询（调查等）或项目指导与评估的情况下，就对语言问题做出了直接、有力和明确的决定。由于担忧规划方面的不足，它的政策评估被认为是受控制的和不民主的。对教育政策和广播等的修正就是明显的例子。还有刻意地积极地诋毁和压制除了齐切瓦语以外的其他语言的发展（如：在校长学院建立齐切瓦语委员会和齐切瓦语系的指示），限制了这些语言的使用和传播。这种诋毁导致了语言的转用，特别在尧族和洛姆维族中，他们的青年未能熟练地掌握这些语言（Kayambazinthu，1989/90，1994，1995）。班达时代的特点是，它还忽视了对马拉维丰富的多语言和多文化遗产的"开放"研究。其他马拉维语言的研究受到了阻碍和忽视。此外，由于禁止将这些语言作为第二语言进行教学，英语作为专有的第二语言得以推广。卡姆祖·班达规定的纯粹主义态度阻碍了齐切瓦语向中性通用语的发展，他将卡松古（Kasungu）的齐切瓦语视为齐切瓦语的标准模型或标准的变体。然而尽管需要出现一种标准方言，但也必须进行研究才能确定它。需要允许齐切瓦语继续借用马拉维的其他语言，以扩大其基础。班达时期做出的政策决定虽然明确、深思熟虑，在某种程度上很实用，但具有政治导向，只代表切瓦族的特定政治立场和文化价值观。只有在现行马拉维的语言政策出台后才在广播中引入其他语言，而这正是下一部分要讨论的主题。

第三部分　语言政策与规划

语言规划被定义为"一种有计划的刻意的语言改变……以此为目的而建立的组织计划"（Rubin，1984：4），"以便影响他人在语言代码方面的习得、结构或功能分配方面的行为"（Cooper，1989：45）。正如卡普兰和巴尔道夫（Kaplan & Baldauf，1997：3）所指出的，由政府进行的语言规划旨在解决复杂的社会**政治**（粗体为本文作者所加）问题，尽管大量的社会层面的语言规划是不同的和适中的。下面将探讨马拉维的语言规划指令，重点关注决策中的重要参与者以及他们对政策制定产生的影响。本部分还将聚焦马拉维当前语言政策背后的政治哲学——扎辛塔（Zasintha，意为：事情已经改变）。目前的决策应该从摆脱班达时代专制的概念来理解[35]，因此应被视为具有政治和实用的动机。

现阶段：1994—2004①

公投前后（1992—1994）报纸出版物最初标志着少数族裔语言的复兴。吉兴多（Kishindo，1998：260）写道，反对派报纸如联合民主阵线的《UDF新闻》和《新声音》，开始以洛姆韦语、塞纳语、通布卡语和尧语等语言出版。这可能表明了人们的民族愿望，或者出版商在普遍抗议时期利用民族意识为被遗忘的语言服务。事实上大多数用这些语言出版的报纸现已停刊或不

---

① "2004"是本书的出版时间，原文无，为译者所补。

再使用这些语言，这也许表明了读者对当地语言的冷漠。

一般民族意识的演变，都反映在相应的语言政策上。马拉维人的文化和语言活动是在公投期间发起的。公投后，政府在广播和学校采取了积极的语言多元化政策。针对马拉维的少数族裔语言和被忽视的语言所兴起的语言运动，与马拉维人中出现的新民族意识浪潮有关。

1995 年颁布的《马拉维政府宪法》第 26 条规定 "每个人都有权使用语言以及参加其选择的文化生活"（*Malawi Government Constitution*，1995：18）。宪法对什么是国家语言、什么是官方语言未作表态。1996 年联合民主党政府的教育政策文件也对这个问题保持沉默。根据目前的语言惯例，我们可以说，该国仍沿用上文提及的 1968 年马拉维国大党公约决议，只是进行了一些修改。1996 年的国家文化政策行动计划草案对马拉维的语言问题提供了一些线索。该文件旨在给所有参与者提供短期、中期或长期项目的指导方针。该政策的总体目标是 "通过保护马拉维的文化遗产……来实现马拉维的文化身份认同"。在这份文件中，文化被定义为 "人们的生活方式"。鼓励对当地方言的研究和使用，也鼓励印刷媒体用一些版面刊登齐切瓦语或任何其他方言的文章（National Cultural Policy Plan of Action，1996：8）。在语言方面，文化政策肯定齐切瓦语的国语地位，但提倡使用中性名称，因为齐切瓦语是这样一种语言：

> 虽然每个马拉维人都能理解和使用，但是流利程度各不相同。齐切瓦语推动民族统一的潜力是显而易见的。如果马拉维真要保留一种民族语言，那么非齐切瓦语莫属。可能存在的辩论也许是关于如何去称呼它。在这种情况下，最好是恢复其旧名称尼扬贾语。这能反映该语言的国际地位，因为它在赞比亚和莫桑比克也被广泛使用。此外，在当地，尼扬贾语也是一个政治正确的术语。马拉维也应该承认其他方言的地位，以及它们在经常使用地区的重要性。马拉维也应该鼓励对其所有语言的研究，同时也推动一种共同的语言来反映国家的统一。（National Cultural Policy Plan of Action，1996：14）

文化政策也建议或体现了政府希望遵循的政策，表明有必要承认其他方言的作用，并对其进行研究和保护。然而，该政策似乎将这种研究当成了促进齐切瓦语发展的助推器。该政策并没有建议应该在哪些领域使用方言。自 1994 年 5 月执政以来，联合民主阵线政府发布了许多语言政策指令，证明这是留给教育部和总统的责任。

当前的语言政策

目前的情况带来了自己的问题，以及由扎辛塔哲学导致的理想主义。有一种假设是，所有马拉维的语言都可以得到充分的利用或恢复使用。这是一个普遍抗议和政治激进主义的时期，部分民众动员起来，鼓动社会改革，推广使用较少的语言，好像国家有资源维持这样的政策。

埃尔森·巴基利·穆鲁齐（Elson Bakili Muluzi）博士领导的联合民主党政府于 1994 年 17 日通过多党大选上台执政。

他们制定的政策都是临时的和被动的。1994 年 6 月 25 日，在没有事先确定资源和人员培训的情况下，总统指示在广播中重新引入通布卡语（Kishindo，1998）。同样，1996 年 11 月 15 日，在没有培训相关人员之前，总统指示在 MBC 广播介绍中用尧语、洛姆韦语和塞纳语进行新闻广播。效果显然很糟糕，因为连尧语的新闻播音员都不能读懂新闻。[36] 1997 年 9 月 13 日，总统在恩哈塔湾的一次政治集会上应弗卡曼菲里（Fukamapiri）酋长（通加人）的请求，指示在广播中引入通加语。

1995 年 7 月 31 日，内阁下令解散了齐切瓦语委员会，取而代之的是语言研究中心（CLS）的建立，该中心于 1996 年 4 月 1 日开始运作。这项指令由教育和文化部以及法定的机构部门实施，授权马拉维大学校长学院建立马拉维本土语言中心。该中心的任务是促进和发展马拉维语言，目标是：

（1）建立马拉维本土语言的正字法规则；

（2）为马拉维本土语言开发描述性语法；

（3）编撰马拉维本土语言词典；

（4）促进和保护各种马拉维语言；

（5）教授与马拉维社会经济和政治相关的各种语言；

（6）提供笔译、口译和编辑服务，并促进语言研究。

（Chancellor College "Proposal for the establishment of a Centre for Language Studies" Ref. No. CC/2/1/3/1）

因此，该中心提供马拉维语和相关外语（如英语、德语、葡萄牙语和西班牙语）的研究和咨询服务。[37]除此之外，该中心还与外国研究中心合作，提供笔译、口译、编辑和马拉维、非马拉维语言短期课程等服务。鉴于预算削减和它获得资助的不稳定，该中心能否履行其任务，令人怀疑（Deputy Director of CLS, 1998，个人交流）。

新的政治取向或扎辛塔政治哲学可以解释所有这些语言的引入问题。吉兴多（Kishindo, 1998：264 – 5）认为引入通布卡语是政治上的权宜之计，而不是出于语言问题的考量。同时他对引入少数族裔语言如通布卡语的出发点提出了质疑，因为在 1966 年人口普查中通布卡语使用人口排名第四，为什么不引入排名第二和第三的洛姆韦语或尧语？吉兴多（Kishindo, 1998）认为，引入通布卡语是因为穆鲁齐（Muluzi）想要在北部地区赢得政治支持，因为在那里其政党在大选期间得票很糟糕（只占总票数的 7%）。[38]然而，可以用来反驳吉兴多的观点是，通布卡语是一种大约只有 6% 的北方人使用的语言，主要集中在伦菲、姆津巴和卡隆加的部分地区。利文斯敦尼亚传教团在 1940 年代强行要求学校使用通布卡语，如果不是 1968 年的禁令限制了其发展，它本可以维持其区域通用语的地位。吉兴多的论点是对马拉维语言状况的误传，因为洛姆韦语和尧语在其所在地区都不是作为第二语言来学习的，这些地区是将齐切瓦语作为主要通用语言来学习的。两项调查表明，洛姆韦语是一种正在消亡的语言，并且人口普查显示其使用人口数量不多（Kayambazinthu，1989/90，1994；Matiki，1996/97）。另外，在语言异质化的北方地区，64% 的人口将通布卡语作为第二语言学习。最近关于通布卡语的调查显示，通布卡语是唯一在北部地区具有区域通用语地位的语言。在笔者看来，马拉维只有两个通用语区，即马拉维中部和南部地区以齐切瓦语为主，而北部地区则使用通布卡语。推广通布卡语的政治色彩不容置疑，但其实用性也不容否认。

1996 年 3 月 28 日发布了一项关于教育政策的重要指令，引入了一项三加三减的语言政策。教育部长表示：

> 教育部想通知所有人……即日起，所有学校 1 – 4 年级都以母语或本地语言作为教学语言。不过英语和齐切瓦语将继续作为小学的主要科目。过去齐切瓦语既被用作教学媒介，又被当作科目，这使得初学者很难理解课程内容。但是从 5 年级开始，英语将被用作教学语言。（Secretary for Education's Letter. Ref. No. IN/2/14）

该指令并不是基于[39]针对马拉维的系统研究，而是来自道听途说或是别处的研究，正如该指令所示：

> 您可能想知道，研究表明，在正规教育的前 4 年中，如果用母语或

本地语言来作为教学媒介，相较用第二语言作为教学媒介，学龄儿童会学得更好更快。正是出于这个原因，教育部制定了这项政策。

这是一种典型的发号施令式而非基于任何研究或合理规划的一项政策。尽管如此，它是马拉维唯一有效的政策性文件，明确了除齐切瓦语以外的地方语言在国家教育系统中的角色。该指令在教师培训、材料和资源准备还没到位，也没有对马拉维当前语言状况和态度进行研究的情况下就颁布了。由于该指令的临时性，政府后续未能实施也就不足为奇了。教育部在向有需要的地方派小学教师时，也不管他们是否懂当地的语言，这与之前的声明及其意图相矛盾。该指令的失败与该政策颁布前缺乏足够的背景规划有关。该政策还与其他为在马拉维成功实施此类政策提供有形的设施背景和物质基础的相关政策相矛盾。

民众对教育政策的反应

乔马等人（Chauma *et al.*，1997：38）（另见 Kazembe，1996；Saukani，1996）总结了公众对该指令的负面反应，他们提出了相关的问题和理由，从自卑心理到语言规划的经济问题。民众的反应包括：

- 如果 1－4 年级的学生只能接受学校所在地区占主导地位或通用的当地语言教学，那么他们接受的教育质量不容乐观，最终只能成为干粗活的人。
- 这是一项政治决定，因为执政的联合民主阵线不想被民众当作是前执政党马拉维国大党，因为后者强制要求在小学教授齐切瓦语……
- 使用母语的政策将助长部落主义，较小的群体会希望通过母语实现自我认同。
- 与父母一起住在母语不占优势地区的孩子会怎样？他们是否必须回到家乡接受母语教学？（Malawi News，22－28 June 1996）
- 该政策旨在挽回一些不懂英语的老师的面子。
- 新的教师用书、教科书、手册、学生阅读材料都需要用方言或本土语言制作和印刷。

教育政策问题

在这种新的政治取向下，马拉维的少数族裔语言显然处于有利地位，因为这些语言被引入了学校。然而，教育部发展母语技能和民族文学的意图本身并不是最终目的。人们把整个规划看作是为学生进一步学习齐切瓦语和英语而做准备的踏脚石。该政策并没有建立在母语阅读和写作技能的发展和维持上。十年之后再去看看人们是否已经掌握了这些语言的读写能力会很有意思。儿童事务和社区服务部开办了成人识字班。一般的政策是在全国范围内只教授齐切瓦语阅读和写作技能。[40]

正如前文所指出的那样，如果不配套相关措施以推动社会经济影响力，推行本土语言并不会改善其语言和文化境况。在广播或小学低年级使用这些语言以提升其地位，并不代表能提高其声望，但是可能会改变其社会语言学地位。这些提升举措对语言本身的影响以及语言使用者如何看待保护其语言的这些措施都还有待研究。另一个关键问题是只在学校单方面强调母语，而忽视家庭和学前教育期间的母语学习。不在家中学习洛姆韦语的儿童能否在学校学会这门语言值得怀疑。姆松蒂（Msonthi, 1997）在其关于马拉维本土语言政策的教育学学士论文中总结道，父母不赞成在学校使用方言，他们宁愿让孩子学习英语，因为英语是一种颇具声望的社会经济语言。同样，1996年的尧语调查也显示，父母更喜欢在学校里大量使用英语（这会让孩子变得聪明）或齐切瓦语，而不是尧语［另见布瓦纳里（Bwanali, 1998：10）关于齐切瓦语作为交流工具的论述］。此外，该政策似乎将母语使用问题视为全国范围内的整体性问题。在三种语言都盛行的地区，该使用哪一种语言以及用什么标准进行选择？是由教师的语言熟练程度决定还是由该语言在该地区的使用广泛度决定？针对那些对学校使用的语言不熟练的学生，学校是否有相关对策？

从讨论中可以清楚地看出，当前政策在语言教育规划中更加重视意识形态和声望问题，而忽视了语言教育的实际目标。社区的需求与政府政策是平行的。如果公众抱怨英语（作为一门重要的语言）水平下降，那么当教学语言数量激增而导致英语学时减少时会发生什么？作为第三世界中最贫穷和负债最多的国家之一，政府必须意识到无法维持这样的政策，因此也无法实行。人们还会质疑，创造和发展读写语言（如字母表、教科书、培养国家精英）以及通过媒体普及它们的标准模式是否总是可行。正如乔马等人（Chauma *et al.*, 1997）所提出的那样，可能应该首先在乡村或城市学校教授民族语言，并在正式学校教育之前，为这些语言在传统领域的保持创造条件。

民族意识：报纸和语言运动中的辩论

吉兴多（Kishindo，1998）指出，在 1993 年 6 月 14 日全国公投之前的几个月里，作家们在报纸上公开辩论了语言问题。争论围绕着齐切瓦语作为一种民族语言，而不是其他本土语言和所谓的民族语言。一位基于民族团结的作者说："使用一种语言作为国家通用语，能够让人感受到彼此是一个整体。"（Phiri，1993）另一种认可齐切瓦语传播和使用的观点认为：

> 齐切瓦语仍然应该作为一种国家语言，……只要它被广泛使用。当然不是（因为）齐切瓦语曾被马拉维国大党选中，因为它是卡姆祖（Kamuzu）的语言……我认为人们必须学会并意识到共同语言才是最有力的交流手段之一。（Mandimbe，1994）

反对齐切瓦语的人希望平等地对待所有语言，因为将齐切瓦语提升为国家语言不利于其他语言的发展。他们呼吁将齐切瓦委员会的名称更改为能够兼容并包其他语言的名称。

> 事实是如果国家只保留了齐切瓦语文化，是有问题的。如果不加以制止，我们的孩子会质疑我们的想法。齐切瓦语委员会应该更名为语言委员会。如果我们的国家只有一种语言占主导地位，那么我看不到我们孩子的未来。这是我们的梦想，我们的孩子能从齐切瓦语转向更多样的语言选择，如通布卡语、尧语、恩孔德语、通加语、塞纳语等，我们的孩子将永远不会看不起其他语言的使用者。（Timau，1993）

语言的名称也成了一个有争议的问题。一些作者认为齐切瓦语这个名字与班达博士关系太密切，为了保持中立，他们希望恢复旧名尼扬贾语。

这场辩论体现出人们对班达在马拉维提升和实施齐切瓦语的方式的强烈不满。班达所遵循的语言政策（马拉维国家的齐切瓦化）被认为是具有分裂性的。在那种环境下，使用齐切瓦语作为交流工具的问题并没有被人们很好地理解。

最早基于意识形态的民族运动是尧族（两名记者和六名知识分子）发起的"尧语促进会"（正式名称是"尧族语言文化保存促进学会"），为的是促进尧语的文化和文学活动。[41]根据他们的第一次会议纪要（年份不详），这个想法是由两名记者与校长学院的一名语言学家合作构思的。该学会成员一致认为需要提供一种哲学，作为文化多样性和不同生活观点的基础，以促进文化多元化并帮助建立民族团结。学会将重点关注尧族研究，建立尧族文化教育学校和尧族文化中心，以传承和弘扬尧族文化。该学会还准备起草一项议案，以将尧语作为选修科目纳入 MSCE 教学大纲。第一次会议指出，尧语或多或少正在灭绝（Likuga lya Chiyao 成员第一次会议纪要，年份不详）。第一次会议纪要记录道，尧语是解放运动中的官方语言。但有趣的是，这些会议纪要是用英语记录的！

除尧族外，通布卡族还成立了一个名为"语言文化保存促进协会——通布卡语语言和文化分会"的组织，并声称该运动是全国性的。这封信提到该分部组织了一个包含通布卡语、尧语、洛姆韦语、塞纳和恩孔德语等语言在内的工作坊。其中一位重要成员是在通布卡语被禁止在学校使用之前，参与过通布卡语文本制作的坎达威先生（M. S. Mkandawire）。与尧族团体一样，他们将自己的组织看作能讨论与保护通布卡语及将其引入学校课程等所有相关事宜的论坛（协会秘书给教育、科学和技术部部长的信，年份不详）。

另一个协会，阿本古尼语（Abenguni，即恩戈尼语）复兴协会是 1998 年由恩戈尼族的图乐（Thole）先生成立的。该协会由图乐先生担任主席，有100 多名成员，包括恩戈尼酋长、记者和一些知识分子。该协会的目标是：

- 复兴没有从祖先传给下一代的语言；
- 团结中部和北部地区的恩戈尼人；
- 培养恩戈尼人的身份认同感。

该协会的活动包括起草章程，复兴英戈马（Ingoma）舞，使用既是恩戈尼族马拉维人又是法国语言学家的索科博士所提供的古老的恩戈尼歌曲来复兴英戈马舞蹈。该协会还在姆祖祖博物馆经营着一个俱乐部，俱乐部会组织练习老歌并为博物馆参观者提供娱乐项目和恩戈尼语课程。该课程使用两本书制作了祖鲁语/恩戈尼语的讲义：由尼姆贝齐（C. L. S. Nyembezi）编写的《学习祖鲁语》和库本（A. T. Cope）编写的《祖鲁语综合课程》。两本书都是从南非买的。因此，恩戈尼人想要回到他们的根源——对恩戈尼语的复兴采取了纯粹主义的态度，而并不关注已经幸存了一个世纪的"姆津巴－姆佩伦贝－埃克温德尼－恩戈尼语"（Mzimba-Mpherembe-Ekwendeni）。[42]该协会希望建立以村庄为单位的俱乐部，在那里提供祖鲁语学习课程，并由酋长任命教师。目前，他们有两名在津巴布韦和南非学习祖鲁语达到 O 级（O Level）的志愿教师。该协会还没有与政府或教育部建立联系。[43]

有据可查的是，马拉维近来的政治变化对马拉维其他本土语言的地位产生了积极影响。班达博士领导的马拉维国大党机制崩溃后，突然涌现的民主化和自由化浪潮刺激了非切瓦族马拉维人，提高了他们的民族意识，并激活了他们长期被压制的民族运动。除了政治运动，民主化进程还包括语言运动。很难判断此类运动对马拉维当前局势的影响。然而，现在政府已经在教育、广播和报纸中使用语言的权利上做出了让步。同时，这些语言的法律功能有所增加，允许用来制作和传播官方服务和文件。即便如此，由于缺乏官方地位和所有其他必要的机构支持，例如本地语言学校、教学材料、大众媒体或语言标准化规范，这些努力收效甚微。

尧语、通布卡语和洛姆韦语的机构认同和半官方地位

尧语、通布卡语和洛姆韦语在教育、行政和司法等机构领域的功能属性赋予了这些语言"半官方地位"。对这些语言的其他形式的官方和制度认同进一步巩固了其地位。然而，马拉维宪法或法律中并没有任何声明明确地将这四种语言列为马拉维语言整体中的一个特定类别。在教育方面也是如此，官方文件唯一明确的区别，一方面是英语，另一方面是马拉维语，后者被整体视为一个模块。在马拉维这样的多语言国家，这种缺乏方向的情况强化了英语在各领域的优势，甚至造成垄断。在行政领域，根本没有任何官方指令规定口头合同中语言的选择。司法领域的情况也类似，官方只对口头陈述做了规定，并没有明确口头表达过程中的语言使用。

必须强调的是，没有任何明确的政府政策并不意味着马拉维的语言不受政治领域的影响。在实践中，存在一套语言实践法则，适用于政府官方立法之外的领域。但不可否认，这些领域与政治当局密切相关，具有明显的半官方制度的性质。

齐切瓦语是总统的工作语言，也是所有参与大众传播者的工作语言。齐切瓦语的突出地位是隐性活动与政策谋划间相互关联的产物。然而这并不意味着意想不到的结果就不那么明显。这些无形的活动对马拉维社会产生的影响不容小觑。例如，班达总统和穆鲁齐总统虽然没有赋予通布卡语以北部地区通用语言的官方地位，但都通过接受在北部地区翻译使用通布卡语来表明其地位。1998 年 7 月，一位不会说通布卡语的恩孔德族酋长用恩孔德语和穆鲁齐总统讲话，口译员将讲话内容翻译成了通布卡语，他认为说齐切瓦语和

尧语的总统应该能听懂通布卡语。也就是说，通布卡语的跨区域和跨种族特性得到了进一步巩固。在南部和中部地区，齐切瓦语是唯一用于政治或总统讲话的语言。

马拉维圣经公会继续遵循其政策，将《圣经》和耶稣电影翻译成马拉维的各种方言，如通布卡语、尧语、洛姆韦语、塞纳语、通加语、恩孔德语，甚至将其译为盲文。其他语言规划机构如位于马拉维的英国文化协会和法国文化中心，它们都分别通过提供英语和法语课程抑或专业培训来传播他们的语言。马拉维的伊斯兰教也正在马拉维复兴，伊斯兰中心刚刚完成了《古兰经》的翻译，但不是译成尧语，而是译成了齐切瓦语（*The Nation*，14 July 1998），因为齐切瓦语在马拉维使用更广泛。

这一部分试图将马拉维当前的语言规划和实施置于其历史、社会和政治生态语境中。该部分侧重于马拉维变革的演变过程以及政府和人民各自的态度。下一部分将重点介绍马拉维的语言维护和前景。

第四部分　语言保持与前景展望

在马拉维这样一个多种语言并存的国家，各种语言群体相对长期共存或一些群体丧失其语言的可能性是意料之中的。马拉维的语言保持或转用可以用一些具有共同特征的因素来描述，如使用人数上的优势、语言的社会经济价值和移民等。不同群体之间的社会接触产生了稳定或不稳定的双语、语码转换和借词。语言在发生转用的地方，它往往是单向的，在马拉维的中部和南部转向齐切瓦语，在北部转向通布卡语。本部分将讨论马拉维的各种语言政策对保持马拉维语言的影响。关于洛姆韦语、尧语、齐切瓦语和通布卡语的数据将被用来说明目前的语言使用模式和语言的代际传承，语言规划者可以从中得到一些启示，以便将来进行合理的规划。

笔者使用的语言转用（language shift）这个术语，是基于霍尔摩斯（Holmes，1992：65）和法索尔德（Fasold，1984）对其所做的定义。前者将语言转用定义为一种语言在社区的语言库中取代另一种语言的过程以及该过程的结果；而后者则增加了时间层面的描述，将语言转用描述为长期、集体的语言选择结果。语言转用是指一个群体（有意或无意地）完全放弃自己的语言而选择另一种语言（Fasold，1984：213）。语言保持（language maintenance）是语言转用的反面。

恩戈尼语

在第一部分中，笔者指出恩戈尼语是一种正在消亡的语言，在各个恩戈尼人定居区都没有传授给儿童。只有在姆津巴（Mzimba）区的埃克文德尼（Ekwendeni）和姆佩伦贝（Mpherembe）有一小部分说恩戈尼语的人。据恩戈尼人索科（Soko，1998，私下交流）所说，在这两个地区，甚至孩子们都说恩戈尼语。然而，由于没有定量的调查数据来提供恩戈尼语使用者的确切数字，所以只能根据定性的报告来推测它的衰退。吉兴多（Kishindo，1995）、姆腾杰和索科（Mtenje & Soko，1998）都证明了这种语言的衰落，正如阿本古尼语协会主席所报告的那样，恩戈尼语没有传给年轻一代。恩戈尼的文化方面，特别是口述传统，依旧保存良好且特色鲜明（Mtenje & Soko，1998：15），但文化保护并不包括语言。恩戈尼人说的语言不是通布卡语就是齐切瓦语，具体取决于他们生活的地区。诸如通婚、占领和俘虏同化等因素，以及与通布卡语或齐切瓦语相比，恩戈尼语是一种贵族语言，不常用于日常交流（Kishindo，1995：52），以上这些都是导致该语言正在消亡的原因。希望阿本古尼语协会的活动能得到适当的资助，并将重点放在语言学研究上，以拯救这种即将消失的语言。

洛姆韦语

由于葡萄牙人的暴行，洛姆韦移民从莫桑比克迁徙到马拉维。他们在希雷高地与尼扬贾人和尧族人共处的晚期阶段被高度同化。长期以来，洛姆韦人自身和其他民族都对洛姆韦语持消极态度，加上这种语言学习的难度很大，促使洛姆韦语成为语言转用的有趣案例。针对洛姆韦语展开的调研数量颇多，通过农村和城市的洛姆韦语相关数据，我们能从中了解到洛姆韦人是如何从洛姆韦语转用到齐切瓦语的。

关于洛姆韦语言转用的讨论是围绕着外部和内部因素的相互作用，以及给人民和语言带来的压力展开的。根据库利可（Kulik，1994：4）的说法，语言的转用不是由语言本身引起的，而是由语言使用者的价值观和目标的转变引起的（另见 Holm，1993）。洛姆韦人的历史和文化实践是理解其语言转用过程的基础。本文第一部分已经介绍了洛姆韦的历史。根据缇欧（Tew，1950）统计，在1921年至1931年，洛姆韦人口的数量翻了一番，从120776人增加到235616人。1945年，有379638人，增加了144022人或61%。根据

1966 年的人口普查报告，洛姆韦族的人数达到了 476306 人，成了马拉维第二大民族和语言群体（14.5%），其人口在 21 年内增加了 20%。不过他们的增长速度已经放缓。

通过研究洛姆韦人的价值观和态度，以及考察其他民族群体的价值观和态度，可以更好地理解洛姆韦人对洛姆韦语消极态度的演变和洛姆韦人的身份危机。拉博夫（Labov，1966，1972）将言语社区定义为规范和价值观的共享，以及语言形式和元素的同质化使用。海姆斯（Hymes，1972，1974）补充说，一个语言社区的成员都有一种强烈的归属感，他们都参与到这个社区的互动网络中（另见 Milroy，1987）。历史学家（Boerder，1984；Chipendo，1980/81；Rashid，1978）和社会语言学家（Kayambazinthu，1989/90，1994，1995；Matiki，1996/97）通过经验证据证实了洛姆韦语的使用从定居时期到现在的演变或变化。可以提出的问题包括：是否存在一个洛姆韦语的语言社区？是否存在一种可以与语言保护和身份认同相联系的洛姆韦文化？是什么将洛姆韦人与他们定居区的其他族群真正区分开来？除了独特的姓氏、语言和舞蹈之外，洛姆韦人的核心文化价值是什么？（Smolicz & Secombe，1985）

根据奇潘多（Chipendo，1980/81）的说法，传教士使用齐切瓦语和英语作为教学媒介开展教育的一个副作用是洛姆韦语的消亡。在他们到来之后至 20 世纪 60 年代期间，人们流利且频繁地使用洛姆韦语，并且经常使用洛姆韦语举行会议。然而，奇潘多（Chipendo，1980/81）在 1980 年写作和做研究时指出，在姆蒂拉马尼亚（Mthiramanja）地区，主要是老人在讲洛姆韦语，年轻人都用齐切瓦语交流。奇潘多指出，这是由于年轻人只用英语和齐切瓦语学习，而且在学校并不讲洛姆韦语。甚至在家里，人们也讲齐切瓦语而非洛姆韦语，因为使用和保留洛姆韦语越来越不占优势。洛姆韦人开始认为他们的语言是社会经济发展的一个严重障碍，而齐切瓦语则在工作、政治和商业活动等领域中占主导地位。据一位 70 岁的老太太说，改用齐切瓦语是减少对他们自己，尤其是对孩子的传统污名的一种方式（Chipendo，1992，个人交流）。

马孔卡亚（Makonokaya，1981：12）研究了利兰威（Lirangwi）的洛姆韦语，他的受访者说："我们教他们洛姆韦语，但是他们离开后遇到说齐切瓦语的朋友，很容易就忘记所学的东西了。大多数时候，我们的孩子对我们教给他们的东西感到可笑。我不知道我们的语言有什么可笑之处。但这种观念使得他们不能学好洛姆韦语。"然而，另一位受访者则有不同的看法，这也说明了人们下意识地放弃洛姆韦语，"孩子们一旦将洛姆韦语作为他们的母语之后，就很难再学习齐切瓦语。"为了避免出现这些问题，这位受访者说，"我们宁愿在早期教他们齐切瓦语，这样他们就能以齐切瓦语为第一语言"。孩子们（N = 39）也说他们对学习洛姆韦语不感兴趣，因为"我们的大多数朋友都不会说洛姆韦语。为了能和他们轻松地交流，我们宁愿学习齐切瓦语。此外，在学校里，也不教我们洛姆韦语，而是教齐切瓦语"（Makono-kaya，1981：12）。

不同研究人员在不同时间收集的最新数据证明了语言的转用。卡扬巴津胡（Kayambazinthu，1992）1992 年的调查[44]收集了马拉维的三个主要城市（布兰太尔、尼洛姆韦和姆祖祖）的数据，调查对象是 107 名讲洛姆韦语的人。他们大多出生在马拉维南部地区的洛姆韦语区，但目前居住在城市。在三个月的时间里，研究人员通过使用观察和问卷调查的方法收集数据，以是否来自洛姆韦语家庭为条件来筛选受访者。马提基 1995 年的研究（Matiki，1996/97）是在乔洛（Thyolo）、木兰杰（Mulanje）和奇拉祖鲁等讲洛姆韦语的农村地区进行的，采访了 180 人。他也采用了观察和问卷调查作为主要的数据收集方式。其中，受访者的年龄、受教育程度和出生地与语言能力和语言使用情况相关联。虽然每组数据体现的是在特定时间特定情况下的特定群体，但这两个群体在某些重要方面仍有可比性。因此，从这些数据中可以观察到一些相似和不同之处，特别是在受访者的洛姆韦语流利度和使用频率方面。跨越四代人的语言使用模式和不同领域内的实际语言使用情况颇具启示意义。

数据分析显示，大多数农村（50%）和城市（70%）的洛姆韦人将齐切瓦语作为他们的第一语言。数据进一步显示，只有 40% 的农村洛姆韦人和 9% 的城市洛姆韦人将洛姆韦语作为第一语言。卡扬巴津胡（Kayambazinthu，1995）和马提基（Matiki，1996/97）都指出，在实地调查中，大多数洛姆韦人反映他们在学龄前就已经同时学会了齐切瓦语和洛姆韦语。因此，儿童时期的双语是一种常见的现象。社会双语主义一直被认为是导致语言转用过程中的一个关键阶段或先决条件（Lieberson，1972）。利伯森（Lieberson，1972：1981）指出，几乎所有的社会语言转用案例都是通过代际转用的。由于代际转用需要前一代人掌握两种语言，所以会说两种语言的人口比例构成了一种语言可能最终丢失的"风险经历"（Lieberson，1972：242），洛姆韦语的情况就是如此。

父母辈的语言习得模式则大不相同。农村数据显示，大多数父母（母亲、父亲和祖父母）都讲洛姆韦语，而城市数据则相反。城市受访者中只有极少数人（16%）说洛姆韦语。他们的父母（父亲 6%，母亲 4%）、子女（12%）和配偶说这种语言或将其作为家庭语言（14%）的比例也很低。马提基（Matiki，1996/97）关于代际双语的数据显示，50 - 82 岁年龄组的父母和祖父母，以及 35 - 49 岁年龄组的父母组成的第一代人只说洛姆韦语（51%），其次是同时说洛姆韦语和齐切瓦语的人（37%）。在这个群体中，使用齐切瓦语的单语者很少（12%）。第二代（72%）和第三代（76%）主要是洛姆韦语和齐切瓦语的双语者；如果他们是单语者，也主要使用齐切瓦语。到了第四代，使用齐切瓦语和洛姆韦语的双语者仍是主体（59%），但使用齐切瓦语的单语者人数正在迅速上升（41%）。到这个阶段，没有人声称自己是洛姆韦语的单语者。马提基（Matiki，1996/97）观察到，从第一代到第三代，洛姆韦语和齐切瓦语的双语者人数增加了 100% 多一点。然而，到了第四代，这些双语者的比例下降了 17%。洛姆韦人使用齐切瓦语（76%）比洛姆韦语（33%）更频繁。这些数据表明，洛姆韦人从 20 世纪初使用洛姆韦语单语，到 20 世纪末使用齐切瓦语和洛姆韦语双语，再到使用齐切瓦语单语，其间发生了巨大的转变。数据显示，洛姆韦语和齐切瓦语的接触并没有引发稳定的双语制，而是导致分离。

关于洛姆韦语的能力和使用频率的数据显示，大多数受访者能说（41%）和理解（50%）洛姆韦语，但不能阅读（46%）或书写（54%）。他们说（69%）、理解（71%）、阅读（59%）和书写（59%）齐切瓦语的能力远远高于他们洛姆韦语的语言能力。很明显，受访者的齐切瓦语流利度和通晓度高于洛姆韦语。更重要的是，与城市洛姆韦人相比，农村洛姆韦人的洛姆韦语水平相对更高。一些城市受访者完全不会说（65%）、理解（43%）、阅读（71%）和书写（79%）洛姆韦语。这种模式反映了殖民主义者和新殖民主义者所遵循的识字政策，他们没有为洛姆韦人提升读写技能提供发展机会。

受访者使用洛姆韦语的频率数据显示，与齐切瓦语（76%）相比，他们不经常使用洛姆韦语（33%）。这也与他们的语言能力相吻合。他们使用洛姆韦语的情况分为很少使用（31%）和经常使用（33%）。这意味着洛姆韦语使用者的语言能力取决于其使用这种语言的频率。在这 107 个城市的洛姆韦人中，43% 的人表示从未使用过这种语言或有时使用（43%），他们通常使用齐切瓦语（68%）。尽管农村的洛姆韦人有更强的洛姆韦语能力，并且在某种程度上比城市的洛姆韦人愿意更多地使用该语言。但和城市的人一样，相较洛姆韦语，他们使用齐切瓦语的能力和频率更高。

受访者在家庭、邻里、学校、宗教和媒体等各个领域实际使用语言的数据显示：无论是在农村还是城市，齐切瓦语都比洛姆韦语更重要且更占优势。关于语言转用的文献记录了这样一个事实，即可以从家庭领域中发现语言转用，以及父母是否有将语言传授给他们的孩子。即使在家庭领域，洛姆韦人也不能在家中完全使用洛姆韦语，这对语言转用起了决定性作用。可以看出，两次调查的受访者都表示，他们只对父母和长辈讲洛姆韦语，或主要用洛姆韦语。兄弟姐妹间使用洛姆韦语的比例在农村洛姆韦人中大幅下降，这一比例在城市洛姆韦人中几乎为零。这些结果与洛姆韦语使用量的代际下降相类似。

荣曼（Romaine，1995：42）指出，一种民族语言在家庭领域的低使用率对其领域分布和传播模式具有深远的破坏力。费什曼（Fishman，1991）强调了代际传承的重要性。他提出了一个分级量表来衡量一个社群在使用其语言方面所经历的断裂和转用程度。他把它称为分级代际中断量表（Graded Intergenerational Disruption Scale，或简称 GIDS）。费什曼提出，只有当一种语言在家庭中被传承时，才有可能长期留存下去。否则，在其他地方（如学校、教堂）为维持这种语言所做的努力，最终可能只是象征性的和仪式性的。洛姆韦语的低使用率和低掌握度，特别是在城市洛姆韦人和农村洛姆韦人中，在某种程度上反映了该语言在家庭、社区和学校的优先级很低。这与奇潘多对父母与子女之间不对等使用洛姆韦语的观察相吻合。齐切瓦语的高使用率表明洛姆韦成年人对齐切瓦语持宽容态度。他们并不介意齐切瓦语的使用，也不向子女强化洛姆韦语的使用。城市的数据显示了类似的趋势，尽管它体现出向齐切瓦语的更彻底的转用，只有少数受访者对兄弟姐妹（4%）和长辈亲属（7%）使用洛姆韦语。他们不对孩子说洛姆韦语，夫妻之间也不用洛姆韦语交流。

由于移民、互动和定居的性质，洛姆韦人遭受了污名化。首先，他们被蔑称为恩戈鲁人（Nguru）[45]，这是尧族对那些生活在尧族地区边缘，不能正确说尧族语言的人的污名化描述（Bandawe，1971）。其次，由于他们的定居模式，人们认为相比尧族人，洛姆韦人更笨，更无知。[46] 为了恢复洛姆韦语日渐衰落的形象，1940 年代成立了洛姆韦部落协会，试图重拾洛姆韦人的尊严。不幸的是，这种尊严并不包括恢复其日渐衰落的语言。即使在近来这个民族意识高涨的时期，仍没有建立起一个洛姆韦团体。

从定居时期开始，洛姆韦人就不是一个统一的群体。洛姆韦语的使用开始慢慢减少，洛姆韦人及其语言的地位低下加速了这个过程。20 世纪初的城市化和工业化改变了这些群体。这些发展使洛姆韦人有可能摆脱贫困，找到报酬更高的工作，并为其子女提供优质教育。这些经济和社会进程促进了对齐切瓦文化的同化，并对洛姆韦语的发展产生了负面影响。自 1920 年代以来，马拉维宣布尼扬贾语为国家唯一的强制性通用语言和学校的教学媒介，与英语一并成为官方语言，这使得洛姆韦语文字不能在学校或家庭以外的其他领域使用。在这个说尼扬贾语的环境中，社区层面的交流也为尼扬贾语所主导。

尧语

另一种正在经历转用的语言是尧语。最早的尧语调查于 1987 年在马林迪（Malindi）和多马西（Domasi）地区进行（Kayambazinthu，1989/90）。调查显示尧语是最主要的母语（77%），也是家庭中最常使用的语言（72%）。然而，在马林迪和多马西，齐切瓦语是家庭以外的主要通用语，齐切瓦语和尧语的双语学习和使用是常态。尧语只限于民族内部交流。然而，1992 年的城市调查显示，尧族人正在向齐切瓦语转用。在接受采访的 112 名尧族人中，有 14% 的人将齐切瓦语作为他们的第一语言，35% 的人说的最好的语言是齐切瓦语，而 37% 的人说的最好的语言是尧语。齐切瓦语是受访者最常使用的家庭语言（61%），也是其子女最常使用的语言（71%）。因此，在城市地区，与讲齐切瓦语的少数族裔朋友、兄弟姐妹和邻居交谈，齐切瓦语是主要的通用语言。

1996 年（4 月 9 日至 30 日）吉兴多等人（Kishindo *et al.*，1997）进行了另一项尧语调查，目的是调查曼戈奇、马钦加、代扎、萨利马、恩霍塔科塔、布兰太尔、松巴和奇拉祖鲁等地区以尧语为母语的人对尧语当前的态度。这项调查具体想了解：

- 在这些尧语地区，以尧语为母语的人是否赞成将尧语作为小学的教学语言；
- 尧族人对齐切瓦语作为国家语言的态度。调查还想了解，自从齐切瓦语成为国家语言后，它是否取得了进展，成为不同种族群体间的通用语言，或者在同一族群成员间被使用。

为了检验这些问题，我们在三周内从已经命名的尧族地区的 862 名随机抽样受试者中收集了相关数据。结果显示，93% 的受访者能说尧语，83% 的受访者的母语是尧语。这些受访者中有 95% 还会说齐切瓦语，只有 5% 的人只会说尧语。大多数受访者（66%）使用尧语的频率高于齐切瓦语（3%）和其他语言（4%）。62% 的受访者赞成尧语成为尧族地区的教学语言，而且尧族人总体上对本族语言都有着积极的态度。然而，结果也显示，赞成在学校使用尧语的人受教育程度最低，而受教育程度高的人则赞成在学校使用英语（Kishindo *et al.*，1997：13）。

齐切瓦语在马拉维作为通用语言的地位可以从以下数字中看出。受访者（94%）报告说，他们喜欢说齐切瓦语。在回答"他们更喜欢哪种语言作为学校的教学语言"的问题时，受访者总人口中的50%给出了双语答案。50%的人选择齐切瓦语，其次是尧语（47%）和英语（11%）。59%的受访者选择尧语作为广播用语，其次是齐切瓦语（41%）。总的来说，受访者希望在阅读（54%）、广播（41%）和健康推广工作中使用尧语。在所有这些领域中，齐切瓦语是第二大受欢迎的语言。然而，不同的年龄段显示出了不同的模式。年轻一代（5-20岁占49%，21-35岁占19%）喜欢说齐切瓦语，而46岁以上的老一代（17%）喜欢说尧语。

通布卡语

在城市地区和该语言地区对通布卡语进行的调查显示，通布卡语的使用率很高，并得到了保持。1991年，笔者在伦菲（Rumphi）和卡隆加地对400名受访者进行的调查显示，通布卡语作为一种家庭语言和跨民族交流的语言被高度使用。1997年，语言研究中心对1732名受访者进行了另一项通布卡语调查。[47]通过互动访谈的形式在马拉维北部的五个区收集了相关数据：伦菲区、姆津巴区、恩卡塔湾区、卡隆加区和奇蒂帕区。研究者观察到受访者的通布卡语能力很高。有报告显示，在参加通布卡语词汇和理解测试的受访者中，约76%的人对通布卡语有清晰的理解。词汇测试显示通过率为96%。对教师的访谈显示，通布卡语作为主题和交流的媒介都获得了很高的支持率和接受度（接受度在各个地区从59%到72%不等）。这表明北部地区的教师准备用通布卡语教学，而通布卡语是事实上的地方通用语。

在卡隆加（51%）、伦菲（100%）和姆津巴（94%），通布卡语是学校里最常说的语言。在奇蒂帕、兰比亚（41%）、苏夸（29%）和班迪亚（29%）[48]被普遍使用。在恩卡塔湾，通加语（92%）很盛行。在恩卡塔湾、奇蒂帕和卡隆加，齐切瓦语是电台广播和报纸文章的主要语言，而在伦菲，通布卡语的使用与齐切瓦语相当（50%）。这进一步表明了通布卡语的区域性以及齐切瓦语作为国家通用语言的地位。由于认识到英语的力量，大多数受访者在议会中选择了英语，其次是齐切瓦语，然后是通布卡语。大多数受访学生（59%）希望用英语学习，其次是齐切瓦语。学生的诉求似乎加强了这两个长期存在的科目和交流媒介，表明相较通布卡语，这两种语言是更成熟的学校语言，而通布卡语已经被边缘化了将近 30 年。调查结果还显示，特别是在恩卡塔湾，以及某种程度上在卡隆加，人们对在广播、报纸、教堂和医院中使用齐切瓦语颇具好感。在伦菲、卡隆加和姆津巴，人们更倾向于在广播、报纸、教堂和医院中使用通布卡语（Centre for Language Studies，1998）。[49]

观察分析

根据年龄对语言使用者进行分组是衡量语言留存机会的一项可靠指标。所有的调查数据都显示，年轻一代的母语能力水平较低，所有的社会语言学调查也得出了一致的结果。洛姆韦族的儿童或 30 – 40 岁以下的人群中完全没有人以洛姆韦语为母语，这反映了洛姆韦语和尧语的使用率较低，尤其是在城市地区。

然而，在考虑这些数字时，我们也应该考虑到一些被低估的行为模式，以及当人们长大后，有时会学习这种语言。还应考虑到农村地区尧语和洛姆韦语等语言的保存情况。尽管通布卡语在 1968 年被禁止使用，但它仍然在农村和城市地区蓬勃发展。

这些调查的结果体现了三个关键点：

（1）马拉维有两个通用语言区：中部和南部地区通用齐切瓦语，北部地区通用通布卡语。
（2）在两种通用语言中，齐切瓦语是马拉维事实上的国家通用语，而通布卡语是北部地区事实上的通用语，因为它是该地区大多数人所通晓的语言。
（3）齐切瓦语的提升以及在学校里只教授英语和齐切瓦语，在一定程度上对共存的语言如洛姆韦语和尧语产生了很大影响，这些语言正在衰退。方言仍在继续满足民族内部的交流。

这些结论对马拉维的语言规划有进一步启示。马拉维的规划者需要做的是确定少数族裔语言的作用，特别是在卫生部门、农业推广和社区发展方面。

未来前景

本文提出了马拉维在语言规划方面需要解决的一些问题：

（1）在马拉维，为应对社会政治和经济问题而进行的有目的的和审慎的语言规划是临时性的，前期缺乏对语言状况的相关研究。如果要成功走向多元化，就需要进行调查研究和语言学分析，以确定和建立相关语言的标准变体。

（2）从历史上看，马拉维通过有意忽视学校中除齐切瓦语以外的其他本土语言的第二语言教育来建立三语制。马拉维还实行了语言帝国主义，以牺牲齐切瓦语和其他马拉维语言为代价，推广与社会和经济流动相关的英语；并将齐切瓦语作为实现英语学习最终目标的垫脚石。如果马拉维的规划者打算将教育系统本土化，那么就需要将本土教育与工作机会挂钩，这一点目前尚未做到。语言转用的案例证明，在殖民时期和班达时期，马拉维的一些语言受到了有意的诋毁和压制。

在像马拉维这样一个多语言和多文化的国家，语言规划是一个复杂的过程，需要审慎考量，而不是临时或被动的措施。作为一个新兴的不发达国家，马拉维需要解决国家问题、教学问题以及社会和人权问题。在扎辛塔哲学中，国家和社会人权问题已经解决，但各种操作方案和教学问题却未能完成。虽然多元化的选择颇具吸引力，但它也带来了诸多多元化的困境。布利万特（Bullivant，1981：ix）认为，即使在最开明和包容度最高的社会，多元化的选择也有可能作为控制知识或权力的理想方法，而被包装成代表民族群体切身利益的象征性政治语言。政府致力于推行多语制值得赞扬，但成本过高，令人望而却步。

目前在广播中承认六种语言，在学校中也引入了其他方言，并保护少数族裔语言，这值得称赞，但它也带来了许多有待回答的问题。马拉维的规划者必须认识到，地位规划的决定必须反映在语言本体规划的决策中。实施具体的语言政策在政治、经济和教育上会存在很多问题。界限应该如何划分？如果只以公平为标准，那么所有的语言都应该被平等对待，这是政府无法承担的。如果他们鼓动在广播中播放恩戈尼语，总统会拒绝吗？从本文对马拉维语言规划的文献调查、报纸辩论以及其他调查中可以看出，在全国范围内，将齐切瓦语作为国家语言，将英语作为官方语言是没有问题的。

本土化触及马拉维多文化主义和多语言主义的核心认同。从 1997 年 11 月启动的马拉维国家长期展望（*Malawi Vision 2020 Report*）研讨会中可以看出，马拉维人不喜欢自己的文化和产品，更喜欢舶来品。想要认同并提升马拉维本土语言的地位，需要马拉维人认可本国制造和舶来品一样好，其中就包括语言。与本土化相联系的是使用马拉维语言带来的经济效益，需要打破英语作为社会经济发展催化剂的垄断地位。然而，马拉维需要处理全球化的问题，英语仍然需要作为一种全球化的语言。

需要明确界定国家语言和官方语言方案的作用，并将词汇和正字法的发展纳入地位规划。英语在受教育者和未受教育者中都很受欢迎，这表明英语在马拉维有一个积极的形象。然而，如果获取科学和技术信息是以英语来体现的，像现在这样，那么人们只能希望政府弱化英语作为分层工具或语言界限的作用，通过免费的初等教育使每个人都能更容易地获得它。[50]

从教学上讲，在小学早期使用本土语言，这在教育上是健全的和实用的。本土语言作为垫脚石的作用可以让孩子们适应学校系统，并帮助他们理解他们在英语中难以理解的概念（Chauma et al.，1997）。那么，教育部应该根据他们的原籍地区来安排吗？这将像在班达时代那样引起政治上的不满，也将违背教师的愿望和动机。教育部需要用这些语言制作材料、培训教师，并不断审查该计划的进展情况。

政府需要支持马拉维各种语言的语言研究，并建立交流媒介的通用语言区。语言学家也应该参与本土语言标准化、正字法制定和词汇扩展等工作，以满足交流的实际需要。许多校长学院的知识分子[51]呼吁学校系统的本土化，这一政策已被后殖民时代的非洲和世界上许多国家所采纳。尽管联合国教科文组织和其他研究认可了这一政策的优点，但鉴于英语的普及程度及其目前的地位，这一政策不太可能在当前的马拉维环境中受到欢迎。然而，议会中的辩论最好用齐切瓦语进行，而不是英语。法律应该翻译成各种本土语言，以便普通人能够理解[52]，马拉维可以从学习萨摩亚模式中受益（Baldauf，1990）。人们不能不同意吉特（Djité，1990：98）的观点：

> 当许多人不了解自己的宪法和法律权利，不了解政府的发展目标，不能积极参与其中时，很难相信在这种政策下会有长期的实质性的发展。

目前，英语在行政和立法机构中的主导地位意味着近90％的马拉维人被排除在影响他们生活的决策之外。考虑到马拉维议员的素质，他们是否能够理解或遵守在议会中通过的法案也值得怀疑。[53]

结论

本文试图追溯从殖民时期到现在马拉维语言政策制定和实施的历史、社会和政治生态，并将其置于该背景中进行考察。[54]为了展示马拉维语言规划的历史，笔者不仅仅概述了历史，而且重点关注马拉维语言规划背后的过程、冲突和不同的游说者，以及语言规划中的被动和特别的方式。在殖民时期，语言咨询和游说形成了语言政策。然而，后殖民时期的特点是未经协商的自发规划，决策与决策时所处的社会经济和政治环境有关。希望马拉维语言政策的未来发展将是系统的，指令将基于真正的研究，而不是既得利益。

致　谢

本文第一部分和第二部分中的一些材料在我提交给澳大利亚拉筹伯大学的博士论文中就有所涉及。在此，我要感谢帕斯卡·吉兴多（Pascal Kishindo）对本文早期草稿提出的宝贵意见，并为我提供了有关马拉维全民投票期间（1992—1993）语言问题的宝贵资料。我还要感谢伊莎贝尔·菲里（Isabel Phiri）提供的重要文献资料。我也十分感谢莫伊拉·奇蒙博（Moira Chimombo）和丹尼斯·卡扬巴津胡（Dennis Kayambazinthu）提供的宝贵建议和编辑校改。

注　释

1. 这个数字是在马拉维人口日得出的。马拉维人口日（1998 年 7 月 11 日）由卫生部与国家统计局联合举办。马拉维于 1998 年举行了全国人口普查，这是自 1966 年人口普查以来马拉维进行的首次全国人口普查，其中包括一个关于家庭语言的问题。但是这次人口普查的目的不在于探究种族构成，以服务该国的语言保持或语言转用。

2. 贝利（Bailey, 1995: 34 – 35）对是否应该在英语中使用班图语的本地语前缀曾进行过有趣的讨论，他建议省略前缀。

3. 笔者采用的是格思里（Guthrie, 1967）对班图语的分类。

4. 从殖民时期到 1968 年，齐切瓦语一直被称为尼扬贾语。在所有尼扬贾语作为一种语言出现的地方，都应该把它当作齐切瓦语，而非将尼扬贾语作为齐切瓦语的一种方言。在赞比亚，这种语言仍被称作尼扬贾语。

5. 与来自赞比亚的莫妮卡·马松加（Monica Masonga）的私人通信。

6. 韦尔（Vail, 1972: 150）以通布卡语文化差异为基础，指出通布卡人来自三个不同的区域。南部地区的通布卡人来自齐切瓦母系民族的混合群体。北部地区居住的通布卡人要么是坦桑尼亚南部和赞比亚东北部父系氏族的移民，要么是在相对晚的时候从西部母系地区移民过来并采用了父系血统和继承制度的群体。

7. 格思里（Guthrie，1967）没有对其中一些语言进行分类。

8. 吉兴多（私人通信，1998）认为这里有两种方言写成的两本圣经，通过对比文本，毫无疑问两者是同一种语言。

9. 与马腾博·姆尊达（Matembo Mzunda，1991 年）博士的私下交流。他会说兰比亚语，也是校长学院的一名讲师。

10. 与母语是塞纳语的彼得·利诺（Peter Lino）的私下交流。另外，虽然笔者齐切瓦语讲得很流利，但笔者还是听不懂广播中的塞纳语新闻。

11. 与恩戈尼人马兹甘加·利诺（Mazganga Lino）的私下交流。

12. 努鲁人已成为洛姆韦人的一个蔑称。这个词在马拉维已经被禁止。

13. 英国人不一定是第一批与马拉维人接触的欧洲人，在英国之前，葡萄牙人就已经与马拉维人有贸易往来，但并没有完全控制这个国家。

14. 这项讨论主要基于 1966 年的人口普查数据，因为它是迄今为止，唯一一次对马拉维语言进行的全面调查。1987 年的人口普查收集了官方语言（英语）和国家语言（齐切瓦语）的识字数据，但没有统计其他语言。

15. 韦尔和怀特（Vail & White，1989：180）指出这个数字被夸大了。"班达总统能够将南部地区的各种方言群体如奇蒂帕语、尼扬贾语和曼加尼亚语，甚至洛姆韦语群体合在一起，从而得出有超过 50% 的人口说齐切瓦语。班达对所谓的讲齐切瓦语的人口占大多数这一点非常在意。当他看到伦敦大学杰出语言学家弗雷德·怀特利（Wilfred Whiteley）教授在为马拉维大学准备的一份报告中提到，官方统计数据明显夸大了讲齐切瓦语人数时，他就命令马拉维大学把教授解聘了。"

16. 1964 年该国获得独立时，约有 359841 名（约占总人口 3275181 人的 10.5%）学生在小学就读。到了 1996 年，由于实施免费小学教育政策，入学人数已增至 2887107 名（24.3%）（基础教育统计数据，1996）。

17. 与首席法语教育顾问的私人通信。（教育和文化部，1998 年 1 月 16 日）

18. 马拉维社会运动基金会（MASAF）是促进马拉维农村社会经济发展的小额贷款计划。私有化是指宣布哪些公司可以进行财产私有化，以及人们何时可以购买股票。

19. 利文斯敦尼亚传教社（LMS）的特纳（Turner）博士指出，从历史上看，传教士的经验是他们在尼亚萨兰工作的头 25 年里，一直坚持把尼扬贾语作为学校的教学媒介……但是这项政策在教育上很失败，无法普及北方

（着重号为笔者所加）的大众，所以宣教委员会决定使用当地的方言并后来将其转为英语。自从做出这项改变之后，教育进步迅速，发展稳步。利文斯敦尼亚传教社所提供的教育不仅在尼亚萨兰，在邻近地区也赢得了很高的声誉（Turner to Chief Secretary, Zomba, 29 July 1933）。关于殖民话语和语言政策的讨论基于笔者的档案研究，特别是以下文件编号：S1/1008/19、S1/449/32、S1/235/32、S1/510/30。笔者于 1992 年 1 月在马拉维国家档案馆以及在松巴市马拉维大学校长学院进行查阅研究。

20. 19 世纪后期，寻求财富的白人在希雷高地获得了大片土地，用于种植咖啡和茶。

21. 例如，劳斯（Laws）用西部的尼扬贾语方言翻译了马可福音，并于 1866 年用相同的方言完成了《新约》译本。在布兰太尔宣教团，大卫·斯科特（David Scott）用曼加尼亚语方言于 1892 年翻译出版了马太福音和马可福音，1893 年翻译出版了福音书，1894 年翻译出版了一些大公书信（Doke，1961b：122）。利科马岛基督教联合会的麦肯齐主教于 1891 年翻译了马可福音，约翰斯顿大执事于 1893 年用东尼扬贾语即利科马方言翻译了赞美诗。约翰斯顿执事和尼克松 – 史密斯（K. H. Nixon Smith）女士于 1898 年完成《新约》译本，于 1912 年完成整本《圣经》翻译工作，这个版本现在仍然被这个宣教团使用（Doke，1961b：122）。

22. 普莱斯（Price，1940：132）和海涅（Heine，1970：62）指出，联合尼扬贾语难度很大，因为两种方言有明显的差别，而且每种方言各自的使用者都觉得对方的方言名过其实。

23. 当地的传教士出版社包括利文斯敦尼亚传教出版社（长老会）、利库尼出版社（天主教）、蒙福特出版社（天主教）、马拉穆洛出版社（基督复临安息日会）、主要以尼扬贾语和尧语出版（Pachai，1971：55）的赫瑟维克出版社（长老会），以及政府出版社。所有的这些出版社都帮助向机构和学校分发书籍。

24. 韦尔（Vail，1981：126）指出，1893 年有 10 所学校，630 名学生，到 1901 年，有 55 所学校，平均有 2800 名在校生。

25. 当殖民主义者在决定选择哪种语言作为马拉维的通用语时，除尼扬贾语外还有另外两种选择，就是英语和斯瓦希里语。来自苏格兰教会的詹姆斯·亚历山大（James Alexander）认为，"就我个人而言，我不会支持斯瓦希里语，因为这不仅意味着要摒弃和取代政府和各种传教士所提供的大量尼扬贾语文学作品，还有一个原因就是尼扬贾语与伊斯兰教关系紧密"。来自 1932 年 9 月 12 日尼亚萨兰布兰太尔的苏格兰教会传教士詹姆斯 F. 亚历山大（James Alexander）致教育部长兰西（A. T. Lacey）的信。

26. BMS 的詹姆斯 F. 亚历山大写信给教育部部长兰西说，"在我们的宣教中，一开始一直使用的是尧语，当然尧语也是这些地区许多当地人的母语。但在 20 世纪初，宣教团出台的官方政策决定用尼扬贾语取代尧语……乡村学校的负责人之前就有提出过，要是以尧语作为教学语言，那么接收教育的妇女和女孩的人数将会多得多。这一点无法反驳，但从经济角度出发却很难实行"（James Alexander 致教育部长 T. Lacey 的信，1932 年 9 月 12 日）。

27. 希雷高地语言转向尼扬贾语可以追溯到早期定居时期，在没有殖民政府或传教士干预的情况下，因为尧族相对于尼扬贾族是少数族裔（参见 1921 年人口普查报告；Tew，1950）。根据笔者在 1992 年从布兰太尔、利隆圭和姆祖祖的 450 名受访者（包括齐切瓦语、尧语、洛姆韦语和通布卡语使用者）中收集的数据，与齐切瓦语相比，只有 3% 的受访者将尧语作为第二语言学习，6% 的人作为第三语言学习。反观齐切瓦语，对应的比例分别为 49% 和 30%。

28. 到 1904 年，马拉维 64% 的学生在利文斯敦尼亚的学校接受教育，而所有获得小学以上教育的学生都在奥弗顿学院学习（Alpers，1972：215）。

29. 1944 年，该组织更名为尼亚萨兰非洲大会，1960 年更名为马拉维国大党（MCP）。

30. 例如，桑德森（Sanderson）和贝斯瑞（Birthrey）的《尼扬贾语简介》（*An Introduction to Chiyanjan'nn*）主要是为尼亚萨兰越来越多的官方和非官方定居者编写的，这部分人群需要掌握一定的尼扬贾实用语；而汤姆森（Thomson）的《尼扬贾语军事用语》（*Military Nyanja*）则是为便利从事军事相关工作的人，学习尼扬贾语军事用语的基本语法和词汇。对于学习过这些语言的人来说这是一本复习手册，而对于不从事军事相关工作的人来说，可以将其作为一本尼扬贾语军事术语手册。

31. 需要注意的是，尼扬贾语在赞比亚东部有一个语言社区。

32. 关于尼扬贾语标准化问题，参见杨（Young，1949）、姆腾杰（Mtenje，1980）和吉兴多（Kishindo，1990）。齐尼扬贾是指马拉维南部地区和中部地区的尼扬贾人，它不包括湖岸尼扬贾人（Lacey 致首席秘书，备忘录，1936 年 4 月 17 日）。

33. 班达的叔叔是卡松古的姆瓦塞（Chief Mwase of Kasungu）酋长，当时与殖民政府合作，也充当了伦敦殖民语言学家的线人。当时殖民政府试图将齐切瓦语提升为国语，并将其进行标准化。

34. 大多数受过教育的马拉维人发现用齐切瓦语或本土语言很难准确表

述学术和技术相关问题（见 Gonzalez，1990，关于菲律宾的双语教育），1997年的马拉维国家长期展望（*Malawi Vision 2020 Report*）会议就是很典型的一个例子。当时时任副总统要求专家们用齐切瓦语和英语给那些没有受过教育的酋长介绍研究成果，虽然演讲者能用英语自如讲演，但当他们使用齐切瓦语或通布卡语表达想法时，却磕磕巴巴，当时的参会者对此都很惊讶。

35. 关于那个时代和班达缺乏自由和压制异见的铁拳统治的详细论述，请见 Vail & White，1989；Chirwa，1998；Phiri，1998；Chimombo，1998 和 Kishindo，1998。

36. 笔者与一名 MBC 工作人员有过私下沟通，他们在播出前两天突然得到指令，要用三种语言进行播报．这令他们措手不及，对这项任务也毫无准备。这是政府的政治伎俩，为的是能在特定补选中获得选票。这一决定也影响了晚间 7 点 10 分至 9 点黄金时段的通布卡语广播，无疑惹怒了通布卡语听众。通布卡人立马指责政府的部落主义和政治化。例如，参见 Chakachaka，L.“为什么更换通布卡语播放时间”，Letters，The Star，1996 年 11 月 20 日，以及 Manda，M.“欢迎用尧语和洛姆韦语进行广播，但是……”致编辑的信，《马拉维新闻》，1996 年 12 月 7 日至 13 日。另见吉兴多（Kishindo，1998）。

37. 此类工作尚未生效。迄今为止，该中心已经开展了对通布卡语的调查（由德国技术公司赞助）并制作了一份齐切瓦语词典草案，修订了齐切瓦语的拼写规则，*Malilime：Malawian journal of linguistics* 是一本教学手册，旨在向非母语人士教授通布卡语和齐切瓦语。

38. 有充分的文献证明，马拉维的大选是按地区划分的（参见 Chirwa，1998；Kishindo，1998 等）。地区主义和民族倾向清楚地表明，来自北方的通布卡人、民主联盟（AFORD）候选人汤姆·查库夫瓦·奇哈纳（Tom Chakufwa Chihana）赢得了该地区 85% 以上的选票，而其在中部地区选票为 8%，南部地区则为 7%。马拉维国大党候选人，来自中部地区的齐切瓦人班达博士在自己的地区获得了 70% 的选票，而在南部地区的选票则为 16%，北部地区则为 9%。来自南部地区的尧族人埃尔森·巴基利·穆鲁齐（Elson Bakili Muluzi），在南部地区赢得了 75% 的选票，中部地区为 23%，北部地区则为 7%（Kishindo，1998：265）。

39. 教育部长在《国家》报纸的新闻发布栏中解释道（1996 年 6 月 25 日，第 13 页）：“事实是尽管一到四年级禁止将其他语言作为教学媒介，但在偏远农村小学，很多老师一直将常用语作为一到四年级的教学语言，通过这样做，学生的接受度更高。然而，老师们要确保不被学校督察发现。一旦看到学校督察来了，老师就会迅速切换到用齐切瓦语教学。新政策试图赋予教师使用学校所在地区常用语言进行教学的自由。但是基于特定地区的需要，教师会被派驻到不同的地方，不管他们是否了解这个地区或是这个地区的方言。"

40. 吉兴多（Kishindo，1995：56）通过脚注指出，1994 年奇蒂帕的人们呼吁取消齐切瓦语识字班。他们想用通布卡语学习。"最近，奇蒂帕的识字教师要求社区服务部门用通布卡语教成年人，他们声称相较齐切瓦语，通布卡语更易听懂。""教师推动了通布卡语的发展。"（《国家》1994 年 10 月 3日）而另一种情况是，成人学习者希望识字课程中能涵盖英语！

41. 非洲语言和语言学系讲师兼主任，帕斯卡·吉兴多（Pascal Kishindo）表示，他发起这项运动旨在建立可以讨论正字法问题和各种语言创意写作的俱乐部。然而，最初的想法被操纵，该协会变成了失意尧族政客的政治论坛。当他退出后，协会也随之消亡了。

42. 根据法语副教授兼协会顾问索科博士的说法，马拉维恩戈尼语比南非祖鲁语更接近南非科萨人的语言。他说，当一位来自姆津巴（马拉维恩戈尼族）的诗人在一次会议上展示他的史诗时，祖鲁代表只听懂了一半，而科萨代表则全都听懂了。索科博士从居住在南非科萨附近的其他马拉维恩戈尼人那里证实了这一点，科萨语和马拉维恩戈尼语之间确实存在密切互通性。因此，马拉维的恩戈尼语比祖鲁语更接近原始努鲁语（Mtenje & Soko，1998）。可能马拉维的恩戈尼人需要学习马拉维的恩戈尼语而不是祖鲁语。早期的传教士也错误地将恩戈尼语等同于祖鲁语。

43. 整个运动是由姆祖祖博物馆资深馆长图乐（Thole）先生发起的，作为恩戈尼人，他的工作和兴趣都在恩戈尼语言和文化上（与阿本古尼语复兴协会主席 A. W. Thole 先生的私下交流）。

44. 与 Matiki 的调查不同，笔者的调查采用了比较法，并按顺序研究了马拉维四个主要语言群体的语言使用情况：齐切瓦人、洛姆韦人、尧人和通布卡人。在解释数据时应牢记这一点。

45. 这个词的起源和使用仍然存在争议。包括缇欧（Tew，1950）在内的一些作者称它起源于洛姆韦人发源地的一座山，洛姆韦人则称它是洛姆韦语的一个方言变体（Kishindo，1997，私下交流）。

46. "安古鲁人天生就是一个狂野的低种姓种族，他们无知、野蛮又胆小。安古鲁移民在英国领土上定居时就很少或从未形成自己的社区，他们更愿意依附于尧或安扬贾酋长，为了换取保护，他们通常会做一些体力劳动。这些安古鲁陌生人在尧或安扬贾村的地位有些特别。他们经常被其他当地人描述成，甚至他们也称自己为 'akapolo'（奴隶），其实这是一个误导性的叫法……他们种族的自卑感使他们受到某种程度的蔑视与更聪明的部落相比，他们部落也自然而然地处于劣等地位。"（Murray，1910：107－108）

47. 本次调查的结果应该从北方地区的人口和所获得的样本的角度来理解，调查结果的依据并不具有代表性。鉴于所进行的项目性质，更好的样本能帮助得出更重要和更清晰的结果。调查采访了 1105 名小学生、194 名小学教师和 433 名家长/监护人，这个样本偏向学生。

48. 一位最近走访奇蒂帕的报社记者说，他惊讶地发现，尽管该地区的大多数人在此土生土长，但他们几乎都无法用齐切瓦语交谈，用通布卡语讨论问题的人也很少。虽然奇蒂帕有好几种方言（他夸张地列举了 20 种），但人们都能够相互理解，也就是说，他们不需要通用语言，因为各种语言其实是互通的。对互通性这一点存疑，但也许是因为奇蒂帕是一个小地区，大多数人保留了自己的语言，但同时他们也学习彼此的语言，以能够相互理解。然而，他的论点是有缺陷的，因为他认为在马拉维出生和长大，就意味着一个人能自动学会齐切瓦语。同时，他的文章也提出了一个重要问题，即齐切瓦语、通布卡语和奇蒂帕语在马拉维偏远村庄的传播范围有多大（Ntonya，1998）。

49. 通加人和恩贡德人对通布卡语的抵制是有历史性渊源的。请参阅殖民辩论，该辩论也表明这两个族群在各自的地区抵制通布卡语并支持齐切瓦语。抵制源于两个民族与通布卡人的竞争。恩贡德人憎恨通布卡人，因为通布卡人在奴隶贸易期间与阿拉伯奴隶贩子合作，当时莫洛兹（Mlozi）掠夺了恩贡德村庄。而对通加人来说，根据威丝曼·齐尔瓦（Wiseman Chirwa，1998，私下交流）的说法，通布卡人与恩戈尼人有关联，恩戈尼人劫掠并征服了通加人。虽然后来恩戈尼人为通加人提供了现成的劳动力，但是通加人仍对恩戈尼人评价不高。

50. 过去，总统演讲都是使用齐切瓦语这单一语言，最近有了用双语或在英语和齐切瓦语之间转用（Kishindo，1998，私下交流）的趋势，这可能是为了表明他作为马拉维人（使用齐切瓦语）和知识分子（会说英语）的多重身份。

51. 见 Kamwendo，1994；Kulemeka，1995；Chauma *et al.*，1997。正如吉兴多（Kishindo，1998，私下交流）所指出的那样，马拉维知识分子在个人层面存在矛盾。大多数知识分子会将他们的孩子送到以英语为主要语言的专门学校，在那里说本土语言会被视为不礼貌。马拉维知识分子表面上赞成讲本地话，但实际上对政府学校系统并没有信心。知识分子认为英语是一种颇具声望的语言，他们不能忽视。

52. 一份日报报道了在一次会议中，股东们对章程的编写不满。法律术语的理解超出了他们的范围，他们要求使用简单的语言，以便他们都能够理解并参与讨论。这些人不是来自乡村的或未受过教育的人，而是受过教育的马拉维人。如果换成是没受过教育的人又该怎么办？

53. 在联合国开发计划署（UNDP）的赞助下，笔者与马拉维议会合作，为马拉维议员开办了沟通技巧课程。报纸上的辩论也表明，大多数国会议员并不清楚他们为什么会在议会工作，而且他们的参与程度也不高。

54. 更多细节参见 Kishindo，1990，1992；Vail，1981；Vail and White，1989；Kayambazinthu，1995。

55. 表 10 基于 1966 年的人口普查数据。

56. 教学大纲委员会新的指导意见规定英语和当地语言的学时相等，即各五小时，以增加齐切瓦语和其他马拉维语言的学时（Moira Chimombo，1998，私下交流）。

57. 1996—1997 年的改进可能是由于测试评估方式发生了变化。测试形式为多题型题测试而不是写作题（Moira Chimombo，1998，个人交流）。

参考文献

Abdallah，Y. B. (1919) *The Yaos*（*Chikala cha wa Yao*）. Zomba：Government Printer.

A brief history of the ChiChiehwa Board（1970 – 1971）Ref. No. ADM/1/40 P. I. Zomba. Malawi.

A brief history of the Academy and Kamuzu Academy Programme（1986）Ms.

Abdulaziz-Mkilifi，M. H. (1993) Language use and language development：Review of sociolinguistic theory. In W. A. Foley（ed.）*The Role of Theory in Language Description*（pp. 421 – 434）. New York：Mouton de Gruyter.

Alexander，J. (1932) James Alexander to T. Lacey（Director of Education）.

Alpers，E. A. (1968) The Mutapa and Malawi political systems. In T. O. Ranger（ed.）*Aspects of Central African History*（pp. 1 – 28）. London：Longmans.

Alpers，E. A. (1972) TheYao in Malawi：The importance of local research. In B. Pachai（ed.）*The Early History of Malawi*（pp. 168 – 179）. London：Longman.

Ammon，U. (1992) The Federal Republic of Germany's policy of spreading German. *International Journal of the Sociology of Language* 95，33 – 5.

Annual Reports. Nyasaland Education Department. 1930，1949，1951.

Baldauf，R. B.，Jr (1990) Education and language planning in the Samoas. In R. B. Baldauf，Jr and A. Luke（eds）*Language Planning and Education in Australasia and the South Pacific* (pp. 259 – 276). Clevedon: Multilingual Matters.

Baldauf, R. B. , Jr (1994) "Unplanned" language planning. In W. Grabe *et al.* (eds) *Annual Review of Applied Linguistics* (Vol. 14) (pp. 82 – 9). New York: Cambridge University Press.

Bailey, R. (1995) The Bantu language of South Africa: Towards a sociohistorical perspective. In R. Mesthrie (ed.) *Language and Social History: Studies in South African Sociolinguistics* (pp. 19 – 38). Cape Town: David Philip.

Bamgbose, A. (1976) *Mother Tongue Education: The West African Experience. London:* Hodder & Stoughton.

Bamgbose, A. (1984) Mother-tongue medium and scholastic attainment in Nigeria. *Prospects* 14 (1), 87 – 93.

Banda, H. K. (1975) A plea for Chichewa Public lecture delivered at Chancellor College, University of Malawi, Zomba, Malawi.

Bandawe L. M. (1971) *Memoirs of a Malawian.* Blantyre: CLAIM.

Basic Education Statistics (1996) Lilongwe: Ministry of Education and Culture.

Boerder, R. B. (1984) *Silent Majority: A History of the Lomwe in Malawi.* Pretoria: Africa Institute of South Africa.

Bottomley to Kittermaster. 19 October 1935. In File No. S1/449/32.

Bryan, M. (1959) *The Bantu Languages of Africa. Handbook of African Languages.* London: Oxford University Press.

Bullivant, B. (1981) *The Pluralistic Dilemma in Education. Six Case Studies.* Sydney: GeorgeAllen & Unwin.

Bwanali, A. K. (1998) Chichewa as a communication tool. *The Nation*, 29 July.

Centre for Language Studies (1998) *ChiTumbuka Survey: A Report.* Zomba, Malawi.

Chakachaka, L. (1996) Why mistime Tumbuka . Letters to the Editor, *The Star*, 20 November.

Chambers, J. and Trudgill, P. (eds) (1980) Dialect and language. *Dialectology.* Cambridge: Cambridge University Press.

Chancellor College. Proposal for the establishment of a Centre for Language Studies. Ref No. CC/2/1/3/1, p. 1.

Chauma, A. , Chimombo, M. and Mtenje, A. (1997) Introduction of vernacular languages in primary education: The Malawian experience. *In Proceedings of the LICCA Workshop in Dar es Salaam* (pp. 37 – 46). Tanzania, September 1996.

Chichewa Board (1973) *New Orthography Rules.* Pc No. 3/64. Lilongwe, Malawi.

Chichewa Board (1980 and 1992) *Chichewa Orthography Rules.* Zomba, Malawi.

Chichewa Board (1984) Malawi Congress Party Fliers. Ref. No. CD/4/25/104.

Chief Kyungu to District Commissioner, 9 November (1932) In P. R. O. C. O. 525/153.

Chilipaine, F. A. (1985) The linguistic situation of Malawi and the status ofChichewa. Ms.

Chimombo, M. (1994) The language of politics in Malawi. *Afrikanistiche Arbeitspapiere* (AAP) 38, 197 – 208.

Chimombo, M. (1998) Government journalism: From totalitarian to democracy. In K. M. Phiri and K. R. Ross (eds) *Democratisation in Malawi: A Stocktaking* (pp. 217 – 236). Blantyre: CLAIM.

Chimombo, S. and Chimombo, M. (1996) *The Culture of Democracy: Language, Literature, the Arts and Politics in Malawi*, 1992 – 94. Zomba: WASI Publications.

Chinyanja Orthography Rules (1931) CircularNo. 30of1932. Secretariat, Zomba, Malawi.

Chipendo, F. (1980/81) TheLomwe in Mthiramanja area: Their adaptation to wage-economy and Christianity. BA dissertation, History Department seminar paper No. 12, History Department, Chancellor College.

Chirwa, W. C. (1998) Democracy, ethnicity and regionalism: The Malawian experience, 1992 – 1996. In K. M. Phiri and K. R. Ross (eds) *Democratization in Malawi: A Stocktaking* (pp. 52 – 69). Blantyre: CLAIM.

Cole-King, P. A. (1972) Transport and communication in Malawi to 1891, with summary to 1918. In B. Pachai (ed.) *The Early History of Malawi* (pp. 70 – 90). London: Longman.

Cooper, R. L. (1982) A framework for the study of language spread. In R. L. Cooper (ed.) *Language Spread: Studies in Diffusion and Social Change* (pp. 5 – 36). Bloomington, IN: Indiana University Press.

Cooper, R. L. (1989) *Language Planning and Social Change.* Cambridge: Cambridge University Press.

Diop, A. H. (1989) Language context, language planning and language policy: The study of two bilingual communities in northern Senegal. Unpublished PhD thesis, University of Pennsylvania.

Djité, P. G. (1988) The spread of Dyula and popular French in Côte d'Ivoire: Implications for language policy. *Language Problems & Language Planning* 12, 213 – 25.

Djité, P. G. (1990) The French revolution and the French language: A paradox? *Language Problems & Language Planning* 16, 163 – 77.

Dogançay-Aktuna, S. (1995) An evaluation of the Turkish language reform after 60 years. *Language Problems & Language Planning* 19, 221 – 249.

Doke, C. M. (1961a) Bantu language pioneers of the nineteenth century. In C. M. Doke and D. T. Cole (eds) *Contributions to the History of Bantu Language* (pp. 27 – 53). Johannesburg: Witwatersland University Press.

Doke, C. M. (1961b) Scripture translation into Bantu languages. In C. M. Doke and D. T. Cole (eds) *Contributions to the History of Bantu languages* (pp. 108 – 125). Johannesburg: Witwatersland University Press.

Eastman, C. (1983) *Language Planning: An Introduction.* San Francisco: Chandler & Sharp.

Elmslie to Laws (1892) National Library of Scotland. Ms 7896. 22 October 1892.

Elmslie, W. A. (1899) *Among the Wild Ngoni.* Edinburgh: Fraser.

Faure, E. (1972) *Learning to Be.* Paris: UNESCO.

Fasold, R. H. (1984) *The Sociolinguistics of Society.* Oxford: Basil Blackwell.

Fishman, J. A. (1989) *Language and Ethnicity in Minority Sociolinguistic Perspective.* Clevedon: Multilingual Matters.

Fishman, J. A. (1991) *Reversing Language Shift. Theoretical and Empirical Assistance to Threatened Languages.* Clevedon: Multilingual Matters.

Fraser, D. (1914) *Winning a Primitive People: Sixteen Years Work Among The Warlike Ngoni, The Senga and Tumbuka Peoples of Central Africa.* London: Steely Service.

Gonzalez, A., FSC (1990) Evaluating bilingual education in the Philippines: Towards a multidimensional model of evaluation in language planning. In R. B. Baldauf, Jr and A. Luke (eds) *Language Planning and Education is Australasia and the South Pacific* (pp. 319 – 334). Clevedon: Multilingual Matters.

Greenberg, J. H. (1972) Urbanism, migration and language. In J. H. Greenberg (ed.) *Language, Culture and Communication* (pp. 198 – 211). Stanford: Stanford University Press.

Guthrie, M. (1967) *The Classification of Bantu Languages.* London: Dawsons of Pall Mall. (Published for the IAI.)

Hansard (1963) 15th July, Zomba, Malawi, 858 – 9.

Harding, D. A. (1966) The phonology and morphology of Chinyanjan. PhD thesis, University of California.

Hartshorne, K. B. (1987) Language policy in African education in South Africa, 1910 – 1985. In D. N. Young (ed.) *Bridging the Gap Between Theory and Practice in English Second Language Teaching.* Cape Town: Maskew Miller Longman.

Heine, B. (1970) *Status and Use of African Lingua Francas.* Muchen: Weltforum Verlag.

Heine, B. (1977) Vertical and horizontal communication in Africa. *Afrika Spectrum* 77, 231 – 238.

Heine, B. (1992) Language policies in Africa. In R. Herbert (ed.) *Language and Society In Africa: The Theory and Practice of Sociolinguistics* (pp. 23 – 35). Witwatersrand: Witwatersrand University Press.

Henriksen, T. H. (1978) *Mozambique: A History.* London: Rex Collins.

Holmes, J. (1992) *Sociolinguistics. An Introduction.* London: Longmans.

Holm, E. (1993) Language values and practices of students in the Faroe Islands: A survey report. *AILA Review* 10, 23 – 36.

Hymes, D. (1972) Models of the interaction of language and social life. In J. Gumperz and D. Hymes (eds) *Directions in Sociolinguistics* (pp. 35 – 71). New York: Holt, Rinehart and Winston.

Hymes, D. (1974) *Foundations of Linguistics: An Ethnographic Approach.* Philadelphia: University of Pennsylvania Press.

Jack, J. W. (1901) Daybreak at Livingstonia: The story of the Livingstonia Mission in the northern province. Cited in McCracken (1972: 106).

Kalinga, O. J. M. (1985) *A History of the Ngonde Kingdom of Northern Malawi.* The Hague: Mouton.

Kamuzu Academy Programme (1986) 5th Anniversary of the Founder's Day and a Breif History of the Academy, 21 November.

Kamwendo, G. (1994) ChiChichewa: A tool of national unity? Language ecology in Africa. *Logos* 14, 90 – 95.

Kaplan, R. B. and Baldauf, R. B., Jr (1997) *Language Planning From Theory to Practice.* Clevedon: Multilingual Matters.

Kashoki, M. E. (1990) Sources and patterns of word adoption in Bemba. In I. Fodor and C. Hagège (eds) *Language Reform: History and Future V* (pp. 31 – 59). Hamburg: Helmut Buske Verlag.

Kayambazinthu, E. (1989/90) Patterns of language use in Malawi: A sociolinguistic investigation in Domasi and Malindi areas of Southern Malawi. *Journal of Contemporary African Studies* 8/9 (1/2), 109 – 131.

Kayambazinthu, E. (1994) Patterns of language use in Malawi. *La Trobe Working Papers in Linguistics* 7. Bundoora: La Trobe University School of Linguistics.

Kayambazinthu, E. (1995) Patterns of language use in Malawi: A sociolinguistic investigation into selected areas. PhD dissertation, La Trobe University, Australia.

Kayambazinthu, E. (1998) I just mix: Codeswitching and codemixing among bilingual Malawians. *Journal of Humanities* 12, 19 – 43.

Kazembe, B. (1996) Learning in the vernacular, my turn, *The Nation*, 22 May.

Kishindo, P. (1990) A historical survey of spontaneous and planned developmentof Chichewa. In I. Fodor and C. Hagège (eds) *Language Reform: History and Future V* (pp. 59 – 82). Hamburg: Helmut Buske.

Kishindo, P. J. (1994) The impact of a national language on minority languages: The case of Malawi. *Journal of Contemporary African Studies* 12 (2), 127 – 50.

Kishindo, P. J. (1995) Endangered languages: An example of Chingoni. *Africana Marburgensia XXVIII* (1 & 2), 46 – 58.

Kishindo, P. J. *et al.* (1997) A sociolinguistic survey of Chiyao with special reference to education. Report submitted to German Basic Education. Zomba, Malawi.

Kishindo, P. J. (1998) Politics of language in contemporary Malawi. In K. M. Phiri and K. R. Ross (eds) *Democratisation in Malawi: A Stocktaking* (pp. 252 – 280). Blantyre: CLAIM.

Kittermaster, H. (1936a) Language examinations. 24October1936. InP. R. O. C. O. 525/161.

Kittermaster, H. (1936b) Chinyanjan language introduction to schools. 7 August 1936. In P. R. O. C. O. 525/161.

Kulemeka, A. (1995) Rethinking the language issue. *Moni* 354, 19 – 22.

Kulik, D. (1994) Language shift and cultural change. A paper presented at the workshop on language maintenance and shift. Bundoora: La Trobe University. Australian Linguistic Institute, 9 July.

Labov, W (1966) *The Social Stratification of English in New York City.* Arlington, Virginia: Centre for Applied Linguistics.

Labov, W. (1972) *Language in the Inner City.* Philadelphia: University of Pennyslvania.

Lieberson, S. (1972) Bilingualism in Montreal: A demographic analysis. In J. A. Fishman (ed.) *Advances in the Sociology of Language* (Vol. 2) (pp. 231 – 254). The Hague: Mouton.

Makonokaya, L. D. (1981) Continuity and change among theLomwe of Lirangwi. History Department Seminar paper No. 12, Chancellor College.

Malawi Congress Party (1978) *Annual Convention Resolutions*1965 – 1983. Blantyre: Department of Information.

Malawi Government Constitution (1995) Zomba: Government Printer.

Malawi National Statistical Office. *Population Census Final Reports*: 1966, 1987, 1989. Zomba: Government Printer.

Malawi National Statistical Office (1996) *Demographic and Health Surveys (DHS) Data.* Zomba: National Statistical Office.

Malawi Vision 2020 *Report* (1997) National Economic Council. Lilongwe, Malawi.

Manda, M. (1996) WelcomeYao, Lomwe, but. Letters to the Editor, *Malawi News*, 7 – 13December.

Mandimbe, J. J. (1994) Chichewa for Lingua franca. Letter to the Editor. *The Nation*, 7March.

Marwick, M. G. (1963) History and tradition in east central Africa through the eyes of the Northern Rhodesian Chichewa. *Journal of African History* 4, 375 – 90.

Matiki, A. J. I. (1996/97) Language shift and maintenance: Social determinance of linguistic change among the Lomwe people. *Journal of Humanities* 10/11, 1 – 25.

McCracken, J. (1972) *Religion and Politics in Northern Ngoni land*, 1881 – 1904. Cambridge: Cambridge University Press.

McCracken, J. (1977) *Politics and Christianity in Malawi*, 1875 – 1940: *The Impact of The Livingstonia Missionin the Northern Province*. Cambridge: Cambridge University Press.

Mchombo, S. A. (n. d.) A note on Chichewa. Ms.

McMillan, H. W. (1972) Notes on the origins of the Arab War. In B. Pachai (ed.) *The EarlyHistory of Malawi* (pp. 263 – 283). London: Longman.

Milroy, L. (1987) *Language and Social Networks* (2nd edn). Oxford: Basil Blackwell.

Moggridge, L. T. (1919) Mombera Annual District Report. 31 March 1919, in File No. S1/1008/19.

Mombera Annual District Report 1918 – 19. In File No. S1/1008/19.

Msonthi (1997) Parents attitudes towards multilingual education in the lower primary school (Standard 1 – 4): The Malawian Experience. BEd Dissertation, English Department, Chancellor College, Zomba, Malawi.

Mtenje, A. D. (1980) Aspects of Chichewa derivational phonology and syllable structure constraints. MA dissertation, Southern Illinois University, Carbondale.

Mtenje, A. and Soko, B. (1998) Oral traditions among the Northern MalawiNgoni. *Journal of Humanities* 12, 1 – 18.

Mukama, R. G. (1991) Recent Developments in the language situation and prospects for the future. In H. B. Hansen and M. Twaddle (eds) *Changing Uganda* (pp. 334 – 351). London: James Currey.

Murray, S. S. (1910) *The Handbook of Nyasaland*. London: His Majesty's Office.

Murray, S. S. (1922) *A Handbook of Nyasaland*. Zomba: Government Printer.

Murray, S. S. (1932) *Handbook of Nyasaland*. Zomba: Government Printer.

Mwanakatwe, J. M. (1968) *The Growth of Education in Zambia Since Independence*. Lusaka: Zambia.

Nahir, M. (1977) The five aspects of language planning. *Language Problems & Language Planning* 1, 107 – 122.

Nahir, M. (1984) Language planning goals: A classification. *Language Problems & Language Planning* 8, 294 – 327.

National Cultural Policy Plan of Action (1996) Ms.

New Era in Education. *Daily Times*, 23 November 1981.

Ng'ombe, J. L. (1985) Chichewa in media and publishing in Malawi. Paper presented atUNESCO Conference on Harmonisation and Transcription of Technical Terminologies, 16 – 20 December, Andrews Motel, Zambia.

NNM1/16/4. Mombera District Council, 1931/39. Meeting of 16th September (1933). In S1/449/32.

NN1/2005, Native Administration, Mzimba, 1932 – 1934, Minutes of the Barazas. In S1/449/32.

Ntonya, G. (1998) Tongues in Chitipa. *The Weekend Nation*, 25 – 26 July.

Nurse, G. T. (1972) The people of Bororo: A lexicostatistical enquiry. In B. Pachai (ed.) *The Early History of Malawi* (pp. 123 – 136). London: Longman.

Round Table Conference (1936) In P. R. O. C. O. 525/161 File no. 25352, 22 June.

Pachai, B. (1971) Christianity and commerce in Malawi: Some pre-colonial and colonial aspects. In G. W. Smith, B. Pachai and R. K. Tangri (eds) *Malawi Past and Present* (pp. 37 – 69). Blantyre: CLAIM.

Pachai, B. (ed.) (1972) *The Early History of Malawi*. London: Longman.

Pachai, B. (1973) *Malawi: The History of the Nation*. London: Longman.

Palmer, R. (1972) Johnson and Jameson: A comparative study in the imposition of colonial rule. In B. Pachai (ed.) *The Early History of Malawi* (pp. 293 – 322). London: Longman.

Perry, J. R. (1985) Language reform in Turkey and Iran. *International Journal of Middle East Studies* 17 (August), 295 – 311.

Phillipson, R. (1992) *Linguistic Imperialism*. Oxford: Oxford University Press.

Phiri, D. D. (1993) Change Chichewa to Chimalawi. *The Independent*, 26 April – 3 May.

Phiri, K. M. G. (1978) The Chichewa of Zomba District and their interaction with the "Mangochi" Yao from 1850 to 1900. Ms.

Phiri, K. M. (1988) Dr Banda's Cultural legacy and its implications for a democratic Malawi. In K. M. Phiri and K. R. Ross (eds) *Democratisation in Malawi: A Stocktaking* (pp. 147 – 167). Blantyre: CLAIM.

Phiri, K. M. G., Kalinga, O. J. M. and Bhila, H. H. K. (1992) The northern Zambezia — Lake Malawi region. In B. A. Ogot (ed.) *General History of Africa. V: Africa from the Sixteenth to the Eighteenth Century* (pp. 608 – 620). California: Heinemann.

Pretorius, J. L. (1971) The story of school education in Malawi. In G. W. Smith, B. Pachai and R. Tangri (eds) *Malawi Past and Present* (pp. 69 – 80). Blantyre: CLAIM.

Price, T. (1940) Nyanjan linguistic problems. *Africa* 13, 125 – 137.

Rahman, T. (1995) British language policies and imperialism in India. *Language Problems & Language Planning* 20, 91 – 115.

Rashid, P. R. (1978) Originally Lomwe culturally Maravi and linguistically Yao: The rise of the Mbewe c. 1760 – 1840. Seminar paper, History Department, Chancellor College, University of Malawi, Zomba.

Read, M. (1936) Tradition and prestige among the Ngoni. *Africa* 11 (4), 453 – 84.

Read, M. (1956) *The Ngoni of Nyasaland*. Oxford: Oxford University Press.

Romaine, S. (1995) *Bilingualism*. Oxford: Basil Blackwell.

Roscoe, A. (1977) *Uhuru's Fire: African Literature East to South*. Cambridge: Cambridge University Press.

Rubin, J. (1984) Bilingual education and language planning. Reprinted in C. Kennedy (ed.) *Language Planning and Language Education* (pp. 4 – 16). London: George Allen and Unwin.

Saukani, A. (1996) Vernacular non-starter, Letters to the Editor. *The Nation*, 22 May.

Sawadogo, G. (1990) A policy analysis of the language reform in Burkina Faso from 1979 –. Unpublished PhD thesis, University of Iowa.

Schoffeleers, J. M. (1972) The meaning and use of the name Malawi in oral traditions and precolonial documents. In B. Pachai (ed.) *The Early History of Malawi* (pp. 91 – 103). London: Longman.

Scotton, C. M. (1993) Elite closure as a powerful language strategy: The African case. *International Journal of the Sociology of Language* 103, 149 – 63.

Secretary for Education's letter to all Regional Education Officers all Educational Secretary Generals, the Secretary General Teacher's Union of Malawi and the Director, Malawi Institute of Education Ref. No. IN/2/14, 28 March 1996.

Shepperson, G. and Price, T. (1958) Independent Africa: John Chilembwe and the origins, setting and significance of the Nyasaland native uprising of 1915. Cited in Alpers (1971: 174).

Short, P. (1974) *Banda*. London/Boston: Routledge and Kegan Paul.

Smolicz, J. J. and Secombe, M. J. (1985) Community languages, core values and cultural maintenance: The Australian experience with special reference to Greek, Latvian and Polish groups. In M. G. Clyne (ed.) *Australia, Meeting Place of Languages*. Canberra: Australian National University. (Pacific Linguistics C-92).

Soka, L. D. (1953) *Mbiri ya a Lomwe (The History of the Lomwe)*. London: MacMillan.

Spear, T. T. (1972) Zwangendaba'sNgoni 1821 – 1890. A political and social history of a migration. Madison: African Studies Program, University of Wisconsin. (Occasional Paper No. 4).

Stubbs, M. (1972) Home languages and national languages understood. In S. Agnew and M. Stubbs (eds) *Malawi in Maps* (pp. 72 – 73). London: London University Press. Teaching Standards 1 – 4 in Vernacular or Mother Tongue. Press Release. *The Nation*, 25 June 1996.

Tew, M. D. (1950) *Peoples of the Lake Nyasa Region*. London: Oxford University Press.

Timau (1993) Fancy this call. *The Independent*, 26 April – 3 May.

Tollefson, J. W. (1981) Centralised and decentralised languageplanning. *Language Problems & Language Planning* 5, 175 – 188.

Turner to Vischer, 29 April (1935) In P. R. O. C. O. 525/158.

Turner, W. M. Y. (1933) Minute of Livingstonia Mission Council of Church of Scotland, 15th July 1933. In File SI /449/32.

UDF Government Education Policy Document (1996) A Policy and Investment Framework for Education in Malawi, 1995 – 2005. Ms.

UNESCO (1953) *The Use of Vernacular Languages in Education.* Paris: UNESCO.

Vail, L. (1972) Suggestions towards a reinterpreted Tumbuka history. In B. Pachai (ed.) *The Early History of Malawi* (pp. 148 – 167). London: Longman.

Vail, L. (1981) Ethnicity, language and national unity: The case of Malawi. *Working papers in Southern African Studies* 2, 121 – 163.

Vail, L. and White, L. (1989) Tribalism in the political history of Malawi. In L. Vail (ed.) *The Creation of Tribalism in Southern Africa* (pp. 151 – 192). London: James Currey.

Vernacular language policy (1947) File no. 14, 143. Acting Chief Secretary to Provincial Commissioner, Northern Province, 8 July.

Von Gleich, U. (1994) Language spread policy: The case of Quechua in the Andean Republics of Bolivia, Ecuador, and Peru. *International Journal of the Sociology of Language* 107, 77 – 113.

Wardhaugh, R. (1987) *Languages in Competition: Dominance, Diversity and Decline.* Oxford: Basil Blackwell.

Watkins, M. H. (1937) *A Grammar of Chichewa.* Philadelphia: Supplement to Language.

Webster, J. B. (1978) Drought and migration: The Lake Malawi littoral as a region of refuge. Zomba: Inaugural lecture. History Department, Chancellor College.

Welsh, J. (1985) Some issues concerning access to education and wastage in the primary education system in Malawi. Paper presented at the Eighth Southern African Universities Social Science Conference, 15 – 17 July.

Werner, A. (1906) *The Natives of British Central Africa.* London: Constable.

Whiteley, W. H. (1984) Sociolinguistic surveys at the national level. In C. Kennedy (ed.) *Language Planning and Language Education.* (pp. 68 – 79) London: George Allen and Unwin.

Wilson, M. (1958) *Peoples of the Nyasa-Tanganyika Corridor. Communications from the School of African Studies.* Cape Town: University of Cape Town.

Wilson, M. (1972) Reflections in the early history of North Malawi. In B. Pachai (ed.) *The Early History of Malawi* (pp. 136 – 147). London: Longman.

World Development Report (1997) Washington: World Bank.

Young, C. (1949) Review of Thomson, T. D. (1947) A practical approach to Chinyanja with English-Nyanja vocabulary. *Africa* 20, 200 – 218.

Young, H. to Cunliffe-Lister, a letter from Government House, 9February 1934. In P. R. O. C. O. 523/153.

Young, W. P. (1933) Chinyanja as a lingua franca, memorandum of W. P. Young, July 1933. In P. R. O. C. O. 523/153.

莫桑比克语言状况[1]

阿曼多·豪尔赫·洛佩斯（Armando Jorge Lopes）

（莫桑比克马普托蒙德拉内大学文学院）

本文从语言规划与语言政策的角度探讨了独立后莫桑比克的语言状况。首先介绍了该国最新的语言概况，并讨论了其高度的语言多样性，随后，对教育、识字和媒体中的语言传播动态进行了调查。本文认为语言规划活动最终源于莫桑比克社会的性质和随之而来的语言需求，应该在国家中施行一种以保持为导向的促进型语言政策。文章最后一节试图评估班图语①（Bantu）、葡萄牙语和英语在莫桑比克多语环境中共存的前景。

引　言

本文旨在对莫桑比克的语言规划情况进行初步调查，探讨在以葡萄牙语作为通用语的特定背景下的语言规划问题，以及这一问题与社会各阶层和研究机构的多语制承诺之间的政治和教育矛盾。本文还借鉴了参与语言规划与语言政策活动的语言机构、教育机构、个人研究人员、组织和部委的经验。

迄今为止，还没有关于莫桑比克语言规划情况的图书出版。对于一个23年前才独立的国家来说，这并不奇怪，因为从那时起，它不得不面对巨大的挑战，比如符合条件的人力资源的匮乏。然而，这样的背景并不意味着没有

---

① 班图语支是非洲尼日尔－刚果语系、大西洋－刚果语族中的一个语支，其中包含约600种语言，约有两亿母语者。在整个非洲中部和南部很普及。班图语，约500种语言，属于尼日尔－刚果语系贝努埃－刚果语支的班托语亚群。班图语的使用范围非常广，包括非洲大部分地区，从喀麦隆南部向东到肯尼亚，向南到非洲大陆的最南端。超过500万人使用12种班图语，包括伦迪语、卢旺达语、绍纳语、科萨语和祖鲁语。斯瓦希里语有500万人将其作为母语使用，约3000万人将其作为第二语言使用，是一种在商业和文学中都很重要的班图语通用语。

人考虑过语言规划问题，事实上，研究人员已经撰写了论文并参加了该领域的多个国内和国际科学会议。

因为我长期以来一直在思考和研究这些问题，甚至有时梦中都想着这些问题，所以我非常高兴地接受了为这套丛书写作的邀请，同时也认为这是一个实现理想的机会，可以就这个问题起草第一份汇编。然而，整个工作比我原先预期的要复杂得多。现有的信息广泛、分散且不系统，研究人员已发表的各种成果之间的交流也不足，这也在一定程度上限制了我对丛书编辑提出的问题中列举的几个要点的阐述。因此，这篇论文尽管在一些方面已经相当全面，但是在部分地方只是一个概要，笔者只是在抛砖引玉。

近年来，我已经在几次会议上展示了本文中提出的几个主题：关于语言学在非洲语言中的推广作用的马普托 LASU 会议（1991）、加州大学洛杉矶分校有关葡萄牙传统的研讨会（1993）、斯威士兰第一届世界非洲语言学大会（1994）、蒙德拉内大学（UEM）现代语言系语言政策研讨会（1994）、国家教育发展研究所（Instituto Nacional do Desenvolvimento da Educação，INDE）和斯德哥尔摩大学联合组织的有关非洲语言的教育就业和广泛传播语言作用的问题会议（1994）以及 1998 年在葡萄牙阿拉比达举行的关于葡萄牙语作为非洲第二语言的会议。这些会议为讨论和批评我的工作提供了宝贵的机会。这些以前讨论过的主题现在又得到了详细的阐述，并提供了新的数据。此外，手稿还从卡普兰（Kaplan）和巴尔道夫（Baldauf）（1997）的新书《语言规划：从实践到理论》中汲取了灵感和指导。

文章分为四部分：第一部分介绍了莫桑比克的语言概况，以 1998 年全国家庭生活条件调查公布的数据为支持；第二部分将我们带到教育和媒体领域，讨论语言传播的动态；第三部分侧重于语言规划与语言政策立法、双语和班图语的作用，以及语言规划机构开展的主要活动及其对规划和政策事务的影响；第四部分涉及语言保持，重点放在非葡萄牙语的新兴母语种类上。本部分同样试图勾勒出莫桑比克未来可能的语言状况和语言趋势的想象轮廓。表 16 – 20 和图 5 提供了相关信息，以便更好地了解语言概况和语言传播。

第一部分　莫桑比克的语言概况

与大多数非洲国家一样，莫桑比克是一个多语言和多元文化的国家。除了官方语言葡萄牙语和亚洲语言外，莫桑比克使用的所有其他语言都属于班图语支。这些本土语言，无论是在使用人数还是在国土的分布方面都构成了主要的语言阶层。

根据格思里（Guthrie，1967/71）的说法，莫桑比克的班图语分为四个区和九个主要语族：（一）G – G40 区，斯瓦希里语（Swahili）；（二）P – P20 区有尧语（Yao）和马孔德语（Makonde），P30 区有马夸语（Makua）（包括 Lomwe，Cwabo 等语言）；（三）N – N30 区有尼扬贾语（Nyanja），N40区有恩森加 – 塞纳语（Nsenga-Sena）；（四）S – S10 区有绍纳语（Shona），S50 区有聪加语（Tsonga）（包括 Shangaan，Ronga，Tswa 等语言），S60 区有科皮语（Copi）[2]。

但是，这种分类进一步考虑了语言的子区域和其他语族，如拉威斯基（Rzewuski，1978）对格思里（Guthrie）分类所补充的，其中还介绍了主要方言。然而，或许没有人能够准确地说明在这片土地上有多少班图语言和变体，主要是因为这一地区从未进行过大规模的方言学研究。所以仍然缺乏一个全面的莫桑比克语言地图集，这使得情况容易出现各种解读和各种相互矛盾的解释。例如，马里尼斯（Marinis，1981）声称可以将莫桑比克班图语的数量减少到四种主要语言（马夸语、聪加语、恩森加 – 塞纳语和绍纳语）和四种少数族裔语言（马孔德语、尧语、科皮语和通加语）。但艾（Yai，1983）确定了 13 种语言，而卡图法（Katupha，1984）和马瑞利斯（Marinis）意见更加一致，他说有 8 种语言，尽管与马瑞利斯所指的语言不完全相同。另一方面，恩贡加（Ngunga，1987）对他的前辈将尼扬贾语与塞纳语作为一种语言的两种方言的论点提出质疑，他认为现在断言该国所使用的任何语言数量都为时尚早。

表 16　莫桑比克班图语［班图语母语（第一语言）使用者总数：15240068 人］

语言和变体	使用者人数（人）
埃马库瓦语（Emakhuwa）	**4007010**
埃马库瓦语（Emakhuwa）	3754456
埃麦托语（Emetto）	249040
埃萨卡语（Esaaka）	3048
埃奇里马语（Echirima）	466
塞纳语（Cisena） *	**1807319**
塞纳语（Cisena）	1546323
戈龙戈萨语（Gorongoza）	123801
巴尔克语（Cibalke）	90425

语言和变体	使用者人数（人）
通加语（Tonga）	36216
火佐语（Phodzo）	5835
马因杜语（Mayindu）	4719
尚加纳语（Xichangana）	**1799614**
尚加纳语（Xichangana）	1762867
比拉语（Xibila）	36445
宗加语（Xidzonga）	302
洛姆韦语（Elomwe）	**1269527**
洛姆韦语（Elomwe）	1267966
钦古鲁语（Cingulu）	1561
埃丘瓦博语（Echuwabo）	**1203494**
埃丘瓦博语（Echuwabo）	644766
马伦迭语（Marendje）	558728
绍纳语（Cishona）	**1070471**
恩道语（Cindau）	785651
特维语（Citewe）	169201
曼伊卡语（Cimanyika）	71547
塔瓦拉语（Citawara）	29260
丹达语（Cidanda）	7719
马尚加语（Cimashanga）	7051
西芝鹤语（Cizezuru）	42
茨瓦语（Xitswa）	**763029**
荣加语（Xironga）	**626174**
荣加语（Xironga）	625668
孔德语（Konde）	506
尼扬贾语（Cinyanja）	**607671**
尼扬贾语（Cinyanja）	240740
塞瓦语（Cicewa）	282340
马甘贾语（Maganja）	84591
恩永圭语（Cinyungwe）	**446567**

续表

语言和变体	使用者人数（人）
恩永圭语（Cinyungwe）	397906
昆达语（Cikunda）	48661
科皮语（Cicopi）	**405521**
科皮语（Cicopi）	403472
伦格语（Cilengue）	2049
尧语（Ciyao）	**374426**
尧语（Ciyao）	310496
贾哇语（Jawa）	63930
马孔德语（Shimakonde）	**371111**
马孔德语（Shimakonde）	325223
西马奎语（Cimakwe）	37422
恩东德语（Shindonde）	8466
通加语（Gitonga）**	**319836**
埃科蒂语（Ekoti）	**102393**
金瓦尼语（Kimwani）	**29980**
斯瓦希里语（Kiswahili）	**21070**
斯瓦希里语（Kiswahili）	14963
莫高语（Mgao）	6107
斯威士语（Swazi）	**7742**
森加语（Cisenga）	**3584**
祖鲁语（Zulu）	**3529**

资料来源：全国家庭生活状况调查一般结果，国家统计局，马普托，莫桑比克，1998 年。

＊Sena 和 Cisena 虽然拼写方式不同，但是在莫桑比克指的是同一种语言，Cisena 是用本土语言的读音，其中的"ci"并没有实际意义。类似的还有 Shimakonde 与 Makonde，他们意义一样，"Shi"没有实际意义。

＊＊Tonga，Bitonga 和 Gitonga 在莫桑比克是指一种语言。原文中没有区分三者，且在英文原著中混用，本文统一用通加语。

鉴于目前的情况，在整个问题得到澄清并达成共识之前，我曾建议（Lopes，1997b），1989 年出自爱德华多－蒙德拉内大学（UEM）第一次研讨会的《莫桑比克语言正字法标准化报告》应构成主要的参考来源。该《报告》第 8 页上的语言地图确定了 20 种班图语，如表 16 所示。社会的多个部门参加了此次活动，报告由来自不同机构的专家详细阐述，包括蒙德拉内大学的莫桑比克语言研究中心（Núcleo de Estudo das Línguas Moçambicanas，NELIMO）和国家教育发展研究所。

1996 年 3 月至 1997 年 4 月，国家统计局开展了全国家庭生活状况调查。最终结果（INE，1998）包括有关语言的信息，尤其是各省母语使用者的人数、性别、年龄和城乡分布。语言列表很长，但很明显，其中许多语言构成了某些语族的变体。该报告的每种班图语均遵循 1989 年报告所采用的拼写方式。

1997 年下半年，政府进行了第二次全国人口普查（第一次人口普查于1980 年举行），据报道，其结果将在 1999 年年底前公布。然而有理由推断，这次人口普查的语言模式和数字不会与全国调查所揭示的语言模式和数字有本质区别。

在较大的语言群体中（见表 17），埃马库瓦语（4007010 人）占该国母语使用者总数（16135403 人）的 24.8%。如果把埃马库瓦语和洛姆韦语放在一起，则埃马库瓦语 – 洛姆韦语使用者占总人口的 32.7%。很多分类学家和语言学家经常把这两种语言联系在一起，他们声称两者之间有相当大的相互理解力。其次是规模稍小的塞纳语和尚加纳语，各占 11.2%。

表 17　莫桑比克较大的语言群体（总人口 16135403）

语言	使用者数量（第一语言）（人）	人口百分比（%）
埃马库瓦语	4007010	24.8
塞纳语	1807319	11.2
尚加纳语	1799614	11.2
洛姆韦语	1269527	7.9
埃丘瓦博语	1203494	7.5
绍纳语	1070471	6.6
茨瓦语	763029	4.7
荣加语	626174	3.9
尼扬贾语	607671	3.8
葡萄牙语	489915	3.0
恩永圭语	446567	2.8
科皮语	405521	2.5
尧语	374426	2.3
孔德语	371111	2.3

续表

语言	使用者数量（第一语言）（人）	人口百分比（%）
通加语	319836	2.0
埃科蒂语	102393	0.6
金瓦尼语	29980	0.2
斯瓦希里语	21070	0.1
斯威士语	7742	0.05
森加语	3584	0.02
祖鲁语	3529	0.02
其他语言（包括亚洲语言）	405420	2.5

资料来源：全国家庭生活状况调查一般结果，国家统计局，马普托，1998 年。

鉴于莫桑比克是一个明显具有高度语言多样性的国家，因此很难根据不同语境中使用的概念来分析情况，如把语言划分为多数人和少数人。每种语言使用者数量和占总人口的百分比都需要更精细的网格分析。在这种情况下，罗宾逊（Robinson，1993：52－5）对语言多样性的处理似乎很有见地。他将高度语言多样性定义为"……不超过 50% 的人口使用同一种语言的情况"。他补充说，"语言多样性程度的排名不应该基于一个国家语言的绝对数量，而应该基于使用任何一种语言的人口百分比"。

格莱姆斯（Grimes，1992）关于非洲国家的数据显示，单一语言群体使用人数不超过总人口的 50%，非洲国家总数（58 个）中的 25 个属于这一类。科特迪瓦和加蓬是两个语言最多样化的国家。前者有 75 种语言，其中最大的语言鲍勒语（Baoule）（1620100 人），占该国总人口（12070000 人）的 13%；后者有 40 种语言，其中最大规模的语言芳语（Fang）（169650 人），占总人口（1069000 人）的 16%。加纳（拥有 73 种语言）是语言多样性最低的国家。最大的语言是阿肯语（Akan）（7000000 人），占加纳总人口（15310000 人）的 46%。因此，不同国家之间的比较表明，最大规模的语言代表最小比例的人口被认为是语言最多样化的国家。

埃马库瓦人占总人口 24.8% 的莫桑比克是非洲语言最多样化的 15 个国家之一。这意味着，在数据基础上，没有任何莫桑比克班图语可以在国家层面上享有多数人语言的地位。这本身并不是一件坏事，在任何语言群体都无法对整个国家施加霸权的情况下，这很可能是构成政治相对稳定的一个因素。当然，埃马库瓦语在全国范围内是一个相当大的少数族裔语言，因为没有其他语言在规模上接近它，或者在全国 11 个省中至少有 3 个省在广泛使用它。

然而，我们应该理解，基于高度语言多样性的分析只是试图表明这种现象的普遍程度，而不是试图定义少数群体的地位。传统的"多数－少数"模型的核心，当应用于高度语言多样性的情况，可能不应主要基于数字，而应（也许特别是）基于社会和权力关系。此外，它还应该考虑到语言跨越国界的范围，正如利普霍拉（Liphola，1988：34）敏锐地提醒我们的那样：

> 尧语和马孔德语（原文中作 Chi-Yao 和 Chi-Mákonde①）以及其他被视为"少数语言"的语言，如果考虑到这些语言"违反"坦桑尼亚联合共和国南部地理边界这一事实，则可以获得"多数语言"的认可。[3]

事实上，在莫桑比克这样一个跨越六条地理边界的语言群落，而且有些语言群落的规模还相当大，"少数族裔"语言的概念至少可以说是有争议的；从语言权利的角度看，对"多数－少数族裔"语言的辩论也没有什么好处。斯瓦希里语和马孔德语向北传播到邻国坦桑尼亚，尧语传播到马拉维共和国和坦桑尼亚，尼扬贾语传播到马拉维、坦桑尼亚和赞比亚共和国，洛姆韦语和塞纳语也是马拉维的本土语言，绍纳语传播到津巴布韦共和国，尚加纳语（Xichangana）被南非共和国共享，在那里被称为聪加语（Tsonga），祖鲁语也是如此。至于斯威士语，则为斯威士兰王国所共有，在那里被称为斯瓦蒂语（siSwati）。

在政治和法律方面，莫桑比克是一个外语国家，因为葡萄牙语并非本土语言，但已被宣布为该国的官方语言（见共和国宪法 1990 年修订版第 5 条）。葡萄牙语是政府在行政和教育领域控制民族交流的唯一媒介，也被称为民族团结的象征。根据国家调查，母语为葡萄牙语的人口占总人口的 3%，在具有省级行政地位的首都马普托市，母语为葡萄牙语的人口占很大比例（见表 17）。超过 90% 的以葡萄牙语为第一语言的人居住在城市，而以班图语为第一语言的人主要在农村，并且该国近一半的母语使用者集中在 5－19 岁的年龄段（见表 18）。不幸的是，调查没有包括以葡萄牙语为第二语言的数据（也没有包括以班图语为第二语言的数据），但基于 1980 年人口普查的预测，其中包括以葡萄牙语为第二语言的数据，该数据表明目前大约总人口的 40% 会说和理解官方语言。当然，并非所有这些使用者都能同样有效地使用语言。至于"法律上的国家语言"和"事实上的国家语言"这两个法律术语，现在必须清楚它们不能适用于莫桑比克的语言状况。然而，国家语言一词经常

---

① Chimakonde、Shimakonde 和 Makonde 指一种语言，但在原文中有 Chimakonde、Shimakonde 和 Makonde 的区分，翻译时统一为马孔德语。

被用作班图语的同义词，但这个词只不过是一种没有任何法律含义的名称。

至于宗教语言这个词，莫桑比克人以这种方式指代任何语言的情况并不常见。即使是主要用于礼拜仪式的阿拉伯语，人们也倾向于将其称为"用于宗教目的的语言"。但是，事实上大多数班图语（不像阿拉伯语那样仅限于宗教）同样被使用在精神领域。正如1990年共和国宪法第9条第1款所规定的那样，莫桑比克是一个世俗国家，但第3条还规定，国家重视各宗教派别的做法，以促进理解和社会宽容的氛围。斯瓦希里语、金瓦尼语和埃科蒂语（斯瓦希里语和埃马库瓦语的融合）与阿拉伯语的传播有关，许多学校和居民区都教授和背诵《古兰经》（*Al-Quraan*）①，尤其是在沿海地区，那里的民众基本上都是穆斯林②。《古兰经》也同样在该国中部和南部地区教授，那里有许多学校和清真寺。最大的伊斯兰学校位于马普托，属于前葡萄牙殖民当局指定的"穆斯林社区"（Comunida de Maometana）。

大多数基督教教派使用葡萄牙语，但布道中也使用几种班图语。全国有相当多的天主教和新教教堂以及传教士学校，许多人阅读和学习圣经，即使在目前还没有学校的地方也是如此。例如，施勒姆和施勒姆（Shrum & Shrum，1998）在对赞比西亚西部的社会语言学调查报告中说，尽管赞比西亚西部不存在圣经学校或神学院，但仍有许多人通过"远程神学教育"来学习葡萄牙语或尼扬贾语的圣经。他们还报告说，在赞比西亚，圣经和赞美诗有葡萄牙语、尼扬贾语、洛姆韦语和埃丘瓦博语版本，教堂礼拜就以这些语言进行，在某些情况下，主要以葡萄牙语进行，并翻译成当地使用的班图语。[4]

表18　农村/城市母语使用者的数量和百分比

语言	使用者总数（人）	农村使用者人数（人）	百分比（%）	城市使用者人数（人）	百分比（%）
埃马库瓦语	4007010	3246859	81.0	760151	19.0
塞纳语	1807319	1602145	88.6	205174	11.4
尚加纳语	1799614	1269118	70.5	530496	29.5
洛姆韦语	1269527	1242972	97.9	26555	2.1
埃丘瓦博语	1203494	1081599	89.9	121895	10.1
绍纳语	1070471	810400	75.7	260071	24.3

---

① 《古兰经》：伊斯兰教的经典。
② 伊斯兰教信仰者的通称。阿拉伯语音译，意为"顺从者""实现和平的人"。教义学家称"顺主顺圣的人"。

语言	使用者总数（人）	农村使用者人数（人）	百分比（%）	城市使用者人数（人）	百分比（%）
茨瓦语	763029	625451	82.0	137578	18.0
荣加语	626174	220584	35.2	405590	64.8
尼扬贾语	607671	588783	96.9	18888	3.1
葡萄牙语	489915	44797	9.1	445118	90.9
恩永圭语	446567	301307	67.5	145260	32.5
科皮语	405521	281727	69.5	123794	30.5
尧语	374426	282171	75.4	92255	24.6
马孔德语	371111	324291	87.4	46820	12.6
通加语	319836	153575	48.0	166261	52.0
埃科蒂语	102393	102181	99.8	212	0.2
金瓦尼语	29980	29156	97.3	824	2.7
斯瓦希里语	21070	17933	85.1	3137	14.9
斯威士语	7742	7260	93.8	482	6.2
森加语	3584	3432	95.8	152	4.2
祖鲁语	3529	1999	56.6	1530	43.4
其他语言	405420	372867	92.0	32553	8.0

按性别划分的母语使用者		
性别	使用者人数（人）	百分比（%）
男性	7849267	48.6%
女性	8286136	51.4%

按年龄对母语者分组情况		
年龄段	使用人数（人）	百分比（%）
0-4	1515793	9.4%
5-9	2761473	17.1%
10-14	2499827	15.5%
15-19	1790431	11.1%
20-24	1421292	8.8%
25-29	1190382	7.4%

续表

按年龄对母语者分组情况		
年龄段	使用人数（人）	百分比（%）
30－34	988500	6.1%
35－39	879757	5.5%
40－49	1254222	7.8%
50－64	1356382	8.4%
65＋	477344	2.9%

资料来源：全国家庭生活状况调查一般结果，国家统计局，马普托，莫桑比克，1998 年。

　　至于识字率方面，葡萄牙语一直高于其他语言。即使在争取民族解放和独立的武装斗争期间（从 1964 年到 1974 年，1975 年获得胜利），莫桑比克解放阵线①（Partido Frelimo，Mozambique）也在成人识字教育中使用葡萄牙语。最近，教育当局在成人识字教育和小学教育中试验性地引入了班图语。（一个试点项目于 1992 年在太特省和加沙省开始，并于 1997 年终止）

　　莫桑比克与外界的交流基本以葡萄牙语和英语两种语言进行。该国主要通过葡萄牙语与其他四个非洲葡语国家（安哥拉、佛得角、几内亚比绍、圣多美和普林西比）以及葡萄牙和巴西进行交流。大约有 2 亿人使用这种语言。与世界大部分地区沟通时，莫桑比克人都使用在这里被认为是第一外语的英语。英语是与莫桑比克接壤的每个国家的通用语言，也是它们之间相互交流的通用语言。葡萄牙语和英语都是南部非洲发展共同体（Southern African Development Community）的官方语言，该共同体由 15 个国家组成，但实际上，英语已成为该组织主要的工作语言。法语曾经是殖民教育体系中的主要外语，现在正在大学预科阶段复苏，并且在未来可能成为莫桑比克第二重要的外语。

第二部分　语言传播

通过教育的语言传播

　　教育是传播语言的重要手段之一，通过国家教育系统教授的语言是葡萄

---

　　① 莫桑比克解放阵线党：也叫莫桑比克政党。1962 年 6 月 25 日成立，由莫桑比克民族民主联盟、非洲民族联盟和独立非洲联盟合并组成，该党的纲领是争取莫桑比克的完全独立和解放。

牙语、英语和法语。

从一年级开始，葡萄牙语是唯一的教学语言，也是小学和中学教育的科目，因此总共提供 12 年的教育。公立小学教育是免费的义务教育，包括从 1 年级到 5 年级的初级（EP1）和由 6 年级 7 年级组成的高级小学（EP2）阶段。中学教育（ESG）有两个阶段：第一个阶段（ESG1）有三年（8 年级至 10 年级），第二个阶段（ESG2）有两年（11 年级和 12 年级）。这 12 年的教育构成了高等教育的基础（参见图 5 的国家教育体系图）。

学校一个学年包括 36 个教学周。这一学年在小学阶段的总教学时间为 6120 学时（包括 EP1＋EP2 两个阶段），中等教育第一阶段（ESG1）的总教学时间为 3240 学时。中等教育第二个阶段（ESG2）A 组的时间为 1512 学时，B 组为 1728 学时，C 组为 1656 学时（中小学学习计划见表 19）。

小学阶段（EP1＋EP2）葡萄牙语作为一门学科的总时间为 2268 学时，相当于该级别学习计划总教学时间的 37%。葡萄牙语在中学阶段的时间分配如下：ESG1 阶段为 540 学时（占学习计划总任务的 17%），ESG2 阶段的 A 组为 288 学时（占学习计划总任务的 19%），ESG2 的 B 组和 C 组均为 288 学时（占学习计划总任务的 17%）。

表 19　中小学教育的学习计划*

[单位：学时/周]

科目	1 年级	2 年级	3 年级	4 年级	5 年级	6 年级	7 年级
葡萄牙语	12	11	10	10	9	6	5
数学	6	6	6	6	6	5	5
自然科学			2	2	3		
生物						3	4
地理					2	3	3
历史				2	2	3	3
审美与就业教育	2	3	3	3	3	4	4
体育	2	2	2	2	2	2	3
总数	22	22	23	25	27	26	27

科目	8 年级	9 年级	10 年级	11 年级	12 年级（11 和 12 人组）
葡萄牙语	5	5	5	4	4
英语	3	3	3	5/3	5/35h/w Group A below

续表

科目	8 年级	9 年级	10 年级	11 年级	12 年级（11 和 12 人组）
数学	5	5	5	5	5
生物	3	3	3	4	4
物理	3	3	3	4	4
历史	2	2	2	4	4
地理	2	2	2	4	4
化学	3	3	3	4	4
图画	2	2	2	3	3
体育	2	2	2	2	2
法语				4	4 只适用于 A 组
总数	30	30	30	下面 A、B、C 下的组合	

组别	一般科目	大学课程**	具体科目
A	葡萄牙语、英语	语言学、葡萄牙语	
	法语、历史	法律、历史、法语	
	地理	外交	
		英语	英语
		地理	生物
		心理学、教育学	
		经济学	数学
B	葡萄牙语、英语	地质学	地理
	数学	农学、医学	
	化学、物理	兽医学	生物
	生物	生物、化学生物学	
		体育	
C	葡萄牙语、英语	工程、建筑	
	数学、物理	物理和化学科学	C 组无特定科目
	绘画、化学	数学、物理	
		物理、数学	

资料来源：教育部第 1/97 号部长令。

* 1－2 轮班学校

** 可以获取的课程。

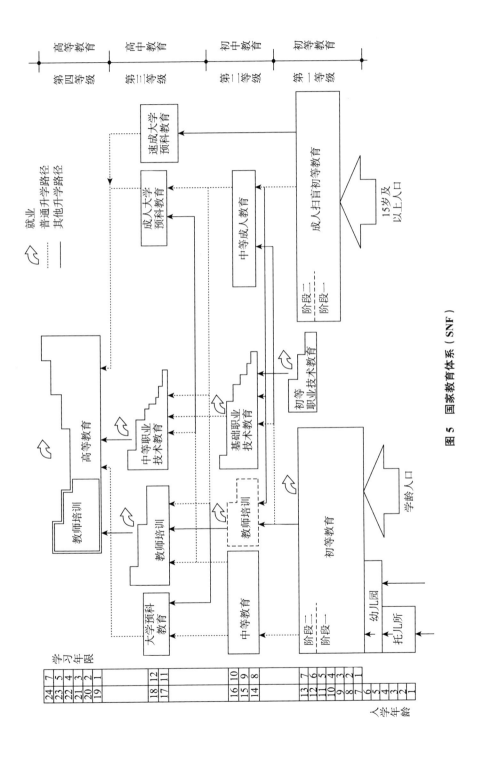

图 5 国家教育体系（SNF）

英语在中学阶段（ESG1 和 ESG2）教授，总计五年的教学。它也是蒙德拉内大学英语系开设的大多数课程前两年（总学时：256 学时）的必修课（学术英语），该大学是该国主要的高等教育机构。

英语的总课时数如下：ESG1 阶段 324 学时，占该级别学习计划总负荷的 10%；ESG2 阶段的 A 组 360 学时（24%），B 组和 C 组均为 216 学时（12%）。

法语仅在 ESG2 阶段的 A 组中教授，总教学时数为 288 学时，相当于学习计划的 19%。法语也是蒙德拉内大学社会科学课程的选修科目（法语或英语），最终可能会在不久的将来重新引入文学院。

关于班图语，这些语言仅在蒙德拉内大学教授，即语言学（四个学期）和历史（一个学期）学位课程中的埃马库瓦语和尚加纳语。作为实验，国家教育发展研究所自 1993 年以来一直在实施双语项目，涉及太特省的三所小学（使用尼扬贾语）和加沙省的两所小学（使用尚加纳语）。采用"逐步过渡到第二语言"的模式，在小学最初几年使用班图语为教学语言，以此作为以后引入纯葡萄牙语课程的一个过渡阶段。

莫桑比克是一个拥有年轻人口的国家。莫桑比克学龄（5 - 24 岁）人口占该国总人口的 50% 以上。不幸的是，国家教育系统尚不能吸纳所有本应该接受国家规定的义务教育（1 - 7 年级）的人。不过，应该指出的是，政府在修复和扩大教育基础设施和培训人员方面做出了相当大的努力，以应对教育部门的紧迫需求和挑战。1997 年在公立学校就读的学童和青年人数如下（Directorate of Planning，1997）：

EP1：2180334 人（1 - 5 年级）；

EP2：199126 人（6 - 7 年级）；

ESG1：58048 人（8 - 10 年级）；

ESG2：7037 人（11 - 12 年级）。

这代表了一个真正的金字塔，其中大多数 EP1 儿童来自农村，大多数 EP2 的青少年是半农村人，主要在县所在地学习，大多数 ESG1 青年在省会城市和主要省级行政区上学，最后，ESG2 学生只能在省会城市上学（甚至还不能在所有省会城市上学）。

在语言接触方面，目前约有 250 万学生使用葡萄牙语作为教学语言，并将这种语言作为一门学科。其中，约 65000 人也在学习英语，约 5500 人在学习法语。这些数字代表了主要的公共教育（通识教育）人数，但还有大约 140000 名学生参加夜校、技术和职业学校、成人教育课程，也有参加私人教

育（由 1990 年的一项政府法令授权）的。现在私立小学和中学约有 50000
名学生，但"从数字上讲，就读私立教育的学生仅占在公共部门学习的学生
人数的 2%"（Directorate of Planning，MINED，1996：57）。至于高等教育方
面，大约有 8000 名学生就读于该级别的学校，其中三分之二在蒙德拉内大
学就读，该大学于 1962 年以"大众学习"的名义创建，后来被命名为洛伦
索·马贵斯（Lourenço Marques）大学，直到 1976 年才获得现在的名称。除
了蒙德拉内大学，还有另外两所公立高等教育机构——师范大学（简称
UP①，成立于 1986 年）和国际关系高等学院（简称 ISRI②，成立于 1986
年），以及三所私立机构，即高等理工大学学院（Higher Polytechnic Universi-
ty Institute，简称 ISPU③，成立于 1996 年）、莫桑比克天主教大学（Catholic
University of Mozambique，简称 UCM，成立于 1997 年）和莫桑比克高等科学
技术学院（Higher Institute for Science and Technology of Mozambique，简称
ISCTEM④，成立于 1997 年）。除了位于贝拉市（Beira）的莫桑比克天主教
大学外，其他都位于马普托。师范大学在贝拉市（Beira）和楠普拉市
（Nampula）设立了分校，高等理工大学学院则在奎利马内镇（Quelimane）
设立了分校。第七所高等教育机构将在楠普拉省的安哥谢镇（Angoche）建
立，名为穆萨·本·比克大学（Mussa Bin Bique University），据称这个未来
的机构将主要作为阿拉伯语的文化中心来运作。

1992 年，对莫桑比克造成严重破坏的 16 年内战结束了，这场战争摧毁
了农村地区 50% 的小学和几个教师培训中心，随着国家总体政策的变化和战
争的结束，政府在国际社会的支持下已着手实施具体的恢复和重组方案。国
家教育政策主张扩大各级教育的覆盖面，特别是初等教育，并提高教育的质
量和相关性。同时扩大教育体系和提高教育质量也成了难题，这就是政府大
力鼓励社会各界参与其中的原因，但与覆盖面、有效性和相关性等有关的问题
是巨大的。根据教育部（MINED）的统计，初等教育的平均生师比为 50：1，
辍学率和留级率约为 20%。教育质量不仅受到教室人满为患的影响，还受到
教科书和教材数量不足的影响，尤其是教师的生活条件差，有时还受到专业
培训不足的影响。教育质量首先取决于教师的质量，因为他们"创造了学习

---

① UP 为葡萄牙语 Universidade Pedagógica 的缩写，中文为"师范大学"。

② ISRI 为葡萄牙语 Instituto Superior de Relações Internacionais 的缩写，中文为"国际关系高等学院"。

③ ISPU 为葡萄牙语 Instituto Superior Politécnico e Universitário 的缩写，中文为"高等理工大学学院"。

④ ISCTEM 为葡萄牙语 Instituto Superior Ciências e Tecnologia de Moçambique 的缩写，中文为"莫桑比克高等科学技术学院"。

环境，并在学生和学习内容之间起中介的作用"（MINED，1994：15）。幸运的是，一些教师培训中心和教师进修学院（IAP），以及专门负责第二课堂教师职前培训的师范大学都在认真对待教师培训和在职培训，同时，师范大学还专门负责中等教育阶段的教师职前培训。

根据教育部的消息（个人交流），家长并没有对以葡萄牙语作为教学语言提出疑问。此外，葡萄牙文化中心的大量读者和所记录的定期举办的葡萄牙文学史课程的出席人数，都证明了学习葡萄牙语是获取更高层次技能的动力（Lopes，1995）。

在莫桑比克，以母语（即班图语）教学为假设情景而提出的心理学和教育学论点并未被家长们所清楚地理解，即使是中产阶级成年人也是如此（该结论来自与教育部官员的个人交流）。由于葡萄牙语是官方语言，大多数家长倾向于将其视为确保孩子未来获得职业和进行社交的一种手段，以及将他们与说不同母语的莫桑比克人联系起来的一种手段。从家长那里引出的其他观点是，通过葡萄牙语，他们的孩子可以在科学和数学方面打下良好的基础。当然这也表明，如果政府有兴趣引入更合理的语言教育政策，就必须优先考虑能够提高家长和学生对本土语言意识和态度的项目。正如洛佩斯所建议的：

> 教育当局必须成功地向家长、教师和孩子们解释通过某种教学媒介（母语、更广泛的交流语言，或两者兼而有之）进行教学和学习的意义，并成功地说服他们相信与促进母语教育以及与促进个人和社会双语制相关的教学和文化优势。（Lopes，1997a：25）

语言意识计划（Braz，1995年所示）和双语实验的结果确实是积极的，正如在一个双语项目之后，对其子女刚刚完成第一阶段小学教育（1－5年级）的家长意见评估所显示的那样，"家长赞成双语教育，并希望他们的学龄儿童接受这种教育"[5]（INDE，1997：4）。我将在第三部分实验背景下的语言政策实施中，讨论该实验项目的各个方面以及国家教育发展研究所最近对其进行的评估。

如果家长对葡萄牙语的看法可以被理解为是务实的，那么考虑到现行官方语言政策的现状，他们对英语重要性的看法也是坦率地持赞成态度。例如，根据来自教育部的信息（个人交流），许多家长表示有兴趣在教育系统的更早阶段引入英语。与此同时，家长倾向于将孩子送到专门学校（主要是私立），以加强在中学获得的英语知识和技能。学习和提高英语的意愿还体现在对语言学院（Institute of Languages）的巨大（青年和成人）需求上。语言学院是 1979 年在马普托创建的公立学校，现在在伊尼扬巴内（Inhambane）、贝拉和楠普拉三个地方设有分校。"平均而言，超过 3000 名学生在语言学院注册了英语课程"（Nahara，1995：29）。语言学院提供多种服务，并且是"英语教育行业中最大的单一雇主"（Nahara，1995：30）。

尽管已有 30 多名全职英语教师，但在人力资源上仍需要进一步的支持（主要来自官方发展援助，但是其他渠道也有），特别是讲母语的高级课程教师。"剑桥第一英语证书考试（FCE）的结果并不令人满意——尽管大多数学生通过了考试，但没有人高过 C 级。我们认为合格的讲母语的英语教师将有助于提高学生的英语水平"（Nahara，1995：32）。

学生、公务员和一般工人对英语的感受和看法是非常积极的。英语能力是在当地获得更好工作的先决条件，也是与南部非洲地区乃至整个世界进行交流和沟通的优势。学生们也敏感地意识到这样一个事实，一些高等教育图书馆大约三分之二的现有文献都在英文的背景下，这种语言是科学和技术发展至关重要的工具。

莫桑比克有许多外籍居民，这同样引发语言提供和外语教育需求的不断增加。英语是几所中小学的教学语言，其中最主要的学校是教育部的马普托国际学校和美国国际学校。葡萄牙语、法语、意大利语和瑞典语学校等也在该国开办。

通过媒体的语言传播

葡萄牙语在媒体中被广泛使用，而且几乎只在印刷媒体中使用。然而，历史表明，过去印刷媒体也使用过英语和班图语，特别是在 19 世纪末 20 世纪初。

根据洛奇（Rocha，1996）的说法，莫桑比克的第一份报纸于 1893 年在第二大城市贝拉以葡萄牙语和英语印刷，名为《贝拉邮报》（*Correio da Beira/The Beira Post*）的周报。五年后《洛伦索·马贵斯广告商》（*The Lourenço Marques Advertiser*）出现了，但只有英文版，在南非巴伯顿（Barberton）印刷。莫桑比克的第一份日报是《德拉戈阿航运和商业情报公报》（*The Delagoa Gazette of Shipping and Commercial Intelligence*），该报于 1903 年在洛伦索·马贵斯（现为马普托市）以英语和葡萄牙语印刷。紧随其后的是在洛伦索·马贵斯（Lourenço Marques①）印刷的英语和葡萄牙语的双周报《洛伦索·马贵斯

---

① Lourenço Marques，洛伦索·马贵斯，是莫桑比克首都马普托在殖民时期的名字。使用时间是 1782～1976 年。洛伦索·马贵斯是发现莫桑比克的一位葡萄牙探险家。

卫报》（*The Lourenço Marques Guardian*）（1905），以及《德拉戈阿湾公报》（1905）（*The Delagoa Bay Gazette*），它是在南非比勒陀利亚印刷的月报，最初是英语，后来改用英语和葡萄牙语。《非洲》（1911）（*O Africano*）是第一个以葡萄牙语和荣加语（莫桑比克的一种班图语）出版的周报。紧随其后的是《非洲人呐喊》（*O Brado Africano*）（1918）和《非洲晚报》（*Dambu de África*①）（1921），同样是葡萄牙语和荣加语，这些报纸都是在洛伦索·马贵斯印刷的。在随后的几年以及独立（1975 年）之后的时期里，除了少数例外，印刷媒体基本上都采用葡萄牙语。今天的《新闻报》（1926）（*Notícias*）和莫桑比克日报（1950）（*Diário de Moçambique*）是两份最古老的报纸，由该国（结构上）最大的出版商出版，前者在首都马普托，后者位于第二大城市贝拉。

以上这些和其他以前的国有出版物到现在都是自主经营，其资金来源是报纸的销售和广告收入。自从 1990 年《宪法》保障新闻自由，尤其是自 1991 年《新闻法》颁布以来，该国的媒体格局发生了很大变化。"政府按照媒体控制和所有权的自由化原则，放弃了对以前国有报纸的完全控制"（Palmer，1996：5）。同时，由于《新闻法》的出台，出现了一些私营报纸，特别是每天通过传真分发的 A4 大小的出版物，并主要在马普托发行。唯一的大报《新闻报》和小报《星期日报》（*Domingo*）、《萨凡纳》（*Savana*）、《挑战报》（*Desafio*）和《冠军报》（*Campeao*）等周报在全国城市地区发行。特别是《新闻报》和《星期日报》的编辑观点被认为是"亲近政府"的，而《萨凡纳》、《迪蒙斯报》（*Demos*）、《周末报》（*Fim de Semana*）和传真出版物则被认为属于"独立的"一类。（表 20 总结了印刷媒体的详细信息。）媒体本质上是一种城市现象，几乎只使用葡萄牙语。唯一的英文出版物是国家通讯社（*National News Agency*，AIM）制作的月刊《莫桑比克档案》（*Mozambique File*）和私人的双周刊《莫桑比克新闻》（*Mozambique INVIEW*）。

表 20　主要新闻刊物

名称	类型	成立时间	频率	发行量（份）	编辑路线
《新闻报》	报纸	1926	每天	35000	亲政府
《莫桑比克日报》	报纸	1950	每天	10000	独立

---

① Dambu 是莫桑尚加纳语的词汇，该语言通行于马普托地区，该词的意思是傍晚、黄昏，此处 Dambu de África 意为《非洲晚报》。

续表

名称	类型	成立时间	频率	发行量（份）	编辑路线
《时间报》	杂志	1970	每周	7000	亲政府
《莫桑比克档案》	杂志	1976	每月	*	亲政府
《星期日报》	报纸	1982	每周	25000	亲政府
《冠军报》	报纸	1984	双周	5000	独立
《挑战报》	报纸	1987	双周	10000	亲政府
《媒体传真》	传真新闻	1992	每天	**	独立
《萨凡纳》	报纸	1994	每周	20000	独立
《莫桑比克新闻》	杂志	1994	双周	20000	独立
《公平》（Imparcial）	传真新闻	1994	每天	**	独立
《迪蒙斯报》	报纸	1994	每周	10000	独立
《冠军报》	报纸	1996	每周	10000	独立
《晨报》（Correio da Manhã）	传真新闻	1997	每天	**	独立
《梅蒂卡尔》（Metical）	传真新闻	1997	每天	**	独立
《商务日报》（Diãrio de Negócios）	传真新闻	1997	每天	**	独立
《周末报》	报纸	1997	每周	15000	独立
《一周邮件》（Correio Semana）	报纸	1998	每周	8000	独立

* 通过订阅；

** 通过订阅、传真分发的份数在 300 到 500 份之间，但包括多次复印在内的总发行量有几千份左右。

1979 年，除新闻界之外，还出现了另一种城市现象：电视台的出现。实验广播电视台（Rádioe Televisão Experimental，RTE）的第一次广播计划只进行了五周，但在 1981 年恢复了广播，并更名为实验电视台（Televisão Experimental，TVE）。此后，实验电视台一直处于试验阶段，直到 1994 年实验电视台变成了莫桑比克电视台（Televisão de Moçambique，TVM）。莫桑比克电视台在三个主要城市播出，并计划在不久的将来引入卫星传输，使全国任何角落都能接收到信号。1995 年 "……信号（人口）覆盖率估计约为 200 万人"（de Maia，1995：116）。

莫桑比克电视台的节目使用葡萄牙语，但带有葡萄牙语字幕的外国电影和连续剧除外，它们通常是英语。这个公共电视台也给用班图语演唱的莫桑比克艺术家分配了一些播出时间。首都马普托的观众还可以收看私人葡萄牙语电视台——克林特广播电视台（Rádio Televisão Klint，RTK）。但是，与莫桑比克电视台不同的是，这家电视台也播放一些未配音和没有葡萄牙语字幕的电影（主要是英语）。值得一提的是，克林特广播电视台还初步尝试用葡萄牙语和班图语进行主要新闻报道。不久之后，克林特广播电视台也将在克利马内（Quelimane）运营，而第三家位于马普托的电视台——美丽华电视台（Televisão Miramar），也将在不久的将来开展业务。据估计，该国电视接收机的数量为80000台。

广播是该国最重要和最有效的大众媒体，因为无线电广播能覆盖到其他媒体无法到达的区域。主要电台——莫桑比克广播电台（Rádio Moçambique，RM），成立于1933年，是一个公共电台。事实上，莫桑比克广播电台仍然是该国最大和最重要的社会传播机构。莫桑比克广播电台以葡萄牙语在全国广播，在本地以葡萄牙语和班图语广播。大约每25名居民就有一台收音机。

莫桑比克广播电台无疑是对各种班图语的发展和传播做出最大贡献的国家机构。马贡全国会议（The Macomia National Conference）（Frelimo，1975）和第一届全国信息研讨会（MINFO，1977）强调了研究和传播"民族"语言的重要性，以及莫桑比克广播电台在使用和推广这些语言中的作用。莫桑比克广播电台使用的语言除葡萄牙语外，还包括12种班图语，但省级广播站在语言选择、训练有素的工作人员、设备和工作条件等方面还需要重新构建和扩展（Sitoe et al.，1995）。过去，这些莫桑比克广播电台在各省的分支机构与社会传播研究所（Institute of Social Communication，ICS）合作，两者在宣传教育部准备的教学计划方面同样有用。社会传播研究所和莫桑比克广播电台也是该国于1983年在赛赛（Xai-Xai）进行的第一个社区广播实验的先驱（de Maia，1995）。社会传播研究所还被部长会议授权对以下几个社区电台进行试验，即位于乌隆盖（Ulónguè）、马普托佛得角（Maputo Zona Verde）、曼希萨（Manhiça）、莫安巴（Moamba）、莫库巴（Mocuba）和穆塔拉拉（Mutarara）的那些电台。

除了用葡萄牙语提供全国服务外，莫桑比克广播电台还经营着一个马普托市广播电台（Rádio Cidade）以及一个莫桑比克英语的对外服务电台。还有人说，最终会重启LM电台，该电台在殖民时期曾为马普托和南非的听众提供商业服务，是莫桑比克广播电台的重要收入来源。随着莫桑比克和南非之间出现大型经济和社会项目，就像连接马普托和威特班克地区的马普托发展走廊的情况一样，媒体，特别是广播，同样可以成为信息和休闲的重要跨境工具。莫桑比克广播电台不应该忽视莫桑比克在南部非洲英语地区的地位和作用（Ronning，1997）。

在1990年的宪法（第74条）之后，出现了许多独立的广播电台。莫桑比克广播电台不再是垄断性的无线电广播，其他几个私营和合作实体已向当局注册并正在运营（一些仍在等待授权），它们是米拉尔电台（位于马普托、贝拉和楠普拉）、RTK（位于马普托、克力马内）、项目电台（位于马普托）、斯姆电台（位于马普托）、合作电台（位于马普托）、首都电台（位于马普托）、绿色地球电台（位于马普托）、进步电台（位于马希榭）、玛瑞纳电台（位于马辛加）、帕克斯电台（位于贝拉）、约会电台（位于楠普拉）、新和平电台（位于克力马内）和亚西斯的旧金山电台（位于南戈罗）。

第三部分　语言政策与规划

莫桑比克官方语言政策的原则，在1990年修订的共和国宪法（República de Moçambique，1990）第5条中有如下表述:[6]

> 1. 在莫桑比克共和国以葡萄牙语为官方语言。
> 2. 国家应重视本土语言，促进其发展，并在公民教育中越来越多地使用它们作为交际工具。

这是该国有史以来第一次在国家宪法中处理官方语言问题。但事实上，自莫桑比克1975年独立以来，当局的实践和口头声明已经使葡萄牙语成为该国的官方语言，其独立后的15年没有宪法的声明只是意味着殖民政权官方政策的延续，也意味着莫桑比克解放阵线（Mozambique Liberation Front）在争取独立的10年解放斗争中所采取的做法的延续。后来，葡萄牙语被用来联合具有不同语言背景的民族主义自由斗士——正如解放阵线1971年7月在坦桑尼亚达累斯萨拉姆举行的题为"殖民主义对发展中国家艺术家及其生活方式和公众的影响"的研讨会上所说的那样：

> 我们国家没有多数人语言。选择一种莫桑比克语言作为国家语言是一种武断的决定，可能会产生严重的后果……因此，我们被迫使用葡萄牙语作为教学语言和相互交流的手段。[7]

独立后，两个政府官员（教育部部长和蒙德拉内大学校长）重申了葡萄牙语的选择，他们在1979年举行的第一届"全国葡萄牙语教学研讨会"上发表了如下讲话：

> ……与压迫者作斗争需要对部落主义和地区主义进行顽强的斗争。正是这种团结的需要告诉我们，唯一的共同语言——曾经被压迫的语言——应该有新的层面。[8]（Machel，1979：6）

> ……选择葡萄牙语作为莫桑比克人民共和国官方语言是一项经过深思熟虑和仔细审查的政治决定，旨在实现一个目标——维护国家统一和领土完整。葡萄牙语作为统一因素和差异平衡器的历史可以追溯到 1962 年解放阵线的成立。[9]（Ganhão，1979：2）

第一届全国葡萄牙语教学研讨会的重点自然是放在了这种语言上。但是，这次会议显然没有淡化非洲语言——绝大多数莫桑比克人的母语——在葡萄牙语教学方面的相关性和作用。部长回顾了不同的母语如何在整个时间里抗争和幸存下来，强调这些语言对丰富葡萄牙语的潜在贡献，并呼吁在教学中把官方语言作为第二语言的方法（Machel，1979：10）。事实上，这种对莫桑比克语言的关注与 4 年前即 1975 年在马科米亚会议上所表达的观点相呼应。会议讨论的重点是在国家发展中加强广播和新闻的整合，在这方面，需要提高对民族语言在媒体中发挥的作用的认识，并加强与葡萄牙语的协调（Frelimo，1975c：44）。

近来新的非洲国家面临着一个共同的难题——如何协调效率的要求和真实性的要求（Fishman，1968）。在讨论撒哈拉以南非洲的语言问题时，班勃赛（Bamgbose，1991：20）在以下方面重申了费什曼（Fishman）的观点：

> 对真实性的要求对应于民族主义，而对效率的要求对应于国家主义的追求。在语言选择方面，关注社会文化融合和真实性的民族主义要求采用本土语言，而关注政治融合和效率的国家主义则要求任何能够执行这些功能的语言。如果语言不是本土语言，那根本就没有关系。事实上，它很有可能成为一种已经在高等教育和科技中使用的语言。

不出所料，鉴于新国家在独立后面临的复杂性，经验表明，天平已向强调效率和国家主义的主张倾斜。事实上，正如马祖拉（Mazula，1995：214）所言，这几乎是一种排他性的强调，尽管他用不同的术语（现代－传统）来处理同一问题。

在现代和传统挑战的大背景下，非洲国家没有理性地面对其领土上的多语言问题，而是毫不犹豫地采用了前殖民者的语言。[10]

然而，在莫桑比克，试图平衡效率（代表国家主义，并通过葡萄牙语）和真实性（代表民族主义，通过民族语言）的带有冲突性的辩论在 1983 年获得了动力，在这方面，有两个事件：

- 解放阵线第四次代表大会召开。
- 通过文化国务秘书办公室分发了一份题为"对莫桑比克人民共和国一项语言政策的定义所做的贡献"的文件草案。

至于前者，1983 年解放阵线中央委员会第四次代表大会报告中关于"文化"的部分强调了党对民族语言的看法：

> 中央第十一次会议做出的关于研究莫桑比克语言和设立专门机构的决定，是一项意义深远的文化举措。这一决定深化了关于文化的讨论，并为社会交流、教育和专业培训开辟了重要的前景。[11]（解放阵线党，1983：61）

尽管前景广阔，但至今上述专门机构仍有待设立。

文化国务秘书办公室的文件草案建议制定一项旨在实现最佳双语制的语言政策。葡萄牙语将享有官方语言、民族团结语言和所有莫桑比克人交流语言的地位。通过研究，莫桑比克语言将被选为民族语言。该文件同样呼吁对莫桑比克语言进行研究、编纂和发展，以便将它们用于行政、社会交流和识字教育，也许会在正式教学的最初几年使用（Honwana，1983：19－20）。

这些文件连同其他一些贡献，包括喀图法（Katupha，1988）定义的"适当语言政策"的基准，无疑为莫桑比克语言研究中心（NELIMO[①]）组织第一届莫桑比克语言正字法标准化研讨会营造了氛围。该会议于 1988 年在蒙德拉内大学举行（报告于 1989 年出版），对社会产生了积极影响，并可能对两年后的特定官方事件产生影响。1990 年修订的共和国宪法第一次在语言方面增加了两个条款，其内容见本节开头。

从语言人权的角度来看，第一项条款单独来看是"以同化为导向的禁止"（assimilation-oriented prohibiton）的一个例子。因为它没有提及葡萄牙语

---

① NELIMO 是葡萄牙语 Núcleo de Estudo de Línguas Moçambicanas 的缩写。

之外的其他语言，而含蓄地禁止在使用官方语言的场合使用其他语言。它会迫使非洲本土语言使用者在所有官方场合都使用葡萄牙语，而不能使用他们自己的语言或者混用本土语言和葡萄牙语。第二项条款孤立地来看是"以维护为导向的允许"（maintenance-oriented permission），但是将第一项和第二项综合起来看，就变成了"以同化为导向的容忍"（assimilation-oriented toleration），虽然莫桑比克本土语言没有被禁止，而且是被允许和支持的，但是在官方场合并非如此。简而言之，这个规定还远不是以保持为导向的语言推广政策。从以同化为导向的禁止和容忍，到以保持为导向的允许和促进，这里使用的标尺基本上与康格斯和菲利普森（Skutnabb-Kangas and Phillipson，1989：12，18）提出的网格相似，该网格试图在选定的国家和公约中描绘语言权利的一些关键维度。在法律契约和其他人权宣言中对正式语言地位和教育语言相关权利的规定构成了两个最重要的方面。

在1990年宪法之后，最突出的与语言相关的官方声明可以在全国文化会议讨论的"莫桑比克文化政策提案"（MINCULTJ，1993a）草案中找到，这一会议由文化和青年部于1993年在马普托组织（Lopes，1997b提及）。虽然通过的会议一般性建议（MINCULTJ，1993b），特别是主题为"莫桑比克语言"的建议太过笼统，基本上只是对宪法中已经规定的原则的重新表述，"提案"文件政策指导方针则更加具体。会议强调需要以协商一致的方式制定文化政策，并确认把种族、语言和地理多样性作为实现国家统一的先决条件——这些基本考虑以某种方式回应了蒙德拉内（Mondlane，1967：79）长期以来的观点：

> 我们文化生活中的积极因素，如我们的语言表达形式、音乐和典型的舞蹈，出生、成长、爱和死亡具有的地域特征，将在独立后继续存在，以便它们能开花结果并点缀我们国家的生活。现有的各民族的现实与民族团结之间没有对立。[12]

文化政策提案文件（Cultural Policy Proposal document）的第5.5节题为"交流语言"的部分建议在公共行政场所使用莫桑比克语言，并在正规教育、技术教育、专业教育和非正式教育中均强制引入莫桑比克语言，以作为传播知识的语言或作为选修课的语言。葡萄牙语被重申为该国的官方语言。尽管有这些受欢迎的声明，尽管它们不符合以保持为导向的推广政策，但在更具体的声明中，人们仍然面临着通过歧视规定来实施明确的语言权利，因为：

1. 为了被任命为省一级的领导职位，公务员应具备莫桑比克语言的能力和当地语言知识。
2. 政府和社会应努力使大多数莫桑比克人采用葡萄牙语为第二语言。

至于1，撇开术语上的不协调（毕竟，当地语言不也是莫桑比克语吗），我显然不能同意通过拟议的行动路线来发展个人的多语言能力（葡萄牙语、"莫桑比克语"和"当地语言"），其目的是"创造激励措施来奖励对莫桑比克语言的了解和使用"。事实上，它看起来更像是一种"胡萝卜加大棒"的政策。只有当你懂得三种语言时，你才能渴望最终成为一个省的公共行政部门的负责人（即奖励或"胡萝卜"）；如果你自己不具备这些多语言技能，那么你可能会得到"大棒"，不能被任命为领导，即使你会双语并符合专业标准。

至于2，尽管从旨在尽可能广泛地传播国家官方语言的意义上来说，该表述的意图可能是正确的，但暗示大多数莫桑比克人应该采用葡萄牙语为第二语言，似乎是不公平的、限制性的和不可预测的。虽然葡萄牙语不是大多数会说葡萄牙语的莫桑比克人的第一语言，但对于未来一代儿童和青年来说，两种语言并行的情况可能不一定是绝对和唯一的结果。每个孩子都会获得自己的社会身份，并将在此框架内发展自己的个人身份。这个过程可能取决于不同的变量，包括家长的影响、年龄、居住地（农村/城市）、辅导质量，也许最重要的是，孩子学习的自主性。从人权的角度来看，民族和术语定义的标准不应该仅仅由他人、国家或政府来确认，个人同样应该享有自我认同的权利。这就是为什么必须在外定义和内定义之间取得必要的平衡，尤其是当当局试图解决影响深远的国家问题时，也必须如此。

全国文化会议的建议构成了政府 1995—1999 年文化计划的基础（Conselho de Ministros. República de Moçambique, 1995）。政府应实施语言政策，赋予葡萄牙语作为官方语言和民族统一语言的功能，并承诺编纂和规范民族语言，除了其他功能外，还要继续进行研究并把它们纳入到正规的教育。

这一背景导致莫桑比克部长理事会最近在官方公报中批准了"文化政策及其实施战略"（Conselho de Ministros. República de Moçambique, 1997）。关于民族语言的主题（Section 3. 2. 6.），其内容大体上类似于上文提到和讨论的文化政策建议文件中的内容。然而，已获批准的文化政策不如之前讨论过的 1993 年的提案的规定性强。该政策要求机构和参与语言规划的相关部门密切合作，并确定了以下的预期行动：

　　……语言的社会稳定化；支持现有的（或将要建立的）莫桑比克语言学习中心；莫桑比克语言正字法的编制和标准化；并选择应该被各省或地区引入国民教育体系以及政治、社会和经济活动中的语言。[13]

　　关于国家语言的这部分内容进一步规定，奖励应归属于以国家语言制作词典、语法、手册和文学和科学作品的项目。该部分最后以鼓励发展和扩大官方语言葡萄牙语的教学而结束。

　　近十年来，各界关于民族语言在识字和教育中的运用以及语言官方化问题的讨论有了新的动力。在这方面，当地和邻国组织了三次值得注意的会议。其中一次于1991年在马普托举行，主题是"语言学在推动和有效使用民族语言中的作用"，由蒙德拉内大学和SADC[①]大学语言学协会（LASU）联合组织。莫桑比克专家和当局出席了第三届LASU会议，并展示了来自10个（当时）地区和国家（包括了一些南部非洲发展共同体国家）的大学的广泛专业意见。在第二次会议上，来自53个不同国家的代表做了150场学术报告，其中第一届非洲语言学世界大会于1994年在斯威士兰夸卢塞尼（Kwaluseni）举行，由金山大学（University of the Witwatersrand）和斯威士兰大学（University of Swaziland）联合举办。1994年在马普托举行的第三次国际会议的主题是"非洲语言的教育就业与广泛交流的语言的作用"，会议由国家教育发展研究所与斯德哥尔摩大学双语研究中心合作举办。

　　除了上述会议对当地学术界造成的影响之外，马淳戈和恩贡加（Machungo & Ngunga，1991）对语言在教学过程中的作用，以及希尔滕斯坦和斯特劳德（Hyltenstam & Stroud，1993）以报告的形式提出的对莫桑比克初等教育教材评估的建议，这两者的贡献都同样有助于人们理解国家教育发展研究所多年来在处理这些问题过程中的关键作用。蒙德拉内大学和国家教育发展研究所的语言学家和方法学家团队在过去十年和20世纪90年代初期开发的一系列项目和材料，无疑为国家教育发展研究决定启动和监测母语教学试点项目铺平了道路，该项目即众所周知的莫桑比克的双语学校教育项目，用于加沙省的两所小学（母语为尚加纳语）和太特省的三所小学（母语为尼扬贾语）。实验涵盖1993—1997年，涉及1–5年级，即国家教育系统（SNE）中的小学低年级阶段，所采用的是"逐渐过渡到第二语言"的双语模式，在该模式下1–3年级的教学媒介是母语，4–5年级的教学媒介是葡萄牙语。另外，葡萄牙语作为一门科目，在二年级的最后一个季度被引入，

---

　　① SASD即南部非洲发展共同体。

并且各自的母语继续作为 4－5 年级的教授科目。

根据马塔韦莱和麦考尔（Matavele & Machaul，1998：5）的研究，该项目制作了 23 种母语入门书籍和 10 种葡萄牙语书籍，13 种其他书籍（7 种母语）作为补充读本，并翻译了手册（11 种数学手册和 1 种自然科学手册）。1997 年 11 月，国家教育发展研究所组织了一场充分的辩论来评估实验结果。会议报告包括扎伊达·卡布拉尔（Zaida Cabral）关于政治、心理、社会经济、社会语言和文化动机的详细说明，描述了五年期间的主要成就和遇到的困难，最后介绍了所发现问题的可能解决办法。在此，我们只应关注评估的两个方面：一个是积极的，另一个是不那么积极的。

该项目的总体效果比国家教育系统（SNE）中正常的初等教育主流的效果要高 3.5 倍。[14]报告（1997：4）指出：

> ……结果非常令人鼓舞：成功率很高，师生之间有很多互动，学生的学习水平也比较好。此外，家长们都赞成双语教育，并希望他们的学龄儿童也能够接受双语教育。[15]

然而，由于项目实施的条件与国家教育系统的普通学校的条件有很大不同，所以对项目的满意程度只能说是一般。不应忘记，这个莫桑比克的双语学校教育项目得到了联合国开发计划署和世界银行的特别赞助。但报告确实也谈到了一些棘手的问题，其中一个与采用的模式有关，尤其是从第一语言到第二语言的教学语言过渡的问题：

> 采用这种模式的困难之一是它没有提供足够的第二语言的口语能力，无法逐步成功地过渡到第二语言。[16]（第 4 页）

报告对这个问题是这样总结的：

> 附件 C－3 最后一张图中描绘的"理想"模式……揭示了从一开始就进行第二语言的教学，然后逐渐从第一语言到第二语言的过渡，而用语言课程来保持第一语言……国家教育发展研究所建议将此模式作为未来采用的最佳模式。[17]（第 5 页）

当然，我只能很高兴地看到，我早先对这些问题的批评被证明是建设性的。

把葡萄牙语延迟几年作为教学语言可能会导致在以后的年级里降低这种语言的能力，并且可能难以弥补，尤其对于第一语言是班图语的儿童而言……"初始双语模式"更有可能降低"渐进过渡模式"最终导致葡萄牙语能力低下的风险。（Lopes，1997a：28）

在"初始双语模式"中，转用到第二语言发生在葡萄牙语和班图语已经被用作共同教学媒介一段时间之后。事实上，"初始双语模式"相对于"渐进过渡模式"的一个主要优势在于，它降低了后期葡萄牙语能力不足的风险，因为从小学教育开始，这种语言就同样被用作教学语言。（Lopes，1997a：31）

但是在当前项目开发的阶段，我觉得我想为模式贡献三个新的元素以供参考：

1. 一年级的葡萄牙语教学计划应以不少于总分配时间的三分之一为目标，用于同时使用和接触班图语和葡萄牙语（即至少有三分之一时间给葡萄牙语和三分之二时间给班图语作为共同教学媒介）。
2. 在体育和美育等科目中使用葡萄牙语作为共同教学媒介——无论它们多么重要，不应仅限于这些科目。
3. 如有需要，该项目也可扩展至以母语葡萄牙语为主的学校，一年级葡萄牙语作为共同媒介的课程时间应为三分之二，班图语应为三分之一。当然，在转入葡萄牙语班时（5 年级），母语为班图语的儿童和母语为葡萄牙语的儿童的葡萄牙语能力应该是相同的。显然，这种潜在扩展模式的特性需要适当的模型设计和实施，包括对活动的精心策划。

我的"初始的双语制"命题所依据的基本原理可以在麦克尔（Machel，1979：13）的研究中找到，她说：

我们知道我们的目标是什么：将儿童和成人引入必要的双语环境中，在这种情况下，统一语言和母语可以共同发展。[18]

事实上，尽管当时普遍强调葡萄牙语，但当局在 20 世纪 70 年代围绕双语问题所表现出的开放性对当时和后来的教育机构如文本起草委员会（Comissão de Elaboração de Textos，CET)① 的活动有较大影响。[19]但第一个真正试图调查莫桑比克学校双语特殊形式的大型项目，是梅耶尔（G·Meijer）领导的1982 年国家教育发展研究所的项目"莫桑比克儿童的双语、认知发展和学前教育实践"。巴尔多（Baldo，1987）关于如何在课堂活动中考虑儿童的第一语言话语模式以学习第二语言口语技能的研究是从原始项目分支出来的几个研究实例之一。今天的国家教育发展研究所，可能是主要的国家语言规划研究机构，绝对是重要的教育智囊团，这很大程度上要归功于上面提到的独立后时代早期的那些努力。

在成人识字教育规划方面，解放斗争过程中，解放阵线党将成人识字教育作为动员解放区人民的有效手段。1975 年莫库巴全国全体会议文件（Frelimo，1975b）是在独立前的过渡政府时期产生的，其中提到了大约 90% 的文盲率。1975 年关于识字教育的里鲍埃（Ribaué）文件（Frelimo，1975a）在反映过去十年解放运动的目标、基调和实践的同时，也表明了莫桑比克独立后面临的新挑战：识字教育被理解为解放莫桑比克人民创造性与主动性的一种手段，也是人民群众实现完全独立和开始国家重建的手段。葡萄牙语一直是使用的媒介，已故的马谢尔（Machel）总统重视这种做法，他在 1978 年发起全国识字运动时发表了下列讲话：

> 葡萄牙语是所有莫桑比克人之间的重要媒介，是国家层面交流经验的重要工具，是巩固民族意识和共同未来前景的因素。在战争过程中，有人问："我们为什么要继续使用葡萄牙语？"有人会说，这次全国识字运动旨在重视葡萄牙语。您希望我们以哪种语言发起这项识字运动？用哪种语言，是马夸语、马孔德语、尼扬贾语、尚安语、荣加语、通加语、恩道语还是亚波语（Chuabo）?[20]（Machel，1978：7）

以葡萄牙语为媒介的识字教育计划一直持续到 20 世纪 80 年代末，结果令人喜忧参半。在某些情况下虽然是积极的，但在其他一些情况下并不令人满意。由于大部分活动都深受战争影响，因此很难对整个项目进行平衡性评估。然而，在几次识字运动中只使用葡萄牙语也很可能是一系列失败的主要根源。在这方面，贝洛索（Veloso，1994）指出通过葡萄牙语进行的成人识字活动几乎没有效率，特别是在农村妇女中，因此，教育部和联合国儿童基

---

① 文本起草委员会（CET）作为国家教育发展研究所的前身成立于 1980 年，但早在 1976 年就开始运营。

金会共同决定开始进行母语项目，随后是作为第二语言的葡萄牙语教学。1990 年启动的"女性双语教育项目"，作为新的尝试，重点关注塞纳语、尚加纳语和恩道语等语言。

该项目制作了 20 多种手册和其他几种材料，似乎发展得相当好。母语识字体验是一种受欢迎的、适当促进文化和认知发展的活动，并且可能证明对那些经常涉入日常生活的社会经济和政治事务的人更有用，尤其是对占该国人口大多数的莫桑比克农村人来说。可以说，各种识字教育计划背后的基本原理是大大提高了葡萄牙语的识字技能，即识字作为一种手段而不是目的本身，如洛佩斯（Lopes，1992：23 - 4）所说：

> 人们认为，首先通过掌握母语的识字技能，他们就会更顺利地转用到官方语言，并有望加快第二语言的识字速度。事实上，所谓的"双语识字教育"项目和计划正是在此前提下建立的。

该国目前的文盲率大约为 60%，但是除了需要让更多人努力地识字之外，莫桑比克还面临着一场 1992 年结束的长期战争的后果。自签署和平协议以来，该国已经成功在过去六年中，从邻国遣返并重新安置了超过 100 万名难民。在这些人中，成千上万的青少年和成年人曾一度具有葡萄牙语的读写能力，但现在已经成为"后文盲"，即他们已经失去了曾经拥有的阅读或书写能力。数千名出生在邻国难民营而后返回的儿童发现自己处于未识字的状态，即他们无法阅读或写作，因为他们从未被教过这些技能。他们现在已经过了重新融入学前教育和初等教育主流人群的年龄。简而言之，社会和政府，特别是教育部都将面临巨大的挑战，需要进行干预。

此外，未来的识字人口统计汇编应反映该国的全面状况，不仅与葡萄牙语有关，与作为难民的莫桑比克人的英语有关，甚至还与班图语有关。殖民时期的经验表明，用较少的特权语言识字几乎没有什么意义。就莫桑比克而言，有些人可以用两种语言（例如埃科蒂语和葡萄牙语）进行口头交流，但只能用他们的第一语言识字。他们中的一些人在第二语言（葡萄牙语）方面不过是功能性文盲，因为用卡普兰和帕尔默（Kaplan and Palmer，1991）的观点来看，他们用这种语言读写的能力低于正常水平个人特定文化的规范范围。通过班图语或阿拉伯语实现初步识字的个人，尽管他们可能仍然是文盲或葡萄牙语功能性文盲，但也应在统计新的识字人口时被计算在内。

"妇女双语教育项目"是实验性的，未来规划者是否应该继续双语类型的识字教育计划，目前还没有定论。没有关于明确使用葡萄牙语以外的其他语言的官方声明，这并不阻碍它们在识字教育中的使用。这是一种"无计划"的语言政策，其效果也值得从事语言政策工作和语言教育规划活动者的特别关注（Baldauf, 1994）。

虽然语言本体规划活动确实已经有了相当大的发展，但对某一语言在一个国家有关语言地位规划事项中的作用等问题上还不能这么说，比如某一语言在一个国家中的作用，抑或几种语言在一个多语国家中的作用。前者有很好的例子，例如莫桑比克语言研究中心和国家教育发展研究所都承担了词汇扩展和正字法工作，以及语言材料如手册、入门和补充读物的编撰工作。但就后者而言，在正规教育和识字领域进行的试验只是作为试点项目。主要问题是，语言地位的决定主要是政治问题，一般来说，当局在面对一种语言在特定功能上使用范围的保持、扩展或限制等问题时，往往不愿推动，或者至多以缓慢的速度推动。费尔莫（Filmão, 1992）在提交给文化部协调委员会的论文草稿和翁瓦纳（Honwana, 1994）在《字母杂志》（*Jornal de Letras*）上发表的文章都雄辩地表明了对这种状况的失望。

发展中国家和多语言国家的语言地位规划问题的关键在于官方的承认。尽管双语实验具有巨大的价值，但只有能够享受官方地位，语言才能真正得到承认、推广并获得基本权利。这一立场得到了洛佩斯1994年在夸卢塞尼世界大会上的讲话（1997b）、菲尔米诺和马淳戈（Firmino & Machungo, 1994）的文件草案的辩护，菲尔米诺和马淳戈的文件草案介绍了班图语地区官方地位的细微差别，菲尔米诺（Firmino, 1997）同样提出了葡萄牙语的主要法定地位。

今天，我仍然坚持1994年所持的观点，特别体现在一项关于宪法上改进语言政策类型的建议中。针对莫桑比克情况的建议基于以下前提：

1. 语言是身份认同的基础。
2. 满足人类发展的基本需求，包括公民认同、正确学习和使用母语的权利。
3. 公民在官方场合有使用母语的权利，因此，莫桑比克人在当地使用的所有语言都应享有官方地位。
4. 有权充分学习和使用一种广泛交流的语言，作为国家一级的联系和统一语言，并作为与使用该语言的世界各国和社区交流的手段。
5. 越来越需要加强对外语的学习和使用，其主要目的是应对在通信、合作、科学和技术方面面临的区域和国际挑战。

至于国家的内部语言功能：

1. 葡萄牙语应保留它作为国家层面一种联系且统一的语言的法定功能。
2. 班图语应逐渐在以下领域（与葡萄牙语）共同使用：初级识字、初级和高级初等教育（1－5 年级和 6－7 年级）、成人识字、文化、公共管理、司法（特别是在法庭上）、议会、农村发展和农业、医疗保健、儿童营养、计划生育、小规模工业、大众媒体和宗教方面。
3. 莫桑比克人的亚裔母语必须同等享有官方语言地位，应在优先领域发挥作用。

建议将以下几点作为有助于改善莫桑比克当前语言政策的正式或组成条款，这一建议无疑是一种更接近注重保持的语言政策：

1. 莫桑比克共和国的官方语言为科皮语、尼扬贾语、恩永圭语、塞纳语、森加语、绍纳语、尧语、埃丘瓦博语、埃科蒂语、洛姆韦语、埃马库瓦语、通加语、古吉拉特语、金瓦尼语、斯瓦希里语、梅马内语（Memane）、葡萄牙语、马孔德语、斯威士语、乌尔都语、尚加纳语、荣加语、茨瓦语和祖鲁语。
2. 国家应在国家层面推广葡萄牙语作为统一语言和通用语言。
3. 国家应引入母语教育进行初步识字教育，以及适宜可行的双语教学模式。
4. 国家要加大鼓励学习外语的力度。
5. 葡萄牙语将用于记录目的或其他特别用途，并应发展其他官方语言，以便同样适用于这些目的。
6. 将成立一个莫桑比克语言委员会，以促进对所有官方语言的尊重、研究和发展。委员会还将强化用于宗教目的的阿拉伯语和其他语言的尊重、研究和发展。

上述建议的第 1 点表明，班图语是莫桑比克语言研究中心和蒙德拉内大学国家教育发展研究所（NELIMO/UEM-INDE）1989 年版"莫桑比克语言正字法标准化研讨会报告"中提出的语言。尽管在建立一些"参考变体"方面有些犹豫不决，语言地图和报告分析还是确定了 20 种班图语言。显然，随着语言研究对语言和方言轮廓的进一步细化，第 1 点中所列语言必须进行相应的调整。鉴于该国当前和最终的中长期社会经济现实，与那些尚未获得官方承认的语言有关的一些功能在本建议中仍然受到限制。

在外语方面，出于地理、政治、经济和现实等方面的原因，应尽早将英语纳入国民教育体系。我建议在小学高年级（EP2）的第一年（6 年级）引入英语。至于社会上某些人以班图语尚未充分发展为由，认为多语种的官方语言政策实施起来可能会很昂贵，会造成分裂，而且时机不成熟，这可以通过强调以下几点来反驳：

1. 特定的公民群体在官方场合使用特定的班图语，对于使用该语言的群体来说，肯定是同样经济的。
2. 声称民族统一需要一种语言作为官方语言的政治主张是错误的见解。就像生态学表明生物的生存基本上是通过各种形式实现的一样，为什么相信官方声明的多语言政策会使国家更加脆弱，更容易被破坏呢？
3. 坦桑尼亚的斯瓦希里语或南非的阿非利堪斯语在各自国家获得官方语言地位时并不是特别发达的语言。事实上，可以说它们过去获得的地位确实加快了它们的发展和推广。塞拉利昂的克里奥语（Krio）与坦桑尼亚的斯瓦希里语一样，原本是一种很小的语言，但推广工作已将这种语言变成了一种庞大且发达的通用语。

当然，对未来提出的任何新建议的检验都取决于政治家和政策制定者是否有能力完成这项非常艰巨的任务，在效率或国家主义目标与真实性或民族主义目标之间取得最佳平衡。或者正如维布（Webb，1994：259）就南非过去的某个提案所说的那样，重要的是要认识到"……有效平衡政府的需求与该国公民的社会文化和心理语言需求是极其艰巨的任务"。南非 11 种官方语言的新政策和正在进行的尝试无疑是一个新的参考。在教育领域，加泰罗尼亚双语规划人员，如米格尔·斯特鲁贝尔（Miguel Strubell）的工作展示了他们如何推广加泰罗尼亚语（Catalonian），以及高德（Gaudart，1992）对马来西亚双语教育的描述和讨论，可能对莫桑比克应用语言学家、特别是国家机构的语言规划者有深刻的启发。

具有官方背景的，一些最活跃的语言规划机构，是爱德华多·蒙德拉内大学的莫桑比克语言研究中心（NELIMO）、教育部的国家教育发展研究所（INDE）以及莫桑比克文化、青年和体育部的文化遗产档案馆（ARPAC, Arquivos do Património Cultural）。同样活跃的机构还有莫桑比克广播电台、几个宗教教派（它们越来越多地去翻译、编辑和出版不同班图语言的礼仪文本）、夏季语言学研究所暨莫桑比克国际语言项目协会（Summer Instituteof Linguistics/Sociedade Internacional de Linguística-programa de Moçambique，SIL）、弗里德里希·艾伯特基金会（Friedrich Ebert Foundation）、南北奥地利研究所（North-South Austrian Institute）和莫桑比克的各个非政府组织。其中一些基金会和协会制作或支持生产有关公民教育和选举的材料，并追求成人教育目标。同样，也有几个文化组织、利益团体和宗教派别参与了语言规划过程的各个方面，主要是针对葡萄牙语、荣加语、尚加纳语和塞纳语。

由于已经对国家教育发展研究进行了相当篇幅的讨论，现在将考虑其他主要规划机构所承担的主要工作。

在 E·热乌斯基（E. Rzewuski）的倡议下，并与作为共同创始成员的 M·卡图法（M. Katupha）一起，莫桑比克语言研究中心于 1978 年在蒙德拉内大学文学院成立。开始时，莫桑比克语言研究中心首先承担起编制莫桑比克班图语文献目录的任务，并提供一些语言中的科技术语汇编，以供信息部，尤其是社会交流办公室使用。后来，它设立了一个关于班图语描写的研究项目，目的是在文学院现代语言系的免费课程和语言学学位课程中教授这些语言。在这方面，助教们接受了特别培训，同时为第一批实验课程逐渐制作了一系列的作品，即聪加笔记（Cadernos Tsonga）、拜伊手册（Byi Xile）和埃马库瓦笔记（Cadernos Emakhuwa）。语言描写项目还考虑了词汇工作，后来被用于西托（Sitoe，1996）编写的斯瓦希里语 – 葡萄牙语词典（Kiswahili-Portuguese）和尚加纳语 – 葡萄牙语（Xichangana-Portuguese）词典。等待未来进一步发展的一项主要任务是详细的方言调查，以及随后对更为复杂的语言地图和地图集做详尽的阐述。过去，人力、物力和财力资源的缺乏阻碍了一些计划的开展。未来莫桑比克语言研究中心至少在人力资源方面是有希望的，因为它现在可以依靠一群专业的莫桑比克语言学家，他们刚从国外博士学成归来。最后，必须再次强调，莫桑比克语言研究中心在 1988 年关于几种班图语文字正字法标准化活动中，与国家教育发展研究所和国家成人教育局的衔接，以及与莫桑比克广播电台的合作是多么的重要。

除了国家教育发展研究所和莫桑比克语言研究中心，文化遗产档案馆是一个同样值得一提的语言规划机构。语言学和民族语言学是该机构关注和研究的两个主要领域。1993 年部长理事会第 26/93 号法令批准的文化遗产档案组织章程将民族语言和语言研究等定义为文化遗产档案专业领域的组成部分（Conselho de Ministros，1993）。1992 年出版的关于民族语言档案——《文化遗产档案》是对 1975—1992 年间出现在报刊上的语言著作的有用的汇编。文化遗产档案馆是 1993 年举行的该国第一届全国文化会议的主要组织者之一，它与国家教育发展研究所和莫桑比克语言研究中心以及区域机构保持着密切的工作联系。它最近与总部位于南非的区域机构南部非洲移民项目（Southern African Migration Project，SAMP）的合作伙伴关系就是其中一个例子。南部非洲移民项目最近委托编写了一份报告作为项目的一部分，用以了解语言权利在新南非的非南非人中的适用范围，特别是国家各部门和官员是如何遵守这些权利的。赖茨和克劳霍尔（Reitzes & Crawhall）1998 年发表的题为《建国导致的沉默：新南非的非洲移民和语言政策》的清晰报告将引发辩论，并为包括莫桑比克在内的其他南部非洲国家开展类似研究，铺平道路。鉴于文化遗产档案馆最近参与了南部非洲移民项目，文化遗产档案馆在不久的将来肯定会在莫桑比克至关重要的领域进行开创性研究。

莫桑比克广播电台还与多个机构，特别是莫桑比克语言研究中心密切合作，开展语言规划活动，它是葡萄牙语和班图语的主要传播者。莫桑比克广播电台最近的语言规划活动主要包括 1996 年对无线电广播中使用的概念和语言的评估，为 1996 年举行的第三届莫桑比克语言广播研讨会做的基础工作，以及 1997 年出版了 17 种班图语及其变体的《政治－社会概念词汇》。奥地利南北合作研究所对此类研究工作和词汇表的联合出版做出了积极贡献。并且为了莫桑比克广播电台的未来发展，委托蒙德拉内大学现代语言系进行"莫桑比克广播电台中的莫桑比克语言"的咨询工作（Sitoe 等人的报告，1995），其中肯定包含了重组和扩大莫桑比克广播电台规划活动的相关建议。

夏季语言学研究所（Summer Institute of Linguistics，SIL），也被称为威克里夫圣经翻译机构（Wycliffe Bible Translators），自 1986 年以来，一直在莫桑比克开展业务。夏季语言学研究所曾与蒙德拉内大学、国家教育发展研究所、一些省级教育局、当地教会和莫桑比克非政府组织 PROGRESSO 合作。语言学家团队现在在几个省份工作，特别是在该国的中部和北部地区。夏季语言学研究所致力于在世界其他地区（例如在美拉尼西亚）推动识字工作，并已获得了联合国教科文组织的教育奖。但该组织也未能免于批评，正如米豪斯勒（Mühlhäusler，1996）在其书第 6 章"宣教语言和语言政策"中所描述的那样。然而，尽管有竞争和争论，米豪斯勒注意到柏克（Pike，夏季语言学研究所所长）在一篇报纸文章中所采取的更温和的立场：

> 我准备让夏季语言学研究所从质疑中受益，并接受大多数成员的普遍关心，以改善他们的工作对象的命运……（第 167 页）

夏季语言学研究所（1997）在莫桑比克 1995—1997 年间的活动的报告

中描述了该组织在提供识字材料、开展翻译工作和开发语言拼写法方面的各种积极努力，已经完成了与金瓦尼语、马孔德语、埃马库瓦语、埃科蒂语和塞纳语等语言相关的工作。在马尼卡省、太特省和楠普拉省进行的一些语言和社会语言学调查也关注到了一些语言变体。在工作过程中，一些莫桑比克人同样接受了专业培训（德尔加杜角省的 LIMASHI 项目就是一个很好的例子），并有可能对夏季语言学研究所（SLL）在该国的活动持积极态度。只要该组织证明有能力加强与当地民众和当局的联系，那么该组织必定会对他们的生活产生积极影响，并为国家机构，特别是莫桑比克语言研究中心追求的目标做出广泛贡献。归根结底，必须由莫桑比克人来确定和制定自己的战略，而且我认为这同样应该适用于任何外部语言推广工作，即不在政治体制中运作的机构。

对该国语言政策与规划的重要影响主要由南部非洲发展共同体成员国和葡萄牙（以及巴西，在某些方面）在国际上施加的。

南非的语言规划活动很可能会对莫桑比克未来的语言地位规划和本体规划产生积极的影响，尤其是在班图语方面。英语作为与莫桑比克接壤的六个国家之间的通用语言，越来越多地被受过教育的莫桑比克人在区域（当然还有国际）交往中使用。莫桑比克 1997 年在苏格兰举行的英联邦国家元首和政府首脑会议上成为英联邦成员，从 1987 年所获得的观察员国身份转变成了正式成员，这显然不仅仅是由于邻国的语言因素，而且是由政治事件促成的。

> 承认莫桑比克加入英联邦的强有力的"例外"理由是，莫桑比克苦难的发生在很大程度上是由于它对邻近的英联邦国家（即津巴布韦和南非）的民主和人类尊严的支持。莫桑比克和英联邦成功地协助并促进了这些国家的变革。（SARDC，1997：2）

事实上，莫桑比克申请加入并于 1995 年被接纳为英联邦成员这一事件在葡萄牙引起了一些担忧，并使法国利益集团感到失望，这可能是推动 1996 年"加速"形成葡萄牙语国家共同体（Comunidade dos Países de Língua Portuguesa，CPLP）的主要动力。此外，在这种背景下，法国对前葡萄牙殖民地几内亚比绍日益增长的影响也不应被低估。

葡萄牙语国家共同体由葡萄牙、巴西和被称为 PALOP 国家（Países Africanos de Língua Oficial Portuguesa）的五个非洲国家组成。早在他们并入葡语国家共同体之前，七国之间的一次重要首脑会议已于 1989 年在巴西马拉尼昂州的圣路易斯举行，会议的主要目标是正式成立葡萄牙语国际学院（Instituto Internacional de Língua Portuguesa，IILP）。达·席尔瓦和贡纳维耶克（Da Silva & Gunnewiek，1992）对葡萄牙和巴西通过葡萄牙文化研究所（Instituto de Cultura e Língua Portuguesa，ICALP）和巴西研究中心（Centros de Estudos Brasileiros，CEB）传播葡萄牙语的前期努力的描述相当有趣。葡萄牙语国际学院章程草案现已分发给葡萄牙语国家共同体成员讨论，而葡萄牙卡梅斯研究所（Camões Institute of Portugal）一直在积极拟订旨在在非洲统一组织（总部在埃塞俄比亚）和南部非洲发展共同体（总部在博茨瓦纳）等国际机构中推广葡萄牙语项目的参考条款。如果尊重并考虑到非洲的声音，所有这些行动很可能会产生一些好的结果。位于马普托的葡萄牙语书目基金会（Fundo Bibliográfico de Língua Portuguesa）在这方面肯定可以成为葡萄牙和巴西与非洲大陆交往的主要合作机构。但最重要的是，如果不真正考虑非洲的现实，葡萄牙在所谓的 PALOP 国家中努力推广葡语的成功率将会很低。作为本节的一个适当结论，回顾一下希萨诺总统（1989 年）在巴西马拉尼昂州圣路易斯举行的首脑会议结束时的联合新闻发布会上所说的话似乎是恰当的："我们应该考虑其他语言，我们也应该在发展葡萄牙语的同时发展它们。"[21]

在不久的将来，国际葡萄牙语学院（International Institute of the Portuguese Language）的成立将被证明有助于最大限度地提高葡萄牙语国家在语言问题上的共同努力。但是，这种组织的成功将取决于采用何种方法来调查和研究世界各地的葡萄牙语品种。任何强制要求如何"正确"使用葡萄牙语（一种规定性方法）的倾向肯定都会产生摩擦甚至灾难。

第四部分　语言保持与展望

自古以来，莫桑比克的班图语代代相传，一直是传播生活事实、传说、古代自然知识以及艺术和手工艺的主要载体。这些语言是历史的宝藏，人们通过它们保持了自己的文化身份。最近，这些语言学会了适应现代社会带来的挑战，并试图与葡萄牙人带来的语言共存。殖民局势却使这种共存极其困难，导致了葡萄牙语的霸权，而使班图语贬值并处于劣势。

今天，葡萄牙语的声望和地位在莫桑比克得到了继承和巩固，与之相比我们看到班图语的地位目前在社会上的发展和推广还有很长的路要走。然而，事实是，独立后的年代与殖民控制年代不同，当局和语言规划机构多次尝试纠正这种不平衡。但是，真正的语言保持最终取决于对班图语官方地位的承认以及保护计划的同步实施。宪法第 5 条第 2 款所反映的当前以保持为导向的许可是必要的，但却不足以保持和发展力量微弱的班图语。他们需要的是以保持为导向的推广，但怎样支持这些语言，这个问题必然涉及经济资源的分配。现有的声明往往含糊不清，推广班图语的经济先决条件也不充足。双语（班图语/葡萄牙语）的莫桑比克人可以在官方场合使用官方语言（葡萄牙语）的论点是有缺陷的，因为如果语言不能在官方场合使用，它们就不会得到充分的学习和发展；如果它们没有被正确地学习，人们如何能够完全有意识地认同那些知晓程度不高的，甚至在某些情况下（仍然是极少数）根本不为人所知的语言？在我看来，给予班图语官方权利是在保持导向的框架内去振兴和明确推广它们的正确方法。努力平等对待每种语言并给予每种语言同等的尊重，这对国家的未来是个好兆头。在这个方向上的任何尝试都不是一厢情愿的想法，但自然而然地，最终决定使用何种语言在社会中发挥何种功能将是一个政治决定。卑微的语言学家和语言规划者的职责只是做一些零碎的工作，以改进语言政策，并使决策更合理和更系统。

在莫桑比克，可以说没有一种语言是所有莫桑比克人所共有的，但凭借一系列历史事件，葡萄牙语成功脱颖而出，成为新国家创建和发展过程中不可或缺的因素。不管你喜不喜欢，葡萄牙语是社会和经济流动必需的语言，也是获得工作机会和职业晋升的关键，这是生活中的事实。德索萨（D'souza，1996）对英语在印度有"至高无上"地位发表的评论——尽管印度语言享有莫桑比克班图语所没有的官方权利——也可以类比地应用于葡萄牙语在莫桑比克所拥有的权利：

> ……无论政策或计划如何，人们都会学习英语。英语所谓的"霸权"并非源于语言本身的险恶方面，而是源于人类喜欢面包两面涂黄油的简单事实——如果可能的话，还可以再加一点果酱！（第259页）

但是，尽管今天比独立时有越来越多的莫桑比克人讲葡萄牙语，但那些能讲葡萄牙语的人对葡萄牙语的认同程度并不高，当来自相同班图语背景的人聚在一起时，葡萄牙语也不总是一个当然的选择。几种情况可能会决定哪种语言将在特定场景的接触中占主导地位，结果通常是语码转换和混合（code-switching and code-mixing）[1]，其中使用的语码之一是葡萄牙语。此外，新词的含义也并不总是以相同的方式被感知和处理，正如马图斯（Matusse，1997：546）生动地指出：

---

[1] 指说话人在对话或交谈中，从一种语言或方言转换到另一种语言或方言。广义－语码转换包括句际语码转换和句中语码转换，狭义－语码转换指句际语码转换。

  ……大量词汇在独立后被普遍使用。这导致了另一个有趣的社会语言学变化：使用广泛或轰动一时的术语不再是少数特权人士的专利。然而，并不是每个人都有足够的语言能力来辨别一些即将使用的新术语的细微差别。一个流行的笑话是，一位回家迟到的绅士让他的妻子"把鱼动员起来，引导它到煎锅里，然后把它摆在桌子上"。

  当然，现在迫切需要使用词汇和词典，但国内外从未产生过此类的参考书。朝这个方向进行的研究[22]将有力地证明葡萄牙语是一种具有多种文化特性和传统的语言，并肯定会对词典学界和非母语语言变体发展领域做出有益的贡献。最初的研究重点可以放在借词、搭配、习语、语域和文体上。

  鉴于历史和该国的语言概况，并且不想贬低任何语言，很明显，作为所有公民之间的国家交流手段以及国家统一语言，葡萄牙语的传播和巩固应该是自然而然的。莫桑比克需要团结起来，增强国家认同感，班图语和葡萄牙语都是这个过程的关键参与者。

  葡萄牙语不再是一门外语，它已经发展成为一种自然语言，以满足莫桑比克人的需求。归化和本土化的过程导致语言获得了适应当地现实的新特征，包括新闻和文学语域。当然，正如人们所预料的那样，这种新兴的非本土葡萄牙语变种的进化过程具有相当复杂的性质。

  葡萄牙语的变化揭示了一种超越语言领域的逻辑，并转化为一种不同的世界观和生活方式。莫桑比克人正在超越他们作为葡萄牙语简单使用者的角色，并获得了这种表达方式的共同生产者的地位。[23]（Couto，1986）

  几位莫桑比克小说家和短篇小说作家已将莫桑比克牢牢地置于葡萄牙文学的版图上。就像印度的英语或加纳的英语一样，莫桑比克的葡萄牙语也逐渐流行起来：

  它所接触的语言的节奏与和声，因此获得了自己的共鸣。这些新节奏和借用、混合编码等一样，都是本土化过程的一部分。（D'souza，1996：256）

  莫桑比克的葡萄牙语在发音、语法和话语方面进行了修改，但最生动的变化也许是在词汇方面，它引入了一定数量的新词，还有一些词的使用方式也有所不同。事实上，莫桑比克葡萄牙语（Mozambican Portuguese）词汇已经发生了两项重大发展，正如贡萨尔维斯（Gonçalves，1996：61）敏锐地指出的那样：

> 一方面，新词的产生是源于借用（从说话者的班图母语，或从其他语言如英语），或源于词汇生产能力（在借用的基础上或在欧洲葡萄牙语的基础上）。另一方面，使用属于欧洲葡萄牙语词汇的词，但被赋予了新的语义值或不同的句法特性。[24]

已经有多次记录和分析莫桑比克葡萄牙语（MP）形式化实现的尝试，主要是在句法和词汇方面。蒙德拉内大学和国家教育发展研究所工作的语言学家所参与的早期研究活动，其源头可以追溯到 1975 年莫桑比克独立后的最初几年，早期偏误分析项目的结果在后期被发表（Diniz，1987；Gonçalves，1986；Machungo，1987）。同样值得一提的是一些语言学论文（例如 Dias，1990；Maciel，1992；Sitoe，1997），它们试图分析莫桑比克葡萄牙语的句法和词汇，后者体现在洛佩斯为朗文出版社（Longman）的一本双语词典所做的词汇贡献（1979）中。[25]

新兴葡萄牙语非母语变体的一个主要问题是，莫桑比克的学习者必须有一个规范来遵守。目前全国有超过 200 万儿童在小学学习葡萄牙语，为了他们未来在国内和国际的交流，他们需要参考哪种模式？关于规范和标准的问题，语言学家之间一直存在相当大的争议。有些人，如卡什鲁（Kachru，1985），认为传统概念不再适用于非母语情况。另一些人，如夸克（Quirk，1984）认为应该考虑的问题是，面对不确定的把握和不完善的内化规则，是否要寻求稳定，而不是通过自然创造性社会动态进行变体发展。在我看来，只要保留国家和国际交流的基准线，就可以培养新莫桑比克葡萄牙语的多样性和创造力。关于系统性的目的，詹姆斯（James，1998：43 - 4）建议这个模型必须基于偏误分析（Error Analysis），而模型对于区分规则化和随机使用是必要的。"如果要培养或至少尊重当地的语言变体，还必须对其进行监控，这就是偏误分析要做的事情。"

洛佩斯（Lopes，1998b）曾在另外的地方建议，莫桑比克广播电台的规范性广播很可能构成这样一个基准线。莫桑比克广播电台是国内最受尊重和最负盛名的大众传媒之一，其信号覆盖全国大部分地区。在莫桑比克广播电台播出的莫桑比克葡萄牙语变体非常适合作为莫桑比克葡萄牙语的标准，无论是在国内还是在国际上，而且很可能会得到莫桑比克人民的广泛认同。

显然，为了更系统地学习语言，必须对选定的"标准"形式进行描述（da Silva，1993）。在莫桑比克独立后的最初几年里，欧洲葡萄牙语被认为是学习者在教育中必须追求的模范。但在接下来的几年中，实践表明，这样一个理想主义的目标是无法实现的，甚至不再渴望去实现，因为它缺乏新兴民族认同的标志。这种情况尚未得到认真解决，因此学童学习了一种教育系统无法规划的语言规范。总的来说，语言规划者和教育家应该认真而紧迫地考虑这个问题，鉴于现在上学的儿童达数百万，更应该如此。同时，对规范和标准的自由放任政策可能会对葡萄牙语作为通用语言和民族团结语言的未来地位和作用产生负面影响。莫桑比克最伟大的葡萄牙语诗人克拉维林哈（Craveirinha，1993）的话似乎带有部分这样的意味：

> 主要问题在于小学，那里的基础日复一日地消失……如果不采取措施，我们可能会在一代人的时间内失去这种语言存在的痕迹。[26]（第7页）

出于各种原因——除了教学、政治和财政方面的原因——国内和国际媒体都对葡萄牙语在莫桑比克的未来表示关注，这包括葡萄牙语有可能被英语取代的可能性。该问题同样得到了一些研究的关注（例如 Miguel，1994）。为了证明最终英语将替代葡萄牙语的假设，已经提出了三个主要原因：（1）莫桑比克最近加入了英联邦；（2）莫桑比克与英语国家接壤；（3）英语是国际交流的有力工具。

该地区说英语的民族在历史和文化上对该国的影响是显而易见的，同样，他们的语言在葡萄牙语和班图语中的标志也是如此。语言证据确实可以用来驳斥关于英语在莫桑比克没有传承的说法（Lopes，1998a；Magaia，1997）。

莫桑比克加入英联邦后，莫桑比克和南部非洲地区将能够构建起区域经济合作和一体化的未来。莫桑比克完全被英联邦国家包围是事实，莫桑比克的入盟申请也得到了莫桑比克邻国的大力支持。但这些因素并非源于英联邦的险恶哲学，也不是来自英语本身的任何邪恶方面，而是源于一个简单的事实，即英联邦组织作为一个整体，尤其是莫桑比克的邻国，相信这样的成员资格将加强和推进区域发展。当然，并不是所有人都这么乐观：

> 目前，我们从北到南都被英语国家所包围。他们的语言应该在莫桑比克传播，而我们应该继续依赖他们，这对他们有利。他们需要我们的港口，我希望我们不会发现自己不得不让步。[27]（Craveirinha，1993：7）

至于使用英语而非葡萄牙语，一个观点是莫桑比克通过英语将会与邻国和世界进行更有效的沟通，这至少是一个有争议的问题。我认为，英语作为一种国际语言的论证，实际上更多是一种语言教学的论证，而不是在莫桑比克用作一种交流手段的论证。诚然，英语是南部非洲发展共同体地区的通用语言，英语作为商业、技术和学术交流最国际化的语言，对莫桑比克的发展至关重要。很明显，高级技能的获得和有效的运用越来越依赖于英语能力。但是，尽管莫桑比克当局和管理精英渴望提高他们的英语技能是事实，但精英只占极少数——尽管很强大——他们正在或即将参与区域、非洲大陆和海外的交流。真正需要英语进行国际交流的莫桑比克精英群体，例如政治家、外贸人士、外交官、学者和艺术家，应该在大学和语言学院中提供的特殊课程中学习英语，并且学得好。此外，鉴于英语在教育系统中的重要性，值得继续推动由莫桑比克的一些英语研究者发起的研究工作，包括对比性修辞的研究等（e.g. Lopes, 1985; 1987; Manuel, 1994）。

卡普兰（个人交流）认为，某些因素会对多语种的莫桑比克产生巨大影响，尤其是语域问题。似乎任何语言对任何其他语言的影响在很大程度上取决于它所占据的语域。如果外部语言占据了关键语域（例如家庭用语、宗教用语），则内部语言就处于危险之中。只要关键语域保留了莫桑比克的葡萄牙语或班图语，英语就不太可能产生任何重大影响。同时，如果关键语域被英语占据，那么葡萄牙语或班图语可能处于危险之中。莫桑比克宗教仪式的语域已经被部分班图语占据。正规市场中的商业语域逐渐被英语占据，而在非正规市场中，商业语域已被班图语占据。但主要的行政管理、正式教学和媒体等关键语域完全保留在葡萄牙语中。只要这些语域仍然保留葡萄牙语，或在将来最终由葡萄牙语和班图语共享，很难想象，英语如何能取代葡萄牙语在莫桑比克的地位。

此外，全世界有 2 亿人将葡萄牙语变成了一种多中心的、动态的语言，从而在相当广泛的葡萄牙语生态体系中产生了适用于各个方向的压力。莫桑比克的葡萄牙语必然是一个复杂生态系统的一部分（而不是一个孤立的部分），该系统延伸到非洲的葡萄牙语国家，也延伸到了欧洲、美洲和亚洲的葡萄牙语国家和社区。当然，英语在莫桑比克的影响会越来越大，但精英群体，尤其是商业精英，为了与外部世界互动而推广英语，始终会与他们对作为民族统一语言的葡萄牙语和作为民族语言身份和联系象征的班图语的持续依恋相平衡。

注　释

1. 我要向丛书编辑罗伯特·B.卡普兰教授和小理查德·B.巴尔道夫教授表示感谢，他们亲切地邀请我参与他们令人印象深刻的语言规划项目。我相信读者会发现这篇介绍性研究很有用。还要感谢在 15 个月的研究期间为我提供帮助的以下朋友、以前的学生、同事和权威人士：安瓦尔·拉蒂夫（Anwar Latif）、阿林多·弗利杰（Arlindo Folige）、奥勒留·西芒戈（Aurélio Simango）、德尔菲娜·穆加贝（Delfina Mugabe）、朱丽叶·兰加（Julieta Langa）、西玛玛·帕特尔（Simama Patel）、特蕾莎·阿尔法罗（Teresa Alfaro）、瓦斯科·努西（Vasco Nhussi），教育部规划局主任维吉尔·尤万（Virgílio Juvane）、国家教育发展研究所主任米格尔·布恩迪亚（Miguel Buendia）和工作人员以及国家统计局副总裁曼努埃尔·加斯帕（Manuel Gaspar）。而且，显然，我特别要感谢阿尔达·科斯塔（Alda Costa）和杰里米·格雷斯特（Jeremy Grest），他们仔细阅读了手稿，让我受益匪浅。当然，我对文本中引用的翻译以及本卷中可能出现的任何错误承担全部责任。

2. 加斯里（Guthrie，1967/71）建立了语言区以及语言区内的语族，目的是对具有共同语音和语法特征的语言进行分组和分类。他定义了 15 个区域，每个区域由一个字母（A 到 S）标识，并为每组语言分配一个编号（例如，G40 代表斯瓦希里语组，其中包括斯瓦希里语和金瓦尼语）。莫桑比克的区域由字母 G、N、P 和 S 定义。从西非的喀麦隆山脉到东非的塔纳河，都可以找到班图语。A 区语言位于非洲大陆的西北部地区。班图一词通常指类型学和遗传关系，意思是男人、民族和人。班图语支被列为世界主要语支之一。该术语最初由布里克（Bleek，1862–1869）使用，他使用名词分类系统作为班图语的一个关键区别特征。南非的所有非班图语，例如科伊桑语，都缺乏该特征。

3. 尧语和马孔德语以及其他被视为"少数语言"的语言，可能会被重新认定为大语种，但这些语言"侵犯"了坦桑尼亚联合共和国南部的地理边界这一事实。

4. 西赞比西亚使用的基督教圣经译本起源于马拉维。圣经主要由天主教传教士从英文翻译成尼扬贾语。在主要的米兰热区，尼扬贾语圣经以及尼扬贾语教理问答书籍被广泛使用。此外，赞比西亚的新教领袖也希望拥有自己的尼扬贾语版本的圣经。尼扬贾语是一种具有悠久文学和教育历史的语言。在马拉维，用尼扬贾语出版的书籍可能多于用英语出版的书籍。超过三分之二的马拉维人可以理解和说马拉维的主要语言尼扬贾语，也被熟知或称为齐切瓦语（Cichewa）。

5. 家长赞成双语教育，并希望他们的学龄儿童能够接受双语教育。

6.（1）在莫桑比克共和国，葡萄牙语作为官方语言。（2）国家重视民族语言，促进其发展，增加其在社会交流和公民教育中的使用。

7. 我们国家没有主流语言。选择一种莫桑比克语言作为一种国语将是一种武断的选择，可能会产生严重的后果。……因此我们被迫使用葡萄牙语作为我们的教学语言和日常交流语言。

8. 我们必须同压迫者作斗争，这需要同部落主义和区域主义做出不懈的斗争。正是这种团结的需要迫使我们要有唯一的共同语言——用来反压迫的语言——这占据了一个新的维度。

9. 决定选择葡萄牙语作为莫桑比克人民的官方语言，这是一项经过深思熟虑的政治决定，旨在实现一个目标——维护国家统一和领土完整。葡萄牙语成为官方语言的历史，伴随着国家统一和减少差异的因素，这段历史可以追溯到1962年解放阵线党的建立。

10. 而没有理性面对口语多元化的问题，在他们的领土上，在现代性与传统挑战的大背景下，各国的非洲人毫不犹豫地采用了前殖民者的语言。

11. 莫桑比克语言研究中央委员会第11次会议决定要设立一个专门机构，这是一项文化意义深远的决议，这项决议加深了对文化的讨论，开辟了文化前景，对社会传播、教育、职业培训都很重要。

12. 我们文化生活中的积极因素，例如我们生活方式中的语言表达，我们具有典型地域特色的音乐和舞蹈。出生、成长、爱和死亡也都具有地方特色，我们将在独立后继续绽放我们的特色之花，各族裔群体之间在现实之中，在民族团结之中没有产生对立。

13. 提高语言的社会水平，支持现有或即将建立的莫桑比克语言学习中心；莫桑比克正字法的编制和标准化；以及选择每个省或地区的语言，这些语言应该被引入国家教育体系、政治、社会和经济活动中。

14. 在国家教育系统的1000名一年级学生样本中，只有63名从一年级到五年毕业后达到小学教育水平（即6.3%）。就莫桑比克的双语学校教育项目而言，一年级的170名学生中的38名，成功完成了小学的五年一周期的学习（即22%），并且没有留级生。

15. 结果鼓舞人心：一方面，在师生之间有很多互动，表现很不错，学生能更好地学习内容；另一方面，家长赞成双语教育，并希望他们的学龄儿童也能接受双语教育。

16. 采用这种模式的困难之一是它没有在第二语言中提供足够的口语练习以允许逐渐过渡到第二语言并获得成功。

17. 附录 C-3 中最后一个图中表示的"理想"模型，……描述了从第二语言开始，从第一语言到第二语言的逐渐过渡和维持第一语言作为一门学科……这个模型是国家教育发展研究所提出来的最好的，希望未来能够被采纳。

18. 我们的目标：我们知道它是什么，要将儿童和成人引入必要的双语环境中，并在这种环境中，使统一语言和母语并存发展。

19. 我有幸在独立之后为教育发生显著的改变做出了微薄的贡献，深感荣幸。

20. 葡萄牙语是所有莫桑比克人之间传播的重要媒介，是国家层面交流经验的重要工具，是巩固民族意识和共同未来前景的因素。在战争过程中，有人问："我们为什么要继续使用葡萄牙语？"有人会说，这次全国识字运动旨在重视葡萄牙语。您希望我们以哪种语言发起这项识字运动？用哪种语言，是马夸语（Makwa）、马孔德语（Makonde）、尼扬贾语（Nyanja）、尚安语（Shangaan）、荣加语（Ronga）、通加语（Bitonga）、恩道语（Ndau）还是亚波语（Chuabo）？

21. 我们必须考虑其他语言，我们必须在开发葡萄牙语的同时开发它们。

22. 建议有：

（1）汇编莫桑比克-葡萄牙语用法词典，供参考之用。

（2）制定一个简明的多语种：葡萄牙语-班图语-英语的袖珍词典"English-Bantu-Portuguese Pocket Dictionary"（带有莫桑比克葡萄牙语变体）一般来说，这是学生、老师和读者的伴侣。

拟研究的目标是描述莫桑比克葡萄牙语使用者的独特的葡萄牙语特征（语汇），以及用词典格式记录莫桑比克葡萄牙语的共同核心和非共同核心用语（特别是最常见用法）。这本用法词典的目的是为一般读者、学生和教师提供参考书，让他们知道莫桑比克葡萄牙语和欧洲葡萄牙语的区别（差异维度）。简明多语种袖珍词典的目的是将为莫桑比克语和英语读者提供一个系统的莫桑比克人使用的葡萄牙语（包括莫桑比克葡萄牙语变体）的最常用单词列表。建议的研究是基于语料库的定性研究，将主要利用图书馆资源，特别是关于非母语变体、词汇学和词典学的文献。词典应该包含莫桑比克葡萄牙语使用者写作和演讲中创新的记录，包括一些不常用词的描述，特别是如果它们体现了某种趋势或模式。建议的词典应该只包括那些形式或功能不同于欧洲葡萄牙语的莫桑比克葡萄牙语词条，也就是莫桑比克葡萄牙语里非共同核心词条。粗略估计这一部分有 300 - 400 个条目，工作范围包括微观语言学（句法、语义和词汇）和宏观语言学（句法、修辞和成语）。简明多语种袖珍词典将做成袖珍书供学生、教师和普通读者使用。字典将包括在莫桑比克最常用的葡萄牙语单词的列表，莫桑比克葡萄牙语的共同核心和非共同核心词汇——一个相应的班图语条目的列表，以及一个编译的英语条目的列表，三语词条一视同仁。我对原始清单的估计是 5000 词条。这些条目将用葡萄牙语、班图语和英语处理，不需要专门的语法知识就能使用它。格式应该是直截了当，易于理解，括号中给出指示词，以表明与特定词目相关的特定含义。词典选定内容的领域将具体包括正规和非正规的经济、初级保健、计划生育、性别、识字、教育、文化、民主等主题，以及与水资源、住房和通信有关的主题。

23. 葡萄牙语的变化有着超越语言领域的逻辑，这反映了对世界和生活的另一种理解。莫桑比克人正在超越葡萄牙语使用者的地位，以这种表达方式来提升自己是共同创造人的地位。

24. 一方面，新词的产生是源于借词（对说话者的 LB/L1 或其他语言，如英语）或源于词汇生产力（以借词为基础或以欧洲葡萄牙语为基础）。另一方面，使用已经属于欧洲葡萄牙语词典的词，为这些词赋予了新的语义值和不同的句法属性。

25. 洛佩斯的研究是在 1978—1979 年期间进行的。根据朗文英语教学部出版商的要求，他在 1979 年的投稿（1980 年出版）被编入了双语词典，以协助将一些现存的莫桑比克 - 葡萄牙语变体添加到双语词典中，然后编译。这本词典——主要面向讲葡萄牙语的人使用而不是讲英语的人——主要针对巴西市场。原文是一本中级英英词典——适用于学习了三到五年英语的学习者——其中添加了葡萄牙语注解。在巴西、欧洲和莫桑比克葡萄牙语中的葡萄牙语单词不同的地方进行了标注。词典有 10,000 个英语主词条，并有英语释义和例句，然后是用巴西葡萄牙语、欧洲葡萄牙语以及莫桑比克葡萄牙语标注的主词条、释义和例句译文。

26. 最大的问题是在小学，每天都在失去领地，……如果什么都不做，我们可能会在一个时空中失去这种语言的存在。

27. 现在我们从北到南被说英语的国家包围着，他们的语言在莫桑比克传播，而留下来的我们对他们来说是处于依赖地位。他们需要我们的港口，我希望我们不会到不得不让步的境地。

参考文献

Arquivo do Património Cultural (1992) *Línguas Nacionais: Moçambique, Dossier* ARPAC. Maputo: Arquivo do Património Cultural.

Baldauf, R. B. , Jr (1994) 'Unplanned' language policy and planning. InW. Grabe *et al.* (eds) *Annual Review of Applied Linguistics* 14 (pp. 82 - 9). New York: Cambridge University Press.

Baldo, M. (1987) Discourse patterns in first language use at home and second language learning at school: An ethnographic approach. PhD thesis, University of London.

Bamgbose, A. (1991) *Language and the Nation: The Language Question in Sub-Saharan Africa.* Edinburgh: Edinburgh University Press.

Bleek, W. H. (1862 - 69) *Comparative Grammar of South African Languages.* London: Trubner & Co.

Braz, S. (1995) Consciencialização linguística no processo de ensino-aprendizagem. 'Licenciatura' Dissertation, Universidade Eduardo Mondlane.

Chissano, J. (1989) Valorizar também as línguas nacionais. Conferência de imprensa em São Luís do Maranhão. *Notícias*, 5 November.

Conselho de Ministros (1993) Decreto No. 26/93. Criação do ARPAC e aprovação do estatuto orgânico. *Boletim da República I Série*, Número45. República de Moçambique.

Conselho de Ministros (1995) Cultura. *In Programa do Governo para* 1995/1999 (pp. 42 - 5). Maputo: CM, República de Moçambique.

Conselho de Ministros (1997) Resolução No. 12/97. Política Cultural de Moçambique e Estratégia de sua Implementaço. *Boletim da República I Série*, Número 23. República de Moçambique.

Couto, M. (1986) Uma maneira moçambicana de contar histórias moçambicanas. Entrevista à Gazeta de Artes e Letras. *Tempo 835.*

CraveirinhaJ. (1993) O Português pode ser substituído numa geração. *Notícias*, 23 August.

da Silva, J. G. (1993) Variation linguistique et norme: Étude de cas des pratiques correctives des professeurs de Portugais à Maputo. MA dissertation, Université Stendhal-Grenoble III.

da Silva, J. and Gunnewiek, L. (1992) Portuguese and Brazilian efforts to spread Portuguese. *International Journal of the Sociology of Language* 95, 71 - 92.

de Maia, J. (1995) Moçambique, 1975 - 1995. Vinte anos de comunicação social. Caminhos percorridos. Unpublished consultancy report, Maputo, UNESCO-PNUD.

D'souza, J. (1996) Creativity and language planning: The case of Indian English and Singapore English. *Language Problems and Language Planning* 20 (3), 244 - 62.

Dias, H. (1990) Análise de erros da preposição com produzidos por alunos moçambicanos. 'Licenciatura' Dissertation, Universidade Eduardo Mondlane.

Diniz, M. J. (1987) Análise de erros na frase relativa. *Limani* 2, 31 – 40.

Directorate of Planning, Education Ministry (1996) *Development of Education*: *National Report of Mozambique*. Maputo: Ministério da Educação, República de Moçambique.

Directorate of Planning, Education Ministry (1997) Estatística da Educação: Levantamento Escolar — 1997. Maputo: Ministério da Educação, República de Moçambique.

Filmão, E. (1992) Do mal-estar com as línguas moçambicanas até às promessas difíceis de cumprir. Que papel para o Ministério da Cultura na promoção do uso social das línguas? Unpublished paper, Ministério da Cultura, República de Moçambique.

Firmino, G. (1997) *O caso do Português e das línguas locais em Moçambique*. Valencia: Universitat de Valencia. (CECII Working Paper No. 8).

Firmino, G. and Machungo, I. (1994) Política linguística em Moçambique. Unpublished manuscript, Universidade Eduardo Mondlane.

Fishman, J. (1968) Nationality-nationalism and nation-nationism. In J. Fishman, C. Ferguson, and J. Das Gupta (eds) *Language Problems of Developing Nations* (pp. 39 – 51). New York: Wiley.

Frelimo (1975a) Objectivos da alfabetização. Unpublished document, Ribaué, Departamento de Educação e Cultura.

Frelimo (1975b) Plenário nacional de Mocuba. Sobre a alfabetização (capítulo VIII. 4). In J. Reis andA. Muiuane (eds) *Datas e Documentos da História da Frelimo* (pp. 293 – 328). Maputo: Imprensa Nacional.

Frelimo (1975c) Documentos da conferência nacional do Departamento de Informação e Propaganda. Unpublished document, Macomia, Departamento de Informação e Propaganda.

Frelimo (Party) (1983) *Relatório do Comité Central ao IV Congresso do Partido Frelimo*. Colecção 4°. Congresso. Maputo: Imprensa Nacional.

Ganhão F. (1979) O papel da língua portuguesa em Moçambique. 1°. Seminário nacional sobre o ensino da língua portuguesa. Unpublished paper, Ministério da Educação e Cultura, República Popular de Moçambique.

Gaudart, H. (1992) *Bilingual Education in Malaysia*. Townsville: Centre for South-East Asian Studies.

Gonçalves, P. (1986) O Português em Moçambique: Análise de erros em construções de subordinação. *Limani* 1, 11 – 23.

Gonçalves, P. (1996) *Português de Moçambique*: *Uma Variedade em Formaço*. Maputo: Livraria Universitária, Universidade Eduardo Mondlane.

Grimes, B. F. (ed.) (1992) *Ethnologue*: *Languages of the World* (12th edn). Dallas:

Summer Institute of Linguistics.

Guthrie, M. (1967/71) *Comparative Bantu*. London: SOAS, University of London.

Honwana, L. B. (1983) Contribuição para a definição de uma política linguística na República Popular de Moçambique. Unpublished manuscript, Gabinete do Secretário de Estado da Cultura, Ministério da Educação e Cultura.

Honwana, L. B. (1994) Línguas moçambicanas e língua portuguesa. *Jornal de Letras*, 615.

Hyltenstam, K. and Stroud, C. (1993) *Final Report and Recommendations from the Evaluation of Teaching Materials for Lower Primary Education in Mozambique. II. Language Issues*. Research Report Series No. 3. Maputo: National Institute for Education Development (INDE).

Instituto Nacional de Estatística (INE) (1998) I*nquérito Nacional aos Agregados Familiares sobre Condições de Vida*. Resultados Gerais. Maputo: INE.

Instituto Nacional do Desenvolvimento da Educação (INDE) (1997) Relatório do debate sobre 'estratégias de introdução e expansão do ensino em línguas moçambicanas'. Unpublishedreport, INDE, Ministério da Educação.

James, C. (1998) *Errors in Language Learning and Use: Exploring Error Analysis*. London: Longman.

Kachru, B. (1985) Standards, codification and sociolinguistic realism: The English language in the outer circle. In R. Quirk and H. G. Widdowson (eds) *English in the World: Teaching and Learning the Language and Literatures* (pp. 11 – 30). Cambridge: Cambridge University Press.

Kaplan, R. B. and Baldauf, R. B. , Jr (1997) *Language Planning: From Practice to Theory*. Clevedon: Multilingual Matters.

Kaplan, R. B. and Palmer, J. D. (1991) Literacy and applied linguistics. In W. Grabe and R. B. Kaplan (eds) *Introduction to Applied Linguistics* (pp. 191 – 209). Reading, MA: Addison-Wesley.

Katupha, J. M. (1984) Alguns dados sobre a situação linguística na R. P. M. e as suas implicações para o desenvolvimento rural. Unpublished paper, Universidade Eduardo Mondlane.

Katupha, J. M. (1988) O panorama linguístico de Moçambique e a contribuição da linguística na definição de uma politica linguística apropriada. *Lua Nova*, 27 – 32.

Liphola, M. M. (1988) As línguas banto de Moçambique: Uma pequena abordagem do ponto de vista sócio-linguístico. *Lua Nova*, 33 – 7.

Lopes, A. J. (1979) Mozambican-Portuguese words and expressions. A lexical survey commissioned by Longman, and included in the *Longman English Dictionary for Portuguese Speakers* (pubublished 1980). Harlow: Longman ELT.

Lopes, A. J. (1985) Schemata theory and contrastive analysis. Unpublished paper presented at the Gregynog linguistics colloquium, Gregynog, North Wales.

Lopes, A. J. (1987) The role of prior language knowledge on target language discourse processing. Summary in A. Pongweni (ed.) *Second LASU Conference Report* (pp. 12 – 4). Harare: University of Zimbabwe Press.

Lopes, A. J. (1992) Considerations on literacy in the promotion of effective learning and use of African languages. In A. J. Lopes (ed.) *The Role of Linguistics in the Promotion of National Languages. Proceedings of the III LASU Conference* (pp. 19 – 31). Maputo: University Press, Eduardo Mondlane University.

Lopes, A. J. (1995) The age of re-discovery: The Portuguese language in Mozambique. *Crossroads* 4, 83 – 7.

Lopes, A. J. (1997a) *Language Policy: Principles and Problems.* Maputo: Livraria Universitária, Universidade Eduardo Mondlane.

Lopes, A. J. (1997b) Language policy in Mozambique: A taboo? In R. K. Herbert (ed.) *African Linguistics at the Crossroads* (pp. 485 – 500). Köln: Rüdiger Köppe Verlag.

Lopes, A. J. (1998a) English in Mozambique: Jogging the collective memory. *Op. Cit.* 1, 39 – 45.

Lopes, A. J. (1998b) O Português como língua segunda em África: Problemáticas de planificação e política linguística. Unpublished paper presented at the Arrábida conference on language policy, Lisbon Summer University.

Machel, G. (1979) Discurso de abertura do 1°. Seminário nacional sobre o ensino da língua portuguesa. Unpublished, Ministério da Educação e Cultura, República Popular de Moçambique.

Machel S. (1978) Discurso de abertura da campanha nacional de alfabetização. Unpublished, República Popular de Moçambique.

Machungo, I. (1987) A construção reflexiva-passiva. *Limani* 2, 41 – 58.

Machungo, I. and Ngunga, A. (1991) O papel da língua no processo de ensino-aprendizagem em Moçambique. Unpublished manuscript, Universidade Eduardo Mondlane.

Maciel, C. (1992) O lexema verbal no Português de Moçambique. "Licenciatura" dissertation, Instituto Superior Pedagógico, Maputo.

Magaia, A. (1997) Anglofilia moçambicana: Uma realidade histórica. *Notícias*, 22 February 1997.

Manuel, C. J. (1994) Aspectos contrastivos na retórica do discurso científico em Português e Inglês. 'Licenciatura' Dissertation, Universidade Eduardo Mondlane.

Marinis, H. (1981) Línguas bantu: Sua história e sua classificação. Unpublished manuscript, Universidade Eduardo Mondlane.

Matavele, C. and Machaul, D. (1998) Síntese das actividades desenvolvidas ao longo do projecto. Seminário de avaliação do projecto de escolarização bilingue em Moçambique

（PEBIMO）. Unpublished report, INDE, Ministério da Educação.

Matusse, R. (1997) The future of Portuguese in Mozambique. In R. K. Herbert (ed.) *African Linguistics at the Crossroads* (pp. 541 – 54). Köln: RüdigerKöppe Verlag.

Mazula, B. (1995) *Educação, Cultura e Ideologia em Moçambique*: 1975 – 1985. Edições Afrontamento e Fundo Bibliográfico de Língua Portuguesa.

Miguel, V. (1994) Língua portuguesa: Língua ameaçada em Moçambique? 'Licenciatura' Dissertation, Universidade Eduardo Mondlane.

Ministério da Cultura e Juventude (MINCULTJ) (1993a) Proposta de política cultural de Moçambique. 1a. conferência nacional sobre cultura. Unpublished document, Ministério da Cultura e Juventude, República de Moçambique.

Ministério da Cultura e Juventude (1993b) Recomendações gerais da conferência. 1a. conferência nacional sobre cultura. Unpublished document, Ministério da Cultura e Juventude, República de Moçambique.

Ministério da Educação (MINED) (1994) In-and pre-service teacher training for primary school teachers, Mozambique: A systems approach. Unpublished interim programme document, Ministério da Educação, República de Moçambique.

Ministério da Informação (MINFO) (1977) Línguas nacionais na informaço. 1°. Seminário nacional da informação. Unpublished document, Ministério da Informação, República de Moçambique.

Mondlane, E. (1967) Tribos ou grupos étnicos moçambicanos (seu significado na luta de libertação nacional). In J. Reis and A. Muiuane (eds) (1975) *Datas e Documentos da História da Frelimo* (pp. 73 – 9). Maputo: Imprensa Nacional.

Mühlhäusler, P. (1996) *Linguistic Ecology: Language Change and Linguistic Imperialism in the Pacific Region*. London: Routledge.

Nahara, T. (1995) The Institute of Languages and ELT. In T. Eduardo and E. Uprichard (eds) *The Proceedings of the First National Conference on English Language Teaching in Mozambique*. Research Report Series No. 7. (pp. 29 – 32) Maputo: National Institute for Education Development.

Núcleo de Estudo de Línguas Moçambicanas (NELIMO) (1989) *I Seminário sobre a Padronização da Ortografia de Línguas Moçambicanas*. Maputo: INDE-UEM/NELIMO.

Ngunga, A. (1987) As línguas bantu de Moçambique. *Limani* 2, 59 – 70.

Palmer, D. (1996) Mission report on the print media: Strengthening democracy and good governance through development of the media. Unpublished consultancy report, Mozambique, UNESCO.

Quirk, R. (1984) A dubious linguistic democracy. *EFL Gazette*, September.

Rádio Moçambique and Austrian Institute for North-South Cooperation (1997) *Glossário de Conceitos Político-Sociaisem 17 Línguas e Variantes Linguísticas Nacionais*. Maputo: RM.

Reitzes, M. and Crawhall, N. (1998) *Silenced by Nation-Building*: *African Immigrants & Language Policy in the New South Africa.* Southern African Migration Project. Cape Town: Idasa.

República de Moçambique (1990) Constituição de Moçambique. *Boletim da República* I Série, No. 44.

Robinson, C. D. W. (1993) Where minorities are in the majority: Language dynamics a-midst high linguistic diversity. *AILA Review* 10, 52 – 70.

Rocha, I. (1996) Tábua Cronológica da Imprensa. In F. Ribeiro and A. Sopa (eds) 140 *Anos de Imprensa em Moçambique*: *Estudos e Relatos* (pp. 293 – 303). Maputo: Associaço Moçambicana da Língua Portuguesa.

Rønning, H. (1997) Language, cultural myths, media and Realpolitik: The case of Mozam-bique. *Media Development* 1, 50 – 4.

Rzewuski, E. (1978) Línguas de Moçambique em classificação de M. Guthrie. Unpublished manuscript, Universidade Eduardo Mondlane.

Shrum, J. and Shrum, M. (1998) Levantamento linguístico na Zambézia Ocidental em Moçam-bique. Unpublished report, Maputo, Sociedade Internacional de Linguística (SIL).

Sitoe, B. (1996) *Dicionário Changana-Português.* Maputo: Instituto Nacional do Desen-volvimento da Educação.

Sitoe, B., Langa, J. and Simango, A. (1995) As línguas moçambicanas na Rádio Moçam-bique. Unpublished consultancy report, Maputo.

Sitoe, S. (1997) Processos de importação de neologismos de origem bantu no Português de Moçambique. 'Licenciatura' Dissertation, Universidade Eduardo Mondlane.

Skutnabb-Kangas, T. and Phillipson, R. (1989) *Wanted! Linguistic Human Rights.* ROLIG-papir 44. Roskilde: Roskilde University Centre.

Sociedade Internacional de Linguística. Programa de Moçambique (1997) *Relatório de Activ-idades.* Maputo: SIL.

Southern African Development Community (1992) *SADC Treaty.* Windhoek: SADC.

Southern African Research and Documentation Centre (1997) *Mozambique in the Common-wealth.* Maputo: SARDC.

Veloso, M. T. (1994) Algumas experiências de desenvolvimento de ortografias de línguas moçambicanas. Unpublished. Comunicação elaborada para a conferência sobre 'o uso das línguas africanas no ensino e o papel das línguas de comunicação internacional'.

Webb, V. (1994) Language policy and planning in South Africa. In W. Grabe*et al.* (eds) *Annual Review of Applied Linguistics* 14 (pp. 254 – 73). New York: Cambridge Univer-sity Press.

Yai, O. B. (1983) *Elements of a Policy for Promotion of National Languages.* Report for the Government of the People's Republic of Mozambique. Paris: UNESC.

南非语言规划状况

恩康科·M. 卡姆旺加马鲁 (Nkonko M. Kamwangamalu)

(南非德班纳塔尔大学)

本文探讨南非的语言规划情况。语言在南非从殖民主义到种族隔离再到民主国家的过渡中发挥了重要作用。特别是，它处理了历时的和共时的语言传播和使用、语言政策与规划以及语言保持和转用 (maintenance and shift) 等问题。本文分为四个部分。第一部分介绍南非的语言概况，以提供讨论上述问题的背景。第二部分讨论语言传播和使用，重点是教育中的语言和媒体。第三部分着眼于语言政策与规划，重点关注南非的新语言政策以及目前正在实施的尝试。结果表明，语言政策和语言实践之间存在着不匹配，前者促进了附加的多语化，而后者在几乎所有高级语言使用领域都表现出单语化的趋势。这一趋势对当前语言政策以及语言保持和转用的影响将在最后一部分讨论，这一部分还特别提到了该国的官方语言。

引　言

南非，顾名思义，它位于非洲大陆的最南端，全国国土总面积为 1219080 平方公里（470689 平方英里）——略小于阿拉斯加、秘鲁和尼日尔，略大于哥伦比亚和加拿大安大略省。南非与六个非洲国家接壤，即西北部的纳米比亚，北部的博茨瓦纳，东北部的津巴布韦、莫桑比克和斯威士兰，东部的莱索托。在南部，南非被两大洋包围，东南部是印度洋，西南部是大西洋。

南非曾以如今不复存在的种族隔离制度而闻名于世，从 1948 年至 1994 年南非就是在这种体制下运行的，其影响可能会在未来长久困扰该国。这种"种族隔离"或"分离"的意识形态，旨在确保白人统治（Baasskap），《南非英语词典》（Penny *et al.* 1996：36）将其定义为"一个集团，特别是白人，统治其他群体"。这种规则仍然掌握在被称为"秘密兄弟会（Broederbond)"的阿非利堪[①]白人精英手中。后者的使命是保护和发展白人的经济、社会和文化利益，同时分裂和压迫占多数的非洲人、有色人种和亚洲人后裔（Prah，1995）。种族隔离制度的缔造者坚信"文化成就是由种族决定的，种族在本质上是不平等的"（Omer-Cooper，1999：974）。对他们来说，肤色构成了普拉（Prah，1995：36）所谓的社会分层的相貌指数。每个种族群体都必须有自己的领地，以发展其独特的文化个性。[1]这一观念一方面导致南非被划分为所谓的部落家园，主要是基于语言的非洲人口家园；另一方面，则形成了根据肤色划分的地区，分别为有色人种、印度人和白人。就家园而言，例如，说祖鲁语（isiZulu）的有祖鲁部族家园，说恩德贝勒语（isiNdebele）的有恩德贝勒家园，说柯萨语（isiXhosa）的有柯萨家园，以及说文达语（Tshivenda）的有文达家园。随着非洲人口分化为部落家园，或种族隔离的缔造者所称的"民族"，"非洲多数"的概念正式成为一种虚构（Alexander，1989；Prah，1995）。1994年种族隔离制度结束，新南非诞生时，家园重新融入南非。新南非包括九个省：即西北省（North West province）、北部省（Northern province）、西开普省（Western Cape）、东开普省（Eastern Cape）、北开普省（Northern Cape）、自由州省（Free State）、姆普马兰加省（Mpumalanga）、豪登省（Gauteng）和夸祖鲁-纳塔尔省（Kwa-Zulu Natal）。

根据1996年的人口普查数据，南非的多种族人口约为40583573人，包括非洲人[2]（76.7%）、白人（10.9%）、有色人种（混血儿8.9%）、亚洲人（2%）和其他人种（0.9%）（*The People of South Africa Population Census 1996*，1998：9）。1996年的人口普查并未对人口未来的增长做出任何预测，然而根据1991年的人口普查数据，预计南非人口到2005年将增至4950万人，到2010年将增至5340万人（Sadie，1993）。在进行这些预测时，1991年的人口普查没有考虑到正在肆虐南非并因此对该国人口增长产生严重影响的艾滋病因素。据媒体报道，在南非，大约九分之一的人呈HIV阳性（*Mail & Guardian*，27 July to 2 August 2001，p. 34），每天估计有1600人感染艾滋病病毒（*Daily News*，7 September 2001，p. 10），大约150名儿童出生时HIV呈阳性。所有这些都增加了已经感染这种疾病的人数。目前估计南非有四百万艾滋病患者，这些人占该国性活跃人口的很大一部分。因此，与1991年人口普查预测相反，到2010年，与艾滋病相关的死亡人数预计会将总人口减少到4700万人，而不是在没有艾滋病的情况下预测的5340万人（*Sunday*

---

① 指以荷兰裔为主，融合法国、德国移民形成的非洲白人民族，以阿非利堪斯语为第一语言。

Times，29 July 2001）。

南非的特征之一是其语言的多样性，事实上，前任政府，尤其是种族隔离政府，常以此来证明他们"分而治之"政策的合法性，例如为黑人建造"家园"。本文讨论了与这种多样性相关的问题，重点关注语言传播和使用、语言政策与规划，以及语言的保持和转用，尤其是该国官方语言的发展前景。对这些问题的讨论部分借鉴了我以前在南非的语言规划问题上的工作（Kamwangamalu，1995；1996；1997b；1998a、b；2000a、b；2001a、b）以及在各种专业会议上提交的关于这些议题的论文反馈。[3]

第一部分　南非的语言概况

南非的人口不仅是多种族的，而且也是多语言的。据估计，南非境内约有 25 种语言。在这些语言中，有 11 种语言已获得官方地位，包括英语和阿非利堪斯语（以前是该国仅有的两种官方语言）和另外 9 种非洲语言[4]，佩迪语（Sepedi）、塞索托语（Sesotho）、茨瓦纳语（Setswana）、斯威士语（siSwati）、文达语（Tshivenda）、聪加语（Xitsonga）、恩德贝勒语（isiNdebele）、柯萨语（isiXhosa）和祖鲁语（isiZulu），它们都是新的南非官方语言地图的新成员（见表 21）。之所以选择这些语言，是因为大多数南非人（可能超过 98%）使用其中一种语言作为他们的母语或第一语言（Department of Education，*South Africa's New Language Policy：The Facts*，1994：4）。在人口统计上，祖鲁语（22.7%）和柯萨语（17.7%）是最常使用的第一母语。1996年的人口普查显示，阿非利堪斯语（14.3%）和英语（8.5%）虽然在所有省份广泛使用，但与某些本土语言相比，被用作第一母语的情况较少（*The People of South Africa Population Census 1996*，1998：14）。

表 21　南非的官方语言

语言	使用人数（人）	百分比（%）	地理集中区域
阿非利堪斯语	5811547	14.3	西北省，豪登省
英语	3457467	8.5	夸祖鲁-纳塔尔省，西开普省，豪登省
恩德贝勒语	586961	1.4	豪登省，姆普马兰加省
柯萨语	7196118	17.7	东开普省
祖鲁语	9200144	22.7	豪登省，夸祖鲁-纳塔尔省
佩迪语	3695846	9.2	北部省，豪登省

续表

语言	使用人数（人）	百分比（%）	地理集中区域
塞索托语	3104197	7.7	自由州，豪登省
斯威士语	1013193	2.5	豪登省，姆普马兰加省
茨瓦纳语	3301774	8.1	豪登省，西北省
文达语	876409	2.2	北部省
聪加语	1756105	4.3	北部省，豪登省
其他	583813	1.4	豪登省，夸祖鲁 – 纳塔尔省
总数	40583573	100	

资料来源：南非人民 1996 年人口普查（*The People of South Africa Population Census* 1996，1998：12 – 3.）。

据估计，在南非境内使用的 25 种语言可分为三大类，即欧洲语言、非洲语言和亚洲语言。在接下来的讨论中，本文将描述每个语言群体。此外，我将简要讨论由于所考虑的语言群体之间的接触而出现的皮钦语，即法纳伽罗语（Fanagalo）、南非塔尔语（Tsotsitaal）和伊斯卡姆托语（Iscamtho）。

欧洲语言

在南非使用的欧洲语言包括该国 11 种官方语言中的两种，即英语和阿非利堪斯语，以及 6 种移民语言，即荷兰语（7.89%）、法语（4.26%）、德语（27.05%）、希腊语（11.28%）、意大利语（11.15%）和葡萄牙语（38.36%），葡萄牙语是邻国莫桑比克的法定国家语言（见表 22）（Lopes，1998）。正如已经观察到的，英语和阿非利堪斯语在全国广泛使用。

然而，移民语言主要集中在该国一些较大的城市，如开普敦、约翰内斯堡、伊丽莎白港和德班。它们的功能主要是作为它们各自社区内群体交流的媒介。一些社区，例如夸祖鲁 – 纳塔尔省的德国社区，或豪登省和开普敦的葡萄牙社区拥有发达的网络旨在保持他们的语言（*South Africa Year Book*，1998）。这些网络包括提供这些语言作为教学科目或作为学习媒介的私立学校，以及完全以这些语言进行的课外活动、文化活动和教会服务。移民语言的使用者，尤其是老一辈的移民，通常使用他们各自的语言和英语进行双语交流。表 22 列出了使用移民语言的估计人数。

表 22 南非的欧洲移民语言

语言	使用人数（人）	百分比
葡萄牙语	57080	(38.36%)
德语	40240	(27.05%)
希腊语	16780	(11.28%)
意大利语	16600	(11.16%)
荷兰语	11740	(7.89%)
法语	6340	(4.26%)
使用者总数	148780	(100.%)

来源：南非语言地图集（Grobler *et al.*, 1990：17）。

英语

1795 年，英国人通过占领好望角（现在的开普敦）来到南非，损害了荷兰的利益，控制了欧洲和亚洲之间的好望角战略航线（Lass，1995）。1802 年，英国将好望角归还给荷兰，之前荷兰从 1652 年以来一直占领它，直到 1795 年英国入侵。但在拿破仑战争期间（1805—1815），英国再次占领了好望角，并立即着手建立一个在性质和名称上都是英国的殖民地（Warwick，1980：12）。他们这样做，除其他作用外，更加强了他们在第一次占领该领土时就引入的英语化政策。英语化政策"试图在公共生活的所有领域用英语取代荷兰语"（Davenport，1991：40）。所有官方职位都专门留给讲英语的人。正如赖茨（Reitz，1900：10）指出的那样，"布尔人[5]被排除在陪审团之外，因为他们的英语知识太差，他们的动机和行动必须由与他们毫无共同之处的英国人来决定"。到 1814 年，英语已被牢固地确立为殖民地的官方语言（Lanham，1978）。荷兰语及其后代阿非利堪斯语因意识形态原因被英国政府压制。例如，在教育方面，荷兰儿童必须用英语而不是他们的第一语言荷兰语进行学习。在这方面，马勒布（Malherbe，1925：414）指出：

为争取让政府承认荷兰语和母语教学原则而进行的斗争在南非教育中有着悠久的历史……从查尔斯·萨默塞特勋爵的英语学校（1822）创立之时起，在 1839 年政府学校的建立和 1865 年的助学金条例中，讲荷兰语的孩子在学校中因其母语而处于劣势。

好望角的总督查尔斯·萨默塞特勋爵（Lord Charles Somerset）认为，尽快使殖民者英语化是他们忠实的责任，因为：

> 他们的人数只有三万多一点，在一个已经成为大英帝国一部分的国家里，允许这么少的人延续那些非英国的思想和习俗，这似乎很荒谬。约翰·克拉多克爵士已经发出通知，不会任命不懂英语的人担任公务员的任何职位。（Malherbe，1925：57）

为了进一步推动殖民者英语化的目标，1822 年萨默塞特勋爵发布公告，要求自 1825 年以来的所有官方文件，以及自 1828 年以来在法庭上的所有诉讼程序都使用英语。此外，正如沃里克（Warwick，1980：351）所指出的，国家资助的学校被要求使用英语作为教学语言，教师应该尽最大努力促进阿非利堪人接受英国统治，帝国历史构成了课程的很大一部分。英语化政策击中了阿非利堪人的核心。阿非利堪人对这项政策感到不满，因为他们认为这是对他们的语言、文化和身份的威胁。为了反对这一政策，他们建立了以荷兰语或阿非利堪斯语（1925 年起被称为阿非利堪斯语）为教学语言的私立学校。对于南非人，正如赫克斯汉姆（Hexham，1981：132）所说，保持他们的语言阿非利堪斯语，对于保持他们的民族身份至关重要。对他们来说，南非的未来取决于哪种语言和文化将取得胜利。此外，在说阿非利堪斯语的白人社区中，有些人认为阿非利堪斯语是上帝送给白人的礼物，范瑞斯伯格（van Rensburg，1999：86）说"在阿非利堪斯语词典中非常清楚"，上帝没有允许他们（阿非利堪人）成为英国人（Watermeyer，1996）。除其他因素外，阿非利堪斯语对英语化的抵抗据说也导致了 1899—1902 年的英布战争[1]，英国赢得了这场战争（Moodie，1975）。英国在南非的高压手段强化了阿非利堪人的抵抗力（Skinner，1998：239）。而且当代阿非利堪人对其他族群的压迫往往只是早期英国人对待阿非利堪人的简单翻版。从理论上讲，英语化政策一直持续到 1910 年，当时南非联邦成立，英语和荷兰语[7]共同享有联邦官方语言的平等地位。然而，在实践中英国人从未接受荷兰语和英语之间的平等，尤其是在教育方面。出于政治和经济原因，英国政府的政策规定英语是国家教育援助的先决条件（Hartshorne，1995：310）。此外，根据黑德勒姆（Headlam，1931：514）引用一位英国官员的说法，"两种语言（荷兰语和英

---

① 英国同荷兰移民后裔布尔人（即阿非利堪人）建立的南非共和国和奥兰治自由邦为争夺南非领土和地下资源而进行的战争，也称南非战争或布尔战争。

语）平等的原则从一开始就一直被我们（英国人）拒绝"。因此，阿非利堪人抱怨他们的语言荷兰语没有得到法律的承认也就不足为奇了，尤其是在教育方面。马勒布（Malherbe，1925）指出，在1915年，教育语言委员会受命调查1912年语言法令（荷兰语和英语成为联邦的官方语言）的运作情况。委员会发现"法律没有得到执行，讲荷兰语的孩子是受害者"（Malherbe，1925：415）。这种情况直到1948年阿非利堪人上台后才有所改变。下面将讨论1948年之后阿非利堪斯语的地位。

英语在南非具有特殊地位，既是某些人的母语（例如南非印度人的年轻一代和一部分白人），也作为其他人的非母语（例如黑人）。根据1996年的人口普查统计，有3457467（9%）人以英语为母语，其中包括白人1711603（39%）人、亚洲人974654（94.4%）人、有色人种584101（16.4%）人和非洲人113132（0.4%）人。它比大多数官方语言的分布范围更广，但大多数使用它的人都集中在大都市和城市地区。豪登省和夸祖鲁－纳塔尔省的英语使用者均超过一百万，紧随其后的是西开普省，拥有超过50万的英语使用者。在种族隔离后的南非，英语比任何其他官方语言（包括阿非利堪斯语）都享有更高的声望。它的命运可以追溯到种族隔离的鼎盛时期，尤其是在1953年的班图教育法案和随后的1976年6月16日的索韦托起义之后。这两个事件（我稍后还会谈到），使英语在南非大多数人心目中成为反对种族隔离制度和从该制度中解放出来的语言，而阿非利堪斯语则被视为压迫语言，因为它与种族隔离制度有关（Barkhuizen & Gough，1996；Shingler，1973）。在新南非，英语是全国大多数学校的教学语言，但在历史上以阿非利堪斯语为媒介的学校和大学除外，在那里英语与阿非利堪斯语竞争，以满足黑人学生对以英语为媒介的教育的需求。英语被广泛用于印刷媒体、广播、电视和互联网，它是科学技术、工作机会、族裔间和国际交流的语言，也是处理国家事务最常用的语言。许多人将其视为具有权力、声望和地位的语言，作为一种"芝麻开门"式的密码，人们可以通过英语获得无限的垂直社会流动（Samuels，1995）。简而言之，正如某些人所说，英语是"一种可以带你去任何地方的语言"（Virasamy，1997）；用帕克尔（Pakir，1998：104）的话来说，它是"一种没有保质期的语言"。尽管具有所有积极的属性，但在南非（以及非洲大陆的其他前英国殖民地），由于以下原因，英语被指责为一把双刃剑。

1. 尽管英语提供了受教育和工作的机会，但它也阻碍了那些不会说英语或英语很差的人获得这些机会（Branford，1996：36）。

2. 英语是获取知识、科学和技术的关键，但它越来越被视为本土语言保持的主要威胁（Masemola & Khan，2000：11）以及殖民主义的残余和文化异化的原因（Schmied，1991：121），而且它作为价值观的载体并不总是与当地的传统和信仰相一致。（deKlerk，1996：7）

本文的最后部分将考虑英语在南非的多种功能（如上所述）对保持和促进本土语言的影响。

阿非利堪斯语

阿非利堪斯语被 5811547（14.4%）人用作母语，其中包括白人 2558956（58%）人、有色人种 2931489（82.1%）人、非洲人 217606（0.7%）人和亚洲人 15135（1.5%）人（*The People of South Africa Population Census 1996*，1998：12）。大多数讲阿非利堪斯语的人都集中在西开普省、东开普省和北开普省的大都市区和城市中心。南非首都比勒陀利亚的阿非利堪斯语使用者密度也相对较高（Grobler *et al*.，1990）。

尽管与英语一样，阿非利堪斯语在这里被描述为一种欧洲语言，但它的历史与英语的历史并不完全相同（Webb & Sure，2000）。与英语不同，阿非利堪斯语是从非洲大陆的前殖民语言荷兰语演变而来的，从这个意义上说，阿非利堪斯语不像英语那样是一种欧洲语言。虽然它的主要来源是荷兰语，但阿非利堪斯语没有（也从来没有）在非洲大陆以外使用过。正如斯金纳（Skinner，1998：239）所观察到的，如果不是从语言学的视角来看，它甚至可能被认为是一种"非洲"语言，而阿非利堪人可以将自己视为"非洲白人部落"。一些学者将阿非利堪斯语的存在与 1652 年由扬·范·里贝克（Jan van Riebeeck）领导的大约 180 名荷兰殖民者抵达开普敦联系起来；这些殖民者在开普敦建立了一个位于欧洲（阿姆斯特丹）和东南亚（巴达维亚①）之间的补给站，为"荷兰东印度公司"的船只提供补给（Maartens，1998；Ponelis，1993；Roberge，1995）。根据格罗伯勒等人（Grobler *et al*.1990：9）的观点，今天众所周知的阿非利堪斯语起源于在开普敦接触的各种 17 世纪和 18 世纪日耳曼语言。克木布林克（Combrink，1978：70）反对这种观点，因为它的支持者认为阿非利堪斯语只是从日耳曼语言的相互作用中自然发展出来的。根据对阿非利堪斯语各个方面演变的研究，克木布林克将阿非

---

① 东南亚国家印度尼西亚的首都雅加达的旧称。

利堪斯语的起源归结于荷兰方言和几个外来语的影响（例如科伊语①和南班图语、法语、德语、葡萄牙语、马来语和英语），其中荷兰方言占阿非利堪斯语结构的 90% 以上。在此背景下，克木布林克确切地认为，"我们现在可以宣布，尽管受到其他语言的影响，阿非利堪斯语诞生于几种荷兰方言的多头联姻"（Combrink，1978：70）。与克木布林克（Combrink，1978）一样，罗贝热（Roberge，1995）和韦伯与休尔（Webb & Sure，2000）也支持阿非利堪斯语具有异质起源的观点。在罗贝热（Roberge，1995：68）看来，三个在物质、文化、宗教和语言上截然不同的群体对阿非利堪斯语的形成负有主要责任，这些群体包括欧洲定居者（从 1652 年开始）、土著科伊科伊人（Khoikhoi，也拼写为 Khoekhoe）和起源于非洲和亚洲的被奴役的民族（从 1658 年开始）。同样，韦伯和休尔（Webb & Sure，2000：39）指出，由于荷兰人在开普敦拥有必要的地区权力，他们的语言成了主导语言，任何需要与他们打交道的人都必须学习。韦伯和休尔还指出，由此产生了阿非利堪斯语，这是一种主要存在于荷兰士兵、水手、科伊科伊牧民和劳工以及开普敦奴隶社区之间的语言。

阿非利堪斯语的特点是长期为其社会政治权利而进行斗争[8]，但这一历史不在本文讨论范围内。可以说 19 世纪之交的两项发展从根本上影响了阿非利堪斯语语言社区的政治、经济和社会背景，它们是：（1）发现钻石（1870）和金矿（1886 年在威特沃特斯兰德）后，经济基础从农业转向采矿业；（2）1899—1902 年发生了英国人和布尔人的战争（Hexham，1981，Warwick，1980）。由于这些发展，特别是英布战争，让始于 19 世纪的英语和阿非利堪斯语之间的意识形态斗争愈演愈烈，阿非利堪斯语成为阿非利堪人民族主义和意识形态竞争的焦点（Ponelis，1993：52）。对于英国人和说英语的支持者来说，经济和政治控制是最终的目标。对于布尔人来说，他们作为一个独特民族的生存受到威胁，并且在抗争过程中，形成了一种民族认同感，以往的地方性附着已不再占主导地位，社区感也变得模糊不清（Attwell，1986：56）。换句话说，这场战争重新确立并加强了开普的阿非利堪人和他们在该国北部同胞之间的亲缘关系（Moodie，1975：40），它用一个统一的国家取代了旧的支离破碎的政治秩序（Ponelis，1993：53），它让阿非利堪人更清晰地认识到自己是一个独特的民族（Attwell，1986：79），并将英国帝国主义作为阿非利堪民族主义力量要对抗的单一实体凸显出来。在阿非利堪人反对英国统治的斗争中，主要的统一因素是阿非利堪斯语本身。在战

---

① 科伊语，原文中为 Khoi，也可拼写为 Khoe。

前，甚至在战后的一段时间内，阿非利堪斯语被认为是不适合用于教育活动的话语（Moodie，1975：40）。阿非利堪斯语被贬为"厨房语言（kombuistaal）"（Attwell，1986；Watermeyer，1996）；作为"私生子的行话，……目前开普省的粗俗语言"（Ponelis，1993：60），主要用于阿非利堪人与其仆人之间的交流。波内利斯（Ponelis，1993：60）提到，在1857年9月19日发表的一篇主要文章中，一位荷兰语（当时是开普敦的官方语言）的倡导者将阿非利堪斯语描述如下：

> 这种行话的表达方式如此贫乏，以至于我们不相信任何人可以用它来表达高于最普通想法的想法。人们很难指望去表达他们的语言完全无法表达的情感。文学不可能有这样的语言，因为它很贫乏，几乎不能用于书面表达。

波内利斯指出，这些持久的情感是19世纪末和20世纪初阿非利堪人民族运动的焦点，这些运动力争与阿非利堪斯语积极的意识形态内容联系起来。为阿非利堪斯语取代荷兰语奠定基础的第一次会议发生在1875年，由名为"真正的阿非利堪斯语协会"（Genootskap van Regte Afrikaners，GRA）的"反叛社团"组织（Combrink，1978：69）。这次会议构成了后来被称为第一阿非利堪斯语运动的基础。其目的是提升阿非利堪人的利益（Webb & Kriel，2000：21），并为说阿非利堪斯语的白人之间的政治团结奠定基础（van Rensburg，1999：80）。英布战争之后的几年里，白人阿非利堪斯语社区的各个部分（神职人员、记者、学者）开始团结起来，支持并主张将阿非利堪斯语提升为一种文化语言，并为之奔走呼号。阿非利堪斯语集会被称为第二次阿非利堪斯语运动。这是全面防御反应的一部分，旨在保护阿非利堪斯语以及阿非利堪斯语的价值观和传统免受征服者——英国的破坏（Hexham，1981：128）。阿非利堪斯语学者马兰博士（Dr Malan）在1908年斯坦陵布什的语言运动会议上更有力地提出了提高阿非利堪斯语地位的理由：

> 将阿非利堪斯语提升为书面语言，使其成为我们的文化、历史和民族理想的载体，将提升人民的自尊，并呼吁在世界文明中占据更有价值的位置……健康的民族情感只能植根于民族艺术和科学、民族传统和特色、民族语言和宗教，尤其是民族文学中（Pienaar，1964：169，175–6）。

因此，阿非利堪斯语运动致力于将该语言的地位提升到超越"厨房语言"，并利用运动的文化基础作为一种方法，让布尔人了解自己独特的身份并在政治上团结他们（Attwell，1986：66）。由于语言运动的努力，1909 年成立了南非语言文学和艺术学院（Zuid-Afrikaanse Akademie voor Taal, Letteren en Kuns）①（van Rensburg，1999：80）。学院通过其语言委员会设计了标准化的阿非利堪斯语正字法，第一版于 1917 年出版（Ponelis，1993：54）。1925 年，阿非利堪斯语作为荷兰语的一个分支语言被采纳为官方语言。语言运动与阿非利堪人的民族主义一起，为阿非利堪斯语争取到了官方的认可，并以这种方式促进了该语言在整个南非社会范围内的传播（Hexham，1981；Moodie，1975；Ponelis，1993）。阿非利堪斯语的发展在种族隔离时代（1948—1994 年）占据了中心位置。种族隔离制度将这种语言变成了对南非大多数人口即非洲黑人进行社会控制的工具（见下文"通过教育的语言传播"部分）。在这一时期，阿非利堪斯语被赋予了近乎神秘的地位（Skinner，1998：240），在这片土地上享有比任何其他语言都要多的特权。它被广泛应用于所有高级领域，包括媒体、政府、行政、军队、教育、经济、科学等等。它是全国高中入学的必考科目，了解阿非利堪斯语是就业的先决条件，公务员、教学、媒体等职位和与公众打交道的职位（如接待员）都需要精通该语言（van Rensburg，1999：81）。

今天，由于 1994 年种族隔离制度的终结，阿非利堪斯语已经失去了它在种族隔离时代所拥有的一些特权。例如，阿非利堪斯语不再是该国所有高中的入学要求，作为军队语言也逐渐被英语取代（de Klerk & Barkhuizen，1998）。它不仅与英语共享电视播放时间，还与 9 种非洲语言共享这一时间。尽管发生了这些变化，阿非利堪斯语仍然是"南非重要的交易语言"（Ponelis，1993：58），也是唯一一种在大多数更高的语言使用领域能与英语竞争的语言。例如，在公共部门，表格、身份证、信笺抬头、公共标志和路标都是用阿非利堪斯语和英语书写的，就像在种族隔离时代一样。同样，书面商业交易只用阿非利堪斯语和英语进行，该国钞票上的文字是用英语和阿非利堪斯语书写的，但阿非利堪斯语不再像在种族隔离时代那样与英语一起用于护照，相反，它已被法语取代。尽管如此，阿非利堪斯语的事务性使用，无论是在工作场所还是在所有的高级领域都非常成熟。在这方面，正如范伦斯堡（van Rensburg，1999：90 - 91）所说，阿非利堪斯语比南非的任何其他语言都更具有通用语言的功能，这一点并不奇怪。我们还注意到，在南非的许多地区，阿非利堪斯语被广泛用于工厂车间、农场、建筑工程、商店和其他地

---

① 该学院后改名为南非艺术和科学学院（The South African Academy for Arts and Science）。

方。这些评论表明，由于种族隔离制度的消亡，尽管有人称它为"阿非利堪斯语的衰落"（Maartens，1998：32），但阿非利堪斯语仍然是一种充满活力的语言。

南非的亚洲语言：印度语言和汉语

在南非，亚洲语言分为两大类：一是印度语言，包括古吉拉特语（25120人）、印地语（25900人）、泰米尔语（24720人）、泰卢固语（4000人）和乌尔都语（13280人）；二是汉语（2700人）[①]。1990年使用印度语言的人数估计为93020人（Grobler *et al.*，1990：18），主要集中在夸祖鲁–纳塔尔省，那里是印度本土以外讲印度语言人口最多的地方——大约有100万人。印度人于1860年作为契约劳工首次来到南非，在纳塔尔的甘蔗种植园工作。最初，他们使用各自的语言进行群体内交流，并学习了作为皮钦语的法纳伽罗语，用于与外界交流。梅斯特里指出，大约140年前，当他们来到南非时，绝大多数印度移民（可能为98%）不懂英语（Mesthrie，1996：80）。然而，从那时起，南非的印度人口经历了广泛的语言转变，现在使用英语进行群体内和群体间的交流。在20世纪60年代和70年代，英语成为大多数印度学童的第一语言（Mesthrie，1996：81）。从印度语言向英语的转变是由多种因素造成的，其中包括英语的工具价值、种族隔离歧视性语言政策（Malherbe，1925；Shingler，1973）、印度人自己对用他们的语言进行教育的态度（Prabhakaran，1998），以及梅斯特里（Mesthrie，1996：81）所说的语言转用中的"强化封闭循环"，也就是说，"在家里，父母从最小的孩子那里学习英语，而不是相反"。作为这种语言转变过程的结果，今天印度语言主要用于宗教目的，并作为科目教授，特别是在德班–韦斯特维尔大学（University of Durban-Westville）。在种族隔离时代，该大学被指定为专门的"印度"大学。印度语言在南非社会的公共生活中没有任何作用，然而，新宪法规定了对它们的保护，就像对其他少数族裔语言一样。此外，还成立了许多以社区为基础的文化组织来维持这些语言。马哈拉吉（Maharaj，1974）发现了许多组织，[9]根据帕巴卡兰（Prabhakaran，个人交流，2001年1月）的说法，这些组织目前在印度语社区中很活跃。马哈拉吉说南非的印度穆斯林社区也有自己的文化组织，[10]还有其他组织[11]未在马哈拉吉（Maharaj，1974）的文章中列出，但根据帕巴卡兰（个人交流）的说法，这些组织也旨

---

① 主要是客家话和粤语。

在推广印度语言和文化。印度人和其他南非亚洲人（例如中国人）之所以能够建立这样的组织是由于宗教和富裕程度使他们能够保留自己的语言。这些组织中的大多数使用各自的社区语言（例如泰米尔语、印地语、泰卢固语等）向年轻一代传授宗教信仰。例如，纳塔尔泰米尔语联合会通过对瓦拉姆（Thevaram）的研究来教授泰米尔语，即通过用泰米尔语写成的印度教宗教文本来学习该语言。我将在随后的内容中继续谈及语言和宗教的问题。就富裕程度而言，南非亚洲人仅次于白人和有色人种，可以说是南非最富裕的族群之一。因此，他们可以成立组织或学校来推广他们各自的语言，例如，印地语锡克教协会（Hindi Sikha Sangh）教授印地语阅读和写作技巧，卡蒂亚瓦古吉拉特语协会（Gujarati Khathiawad Association）在帕塔萨拉斯（学校）教古吉拉特语和文化，尽管拥有这些组织，但由于歧视性语言政策以及与经济上更可行的语言（如英语和阿非利堪斯语）的接触，印度语言在南非似乎没有光明的未来。虽然老一辈的南非印度人可能会精通一些印度语言并将其用作母语，但年轻一代在很大程度上只讲英语。

南非的另一部分亚裔人口是中国人，尤其是讲粤语的中国人，他们在第二次英布战争（1899—1902）后不久来到南非的金矿工作（*South Africa Year Book*, 1999）。不知道南非华人是否和南非印度人一样，经历了完全的语言转用。然而，老一辈人似乎是英汉双语的，后者主要用于群内交流。大多数南非华人集中在约翰内斯堡、威特沃特斯兰德和伊丽莎白港。根据现行的官方语言教育政策（见下文的语言政策与规划），这些拥有大量中国儿童的处在大都会中心的学校都在学校课程中开设中文课程。

南非的非洲语言

南非的非洲语言主要由班图语构成，其中可以区分为四个不同的群体①：（1）恩古尼语（Nguni languages）（包括柯萨语、祖鲁语、恩德贝勒语和斯威士语）；（2）索托语（Sotho languages）（包括佩迪语、塞索托语和茨瓦纳语）；（3）文达语（Venda）；（4）聪加语（Tsonga）。正如1996年人口普查数据所显示（见表21），恩古尼语是最大的，拥有约1800万使用者，其次是索托语，拥有超过1000万的使用者，聪加语拥有近200万的使用者，文达

---

① 原文使用了"four distinct groups"，为忠实原文，本文将其翻译为"四个不同的群体"。从语言谱系上来说班图语是尼日尔－刚果语系的一个语支，即班图语支，而四个不同语言群体则是该语支的四个分支。

语有近 100 万的使用者。[另请参阅洛佩斯（Lopes，1998）对莫桑比克班图语的讨论] 这些语言的亲属关系与它们的地理分布有着明显的关系，恩古尼语主要分布在东部和沿海地区，索托语主要分布在西部和内陆高原，文达语主要分布在北部，聪加语主要分布在姆普马兰加省（原东德兰士瓦省）（Schuring and van der Merwe，1990：73）。所有四个语言群体都属于多克和科尔（Doke & Cole，1961）所说的东南区班图语，覆盖了南部非洲的大部分地区，包括南非、莱索托、博茨瓦纳、斯威士兰、津巴布韦和莫桑比克南部。

与其他班图语一样，南非的班图语被认为最初是从尼日利亚东部和喀麦隆的西非过渡区传播过来的（Cole，1937：309，引自 Schapera & Comaroff，1953/1991；Wald，1987：285）。从这个地区开始，班图语在不晚于公元第一个千年最初几个世纪的几波迁移中开始向东和向南传播。"班图"一词，意为"人"，由德国语言学家布林克（W. H. I. Bleek）于 1856 年首次提出，用于指代庞大的"语言家族"，即班图语所具有的某些共同特征（Guthrie，1948：9；Silverstein，1968：112）。这些特征包括粘着形态（即在词的形成中广泛使用前缀和后缀以及词干），代词与它们分别指代的名词的一致性，以及由此产生的名词在类别或性别中的分布。因此，大体上从喀麦隆到南部非洲（不包括西南部的科伊桑地区）大量的语言特征是如此的典型，以至于班图语通常（部分）是根据这些特征来定义的（Fivaz，1981：4）。尽管"班图语"一词在非洲语言研究中被广泛使用，但它一直存在争议，尤其是在南非，那里的种族隔离制度把它作为一个种族名称和官方人口标识（Herbert，1993：ix）。因此，已经有人做了尝试，试图用"金图（Kintu）"或"辛图（Sintu）"来替代"Bantu"（Khumalo，1984；Mfenyana，1977）或完全避免使用它（Poulos，1990：2），不过这些尝试不管在当地还是国际学术界都没有市场。因此，在非洲语言的研究中，班图语仍然是描述具有上述特征语言家族的最常用术语。

南非的班图语在 19 世纪首次被转写成文字，但直到 1860 年之前它们的文献作品也仅限于对《圣经》的翻译（Lanham，1978：16）。班图语的第一个印刷文本于 1823 年出现在伊西科萨；接着是 1826 年的第一本词典，1834 年的第一本语法书和 1846 年的《新约》（Schuring，1990：27）。班图语主要用于日常口语交流，在一些高级领域的使用有限，特别是在媒体和教育领域。例如，在教育方面，只有在以黑人为主的学校的小学教育的前四年才使用官方班图语作为教学语言；之后，班图语在一些学校中作为剩余年级的可选科目，而且常常是用英语授课。[13] 官方的班图语也在媒体中使用，特别是在广播中，但很少用于电视和印刷媒体中（见下文的"语言传播"一节）。

根据 1996 年的人口普查数据，讲班图语的人占南非总人口的三分之二以上，其中大部分人居住在农村地区。这些语言使用者大多居住在农村地区，这一点应该放在当时种族隔离政权臭名昭著的"通行证法"的背景下来理解，"通行证法"的主要目标就是限制黑人从农村地区到城市地区或从一个城市集中地区到另一个集中地区的流动（Omer-Cooper，1999：975）。由于种族隔离制度的终结，越来越多的南非黑人涌入城市寻求就业和更好的生活条件。因此，未来几年，使用班图语的城市人口可能会增加。在下一节中，我将简要描述之前概述的班图语群体①，重点是恩古尼语、索托语、文达语和聪加语，并主要借鉴舒灵（Schuring，1990）的成果。但首先值得注意的是，除了班图语群体外，还有许多其他语言在南非使用，包括班图语和非班图语。例如，来自非洲邻国（例如津巴布韦、马拉维）的移民工人说的是同为班图语的绍纳语（Shona）和切瓦语（ciChewa）；法纳伽罗语、伊斯卡姆托语、南非塔尔语等皮钦语，它们是本土语言、英语、阿非利堪斯语和移民工人使用的语言相互接触的产物；非班图语，如科伊桑语②（Khoi-San也拼写为 Khoisan 或 Khoesan），在南非只有纳马语（Nama）。兰哈姆（Lanham，1978：14）评论说，科伊桑语的区别，是一种与显著差异即在社会和经济上更为复杂的游牧牧民社会之间的差异有关的文化区别（Khoi 意为"人类"，San 意为"狩猎采集者"）。大多数科伊桑人，尤其是说纳马语的人集中在纳米比亚和博茨瓦纳，但也有少数人在南非的西开普省，在那里他们被认定为"有色人种"（Lanham，1978：15）。南非新宪法规定保护和发展科伊桑语，纳马语在拥有大量纳马语使用者的学校中作为一门课程提供。最近，南非广播公司在北开普省开设了一个广播电台，以宣传科伊桑语，主要是纳马语、绪语（Xu）和奎语（Khwe）（Daily News，12 September 2000）。

恩古尼语

恩古尼语包括祖鲁语、柯萨语、恩德贝勒语和斯威士语。这些语言中的每一种都有自己的历史（详见 Schapera，1937；Schuring，1990），并且在其发展过程中都受到了所接触语言的影响，其中包括科伊桑语以及后来的阿非利

---

① 从语言谱系上来说班图语是尼日尔 - 刚果语系的一个分支，即班图语支。原文使用了"Bantu language groups"，为忠实原文，本文将其翻译为班图语群体。

② 科伊桑语是由约瑟夫·格林伯格（Joseph Greenberg）最初归类在一起的一组非洲语言。科伊桑语有咔嗒的辅音，不属于其他非洲语系，大多数语言濒临灭绝且没有书面记录，唯一广泛使用的科伊桑语是纳米比亚、博茨瓦纳和南非的纳马语，有 25 万左右的使用者。

堪斯语和英语。本文的范围不适合涵盖每种恩古尼语的历史，但是我们知道至少从 16 世纪开始，讲恩古尼语人的祖先就从中非迁移并定居在非洲南部的东海岸了（Ownby，1981）。在这里，他们与科伊桑人接触，科伊桑语（其中大部分现已灭绝）在恩古尼语中留下了印记。特别是，恩古尼语中出现的咔嗒声证明了科伊桑语对恩古尼语的影响。在语言上，恩古尼语可以分为两组：尊达·恩古尼语（Zunda Nguni）和泰凯拉·恩古尼语（Thekela Nguni）（Schuring，1990：25）。柯萨语、祖鲁语和（南部）恩德贝勒语属于尊达组，而斯威士语和（北部）恩德贝勒语属于泰凯拉组。尊达恩古尼语和泰凯拉恩古尼语之间的主要区别在于前者使用/z/而不是/t/，如柯萨语的 imizi 与斯威士语的 imiti（村庄）。尽管存在这种差异，恩古尼语在很大程度上是可以相互理解的，大多数南非人都把其中一种语言作为母语。

在布莱恩（Bryan，1959：152）对班图语的分类中，恩古尼语所包含的柯萨语、祖鲁语、斯威士语和恩德贝勒语被置于 S.41、S.42、S.43 和 S.44区域（也见 Guthrie，1971）。术语"区域"（Zone）是指一组语言"具有一定的地理连续性，并且还显示出许多共同的语言特征"（Guthrie，1948：28；有关这些特征的总结，参见 Guthrie，1948：67 - 70）。因此，从语言上讲，没有理由将柯萨语（S.41）与祖鲁语（S.42）、斯威士语（S.43）或恩德贝勒语（S.44）区别对待，它们很容易被视为一组方言（Guthrie，1948：29）。事实上，正是基于这些理由，大约 60 年前有人提出一个建议，并于最近又重新提出，恩古尼语和索托语这两个主要语言群体应该在内部进行协调（Alexander，1989）。也就是说，应开发出一种对每个语族内的所有语言都通用的单一书面变体，以供学校教科书使用并促进语言社区之间更紧密地团结在一起。有关的语言团体（即恩古尼人和索托人）基于以下三个理由拒绝这种协调。

1. 他们认为通过协调发展一门新语言会导致他们各自的母语和社会文化身份的丧失（Webb & Sure，2000）。
2. 每个群体中使用较小语言的人（例如恩古尼语中的斯威士语和恩德贝勒语，索托语中的茨瓦纳语）认为协调是一种恶意的企图，试图破坏他们的语言并使它们融入更大的语言社区。
3. 每个语言群体的纯粹主义者都拒绝统一，因为在他们看来，这会侵蚀他们各自语言的"纯洁性"。此外，一些批评家将"协调"描述为"新班图语言工程"，认为"没有一个大型群体会愿意学习一种不是本语言社区既有语言的人工语言"（van den Berghe，1990：59）。

另一些人认为"协调"源于对使用多种语言的恐惧或不信任，因此将后者视为问题而不是资源（Heugh，1996：46）。

索托语

索托语构成南非第二大班图语群体（Bantu language group）。该群体由三种主要语言组成：塞索托语（Sesotho）、佩迪语（Sepedi）和茨瓦纳语（Setswana），三者也分别被称为南索托语（Southern Sotho）、北索托语（Northern Sotho）和西索托语（Western Sotho）。佩迪语（即北索托语）是三种索托语中最大的一种，有360万使用者，紧随其后的是拥有330万使用者的茨瓦纳语和拥有310万使用者的塞索托语，这三个变体都是从几个索托语方言发展而来的。与恩古尼语一样，索托语（在某种程度上，南索托语除外）也可以相互听得懂。茨瓦纳语和塞索托语分别在博茨瓦纳和莱索托拥有官方地位，这些国家的大多数人口在各自的地区将它们作为第一语言使用。茨瓦纳语是中索托语（Middle Sotho）方言的书面语言，佩迪语和塞索托语也是。在地理上，索托语的主要集中地区情况为：塞索托语主要分布在自由州省、特兰斯凯和莱索托；佩迪语主要分布在姆普马兰加省、莱博瓦省（北部省）和豪登省北部；茨瓦纳语主要分布在西北省、北开普省、姆普马兰加省和博茨瓦纳（Nyati-Ramahobo，2000）。在语言上，索托语与恩古尼语的不同之处在于前者的鼻音簇比后者少（Schuring，1990）。索托语的第一个印刷文本——《教理问答》，出现于1835年，用（南部）塞索托语书写［或根据Breutz（1989：10）简称为Setswana，他使用"Setswana"作为覆盖所有索托语语言的术语］。随后在1840年将新约翻译成茨瓦纳语，并于1870年用佩迪语翻译成读本［Schapera & Cameroff，(1953) 1991：11；Schuring，1990：29－30］。

聪加语（Tsonga）

聪加语（Tsonga language group）包括在莫桑比克使用的荣加语（Ronga）和茨瓦语（Tshwa），以及在南非使用的聪加语（Xitsonga）。南非的聪加语使用者最初来自莫桑比克，至少从15世纪起，聪加部落（Tsonga tribes）就居住在那里（Schuring，1990：31）。据说聪加人是非常有进取心与创新精神且流动性很强的族群，他们旅行到远离家乡的地方定居，聪加语本身是祖鲁语和原始聪加方言混合的结果。在北部省、姆普马兰加省和豪登省有许多讲聪加语的人，在津巴布韦的一些小区域也发现了一些聪加语的使用者。与南非的其他官方本土语言（例如文达语、恩德贝勒语和祖鲁语等）一样，聪加语被用作初等教育的学习媒介，尤其是在说聪加语的地区，同时也作为高年级教育包括中学和大学的选修科目。此外，与文达语和其他次要官方本土语言一样，聪加语也用于无线电广播和电视广播，但与祖鲁语、柯萨语和索托语等主要官方语言的使用程度不同，更不用说英语和阿非利堪斯语了。与更早被记录下来的恩古尼语和索托语相比，聪加语直到 19 世纪末才由传教士记录为文字。

文达语（Venda）

文达人于 18 世纪初从津巴布韦迁徙到南非北部省定居。他们的语言文达语（Tshivenda）的使用人数不到一百万人。文达语与津巴布韦的绍纳语有关，是南非所有官方本土语言中最小的一种。正如已经讨论过的，文达语与其他官方本土语言具有共同的语言特征，但是它与这些语言中的任何一种都不能相互理解。舒灵（Schuring，1990）将文达语描述为一种相对同质的语言，方言变化很小。根据普洛斯（Poulos，1990：8）的研究，以下这些是已知的文达语方言（第一个被认为是该语言的标准方言），即赤梵尼语（Tshiphani）、齐拉富里语（Tshiilafuri）、赤隆格语（Tshironga）、钦贝齐语（Tshimbedzi）、奇伦贝斯语（Tshilembeth）和齐塔瓦辛迪语（Tshitavhatsin-di）。与聪加语一样，文达语在 19 世纪末才拥有自己的书写符号。

接触语言：法纳伽罗语（Fanagalo）、南非塔尔语（Tsotsita-al）和伊斯卡姆托语（Iscamtho）

南非的语言圈子不仅包括前几节中描述的语言群体，还包括一些皮钦语，即法纳伽罗语、南非塔尔语和伊斯卡姆托语。布朗（Brown，1995：312）认为法纳伽罗语（也拼写为 Fanakalo）的起源不确定；而科尔（Cole，1953）将其描述为大约 1860 年，印度契约劳工在纳塔尔的甘蔗种植园开始了祖鲁语和英语的混合，他将法纳伽罗语的起源归因于印度人，因为祖鲁人将法纳伽罗语称为 isikhulu（"苦力"的语言——印度人的贬义词）。梅斯特里（Mesthrie，1992，1995a）不同意这一观点，认为法纳伽罗语是印度人到达纳塔尔前就有的"南部非洲的皮钦语"（Mesthrie，1995：142），"它稳定地存在了一百多年，显示了日耳曼语（阿非利堪斯语和英语）和东南班图语（特别是恩古尼语的祖鲁语分支以及在较小程度上与柯萨语）之间的接触"（Mesthrie，1992：57）。20 世纪 80 年代黄金和钻石的发现促使约翰内斯堡和金伯利的矿工激增。这些矿工来自远在赞比亚和马拉维的一些地方，讲着众多不同的语言，因此需要一种通用的交流媒介。法纳伽罗语成了这种媒介。从那时起，法纳伽罗语似乎逐渐被阿非利堪斯语所取代，尤其是在矿山中。据说在 1948 年南非国民党政府（National Party Government）当政后，从法纳伽罗语向阿非利堪斯语的转变获得了动力。尽管对于法纳伽罗语的发展原因或其起源在观点上尚有争议，但大多数研究至少同意南非法纳伽罗语是一种用于城市群体间的语言，主要用于白人雇主（主人）和黑人雇员（仆人）之间的交流（Calteaux，1996：54；Makhudu，1995：298；Mesthrie，1992：57）。在黑人社区，法纳伽罗语通常被视为一种剥削语言（Makhudu，1995：298），作为一种侮辱性的语言，是白人雇主使唤黑人雇员的语言（Lynn，1995：57），非洲人（尤其是受过教育的人）总是将它与种族主义态度联系起来（Calteaux，1996：55；Ntshangase，1993：116）。尽管存在所有这些负面属性，阿登道夫（Adendorff，1995：188－91）和卡尔托（Calteaux，1996：67）所讨论的人种学证据表明，有时黑人也使用法纳伽罗语来表达彼此的团结来加强人际关系，或在没有其他通用媒体可用的情况下相互通信。

南非塔尔语，也被称为弗莱塔尔语［即"飞行语言"，来自英语动词"to fly"和阿非利堪斯语名词"taal"（语言）］，主要是一种基于阿非利堪斯语的皮钦语，它在 20 世纪早期出现于约翰内斯堡（例如索菲亚敦）和比勒陀利亚（例如塞尔伯恩夫人镇）的黑人城镇，源于阿非利堪斯语非标准方言和恩古尼语（尤其是祖鲁语）间的接触（Ponelis，1993：61）。在词源上，"Tsotsitaal"这个名字由索托语词素"tsotsi"（骗子、小偷、城市智慧）和阿非利堪斯语词素"taal"（语言）组成。伊斯卡姆托语（Iscamtho）是一种基于祖鲁语和索托语的皮钦语，源于英语和这两种语言之间的语码转换。与法纳伽罗语不同，南非塔尔语和伊斯卡姆托语都是与犯罪相关的群体内语言，通常用于乡镇之间的平等者互动，尤其是年轻的城市黑人男性或"城镇居民"（Ponelis，1993：59），以标记都市主义、圆滑、进步、世故、城市智慧、现代性和群体内团结（Calteaux，1996：58，73－5；Makhudu，1995：301；Ntshangase，1993：18；1995：292，295）。卡尔托（Calteaux，1996：64－76）提供了这里考虑的每种皮钦语的社会语言学概况，包括它们的起源和发展、语言构成、变体、使用领域、对话者、地位和在黑人社区中的功能。

语言和宗教

南非不仅是一个多语言和多种族的国家，而且在宗教上也是多元的。除了通常被称为非洲独立的或传统的本土宗教外，南非也几乎是所有宗教即"世界宗教"的传统家园。如罗马天主教、基督教、伊斯兰教、印度教、佛教、儒教、犹太复国主义、琐罗亚斯德教（祆教）等。南非有四大宗教，按信徒人数排名分别是基督教、非洲传统宗教、印度教和伊斯兰教。表23列出了该国信奉的各种宗教的名称，表24是基督教会的教徒数量。随后，将提供有关信奉各种宗教的语言的数据。

表 23　各种宗教的成员占总数的百分比

宗教	1980 年人口普查（%）	1991 年人口普查（%）
基督教会（Christian churches）	77.0	66.4
印度教（Hinduism）	1.8	1.3
伊斯兰教（Islam）	1.1	1.1
犹太教（Judaism）	0.4	0.2
其他信仰	0.1	0.1
无宗教	2.1	1.2
无/物品崇拜	3.1	29.7 *
不确定	14.4 *	

* 这两类人据信包括许多非洲传统宗教的成员。

表 24　基督教会成员占总数的百分比

教派	1980 年人口普查（%）	1991 年人口普查（%）
非洲独立教会（African Independent churches）	26.6 *	33.5 *
荷兰归正教会（Dutch Reformed churches，NGK）	17.9	15.6
罗马天主教（Roman Catholic）	12.3	11.4
卫理公会（Methodist）	11.4	8.8
英国国教（Anglican）	8.4	5.7
路德宗（Lutheran）	4.6	3.8
长老会（Presbyterian）	3.2	2.2
使徒信仰使命（Apostolic Faith Mission）	1.5	2.0

教派	1980 年人口普查（%）	1991 年人口普查（%）
公理会（Congregational）	2.5	1.9
荷兰归正会（Dutch Reformed churches，NHK）	1.5	1.3
浸信会（Baptist）	1.3	1.2
荷兰改革宗（Dutch Reformed，GK）	1.0	0.8
其他使徒教会	2.5	2.8
其他五旬节教会	2.6	2.3
其他教会	2.7	6.9

资料来源：Kritzinger，1993。

* 这些数字包括锡安基督教会的成员，其追随者从 1980 年由占所有基督徒的 2.7% 上升到 1991 年的 7.4%。

尽管存在多元化的宗教，但在种族隔离时代，南非一直被宣布为基督教国家，由一种特定的新教徒所支持，即国家对基督教的理解。该国固有的宗教多样性并未得到官方承认，其语言多样性也未得到正式承认，除非这对于分裂并从政治上控制全国人口中的大多数黑人有利。德格鲁奇（de Gruchy，1995：28）说，基督教在南非沿着两条截然不同的道路发展。首先，它是欧洲列强（荷兰和后来的英国）的既定宗教，他们从 17 世纪中叶开始殖民开普敦。基督教发展的第二条道路是对南非土著人民的传教，他们被认为是根本没有任何宗教信仰的民族（见下文），以及那些从东方作为奴隶被带到开普地区的人。接下来的讨论考察了教会和宗教在南非语言推广中的作用，首先关注荷兰语、阿非利堪斯语和英语，然后是非洲语言。

荷兰语/阿非利堪斯语、英语和宗教

第一批到达开普敦的白人定居者是荷兰人，他们是新教徒，属于荷兰归正教会（Nederlandse Gereformeerde Kerk, or Dutch Reformed Church）。他们的指挥官扬·范·里贝克（Jan van Riebeeck）是一名专业的船医，他将建立和推广宗教改革视为自己职责的一部分。基督教改革源于 16 世纪上半叶约翰·加尔文（John Calvin）领导的瑞士宗教改革运动，1579 年荷兰从天主教西班牙获得独立后，归正教会已成为该国的宗教（Chidester，1996：29）。在此背景下，扬·范·里贝克和他领导的公司荷兰联合特许东印度公司（United Netherlands Chartered East India Company），明确禁止在开普地区信奉罗马天主教。于是，荷兰归正会成为了好望角的老牌教会。在整个"荷兰化"时代（参见下文的"语言政策与规划"），荷兰语不仅是殖民地的行政语言，而且还是荷兰归正教会的语言。它提供了进行教会服务和活动的媒介。正如将在第三部分指出的那样，当英国人在1795年第一次从荷兰人手中夺得开普地区的控制权，到1806年有效控制开普地区后，荷兰人的地位发生了变化，英国人禁止荷兰语，尤其在行政和教育领域，并在整个殖民地强制推行英语（因此称为"英语化"）。英国当局利用桑德迈尔（Sundermeier, 1975）所宣扬的"天选之人"的神话来为殖民地的英帝国主义辩护。这种帝国主义的倡导者塞西尔·罗兹（Cecil Rhodes）在宗教上为它辩护如下：

> 只有一个种族……接近上帝的理想类型，他自己的盎格鲁－撒克逊种族；那时上帝的目的是让盎格鲁－撒克逊人占主导地位，而帮助上帝的工作并实现他在世界上的旨意的最好方法就是为盎格鲁－撒克逊人的统治做出贡献，从而使正义、自由与和平的统治更近一些。（Sundermeier, 1975: 25）

换句话说，除其他因素外，"天选之人"的神话也是对被征服领土进行英语化的理由。英语不仅是行政语言，也是圣公会的语言。随着开普地区已经在英国人手中，属于不同教派的讲英语的基督徒不断涌入，这些教派包括圣公会、卫理公会、长老会、公理会、天主教和浸信会（Prozesky, 1995a: 9）。1814年至1826年担任开普省总督的查尔斯·萨默塞特勋爵（Lord Charles Somerset）急于推广英语并进一步降低荷兰人的影响，他将苏格兰长老会牧师带到荷兰归正会任职，并让英国人在乡村学校任教（Moodie, 1975: 5）。波内利斯（Ponelis, 1993）说，尽管做出了这些努力，荷兰语仍然是荷兰归正教会的语言，当时该教会是开普地区最强大的荷兰教会。英布战争（1899—1902）之后，英语和荷兰语（后来的阿非利堪斯语）之间的意识形态斗争愈演愈烈，正如上文所指出的，阿非利堪斯语成为阿非利堪人民族主义的焦点。在宗教方面，反对英语化的斗争是由"多普勒人"（Doppers）领导的，即荷兰归正教会的保守派成员，他们认为自己是基督教阿非利堪人，其整个发展都来自基督教原则，并且是基督教原则的成果。威廉·波斯特玛（Willem Postma）引入了"多普勒人"这个词，在他1918年出版的同名著作中解释说，该术语来自荷兰语"domper"，一种用于熄灭蜡烛的装置。像这个装置一样，多普勒人赢得了他们的绰号，因为他们为熄灭启蒙运动的"新光"（即英帝国主义通过其代理人，例如传教士、士兵、定居者和官员在南非引入的新生活方式，威胁要摧毁阿非利堪人国家）而奋斗。因此，多普勒人就是要全心全意地反英语。对他们来说，英语化的威胁意味着摧毁他们的宗教、文化和语言。他们同意斯坦陵布什（Stellenbosch）的维尔容（W. J. Viljoen）教授表达的观点，即由于英国在英布战争中击败布尔人，"共和国（即奥兰治自由邦和南非共和国）倒下了，独立也没有了，但我们在南非民族的自主权的两方面得以保留——我们的教会和我们的语言"（Hexham，1981：135）。奥兰治自由邦和南非共和国输给了大英帝国，但激励了年轻的阿非利堪人作家，并成为他们的集结点，不断地激起他们的爱国主义热情。邓巴·穆迪（Dunbar Moodie）从宗教的角度讨论了这一点，他说："共和国，就像基督一样，已经来过，但又将来临。就像基督的复活是最后复活所应许的第一个果子，奥兰治自由邦和南非共和国是共和国第二次到来的第一个果实"（Moodie，1975：14）。就"语言和宗教"而言，赫克斯汉姆（Hexham，1981：135 – 6）补充说，"在等待共和国回归的同时，阿非利堪斯语成为共和运动的圣灵。这是他们的安慰剂，是承诺实现的象征和印记"，也是他们确保民族和宗教生存的唯一工具。

因此，多普勒领导人认为发展阿非利堪斯语是他们努力维护独特的阿非利堪人身份以及保护他们自己的宗教社区的必要条件。换句话说，为了保持他们作为一个宗教社区的身份，他们意识到保持阿非利堪斯语是多么的重要，这使他们与英国人区分开来。一个多普勒人在一份学生杂志《行动和希望》（Fac et spera）上宣称，"为了让我们的民族生存，我们的语言必须生存"，因为"正是我们的语言使我们的民族成为一个独立的民族"（Hexham，1981：123）。另一个多普勒人在《知识杂志》（Het Kerblad，1905.1.4）上总结了教会、阿非利堪人统治和语言之间的关系："我们为保护阿非利堪人的统治、国籍和我们的语言而抗争"。因此，保留阿非利堪斯语不仅是一项国家义务，而且也是一项宗教义务："我们私人宗教生活的灵魂是我们的语言"（W. Postma, in The Vriends des Volks，1910.10.28）。因此，保留他们语言的关键是宗教性的，波斯特马（Postma）补充说，"拿走我们的语言，我们将成为英国人并接受他们（即英国）的宗教"。阿非利堪斯语将被用于表达阿非利堪人自己民族的文化、历史和宗教或族群的独特性格，因为没有自己的语言就无法创建任何民族（Giliomee，1989：34）。为了重申这种民众的宗教合法化主张，1944 年秘密兄弟会的主席范·鲁伊（J. C. van Rooy）断言，上帝创造了阿非利堪人，赋予他们独特的语言、独特的生活哲学以及他们自己的历史和传统，以便他们在非洲南部角落完成特定的召唤和天命（Moodie，1975：110 – 11；Thompson，1985：29）。

多普勒人自视为一个与英国人和黑人相区别的独特种族，这种成见为种族分离（后来被称为种族隔离）埋下了种子（Moodie，1975；Villa-Vicencio，1988）。他们是这种种族隔离意识形态的坚定拥护者，因此有些人说种族隔离意识形态从 1905 年就开始实施了（Hexham，1981：180）。为此，多普勒人提倡将圣经历史与民族历史结合起来教授，这样一个人就会帮助另一个人，并帮助在阿非利堪人中建立强烈的民族意识。教会在此之前只使用荷兰语而不是阿非利堪斯语，但在 1910 年至 1920 年的十年间赢得了支持，并同意将圣经翻译成阿非利堪斯语。在这方面，波内利斯（Ponelis，1993：54）指出，1922 年出现了翻译草稿，1933 年是最终版本。教会认可了阿非利堪斯语，并于 1925 年承认其作为官方语言之一，与荷兰语以及英语并驾齐驱。

对阿非利堪斯语的官方承认促使国家开始系统和广泛地把很多东西翻译成阿非利堪斯语，这以广泛的术语研究为前提。在公务员机构中设立了中央翻译和术语局，由许多政府机构（交通部、邮政部、矿业部、国防部、地质调查局等）和半国营组织〔广播局、能源供应委员会（ESCOM）等〕提供协助（Ponelis，1993）。在种族问题上，荷兰归正教会和多普勒人，尤其是多普勒人，将自己视为所有阿非利堪人的代言人。他们以此身份宣布："大多数讲阿非利堪斯语的南非人和大多数荷兰归正教会会员都坚信，确保民族继续生存的唯一方法是遵守种族分离（racial separation）原则"（Strassburger，1974：190）。不出所料，1948 年国民党上台后，荷兰归正教会支持的种族分离原则获得了立法，如《混合婚姻法》（1949）、《人口登记法》（1950）、《群体区域法》（1950）和《不道德行为修正法》（1950）。此外，荷兰归正教会在要求种族隔离方面变得比政府更加激进（Chidester，1992：199）。

传统上，南非的新教教会因语言而分开（Hofmeyr & Cross，1986），讲荷兰语和后来的讲阿非利堪斯语的教会与讲英语的教会有所区别。最大和最有影响力的英语教会是英国国教和卫理公会教会（Hinchliff，1963）。属于此类英语教会的其他教会包括公理会、长老会、浸信会和路德会。讲阿非利堪斯语的教会有荷兰归正教会（Nederduitse Gereformeerde Kerk），这是拥有最多追随者的教会；还有两个改革宗教会，即荷兰归正教会（Nederduitsch Hervormde Kerk）（成立于 1853 年）和改革后的归正教会（Gereformeerde Kerk）（成立于 1859 年，也被称为多普勒人）（de Gruchy，1995：28 – 32）。改革宗教会仍然是阿非利堪斯语的大本营，但这种语言在罗马天主教会中很少出现，而后者主要是说英语的。据说英语在讲阿非利堪斯语的人中迅速发展（Hinchliff，1963；Ponelis，1993）。讲阿非利堪斯语的教会虽然规模不大，但为白人至上主义、阿非利堪人民族主义和种族隔离等意识形态的发展提供了相当大的支持。事实上，奇德斯特（Chidester，1996：75）说，"荷兰归正教会是作为政府的一个分支组织起来的，它拒绝南非黑人和白人的社会平等，并提倡社会分化和精神或文化隔离"。下一节将探讨教会和宗教在发展和促进非洲语言方面的作用。

非洲语言和宗教

在上文中，我们介绍了欧洲商人和传教士对南非人民及其宗教信仰的看法，以提供该地区语言和宗教互动的背景。接下来将讨论独立教会的出现和发展，以及传教士对该地区非洲语言发展的影响。

欧洲人与南非土著居民的早期接触并不是始于开普敦的第一批欧洲定居者，即"荷兰东印度公司"的荷兰人，而是始于 1488 年的葡萄牙航海家，特别是巴托莱梅·迪亚斯（Bartolemeu Dias），他在东南海岸夸艾霍克（Kwaaihoek）举起十字架是南非第一个已知的基督教行为（Prozesky & de Gruchy，1995）。大约十年后的 1497 年，另一位名叫达伽马（Da Gama）的葡萄牙水手给东部沿海地区（Tierra da Natal）取了一个基督教名称（耶稣诞生之地），因为他在圣诞节那天看到了该地区，即现在的夸祖鲁－纳塔尔省（Prozesky，1995b）。根据已发表的研究，欧洲人和非洲人之间的这些早期接触与宗教无关（例如，Beck，1989；Du Plessis，1965；Greetz，1973；Prozesky，1995a）。如果杜·普莱西斯（Du Plessis，1965）给出的关于荷兰东印度公司如何成立的叙述是有根据的话，那么这些接触是建立在商业活动上的：

> 1648 年，荷兰东印度商船"哈勒姆"（Haarlem）号被困在桌湾的东北岸。船员们安全上岸，他们来到了后来建立开普敦的地方。五个月后返回荷兰时，两名名叫伦德特·扬斯（Leendert Jansz）和尼古拉斯·普鲁特（Nicolaas Proot）的失事水手起草了一份他们署名的文件："简要说明了联合荷兰特许东印度公司在好望角建造堡垒和花园的服务、优势和利润。"……被委托执行这一重要项目的人是简·范·里贝克，他的职业是船医，因此成为好望角殖民地的创始人。（du Plessis，1965：19）（下划线由作者添加）

正如普罗泽斯基（Prozesky，1995a：7）所说，欧洲对南非的影响，无论是它的起源还是其后的发展主线，主要是基于宗教信仰，而不是传教者对非洲人灵魂的巨大关怀。葡萄牙、荷兰和英国的商人均在回国报告中断言，他们与南非（或南部非洲）土著居民接触时，非洲人没有宗教信仰（Chidester，1996：15）。这一评价得到了早期到南非的传教士的认同。例如，伦敦传教士协会认为，非洲人是撒旦关注的自然焦点，并将他们视为"本质上的罪人，是野生的黑人，按照事物的秩序，像孩子一样生活，在不知不觉中接近邪恶"（Landau，1995：xvi）。朗道（Landau）进一步观察到，并用戈弗雷·洛耶（Godefroy Loyer）在1714年的话说，非洲人对恋物癖的崇拜被描述为既非邪教，也非宗教，更非理性，因为"他们（非洲人）中没有一个人知道他的宗教"。正如卫斯理传教士威廉·J. 什鲁斯伯里（William J. Shrewsbury）所说，南部非洲的土著居民"没有任何宗教信仰，不分真假"（Chidester，1996：13）。范·德坎普（J. T. van der Kemp）于1800年给伦敦回信时谈到他在东开普省一起生活的讲柯萨语的人："我从来没有发觉他们有任何宗教信仰，也不知道上帝的存在"（Van der Kemp，1804：432）。二十年后，向柯萨人传教的卫理公会传教士威廉·肖认为他们（柯萨人）"不能说拥有任何宗教"，而在北方，卫理公会的霍奇森（T. L. Hodgson）报告说茨瓦纳人看起来"没有宗教崇拜"，"没有精神的概念"（Cope，1977：155，367）。与柯萨人、茨瓦纳人和其他南部非洲人一样，祖鲁人也被认为没有宗教信仰。正如1689年前往荷兰开普地区的总督西蒙·范德斯泰尔（Simon van der Stel）所报告的那样，作为斯塔文尼西沉船的幸存者，他发现东部沿海地区的人们缺乏宗教信仰："在这些人（祖鲁人）当中，……我们无法在其中发现丝毫宗教痕迹"（Chidester，1996：118–19）。此外，奇德斯特（Chidester）指出，在16世纪和17世纪，旅行报告经常将缺乏宗教与缺乏其他定义人类特征的情况结合起来，例如婚姻制度、法律体系或任何形式的政治组织。在很多情况下，对没有宗教信仰的异域社会的判断是直截了当的，他们声称与欧洲人相比，这些人都是野蛮人（1996：13）。

奇德斯特（Chidester，1992：38）说，这种最初对非洲宗教的彻底否定，代表着南非，好像对传教活动完全开放和对基督教的皈依。然而很快，欧洲人就开始用宗教术语给南部非洲人的行为的某个方面贴上标签，例如，对于巴茨瓦纳，通常被称为"唤起祖先"的东西变成了恶魔，而意识到祖先存在的牧师治疗师（dingaka）却被称为"巫师"（Geertz，1973）。到19世纪50年代，基督教传教士因为非洲人的抵抗而被迫改变看法，勉强承认非洲人确实有一种宗教，但用东开普省的政府代理人华纳（JC Warner）的话来说，"这是一种常规的迷信体系，它符合任何其他虚假宗教的所有目的"（Chidester，1996：13）。他们发现，非洲人确实相信一个至高无上的存在，一个上帝，而这个上帝有一个名字：在茨瓦纳语和索托语中叫莫迪莫（Modimo），在祖鲁语和斯威士语中叫恩库伦库鲁（uNkulunkulu），在文达语中叫穆齐穆（Mud-zimu），在聪加语中叫西昆布（xiKwembu），在恩德贝勒语中叫乌子木（uZ-imu），在柯萨语中叫卡马塔（Qamatha）等。这个神与自然现象有关，它具有神秘的本质，唤起了人们的敬畏感，它代表了人类福祉的最终来源，但并不直接参与生活事务。它的影响是通过祖先传递的，在茨瓦纳语叫巴迪莫（badimo），在祖鲁语叫阿马德洛齐（amadlozi），在文达语叫马库鲁库鲁（makhulukulu），在柯萨语叫伊津尼亚亚（izinyanya）。一个又一个传教士突然在该地区的许多语言群体中发现了这个曾经的"未知的上帝"的证据。W. J. 科伦索（W. J. Colenso）19 世纪 50 年代在祖鲁人中，亨利·卡拉威（Henry Callaway）19 世纪 70 年代在柯萨人中，D. F. 艾伦伯格（D. F. Ellenberger）20 世纪初在索托 – 茨瓦纳语（Sotho-Tswana）中都有所发现（Beck，1989；Cope，1977）。简而言之，传教士发现南部非洲的所有非洲人一出生，实际上就有一个宗教，一个可以被确定为班图宗教的共同的、通用的宗教体系。发现南非黑人有一位上帝并非偶然。奇德斯特（Chidester，1996）解释说，这一发现，是在欧洲殖民当局与教会勾结，实现对非洲人民征服和控制的初衷之后才发生的。换种说法，南部非洲本土宗教体系的发现依赖于殖民征服和统治。一旦被征服、被剥夺和被殖民控制后，在 19 世纪初被认为没有任何宗教信仰的非洲人民，在 19 世纪末却被认为拥有相同的宗教体系了［Chidester，1992，1996；Cobbing ，1988；du Plessis，（1911）1965；Geertz，1973；Hofmeyr & Cross，1986］。

对传教士在南非影响的评估必须承认有好的方面也有坏的方面。事实上，基督教在南非的传教与欧洲殖民利益在经济、社会和军事上的进步是相互关联的。基督教传教士以不同的方式和不同的意图作为征服者的代理人出现（Majeke，1952）。基督教传教士在征服中产生了一个常见的谚语："当白人来到非洲时，黑人拥有土地，白人拥有圣经，但现在却黑人拥有圣经，白人拥有土地"（Zulu，1972：5）。虽然在某些方面他们是破坏性的，但传教士也带来了切实的优势，最全面的也许是识字和教育（Ashley，1974，1980，1982；Lye &Murray，1980：67）。一开始，他们就创办了学校，（到现在）这仍然是当地教育系统的基础。教会创造了第一个使用本土语言作为书面语言的环境。换句话说，南非的教育体系源自教会的工作。因此，教会和学校使用的语言就成为新精英的"标准"。克里青格（Kritzinger，1995）指出，在较大的教会中，只有荷兰归正会拥有绝对多数的人讲一种特定语言，即阿非利堪斯语。英国圣公会家族有 50% 的成员以英语或阿非利堪斯语为母语。作为最大的语言群体，祖鲁语使用者在非洲传统教会（African

Traditional Churches）、罗马天主教教会和路德教会等教会中具有很强的代表性（超过三分之一）。一般来说，每个教会（在全国范围内）都有十种或更多的代表语言。然而，在地方一级，特别是在农村地区，有许多单一语言的宗教团体。

传教士刚到南非时，不会说当地的任何语言，因此很难让非洲人皈依基督教。最初，他们利用各种物质手段、商品和服务，这有可能达成这一目标。然而他们很快意识到，要接触原住民并向他们宣讲上帝的话语，必须学习当地语言。新教传教士相信人们不得不用自己的语言理解圣经（Petersen，1987）。他们深信圣灵降临节的这一亲身体验，当每个人都"用他自己的语言"（《使徒行传》第2章）听到上帝伟大事迹的消息时，他也必须成为这个新语言群体的现实（Kritzinger，1995）。这就是为什么投入如此多的努力将语言还原为文字，并将《圣经》翻译成各种非洲语言的原因。到19世纪与20世纪之交，已用五种南非本土语言出版了完整的《圣经》：茨瓦纳语（1857）、柯萨语（1859）、索托语（1881）、祖鲁语（1883）和佩迪语（Northern Sotho）（1904）。这五本也是最先出版的八本之中比较早的，其中罗伯特·莫法特（Robert Moffat）的《茨瓦纳圣经》是非洲语言中的第一本（Kritzinger，1995）。根据人类科学研究委员会（Human Science Research Council，1985：20 – 24）的数据，1984年南非黑人中有2419000名卫理公会教徒（11%），2022000名罗马天主教教徒（9.4%），1300000荷兰归正会教徒（6.1%），1224000名英国国教教徒，948000名路德会教徒（4.4%）；516000名长老会教徒（2.4%），297000名公理会成员（1.4%）和141000名使徒信仰传教团成员（0.7%）。

欧洲传教士后来加入了他们的行动，努力通过非洲独立教会传播上帝的话语，这些教会从20世纪初开始出现并在数量上激增。在这方面，乌修曾等人（Oosthuizen et al.，1989：5）注意到，1913年估计有32个独立教派，土著教会在1948年增加到800个，到1960年增加到2000个，到1990年有近5000个不同的教派，估计有大约9000000名信徒，大约占到南非黑人人口的30%（Oosthuizen，1987，1989）。非洲传统教会以其对治疗的高度重视而闻名。这种重视似乎是这些教会显著增长的主要原因之一。拿撒勒教会是最著名的独立教会之一，主要因为其强调医治而吸引了大量追随者，该教会由祖鲁先知和治疗师以赛亚·申贝（Isaiah Shembe）于1911年创立。到1935年申贝去世时，拿撒勒教会拥有近30000名信徒，几乎完全由说祖鲁语的皈依者组成（Sundkler，1961：133）。今天，可以估计，申贝教会在南部非洲有大约200万信徒。表25提供了关于非洲传统宗教信仰者（African

Traditionalists，ATR）、印度教徒和穆斯林的母语使用资料的数字。正如人们所料，非洲传统宗教在大多数黑人语言的群体中都有很高的比例，而印度教则在南非印度人中流行。

表 25　1980 年南非非洲传统宗教信仰者、印度教徒和穆斯林的母语使用情况

单位：千人，%

语言	非洲传统宗教信仰者	百分比（%）	印度教徒	百分比（%）	穆斯林	百分比（%）
阿非利堪斯语			1	0.2	135	38.2
英语			464	88.0	168	47.6
古吉拉特语			10	1.9	18	5.1
印地语			21	4.0		
泰米尔语（Tamil）			19	3.6		
特列古语（Telegu）			2	0.4		
乌尔都语			1	0.2	7	2.0
北恩德贝勒语（N. Ndebele）	50	1.4				
北索托语（N. Sotho）	861	24.9			1	0.3
南恩德贝勒语（S. Ndebele）	42	1.2				
南索托语（S. Sotho）	175	5.1				
斯威士兰语	121	3.5			1	0.3
聪加语	339	9.8			1	0.3
茨瓦纳语	130	3.8				
文达语	66	1.9				
柯萨语	421	12.2				
祖鲁语	1224	35.4			2	0.6
总数	3456	100.0	527	100.0	353	100.0

资料来源：南非共和国（Republic of South Africa，RSA）(1985) 1980 年人口普查，社会特征报告，报告编号 02 - 80 - 12。比勒陀利亚：政府印务局。

印度教在很大程度上使用一种或另一种印度语言。然而，由于语言从印度语言转变为英语，到目前为止，大多数南非印度教徒实际上都讲英语。南非伊斯兰教提供了一个有趣的研究案例。它的官方语言是阿拉伯语，他们的经典《古兰经》就是用这种语言写成的，但古典阿拉伯语不是口语（即社区）语言，南非也不使用任何形式的阿拉伯语，这对理解造成了巨大的障碍。另外，几乎40%的南非穆斯林会说阿非利堪斯语，并且通常被认为是原始①的阿非利堪斯语使用者（Kritzinger，1995）。因此，除了正式使用阿拉伯语外，《古兰经》还被翻译成阿非利堪斯语和英语，这些语言被用于公共布道和个人敬奉。

在结束关于南非语言和宗教的讨论时，请允许笔者重申，该国有着悠久的语言斗争历史，宗教深深植根于其中。一方面，宗教与南非的非人化力量有关。它与经济、社会和政治权力等关系纠缠在一起，这些关系使一些人享有特权，但将许多人排除在充分的人类权利之外（Chidester，1992：xi）。一些定居在南非的欧洲传教士为殖民当局充当间谍（Cochrane，1987；de Gruchy，1995：62），因此在非洲人民遭受的压迫中扮演了重要角色。另一方面，通过在南非引入识字、教育和其他事业，传教士为国家的发展和语言遗产做出了巨大的贡献。

第二部分　语言传播

本节讨论语言在媒体和教育中的使用和传播。关于媒体，重点将放在电视、广播和印刷媒体中的语言使用上。关于教育，笔者将考察三个历史时期的语言传播，即前种族隔离时期、种族隔离时期和后种族隔离时期。这三个时期中的每一个都有其独特的标志。种族隔离前的岁月以阿非利堪人反对英语化政策的斗争为标志。种族隔离时期的标志是班图教育政策的实施，该政策旨在通过将英语和阿非利堪斯语作为黑人学校的教学语言，使阿非利堪斯语与英语平等，本节稍后将讨论此政策及其遗留问题。后种族隔离时期的标志是废除了以种族隔离为基础的教育行政结构，并采用了一种新的教育体系，即成果导向教育，也被称为"2005年课程大纲"。下面的章节描述了上述三个历史时期语言在教育中的传播。

通过教育的语言传播

前种族隔离时期

为了了解南非当前教育系统的语言传播，需要回顾该国过去的教育系统，尤其是殖民主义和种族隔离教育的遗产。这是因为，教育系统并不总是

---

①　最早的阿非利堪斯语是用阿拉伯文字书写的。

因为政府更迭而改变，尽管常常如此（Hofmeyr & Buckland，1992：15）。此外，正如安察（Archer，1984：3）正确地观察到的那样，一旦某种特定的教育形式存在，它就会对未来的教育变革产生影响。在种族隔离前的岁月里，南非的教育体系主要反映了南非人为摆脱19世纪早期英国殖民者引入的英语化政策的统治而进行的斗争（Engelbrecht，1992：498）。理论上，随着1910年联邦的成立，英国和英语的统治逐渐平息，当时有关各方同意让英语与荷兰语平等，并承认这两种语言为新成立的联邦官方语言：

> 英语和荷兰语均应为联邦的官方语言，并应获得平等地对待，拥有并享有平等的自由、权利和特权（Union Constitution，Article 137，转引自 Malherbe，1977：8 – 9）。

因此，在1914年之前，荷兰语一直是荷兰人学校的教学语言，然后它的后代阿非利堪斯语非正式地成了教学语言。1925年，议会批准了学校和大学教学语言从荷兰语到阿非利堪斯语的转变（Malherbe，1977）。非洲语言在国家的教育系统中没有地位，无论是作为教学媒介还是作为一门教学科目。相反，这些语言随着他们的使用者在政治上边缘化而被边缘化（McLean，1999：12）。在20世纪30年代初期，传教士要求在学校早期教育阶段使用非洲语言作为教学语言。在这方面，哈特肖恩指出，到1935年，在南非的所有4个省，"方言是一门必修科目，是获得初级证书（10级）或高级证书（12级）的先决条件"（Hartshorne，1995：308）。关于教学语言，哈特肖恩将非洲（黑人）教育政策总结如下：

> 在纳塔尔省，前六年的学校教育要使用学生的母语，在开普地区和自由州则为前四年，在德兰士瓦则为前两年。此后，官方语言——实际上几乎总是英语——将作为［教学的］媒介语言。（Hartshorne，1995：308）

对于阿非利堪人来说，英语在教育中的持续主导地位构成了阿非利堪斯语传播的障碍，并被视为对阿非利堪人文化和身份的威胁。正如马尔赫布（Malherbe，1977：3）所观察到的，阿非利堪人认为"征服者的语言（英语）在被征服者（阿非利堪人）的嘴里是奴隶的语言"。在此背景下，阿非利堪人在秘密兄弟会的鼓舞下，开始了所谓的"语言斗争"（taal stryd）（Lanham，1996：25），与"敌人的语言"——英语（Branford，1996：39）进行斗争。在教育方面，这种斗争表现在对隔离学校的承诺和严格的母语教育政策上（Hartshorne，1995：309）。1953 年，也就是 1948 年阿非利堪人掌权五年后，这一母语教育政策在后来的《班图教育法》中达到顶峰。笔者将在随后的部分讨论这项有争议的立法，下面先简要介绍种族隔离主义教育体系的行政结构。

种族隔离时期（1948—1994）

在种族隔离时期，南非有 19 个不同的教育部门：1 个国家级和 4 个省级白人教育部门、1 个印度人教育部门、1 个有色人种教育部门和 12 个黑人教育部门。各个黑人族群随后被划分为多个所谓的"民族家园"，各由一个教育部门负责。每个教育部门都有自己的语言政策，负责确定评估政策和课程内容。虽然详细描述每个教育部门的语言教育政策超出了本文的范围，但每个孩子都接受了 12 年的普通教育，包括 7 年小学和 5 年中等教育。整个教育体系分为四个阶段：（1）初级小学阶段（1 – 3 年级）；（2）高级小学阶段（4 – 6 年级）；（3）初级中学阶段（7 – 9 年级）；（4）高级中学阶段（10 – 12 年级）。在中学教育的最后一年（12 年级）结束时，每个教育部门都要求学生参加书面公开考试，称为入学考试，该考试决定了接受高等教育的机会。

种族隔离教育体系下的南非各民族认为教育是"自己的事情"，即每个民族必须照顾自己的利益，包括教育（Hofmeyr & Buckland，1992：38）。因此，语言尤其是第一语言成为基于种族隔离教育的核心。对于白人教育，英语或阿非利堪斯语是 12 年普通教育期间及之后的教学语言。换句话说，有以英语为母语的白人学校和以阿非利堪斯语为母语的白人学校，后者主要由阿非利堪人就读。教育不仅在初等和中等阶段被隔离，而且在高等教育阶段也是如此，并为黑人、有色人种、印度人和白人学生设立了独立的机构——大学和教育学院。与小学和中学一样，白人大学也分为阿非利堪斯语和英语媒介语大学，分别为讲阿非利堪斯语和英语的白人提供教育。这种分离一直存在到今天。然而，必须指出的是，在目前的情况下，该部门的目的不仅是满足白人的需求，还包括广大讲阿非利堪斯语和讲英语的人口的需求。为了迎合这一人群，历史上大多数阿非利堪斯语大学都越来越多地成为双媒介语机构，提供英语和阿非利堪斯语的教学。

对于"印度人"的教育，由于如上文南非语言概况所述，印度人社区的语言转向英语，因此英语被用作初等、中等和高等教育的教学语言。对于"有色人种"教育，阿非利堪斯语通常是教学语言，因为大多数被归类为"有色人种"的人的第一语言都是阿非利堪斯语。因此，对于所提到的每个族群，教育都是通过该族群的第一语言提供的，即英国裔的白人和印度社区使用英语，南非荷兰裔和大多数有色人种社区为阿非利堪斯语。

黑人的教育在很多方面都不同于其他民族。首先，在黑人学校，在小学教育的前四年，非洲语言被用作教学语言，在此期间，从二年级开始，英语和阿非利堪斯语被作为科目教授。其次，英语成为五年级的教学语言。从非洲语言转用为英语作为教学语言导致了高失败率和大量辍学，部分原因是在教学媒介转换之前学生的第二语言准备不足（Musker，1993；Walters，1996：215）。在这方面，麦克唐纳和巴勒斯（Macdonald & Burroughs，1991：15）观察到，在四年级结束时，学生可能已经掌握了多达 800 个英语单词，但五年级教学大纲要求他们至少掌握 5000 个单词。根据麦克唐纳（Macdonald，1990）的研究，四年级第二语言的预期能力水平与五年级采用的第二语言作为教学语言之间的脱节给学生带来了太大的负担。此外，学习任何第二语言的学生都可以通过与该语言的母语使用者进行语言接触获得帮助。然而，在南非，"分开发展"的政策使得黑人学生很难与母语人士接触，以练习他们的英语。这些学生几乎不能用英语交流，无法应付课程的要求，因此只能辍学。

随着 1953 年班图教育法案的出台，"黑人"教育的面貌发生了巨大变化，该法案对南非的语言教育产生了深远的影响。下文介绍了《班图教育法》的背景，并指出该政策对南非黑人使用非洲语言作为教学媒介的态度产生了负面影响。

班图教育法

《班图教育法》的核心是"母语教育"的概念。联合国教科文组织将母语教育定义为"以一个人的母语为教学媒介的教育，即一个人早期习得的语言，通常已经成为他的思想和交流的自然工具"［UNESCO，（1953）1995］。"母语"的概念本质上是空洞的，正如弗格森（Ferguson，1992：xiii）所观察到的，"世界上大部分的口头交流都不是通过使用者的'母语'进行的，而是他们的第二、第三或第 n 种语言，通过这样或那样的方式获得并在适当的时候使用"。这一点通过梅斯特里（Mesthrie，1995b：xvi）对一位来自约翰内斯堡杰米斯顿（Germiston）的 23 岁学生做的关于他熟练的语言的采访可以说明：

> 我父亲的母语是斯威士语，我母亲的母语是茨瓦纳语。但是我在一个说祖鲁语的地区长大，我们在家里主要使用祖鲁语和斯威士语。但从我母亲那里，我也很好地学习了茨瓦纳语。在我的高中，我接触了很多

索托语和茨瓦纳语的学生，所以我会说这两种语言。当然，我懂英语和阿非利堪斯语。和我的朋友在一起时，我也使用南非塔尔语。

目前尚不清楚讲这话的学生的母语是什么。弗格森（Ferguson，1992：xiii）建议应从语言学家专业的语言神话定势中去掉"母语"的整个神秘感。在此使用"母语"概念是因为它对南非种族隔离政府的语言教育政策尤其是母语教育至关重要。母语教育运动是由教会和种族隔离政府的基督教民族主义哲学推动的。基督教民族主义哲学宣传每个民族的独立身份和发展的概念，并强调上帝赋予阿非利堪人的责任，即向非洲的土著居民传播福音并作为他们的保护者（Shingler，1973）。恩格尔布雷希特（Engelbrecht，1992：499）观察到这种哲学的基本价值包括提倡强调加尔文主义信仰的基督教生活哲学、支持民族主义原则（民族理想、传统、宗教和文化）、母语教学和家长参与教育，它强化了为不同语言、宗教和文化的人群单独提供教育的原则。为支持这一哲学，尤其是母语教育的概念，教会宣扬"上帝已经命定每个民族都有自己的语言，因此，母语教育就是上帝的旨意"（Malherbe，1977：101）。在教会的支持下，种族隔离政府确保每个民族都用自己的母语接受教育。因此，语言成为隔离教育的标准，说祖鲁语的母语者必须在祖鲁语中等学校接受教育，柯萨语母语的使用者必须在柯萨中等学校接受教育，英国血统的白人必须在英语中等学校接受教育，阿非利堪人必须在阿非利堪斯语学校接受教育。白人母语教育与黑人母语教育的区别在于，前者是一种与众不同的教育，旨在促进白人的利益，确保南非白人群体不仅能够获得富有权力的语言，即英语和阿非利堪斯语，还可以获得这两种语言带来的特权。

为了实现这些目标，种族隔离政府于1953年引入了名为《班图教育法》的第47号立法。该法案，也被称为"奴隶教育法案"（Grobler，1988：103）。该法案表面上有两个主要目标：首先，它旨在通过平等地将英语和阿非利堪斯语用作黑人学校的教学媒介来确保它们之间的平等；其次，旨在将黑人学校的母语教育从4年级扩展到8年级，以促进上文所提到的基督教民族主义哲学教育。完全可以说，用第一语言学习在认知上是有优势的，因此将第一语言教育扩展到8年级符合学习者的利益（用第一语言教育的优势的讨论见Akinnaso，1993，UNESCO，1995，Walker，1984）。然而，南非随后发生的政治事件表明，《班图教育法》的目标远不止于此（分别见 Alexander，1997；Heugh，1995a；Malherbe，1977；Prah，1995；Research and Education in South Africa，1988；Shingler，1973）。

第一，对设计种族隔离制度及其法律的维沃尔德（Verwoerd）博士来

说,《班图教育法》的目标是:

> 要让一个黑人孩子明白,他在南非白人中间时,他是一个外人,最多是个没有公民地位的人;与欧洲人平等是不可能的;在欧洲人社区里,除了某些劳动形式之外,没有他的位置……所以,他想通过接受培训而被欧洲人的社区接纳是无济于事的。(Malherbe,1977:546)

第二,在种族隔离时代,推动母语教育的动机之一似乎是语言民族主义,即语言与民族或群体自身利益的认同。因此,正如马尔赫布(Malherbe,1977:72)所观察到的:

> 对于阿非利堪人来说,阿非利堪斯语成为争取民族认同的象征,随着时间的推移,国立学校被视为培养"一个拥有上帝赋予命运的国家"意识的手段。

这场斗争旨在实现一个目标,使阿非利堪斯语成为南非唯一的(官方)语言。这一点从曾任南非总理的斯特里多姆(J. G. Strijdom)先生的以下声明中可以清楚地看出:"每一个名副其实的阿非利堪人都珍视一个理想,这个理想就是南非最终只有一种语言并且这种语言必须是阿非利堪斯语"(Malherbe,1977:72)。这句话背后的思想是执政的阿非利堪人的"一个国家,一种语言"的神话——语言和民族是一体的(Webb & Kriel,2000:45ff)。此外,在他们看来,"只要发现一种不同的语言,就会存在一个独立的民族,它有权独立处理自己的事务并自治"(Williams,1994:5)。这种"一个国家,一种语言"的神话在种族隔离时代为黑人建立了以语言为基础的种族家园,在今天的南非仍引起共鸣。自从该国于1994年成为民主国家以来,阿非利堪斯语社区的一些主要政治家一直在游说政府为阿非利堪斯语建立一个独立的家园——民族国家(volkstaat),阿非利堪斯语将在其中发挥核心作用。

第三,同样从马尔赫布的著作中可以清楚地看出,第一语言教育是一种习得性的规划(Cooper,1989:33),因为它旨在增加阿非利堪斯语使用者的数量。种族隔离政府认为,要求黑人学生将阿非利堪斯语作为教学语言将有助于说该语言的人口的增长。这从一个阿非利堪斯语文化组织联合会(Federasie van Afrikaanse Kultuurvereninginge,FAK)于1937年发表的题为"威胁文化危险"的论文中可以明显得看出来:

我们必须确保当地人学习阿非利堪斯语……如果我们要和卡菲尔人（Kaffir）[①] 交谈（原文如此）……应该使用什么语言？我相信它应该是阿非利堪斯语。这给了我们另外 700 万人，这将使我们的语言成为世界上最强大和最主要的语言……如果南非的每个卡菲尔人都说阿非利堪斯语，那么阿非利堪斯语的经济实力就会强大到我们不再需要阿非利堪斯语文化组织联合会来监督我们的文化利益。土著人在未来将成为我们国家发展的一个更重要的因素，远超过目前的情况，我们必须塑造这个因素，使其服务于我们的目的，确保我们的胜利，并使我们的语言、文化和民族永存……会说阿非利堪斯语的非洲黑人……可以是我们的文化仆人，就像他是我们的农场仆人一样。（Malherbe，1977：73-4）

第四，通过将第一语言教育扩展到 8 年级，种族隔离制度旨在将非洲人限制在卑微的地位和低收入的职业上（Prah，1995：68），允许他们有限地使用权力语言（英语和阿非利堪斯语），并确保他们中的大多数无法达到以英语和阿非利堪斯语为母语的人的学术成就（Heugh，1995a）。正如南非研究与教育（Research and Education in South Africa，RESA）所说，《班图教育法》的最终目标是：

保护白人工人免受非洲人对技术工作竞争的威胁，这种竞争是第二次世界大战期间经济扩张和非洲城乡移民造成的结果；为非洲人提供有限的英语和阿非利堪斯语技能以满足白人农民对非洲非熟练劳动力的需求；不仅使其受教育到被认为适合非技术性工作并处于从属地位，而且还将其从属地位和低级教育视为自然，适合"种族劣等"的人民。（Research and Education in South Africa，1988：1-2，6）

第五，以下引自基督教国家教育（Christian National Education，CNE）小册子的内容进一步说明了《班图教育法》背后的意识形态。

我们认为，土著人的教学和教育必须以白人的生活和世界观为基础，尤其是布尔人作为土著人的高级白人托管人，必须引导土著人比照但独立地接受我们教学中的基督教和民族原则。我们认为母语必须是母

[①] 卡菲尔人指非洲黑人，是对黑人的蔑称。这里指的是南非的黑人。

语教育和教学的基础，但两种官方语言必须作为学科进行教授，因为它们是官方语言，而且对于土著人来说，也是使他自己的文化获得进步的钥匙。（Article 15，CNE pamphlet，cited in Rose & Turner，1975：127–8）

《班图教育法》对黑人学校的语言学习和教学产生了严重影响。黑人儿童必须通过阿非利堪斯语、英语和他们的第一语言这三种语言接受教育，而对于白人、有色人种和印度人，教育只用阿非利堪斯语或英语进行，这取决于他们是说阿非利堪斯语还是说英语。

黑人学生抵制《班图教育法》所提倡的第一语言教育，因为他们认清了它的本质，即种族隔离政府用来拒绝黑人接受高等教育的策略之一，从而限制他们的社会和经济流动性（Kamwangamalu，1997b：243）。黑人学生认为用他们自己的母语进行教育是一条死胡同，是进行更高级学习的障碍，是自我毁灭的诱饵，是种族隔离政府设计的一个陷阱，以确保黑人学生无法充分掌握高级地位的语言（英语和阿非利堪斯语），因为这样的教育将使他们能够与白人同行竞争高薪工作和有声望的职业（Alexander，1997：84）。对第一语言教育的抵制是对维沃尔德制度（Verwoerdian）这个旨在限制进入政治和经济生活主流的镇压工具的抵制（Nomvete，1994）。对阿非利堪斯语的抵制是对被视为压迫工具的语言的抵制，以及对更多接触英语的渴望。黑人学生对《班图教育法》的抵制以及种族隔离政府实施该法的决心，导致了1976年6月16日血腥的索韦托起义，这标志着阿非利堪斯语作为黑人学习和教学语言在黑人学校的终结，并同时提升了已经很强大的语言——英语在这些学校甚至是整个黑人社区中的地位。因此，对于黑人来说，英语成为解放的语言，尽管在阿非利堪斯语兴起之前，布尔人和黑人都将英语视为统治的工具。布尔人对英语的感受无需进一步解释。对于黑人来说，现任执政党（非洲人国民大会，简称非国大，缩写为ANC）早在1992年就重申了英语是一种统治工具的观点，当时该组织称英语为"戴着镣铐的语言"：

在许多方面，英语都是一种被束缚的语言，因为任何被用于排斥、分裂或统治的语言都是一种被束缚的语言：它受困于金钱和权力制造者的利益之中。（ANC，1992：7）

针对学生对第一语言教育的抵制，种族隔离政府于1979年修订了《班图教育法》，重新引入非洲语言作为小学前四年的学习媒介，之后家长可以选择当时的两种官方语言的其中一种——英语或阿非利堪斯语——作为教学语言。该政策体现在 1979 年第 90 号法案中，并附加了以下关于教学语言的条款：

> 必须遵守被普遍接受的将母语作为教学语言的教育原则：前提是该原则应至少适用并包括标准二（即 4 年级），在标准二之后，在应用本原则时应考虑家长的意愿，在标准二之后母语不能用作教学语言的情况下，还可以选择一种官方语言作为教学语言（Hartshorne，1995：313）。

尽管政策提供了语言选择，但在 1976 年 6 月 16 日事件的背景下，黑人还是选择了英语作为他们学校的教学语言（Cluver，1992：119），这种情况一直延续到今天。哈特肖恩（Hartshorne，1987：92）指出，非洲人的意见是第一语言的使用从未超过标准二（4 年级）以上。因此，即使在《班图教育法》基本上被废除之后，第一语言教育，至少对黑人来说，还是在南非受到了污名化。沿着这一思路，休（Heugh，1995b：342）指出，1976 年拒绝阿非利堪斯语作为教学语言产生了无法估量的影响，提升了英语的地位，不仅超过阿非利堪斯语，而且超过非洲语言。试图推广非洲本土语言的行为受到怀疑，被认为这是一种新种族隔离战略，旨在将白人与黑人分开，甚至更重要的是，将黑人分裂出去（Makoni，1997：15）。

《班图教育法》的遗产预示着当前对使用非洲语言作为学习和教学语言的负面态度。这是推广这些语言的绊脚石。正是在这种背景下，为了打破过去在语言教育中的歧视性政策，现行的多语种语言政策被制定，并载入了该国的新宪法中。新政策将在下文的语言政策与规划中讨论。现在，笔者将论述后种族隔离时期通过教育传播语言的问题。

后种族隔离时期（1994—　）

由于种族隔离制度的终结，南非的教育体系发生了一些变化。首先，在种族隔离时代，教育并非对所有人群都是强制性的。但作为政府政策，白人儿童却有十年的义务教育（van Rensburg，1999：84）。而对于黑人儿童来说，争取解放反对种族隔离的斗争优先于教育。然而，在种族隔离后的南非，所有人口群体都必须接受义务教育，包括 7 岁至 15 岁的儿童（Department of Education，1997：The South African Schools Act 84）。

其次，建立了单一、统一且不分种族的教育体系[14]。南非现在有一个单一的国家教育部门和 9 个省级教育部门，而不是种族隔离时代的 19 个教育部门。由于隔离教育[15]已经结束，学生可以自由地上任何学校并以他们选择的语言进行教学。至少在理论上,学校应该满足学生的愿望并促进多语言的使用。考虑到这一点,从 3 年级开始,所有学生都必须学习学校所教授的语言以及至少一种其他经批准的语言,如印度语言(泰米尔语、印地语)等少数族裔语言。语言科目不及格的学生不能升入下一年级(*South Africa Year Book*,1999:339)。根据国家教育部的数据,南非有 30000 所公立学校(1 - 12 年级)。1998 年这些学校的学生人数估计为 11921948 人。平均师生比例差异很大,这取决于学校是位于城市还是农村地区,他们以前是"白人""印度""有色人种"或者是"黑人"学校。无论如何,众所周知,以前在南非的白人学校的学生和教师比例最低(约 30:1),而以前的黑人学校的学生和教师比例最高(城市地区约为 60:1,农村地区约为 100:1 或更多)。

南非教育体系的第三个重大变化是基于成果导向教育原则的新国家课程,该课程于 1998 年 1 月在所有一年级的班级推行。新课程被称为"2005 年课程大纲",我们将在下一节进行介绍。就目前而言,尽管发生了上述变化,但在教学媒介语和更高层次的评估政策方面,南非的教育体系保持相对不变。我们首先讨论教学语言的问题。在这方面,南非各级学校,包括初等、中等和高等教育机构,都像种族隔离时代一样基于语言分为两种类别,即以英语为媒介语的学校和以阿非利堪斯语为媒介语的学校。对于采用英语为媒介语进行授课的学校,在种族隔离时代,非英语背景的学生必须学习英语作为第二语言。然而,在新南非,"英语作为第一语言或第二语言"之间的区别受到质疑。例如,杨格(Young,1988:8)认为"种族隔离"遗留的第一语言和第二语言标签应该丢弃,因为它们暗示黑人无法吸收西方语言和文化。政策制定者表达了类似的观点,即"第二语言"一词意味着"语言能力不足的观点"(ANC,1992:2)并且"完全双语教育系统的目标是在义务教育结束时达到单一的语言能力水平"(Barkhuizen & Gough,1996:459)。1993 年成立了英语核心教学大纲委员会来研究这个问题,委员会指出,使用英语作为第一语言或第二语言的情况很复杂,因为大多数第二语言学习者,即使是那些可以将英语描述为外语的农村地区的学习者,也使用英语作为他们的教学媒介语。因此,委员会建议:

> 这些术语(作为第一或第二语言的英语)应该用英语一词来替换。然而,公平原则要求采用某种可接受且简短的方式来承认……在以英语为母语和非英语母语的学习者之间可验证的差异。为此,建议采用国际上越来越多的做法,将所有英语不是母语的学习者称为英语双语学习者(Murray & vander Mescht,1996:258)。

从那时起，似乎有一种趋势（尚未被记录在案），即英语学校的每个人，无论家长如何，总是把英语作为第一语言，把阿非利堪斯语或非洲语言作为第二语言学习。在阿非利堪斯语的学校，每个人都将阿非利堪斯语作为第一语言学习，并且至少学习一种其他语言作为第二语言，在实践中最常见的是英语。与以英语为媒介语的学校不同，以阿非利堪斯语为媒介语的学校似乎没有必要区分阿非利堪斯语作为第一语言或第二语言，因为这些学校主要由以阿非利堪斯语为母语的人参加。

无论学校是以英语为媒介语还是以阿非利堪斯语为媒介语，英语和阿非利堪斯语的时间分配相同。在小学阶段，每周教授第一语言科目（英语或阿非利堪斯语或非洲语言）5 次且每次 30 分钟时长的课程，即每周总共 150 分钟。这意味着，由于在南非一学年有 41 周的时长，在以英语为授课语言的小学中，学生有 205 个 30 分钟的时间，即每个学年总共约有 103 小时学习英语。在中学阶段，第一语言科目每周教授 5 节，每节课 50 分钟，即每周总共 250 分钟，每学年约 171 小时。作为第二语言授课的语言，例如以英语为媒介语的学校教授的阿非利堪斯语或以阿非利堪斯语为媒介语的学校教授的英语或非洲语言，每周分配 4 个时段，每个时段 50 分钟，即每周总共 200 分钟，每学年约 137 小时。教育的最新发展——例如"2005 年课程大纲"——表明分配给语言教学的时间是不够的。根据 1997 年的语言教育政策，如今 70% 的课堂时间用于语言教学（和数学）。

在以黑人为主的学校，特别是那些位于农村地区的学校，非洲语言继续被用作小学前四年的教学语言，就像他们在种族隔离时代一样。然而，最近语言教育的趋势表明，在这些学校，即使没有合格的英语教师，从一年级开始，越来越多地以各种形式把英语作为教学语言。首选英语作为教学语言主要是出于经济考虑。正如本多 – 塞缪尔（Bendor-Samuel 引自 Eggington & Baldauf，1990：100）指出的那样，一种语言必须在社区中"填补一个空洞"，才能使该语言的教学切实可行且有意义。因此，大多数黑人父母从上学的第一天起就选择以英语为媒介语的教育，因为英语的工具价值。他们认为非洲语言的教育是"错误的教育"[16]，并且无用，因为它在更广泛的社会经济和政治背景下没有价值。按照这一思路，有能力这样做的黑人父母将他们的孩子送到以前的白人学校（通常称为"C 型学校"），让他们尽早接触英语和优质教育，因为这些学校有最好的设施和师资。这种状况并没有帮助新的语言政策（见下文）实现其在教育中促进双语/多语教学的目标。相反，即使在以黑人为主的学校，从一年级开始，似乎也有使用英语作为唯一教学语言的普遍趋势。

结果产生了许多问题。如果在整个教育系统中不使用非洲语言作为教学语言，如何促进教育中的多语制？如何将非洲语言作为教学媒介来对抗班图教育法留下的污名？如果不保持英语作为第一语言或第二语言之间的区别，那么如何防止出现一个社会，其中正如皮尔斯（Peirce，1992：6）警告的那样，把权力集中在少数讲标准英语的人手中？尽管与种族隔离密切相关，国家是否应该重新引入第一语言教育？或者国家是否应该促进英语媒介语教育，尽管它有精英性质和导致黑人学习者的高失败率和辍学率。如果在南非实施多语教育的尝试要取得成功，未来教育中的语言政策必须解决这些问题。

评估南非教育中的语言科目

在南非，评估语言科目是一个非常复杂的过程，尤其是在高中阶段（即10–12年级）。与小学和初中不同，高中生必须至少选择6个科目才能参加高级证书考试。教育部（1999：9）将高级证书考试描述为在当前教育系统中发挥关键作用的考试。它是12年教育努力的结晶，通过向毕业生颁发成绩证书来认可他们进入高等教育的能力。

高级证书考试的六门（或更多）科目必须至少包括两种语言，其中一种必须是教学语言（以英语为媒介语的学校是英语，以阿非利堪斯语为媒介语的学校是阿非利堪斯语）。其他四门（或更多）科目可以从以下非详尽列表中各选一门：（1）科学/生物学；（2）地理/历史/戏剧/艺术；（3）阿非利堪斯语（第二语言）/祖鲁语（第二语言）（或用阿非利堪斯语为媒介语的学校以英语作为第二语言）；（4）科学/戏剧/家政；（5）数学/打字/商业经济。一些科目，例如科学和戏剧，出现在多个列表中，以便给学生在选择科目包时提供更多选项。

每门科目，包括语言科目，都可以在高年级或标准年级选修。[17]但入学考试委员会规定，学生必须至少要在高年级通过三门课程才能获得大学录取资格。高年级选修的科目比标准（或低）年级的科目更深、更难。因此，每个年级的学科都有不同的教学大纲，并且有不同的考试，每个考试针对不同的教学大纲。每个省教育部门都为所有科目设置了自己的入学考试。正如巴克惠曾和高夫（Barkhuizen & Gough，1996：465）入木三分地指出的那样，这意味着南非教育中的语言评估范围极其广泛，评估质量也千差万别。各种评估范围之间的唯一联系是它们都针对一个目标：通过高级证书考试来决定学习者是否有资格进入大学或技术学院。在各省，入学考试由省教育厅根据其学历和教学经验任命的 12 年级的教师在 12 年级水平上进行匿名评估。在最近的一份新闻声明中，教育部长卡德尔·阿斯马尔（Kader Asmal）教授表示，到 2005 年，所有这些不同的入学考试都将被纳入一个体系，也就是说，全国所有 12 年级学生将只进行一次入学考试（*Daily News*，11 September 2001，p. 3）。

南非有 22 所正式的大学和 15 所技术学院。这些技术学院是提供职业教育的高等教育机构，为劳动力市场提供拥有特定技能以及在特定领域有足够的技术和实践知识的个人（Rauntenbach，1992：358）。在南非，职业教育通常在 16 岁以后开始，并在普通预科教育之后进行。其中 17 所大学是以英语为媒介语的机构，而 5 所以前以阿非利堪斯语为媒介语的大学在很大程度上已成为以英语或阿非利堪斯语为媒介语的机构。与以阿非利堪斯语为教学媒介语的中学一样，自从种族隔离结束以来，以阿非利堪斯语为教学语言的大学也向黑人学生敞开了大门。请注意，这些学生中的大多数（抑或是全部）母语不是阿非利堪斯语。因此，以阿非利堪斯语为教学语言的大学因为其学生包括大量黑人学生，现在都提供以英语为媒介语的课程以满足这些学生的需求。看来，未来以阿非利堪斯语为媒介语的大学最有可能用双媒介语运作，也就是同时提供阿非利堪斯语和英语的教学。这很可能会发生，特别是考虑到大学之间为了吸引来自以前处于不利地位的社区的学生而进行的激烈竞争。

2005 年成果导向课程大纲中的语言教育

如前所述，教育部于 1998 年推出了新的国家课程，即"2005 年课程大纲"，该课程将逐步取代该国从种族隔离教育体系中继承的课程。新课程最初计划于 2005 年在 1 – 9 年级实施，因此命名为"2005 课程"。然而，由于在实施"成果导向教育"（outcomes-based education，OBE）系统（见下文）中遇到了困难，教育部决定不在 2005 年之前实施该计划，而是将目标延迟至更晚的日期。现在预计修订后的课程将在 2008 年实施。引入新课程的理由是，在以前的制度下，不同种族的学习者并没有得到相同的优质教育。2005 年的课程是基于 OBE 的概念。

据被视为 OBE 创始人的斯派迪（Spady，1995）所说，成果是学习者可以用他们所知道和学到的知识去做实际可以做的事情，即所学知识的实际应用。成果导向教育是一种以学习者为中心、以成果为导向的教育方法，它基于所有学习者都能学习并取得成功的期望（Department of Education，1998b）。OBE 的关键特征之一是承认和支持学习者使用他们的主要语言来获取知识，无论这些语言是不是学校用于学习和教学的正式语言。OBE 系统的其他特性还包括：学习被认为是发生在教师（教育者）和学习者之间的互动过程，后者在学习过程中起核心作用，而前者充当促进者；学习的重点是学习者应该知道什么和做什么——即学习成果；强调合作学习，尤其是在共同任务或活动中进行小组工作；学习者的进步是在持续评估的基础上确定的，而不是根据年终考试或一系列传统测试结果的累积（Gultig *et al.*，1998）。

OBE 在南非可能是一个新概念，但它已经在许多第一世界国家，如澳大利亚、新西兰、美国和英国的培训中实施。在南非，OBE 的想法似乎是在 20 世纪 90 年代初期南非工会大会（COSATU）的成员访问澳大利亚和新西兰后，对 OBE 作为培训模式留下了深刻的印象之后产生的（Department of Education，1997）。

自 1997 年宣布并随后于 1998 年推出以来，2005 年课程大纲收到了利益相关方的不同反应。据我所知，除了西开普教育局于 1999 年 12 月组织的为期三天的关于 OBE 的单独会议之外，南非关于 OBE 的学术讨论很少（Gultig *et al.*，1998）。支持或反对 OBE 的论点主要在当地报纸上发表。OBE 的反对者，包括记者、反对党成员和右翼分子，都说 OBE 是"社会工程学中非常危险的实验"（*Sunday Times*，22 June 1997）。根据其批评者的说法，OBE 在第一世界国家实施是一场灾难。批评者认为：

> 作为旨在培养"自信的文盲"的系统，该系统否认必要的竞争及其基本要素：个人卓越。它以群体为基础，与其说是赋予孩子们技能，不如说是让他们感觉良好并提高他们的自尊。（*Sunday Times*，1 June 1997）

相比之下，OBE 的支持者，包括现任执政党（非洲人国民大会）及其同僚，提到了 OBE 制度在一些与南非类似的第一世界国家取得的成就，而批评者却称 OBE 一直是失败的。例如范德霍斯特和麦克唐纳（van der Horst & McDonald，1997）就在一篇报纸文章中评论说：

> 在研究了美国、澳大利亚、南美、英国（包括苏格兰）、欧洲各国以及新加坡和日本的一些国家的教学体系后，我们清楚地认识到成果导向教育此时在南非已占有一席之地并发挥了作用。（*Sunday Times*，22 June 1997）

OBE 的支持者争辩说，那些反对 OBE 的人"效忠于精英主义、不平等和支离破碎的现状，这种现状保护了他们的特权，同时迫使数百万人陷于贫困、文盲和无知的生活"（*Sunday Times*，15 June 1997）。现在评论 OBE 对南非教育的优缺点可能还为时过早。仅仅因为 OBE 在第一世界的成功或失败，并不一定意味着它在南非会成功或失败。只有 OBE 在南非至少部分实施了之后，我们才能判断钟摆可能以哪种方式摆动。在这方面，最近一项对约翰内斯堡 65 所学校的 OBE 进行评估的研究（Holman，2001：8）表明，迄今为止，OBE 是成功的。特别是，该研究旨在检查这些学校的学习者表现。它基于 OBE 标准测试，使学校能够将学习者的表现与所有参与学校的平均值进行比较。该研究总结其结果如下：

> 学习者的表现与以前的系统一样好，有时甚至更好。孩子们思考和解决问题的能力正在提高。然而，有一些问题需要立即引起注意，尤其是在读写、数学和集体作业方面。

关于读写能力，霍尔曼（Holman，2001）观察到，教师似乎更多地关注词汇、语言技能和语言结构，而忽略了阅读。霍尔曼解释说，这可能是由于对 OBE 教学的误解，即"让学习者找到自己的答案"。这并不一定意味着教师不能在需要时帮助学习者，尤其是弱者。在数学方面，研究表明似乎过分强调测量而忽略了基本算术和数字模式。最后，霍尔曼（Holman，2001）说教师错误地将 OBE 等同于集体作业。因此，较弱的学生往往过于依赖集体，而不是为个人成就而努力。教师应确保所有学习者都能理解教学语言。

关于"2005 年课程大纲"的最新意见是，根据一组学者的建议，该课程大纲将被优化。这些学者是应教育部长的要求，最近对课程大纲进行了审查（*Sunday Times*，20 August 2000）。就语言而言，现在 70% 的课堂时间将分配给 1 至 3 年级的语言教学/学习和数学，从 4 年级开始分配 50%。OBE 的复杂术语将被删除，以便关于 OBE 的讨论可以被利益相关方所接受。另外，还计划进行其他变革，其中包括：

- 将英语政策文件翻译成阿非利堪斯语、索托语和恩古尼语（祖鲁语、柯萨语、恩德贝勒语或斯威士语，目前尚不清楚将选择这些语言中的哪一种及原因）；
- 明确说明学生应该取得什么成就，以及他们应该如何去做。

在这方面值得注意的是，到 9 年级结束时，学生应该能够有效地进行交流；通过批判性思维解决问题；负责任地组织和管理活动；与他人合作；收集、分析、组织和评估信息；运用科学技术；了解整个世界的运作方式（*Sunday Times*，5 August 2001，p. 7）。换句话说，经过修订和改进过的以学生为中心的"2005 课程"旨在确保没有学生在 9 年级结束时还无法阅读、计算和写作。而 9 年级是南非义务教育的截止年级。尽管有了这些变化，如前所述的成果导向教育（OBE）的主要特征仍将是"2005 年课程大纲"的核心。根据教育部的说法，保留 OBE 的主要特征是拒绝基督教国民教育的种族隔离哲学（*Sunday Times*，20 August2000）。表 26 总结了自 1953 年《班图教育法》以来南非的课程改革以及"2005 年课程大纲"发展的各个阶段（Potenza，2001）。

表 26　南非课程改革时间表

1953—1994 年：1953 年《班图教育法》（Bantu Education 1953）和 1967 年基督教国民教育	2003 年：在 6 年级实施现有形式的"2005 年课程大纲"（C2005）；根据国家课程大纲说明（National Curriculum Statement）进行教师培训；根据国家课程大纲说明开发教材和其他学习材料。
1995 年：全国教育和培训论坛（NETF）为制定核心临时教学大纲铺平了道路，并从学校课程中删除了无礼和不准确的内容。	2004 年：提议在基础阶段（R－3 年级）实施国家课程大纲说明。根据国家课程大纲说明持续教师培训和学习支持材料的开发。
1996 年：南非共和国宪法（Constitution of the Republic of South Africa）颁布。南非学校法（SA Schools' Act）建立了一个全国性的教育体系，并概述了国家各部和各省的权力；它还建立了学校管理机构，并赋予他们权力来决定学校课程的各个方面。	2005 年：提议在中级阶段（4－6 年级）实施国家课程大纲说明。持续上述的教师培训和材料开发。
1996/7：进行"2005 年课程大纲"（C2005）的设计。	2006 年：建议在 7 年级实施国家课程大纲说明。持续上述教师培训和材料的开发。
1997 年：C2005 成为所有学校的国家政策。C2005 在 1 年级试点。	2007 年：建议在 8 年级实施国家课程大纲说明。持续上述教师培训和材料开发。
1999 年：C2005 在 2 年级实施。C2005 在 7 年级试点。	2008 年：建议在 9 年级实施国家课程大纲说明。持续上述教师培训和材料开发。
2000 年：C2005 在 3 年级和 7 年级实施。审查 C2005。在 4 年级和 8 年级试行 C2005。	2009 年：是否有可能对国家课程大纲说明进行审查？
2001 年：在 4 年级和 8 年级以现有形式实施 C2005。制定国家课程大纲说明，即 C2005 的修订、优化版本，逐级规定学习成果和评估标准。	

　　资料来源：Potenza（2001）。

媒体中的语言使用

南非的社会政治史在该国的媒体（电视、报纸和广播）中发挥了重要的语言使用作用。众所周知，由于其工具价值，英语是迄今为止南非媒体中使用最广泛的语言，其次是阿非利堪斯语，再次是非洲语言。在本节中，我将描述这三种语言在媒体中的[18]使用情况。1923 年，铁路公司西部电力公司在约翰内斯堡进行了南非的第一次实验性无线电广播，随后的发展包括在 1936 年成立了现在的南非广播公司（SABC）。随后在 1937 年以英语和阿非利堪斯语进行广播服务，并在 1942 年用非洲语言进行广播（*South Africa Year Book*, 1999：470）。今天，SABC 拥有 16 个广播电台，每周向大约 2800 万名听众广播，每周总播放时间为 300 小时。此外，SABC 还有一个对外服务频道——非洲之声频道（原南非之声），成立于 1966 年，它每周以英语、法语、斯瓦希里语（Kiswahili）和葡萄牙语四种语言向非洲和印度洋群岛的数百万听众广播 217 小时（*Europa World Year Book*, 1999, II：3227）。它的节目包括新闻、音乐、体育以及社会、经济和政治问题等，由大约 12 个私人和 90 个社区广播电台组成了南非的广播服务网络。这些广播电台大多数以英语和阿非利堪斯语广播。不过非洲九种官方语言，每种都至少有一个广播电台。广播仍然是南非最强大的媒介，不管在城市还是偏远农村地区，都可以用他们能够理解的语言进行广播。但是，电视或平面媒体就不能这样说，因为它们主要覆盖城市地区和主要城市。

与广播相比，电视在南非是一个相对较新的事物。该国于 1976 年 1 月开通了第一个电视频道（Africa South of the Sahara, 1999：1007），比当年 6 月 16 日索韦托起义（Soweto uprising）早了六个月。今天，SABC 拥有三个电视频道，SABC 1、SABC 2 和 SABC 3。SABC 上播放的所有节目中约有 50% 是本地制作的，另外 50% 是从海外进口的节目，尤其是从英国和美国进口的节目。据估计，每天约有 1400 万各族成年人收看 SABC 的电视节目。目前，大多数本地和进口节目都是英文的。因此，在所有三个 SABC 频道的总和中，英语占据了大部分的播出时间。从表 27 可以明显看出这一点，该数据来自卡姆旺加马鲁（Kamwangamalu, 2000a）的研究，展示了 SABC 三个频道上 11 种官方语言每周总播放时间分布情况。简要地说，该研究的数据是从 1998 年 5 月 10 日至 16 日这一周的电视指南中收集的。该电视指南表明，该周 11 种官方语言每个频道的播出时间为 126 小时，即 7560 分钟，也就是所有三个频道的总播出时长为 22680 分钟。此外，电视指南还列出了各种节目以及节目所用的语言。因此，除了多语言节目外，确定分配给每种语言的播出时间相对容易。研究表明，南非电视台播出时间的分布极为不均，英语播出时间高达 20855 分钟，占每周总播出时间的 91.95%，阿非利堪斯语 1285（5.66%）分钟，而所有其他 9 种非洲语言仅共享 540（2.38%）分钟的播出时间，其中每种语言平均仅占总播出时间的 0.26%。请注意，在表 28 中，一些非洲语言，如文达语、恩德贝勒语、斯威士语和聪加语被标记为"（00）？"[①]，因为电视指南显示它们在 1998 年 5 月 10 日至 16 日这一周根本没有播出。（更多细节参见 Kamwangamalu，2000a：54 - 5）

表 27 SABC 每周播出时间分布（以分钟为单位）：
电视指南 1998 年 5 月 10 - 16 日

语言	频道			总播放时间（22680 分钟）
	SABC 1	SABC 2	SABC 3	
恩德贝勒语	（00）？	（00）？	（00）？	（00）？
斯威士语	（00）？	（00）？	（00）？	（00）？
聪加语	（00）？	（00）？	（00）？	（00）？
文达语	（00）？	（00）？	（00）？	（00）？
佩迪语	00	35	00	35（0.15%）
茨瓦纳语	00	65	00	65（0.28%）
柯萨语	90	00	00	90（0.39%）
祖鲁语	120	00	00	120（0.52%）
塞索托语	30	200	00	230（1.01%）
阿非利堪斯语	30	1255	00	1285（5.66%）
英语	7290	6005	7560	20855（91.95%）

资料来源：Kamwangamalu（2000a：254）。

表 28 SABC：TV Talk 2001 年 4 月至 6 月的每月播出时间分布（小时）

语言	频道			总播出时间：
	SABC 1	SABC 2	SABC 3	4663.02 小时
恩德贝勒语	0	5.52	0	5.52
斯威士语	0	0	0	0

---

① 根据原文"（00）？"的意义为播出时间为 0，此处保留了原文的格式"（00）？"，下同。

续表

语言	频道			总播出时间：4663.02 小时
	SABC 1	*SABC* 2	*SABC* 3	
聪加语	0	0	0	0
文达语	0	0	0	0
佩迪语	0	32	0	32
茨瓦纳语	0	27	0	27
柯萨语	34	0	0	34
祖鲁语	53	0	0	53
塞索托语	0	74	0	74
阿非利堪斯语	0	483.5	0	483.5
英语	1269	1104.5	1580.5	3954.00

随后的一项调查，同样由卡姆旺加马鲁（Kamwangamalu，2001a）进行，但样本相对较大（从 2001 年 4 月到 6 月的 90 天时间），这次调查支持了第一次调查的结论，即对于所有三个 SABC 频道的总和，英语比任何其他官方频道的播放时间都长。表 28 显示，在调查期间，所有 11 种官方语言共有 4663.02 小时的播出时间，其中 SABC 1 为 1356 小时，SABC 2 为 1726.52 小时，SABC 3 为 1580.5 小时。在三个频道的总播放时间中，仅英语就占了 3954（85%）小时；其次是阿非利堪斯语，为 483.5（10%）小时；非洲语言的总播放时间为 225.52（5%）小时，即九种非洲官方语言中每种语言约 25（0.5%）小时。请注意，与 1998 年 5 月 10 日至 16 日这一周不同，在第二次调查所涵盖的时期内，电视指南仅列出了 11 种官方语言中的 8 种，并不包括较小的语言斯威士语、聪加语和文达语。换言之，除了偶尔在多语言节目中使用外，这三种语言在三个电视频道中的任何一个频道上都没有任何特定的时间段。对于这种情况，没有给出任何解释，可见用所有 11 种官方语言广播节目的成本问题似乎正在逐渐产生影响。因此，几年后，SABC 可能会停止为上述那些次要官方语言提供服务。因此，就执行而言，尽管有宪法规定的语言公平的原则（参见下文的"语言政策与规划"），与大多数语言相比，文达语、恩德贝勒语、斯威士语和聪加语等较小的语言变得越来越不显眼，尤其是在媒体等高级领域。

除了 SABC 频道，还有两个私人电视频道（不包括卫星电视）：M-Net，1986 年推出的私人付费电视[19]服务；Midi 电视，这是一项私人但免费的电视

服务，于 1998 年推出，运营着一个名为娱乐电视（E. TV）的频道。M-Net
频道拥有超过 123 万订购者。它每天 24 小时以英语向非洲大陆约 41 个国家
广播，在南非以英语和阿非利堪斯语广播。在南非 M-Net 的观众主要是白人
和一些富有的城市黑人（这个术语在一般意义上指印度人、非洲人和有色人
种）。M-Net 频道提供的节目包括电影、体育、戏剧、杂志、音乐以及为当
地印度人、葡萄牙人、意大利人、犹太人和基督教社区提供的专业社区服
务。与 M-Net 频道一样，E. TV 频道也每天 24 小时播出，主要是用英语在南
非播放。估计其观众超过 600000 人。但与 M-Net 频道不同的是，除了电影、
体育、戏剧和音乐等节目外，E. TV 频道还播放英语、阿非利堪斯语和一些
非洲官方语言（例如祖鲁语、柯萨语和索托语）的新闻简报。

关于印刷媒体，南非第一份已知的报纸是名为《开普敦公报》（*Cape
Town Gazette*）的政府公报，在 19 世纪初与一个商业广告商——《非洲广告
商报》（*Kaapsche Stads Courant en Afrikaansche Berigter*）一起出现（*South Afri-
ca Yearbook*，1998：435）。三份星期日报纸，即《星期日泰晤士报》（*Sunday
Times*）、《星期日独立报》（*The Sunday Independent*）和《关系报》（*Rap-
port*），他们都是全国性报纸，其中前两个以英文出版，第三个以阿非利堪斯
语出版。在这三种（以及其他星期日报纸——例如《城市报道》）中，《星
期日泰晤士报》发行量最大（1998 年为 452461 份），其次是《关系报》，发
行量为 376101 份。除了这些全国性报纸之外，还有 17 种日报、8 种周刊、
大约 200 种每周小报、近 300 种消费者杂志和数百种被称为"敲门后扔入"
（knock-and-drops）或"免费赠品"（freebies）的社区报纸（*Europa World
Year Book*，1999，II；*South Africa Year Book*，1998）。除了三大阿非利堪斯语
日报①和周刊杂志《你》（Huisgenoot）、《苏珊》（Sarie）②和《红玫瑰》
（Rooi Rose）以外，发行量相对较大的日报、周刊和杂志大多以英文出版。
在这些日报中，1999 年《索维坦报》（*The Sowetan*）的发行量最大（217324
份），其次是《公民报》（*The Citizen*）（125966）以及三个主要的阿非利堪斯
语日报中的两个，即《市民报》（112844）和《肖像报》（107965）（*South Af-
rica Year Book*，1998，1999）。

虽然一些报纸和杂志用英语或阿非利堪斯语出版，但小报和"免费赠
品"主要用英语出版，除了那些专门为讲阿非利堪斯语的社区提供服务的报

---

① 三份日报指《肖像报》（*Beeld*）、《市民报》（*Die Burger*）和《人民报》（*Die Volksblad*）。
② 《苏珊》是一份妇女杂志。

纸和杂志。表 29 列出了南非的主要日报（D）和周刊（W）以及有关发行量和出版物语言的信息。表 30 列出了该国的其他报纸，主要是周报。

表 29　南非主要报纸

报纸名称	频率	语言	1999 年发行量
《肖像报》（*Beeld*）	D	阿非利堪斯语	111958
《营业日》（*Business Day*）	D	英语	41000
《城市报道》（*City Press*）	W	英语	259374
《每日电讯》（*Daily Dispatch*）	D	英语	39000
《钻石领域广告商报》（*Diamond Fields Advertiser*）	D	英语	8000
《市民报》（*Die Burger*）	D	阿非利堪斯语	112844
《人民报》（*Die Volksblad*）	D	阿非利堪斯语	28000
《欧洲先驱报》（*EP Herald*）	D	英语	30000
《晚报》（*Evening Post*）	D	英语	19000
《太阳》（*Ilanga*）	每周两次	祖鲁语	117000
《黑色意见》（*Imvo Zabantsundu*）	W	英语／柯萨语	31000
《邮件和监护人》（*Mail & Guardian*）	W	英语	32510
《纳塔尔见证人》（*Natal Witness*）	D	英语	28000
《邮报》（*Post*）	W	英语	42203
《比勒陀利亚新闻》（*Pretoria News*）	D	英语	25500
《关系报》（*Rapport*）	W	阿非利堪斯语	353000
《星期日独立报》（*Sunday Independent*）	W	英语	39456
《星期日泰晤士报》（*Sunday Times*）	W	英语	458000
《周日论坛报》（*Sunday Tribune*）	W	英语	113000
《阿古斯报》（*The Argus*）	D	英语	85000
《开普敦时报》（*The Cape Times*）	D	英语	53000
《公民报》（*The Citizen*）	D	英语	125966
《每日新闻》（*The Daily News*）	D	英语	71600
《周六独立报》（*The Independent on Saturday*）	W	英语	77500
《水星报》（*The Mercury*）	D	英语	42000
《索维坦报》（*The Sowetan*）	D	英语	225000

报纸名称	频率	语言	1999 年发行量
《星报》（*The Star*）	D	英语	162316
《德兰士瓦勒报》（*Transvaaler*）	D	阿非利堪斯语	40000
《非洲报》（*Umafrika*）	W	英语/祖鲁语	60000
《远景报》（*Vista*）	每周两次	英语/阿非利堪斯语	35119

注：D = 每日；W = 每周。

资料来源：根据 *South Africa Year Book* 1998：434 - 437，1999：476 - 479；*The Europa World Year Book*，1999（II）：3223 - 3225；和 *Africa South of the Sahara*，1999：1003 - 1005 数据编辑而成。

表 30　南非其他报纸

报纸名称	频率	语言	1999 年发行量
《非洲犹太报》（*African Jewish Newspaper*）	W	意第绪语（*Yiddish*）	无考
《非洲新闻社》（*Afrika News Press*）	W	英语	无考
《中国速递》（*China Express*）	Tu/Fr	汉语	无考
《阿非利堪人》（*Die Afrikaner*）	W	阿非利堪斯语	10000
《艾克斯塔努斯报》（*Eikestadnuus*）	W	阿非利堪斯语／英语	7000
《莱迪史密斯公报》（*Ladysmith Gazette*）	W	阿非利堪斯语／英语／祖鲁语	7000
《北德兰士瓦勒报》（*Noord Transvaaler*）	W	阿非利堪斯语	12000
《西北公报》（*Noordwes Gazette*）	W	阿非利堪斯语／英语	35000
《北方评论》（*Northern Review*）	W	阿非利堪斯语／英语	10300
《先驱报》（*P & V Herald*）	W	阿非利堪斯语／英语	5000
《鲁斯登堡先驱报》（*Rustenburg Herald*）	D	英语/阿非利堪斯语	11000
《先驱时报》（*The Herald Times*）	W	英语	5000
《瓦尔周刊》（*Vaalweekblad*）	W	阿非利堪斯语／英语	16000
《弗莱周刊》（*Vrye Weekblad*）	W	阿非利堪斯语	13000

注：D = 每日；W = 每周；Tu/Fr = 周二和周五发行。

资料来源：和表 9 相同。

第三部分　语言政策与规划

卡普兰和巴尔道夫（Kaplan & Baldauf，1997：3）将语言规划定义为：使一个或多个社区的语言有意识地实现某种有计划的变化（或阻止变化发生）的思想、法律和法规（语言政策）、转变、规则、信念和实践的总和。用费什曼（Fishman，1987：49）的话来说，它是为实现语言地位和语言本体（language corpus）目标而进行的资源的权威分配，有时是为了实现新功能，但更常见的是为了撤销某些旧功能。在南非，语言规划历来是托勒夫森（Tollefson，1991：13）所说的斗争竞技场，该国白人试图在那里对其他种族群体行使权力，因此才有术语 baasskap，意思是通过控制语言进行"统治，尤其是白人对于其他群体的统治"（参见本文的第二章）。一直以来都是如此，因为正如威利（Wiley，1996：104）所观察到的，语言相关的决定往往会给某些人带来好处，而使另一些人失去特权、地位和权利。

在 1652 年由荷兰殖民者简·范·里贝克带领的白人移民来到好望角之前，人们对南非的语言政策与规划所知甚少，正如上文的南非语言概况中所讨论的那样。从那时起，南非的语言政策与规划的历史可以用以下四个重要时代来描述：荷兰化时期（1652—1795、1803—1806）、英语化时期（1806—1948）、阿非利堪斯语化时期（1948—1994）和语言民主化时期（1994 年至今）。荷兰化是指 1652 年后在南非定居的荷兰东印度公司的荷兰官员在所有高级领域，如行政、教育、贸易等领域推广和使用荷兰语。在 1652 年至 1795 年荷兰占领开普敦的一个半世纪期间，掌握荷兰语是获得资源和成为公务员的催化剂。任何想与荷兰当局做生意的人都必须展现荷兰语知识。该地区的土著居民科伊人（Khoi）和桑人（San）完全失去了他们的语言（语言死亡）并获得了荷兰语的中间语言形式，因此今天所有这些人的后代都说阿非利堪斯语（或索托语和柯萨语）。开普地区荷兰化于 1795 年结束，当时英国首次控制了好望角（现开普敦），以防止该领土落入法国人手中，法国人在拿破仑战争期间已经宣称拥有荷兰（Watermeyer，1996：101）。然而，荷兰化仍在该国北部进行，布尔人在那里建立了自由邦和德兰士瓦布尔共和国。后者后来更名为"南非共和国"。居住在布尔共和国的人，尤其是南非共和国的任何人，包括维特兰人（Uitlanders）（外国人，主要是英国移民）都被荷兰化。维特兰人（Uitlanders）要求英国提供抵制荷兰化教育方面的保护和在南非共和国的专营权，这一要求被认为是 1899 年至 1902 年的英布战争的诱因之一。于是，教育被政治化了，正如马勒布（Malherbe，1925：287）指出的那样，

它（教育）被政治家们视为侵犯维特兰人权利的实例之一，并成为英布战争的一个促成因素。例如，在英国政府（H. M. Government）于 1899 年 5 月 10 日发出，并在 1899 年 6 月 13 日被南非共和国政府收到

的信中，张伯伦（Chamberlain）先生写道：教育系统"更多的是为了迫使维特兰人（Uitlanders）习惯性地使用荷兰语，而不是向他们传授基础知识"。

英布战争结束后，英国人赢得了胜利，英语化政策继续实行，如前所述（Moodie，1975；Ponelis，1993；Warwick，1980）。这项政策直到1948年才结束，当时阿非利堪人接管了政府。现在权力掌握在他们手中，为了阿非利堪人的利益，阿非利堪政治家们用阿非利堪斯语化取代了英语化。阿非利堪斯语登上了国家管理的中心舞台，正如韦伯和克里尔（Webb & Kriel, 2000）所说，阿非利堪斯语的使用和力量急剧增加。

所有政府控制的机构、国家行政部门、广播和电视、教育部门、国防军和半国家机构逐渐变成几乎完全使用阿非利堪斯语。白人阿非利堪斯语人口获得了完全的控制权，阿非利堪斯语赢了，因此还被授予了一座纪念碑：位于开普敦附近小镇帕尔的一座小山上的巨大语言纪念碑，用来纪念一个有组织地推广该语言的运动，即真正的阿非利堪人协会（GRA）的起源地（Webb & Kriel, 2000：22）。

了解阿非利堪斯语成为进入公务员队伍的必要条件。国家在政治和财政上大量投资阿非利堪斯语的发展，并经常称赞这种语言是上帝的礼物。在这方面，韦伯和克里尔（Webb & Kriel, 2000）引用了前国家总统博塔（P. W. Botha）在一次议会致辞中庆祝阿非利堪斯语取得的成就时的讲话：

我们向过去的文化领袖致敬，但我们也谦卑地站在所有语言和所有国家（人们）的创造者面前，感谢这份赐予我们灵魂的不可思议的礼物。（Webb & Kriel, 2000：42）

兰根豪芬（Langenhoven）称阿非利堪斯语是南非灵魂的表达，我们相信，一个人有灵魂，一个民族、一个国家也有灵魂，阿非利堪斯语是上帝赐予数以百万计非洲人在处理日常事务时使用的工具，也是在祈祷时和为造物主服务时使用的工具（Webb & Kriel, 2000：42）。

推广阿非利堪斯语的努力导致种族隔离政府制定了严厉的政策，例如《班图教育法》。1994年南非种族隔离的结束和随后民主的诞生为阿非利堪斯语开创了一个新时代。从种族隔离到民主的转变使官方承认南非是一个多语国家，而不是在种族隔离时代被认为的双语国家。这种认可已转化为新的多语言政策，从而实现了语言民主化。接下来，笔者开始讨论这项新的语言政策。

新的多语言政策

新的语言政策赋予 11 种语言官方地位：英语、阿非利堪斯语和九种非洲语言。该政策在南非 1996 年宪法中规定如下：

> 南非共和国的官方语言是佩迪语、塞索托语、茨瓦纳语、斯威士语、文达语、聪加语、阿非利堪斯语、英语、恩德贝勒语、柯萨语和祖鲁语 [The Constitution，1996，Chapter 1，Section 6（1）]。

所有官方语言都必须享有平等的尊重，必须受到公平的对待。[The Constitution，1996，Chapter 1，Section 6（2）]

关于这项政策，人们提出了许多问题。为什么是 11 种官方语言？为什么不只满足于英语？将使用什么语言作为教学媒介语？这些问题在临时宪法的第 3 节 [section 3 of the Interim Constitution（1995）] 中得到了解决。根据临时宪法，南非选择了 11 种语言：

> 1. 在新的制度下确保和保障所有南非人的自由和做人的尊严；
> 2. 承认该国的语言多样性以及大多数南非人（可能是 98%）使用其中一种语言作为他们的母语或第一语言的事实；
> 3. 确保民主化进程也扩展到与语言相关的问题。（The Department of Education：*South Africa's New Language Policy：The Facts*，1994：4，6）

同样的，南非也没有宣布英语为唯一的官方语言，因为它是一种少数族裔语言，只有 9% 的南非人将其作为第一语言或母语使用。此外，值得注意的是，南非选择了多语言政策，以免重新点燃长期存在的民族语言竞争[20]，一方面是讲各种非洲语言的人之间，另一方面是讲英语和阿非利堪斯语的人之间。正如韦伯（Webb，1994：255）所观察到的，种族民族主义常与语言有关，随时有可能发生，例如在讲阿非利堪斯语的白人和讲祖鲁语的社区内，是极有可能发生群体间冲突的。讲阿非利堪斯语的白人，即阿非利堪人，在过去 300 年里一直在与英语的统治做斗争，因此他们不会接受英语

（更不用说任何非洲语言）作为国家的唯一官方语言。同样，使用各种非洲语言的人认为他们各自的语言是其文化身份的象征，对他们来说接受其余任何一种非洲语言作为国家的官方语言将是不可想象的，特别是对于主要语言如祖鲁语、科萨语和索托语的使用者来说。

关于教学语言的问题，南非新宪法规定：

> 诸如学生接受教育的媒介和必修学科的语言数量等问题不得与《宪法》［第3条］中的语言条款或第32条相冲突，后者规定每个人都应<u>在合理可行的情况下</u>，有权使用他或她选择的语言接受教育（下划线为作者所加）。

笔者已经强调了"在合理可行的情况下"这一句，以强调该政策的矛盾性、模糊性和非承诺性质。例如，谁来决定什么是"合理可行的"[21]以及使用什么标准做出决定？

新的多语言政策的主要目标之一，是在过去歧视性语言政策的背景下提升9种非洲官方语言的地位。因此，新宪法规定，"认识到我们人民的本土语言的使用和地位在历史上有所减弱，国家必须采取实际和积极的措施来提升这些语言的地位并促进这些语言的使用"［The Constitution，1996，Chapter 1，section 6（2）］。宪法还规定设立泛南非语言委员会（Pan South African Language Board，PANSALB），其职责包括："促进并为这些（非洲）语言和其他语言的发展和使用创造条件"［The Constitution，1996，Chapter 1，section 6（5a）］。在上述宪法原则的基础上，教育部长于1997年宣布了一项在教育中使用语言的政策，其主要目标是：

> 1. 促进附加的多语制，即在保持母语的同时提供额外语言的获取和有效习得的条件；
> 2. 促进和发展所有官方语言；
> 3. 对抗因母语、学习语言和教学语言之间不同种类的不匹配而造成的不利情况；
> 4. 制定计划，以纠正一些语言以前所处的不利地位。（Department of Education，*Government Gazette* no. 18546，19 December 1997）

该政策还要求学校通过各自的管理机构规定如何通过使用不止一种教学语言来促进多语增强，或者通过提供额外的语言作为成熟的科目，或者应用特殊的沉浸式课程或语言维持计划的实现。

从上面引用的宪法条款中可以清楚地看出，新语言政策的主旨是通过母语促进附加的多语制[22]教育，即使用官方本土语言作为学习和教学的媒介。然而，该政策的实施尚未取得太大进展，尤其是在母语教育问题上。相反，现状仍然是英语和阿非利堪斯语分别是英语和阿非利堪斯语学校的主要学习媒介，就像他们在种族隔离时代一样。换句话说，如果在语言实践方面有什么改变的话，那就是英语在几乎所有国家机构中都比阿非利堪斯语获得了更多的份额和政治影响力，包括立法、教育、媒体和军队。媒体中的语言实践已经讨论过（见上文）。接下来的讨论将集中于其余机构的语言实践，并从立法机构开始。

甘宁（Gunning，1997：7）在评论立法机构的语言实践时指出，大多数省级立法机构使用英语。他解释说："政治家似乎更喜欢英语而不是其他语言，实际情况决定了它的使用，它（英语）用于避免混淆，它是文件的主要语言"。潘多尔（Pandor，1995）就该国议会的语言实践发表了类似的评论。她观察到1994年在议会发表的演讲中有87%使用英语，有不到5%使用阿非利堪斯语，其余8%使用9种非洲官方语言，也就是说，每种非洲语言的使用不到1%，尽管事实上大约80%的议会成员是非洲人，其中大多数人至少能流利地使用两种非洲官方语言。除了在议会的大多数演讲中普遍使用英语外，还有人提议将英语作为议会议事记录（*Hansard*）的唯一语言，该记录以前以英语和阿非利堪斯语出版。可以理解的是，这项提议是由于出版所有11种语言的议会议事记录的高昂成本。[23]司法部部长最近提出了类似的建议。议会批准了英语应成为法庭记录的唯一语言的想法（*The Daily News*，20 October 2000）。这些提议对更高领域的语言实践的影响是显而易见的。这些提议有助于进一步将阿非利堪斯语和以前被边缘化的非洲语言排除在这些领域之外。按照这些思路，在对公共机构语言实践的调查中，语言计划任务组（LANGTAG，1996：47）发现：

> 一些内阁部长和局长拒绝回应文件，除非文件是英文的；在省级层面，省政府与中央政府的往来主要以英文进行；在地方政府层面，市镇议会会议只用英语举行，因为一些议员拒绝让其他议员用任何其他语言发言。

从军队语言实践来看，英语越来越成为军队管理和训练事实上的语言（de Klerk & Barkhuizen，1998）。在对西开普省军事基地语言使用的研究中，德·克拉克和巴克惠曾（de Klerk & Barkhuizen，1998：68）发现从使用阿非利堪斯语转向使用英语。他们解释说，英语已成为基地的通用语，因为它被大多数工作人员和部队视为"中性"代码，这是一种最能被大多数人理解的语言，包括已被编入国防军的前解放军成员，英语是唯一可用于种族间交流的语言。

在教育方面，除了被用作"黑人"学校和"C 型学校"的教学媒介外，[24]英语也越来越多地与阿非利堪斯语一起被用作（传统上）阿非利堪斯语学校和大学的教学语言，以满足就读于这些学习机构的黑人学生的需求。例如，在最近的一篇报纸文章中，斯坦陵布什大学的副校长说"斯坦陵布什将变得'语言友好'"，也就是说，除了阿非利堪斯语之外，斯坦陵布什大学还将开始提供英语媒介语以接纳黑人学生。斯坦陵布什大学是一所以阿非利堪斯语为媒介语的大学，常被报纸描述为荷兰裔南非知识分子的最后领地之一。用该校副校长的话来说，这是为了"摆脱（斯坦陵布什大学）作为一个不欢迎黑人的机构的形象"（*The Daily News*，4 September 2000）。其他历史上以阿非利堪斯语为媒介语的大学已经或正在着手实施双媒介语系统，以满足黑人学生的教育需求。

这些更高领域（立法机构、媒体、军队和教育）的语言实践表明阿非利堪斯语已经失去了它在种族隔离时代曾经拥有的地位。作为官方语言，阿非利堪斯语目前却被描述为处于"消亡状态"（Webb & Kriel，2000：23），这并不奇怪。尽管遭受了这种损失，阿非利堪斯语仍然是在某些其他语言使用领域可与英语竞争的唯一语言。因此，在某种"倾斜"的英语－阿非利堪斯语双语制中，或者如克莱因（Clyne，1997：306）所说的不对称双语制中，英语是高级语言，阿非利堪斯语是低级语言，这种双语制在种族隔离后的南非被默认占主导地位。这种状况应该不足为奇，尤其是当人们仔细研究该国宪法中与语言相关的一些条款时。例如，宪法（1996）第一章第（3）条规定：

> 考虑使用情况、实用性、费用、地区情况和需求的平衡，以及整个人口或有关省份人口的偏好等因素，国家政府和省政府可以出于政府目的使用任何特定的官方语言，但国家政府和各省政府必须至少使用两种官方语言。（下划线为作者所加）

很明显，在这个条款中存在一个漏洞，即没有明确规定必须在省和国家层面使用哪一种官方语言。由于宪法没有规定哪个省或国家政府应该使用哪种官方语言，省政府和国家政府都默认现状，因此使用英语和阿非利堪斯语作为行政语言，就像种族隔离时代的情况一样。班博斯（Bamgbose，1991：113）说，如果政策的表述足够笼统，它可能会顺利实施，因为它将是一个可以灵活解释的"包罗万象"的公式。又因为政策含糊不清，可以多方解读，尤其是在非洲语言方面几乎没有落实。1998年，由于推广非洲语言的努力缺乏进展，政府开始了为期一年的多语种宣传运动。借鉴如前所述的1997年语言教育政策的原则，该运动的目标包括：

1. 促进使用多种语言，使南非人将多种语言视为一种宝贵的资源；

2. 使人们认识到，在多语言社会中，了解一种以上的语言在直接经济意义和更大的社会意义上来说是一种资产；

3. 通过促进非洲语言的发展，打破种族隔离制度的遗留问题。这些语言的完善、现代化和发展是大多数南非人实现社会和经济平等与正义的重要前提。（Department of Arts，Culture，Science and Technology，1998：20）

正如卡姆旺加马鲁（Kamwangamalu，2000b）在别处观察到的那样，现在判断这场运动将对南非的语言实践产生什么影响（如果有的话）还为时过早。然而，显而易见的是，该国大多数机构的语言实践无视宪法规定的语言公平原则："所有官方语言必须享有平等的尊重，必须得到公平对待"［The Constitution，1996，section 6（2）］。语言实践支持计划任务组（Language Plan Task Group，LANGTAG）及其研究结果表明，"尽管宪法对多语制做出了承诺……公共服务中似乎存在一种单语言（英语）的倾向"（Language Plan Task Group，LANGTAG，1996：31）；"所有的其他语言都被边缘化了"[25]（LANGTAG，1996：47）。那么，本土语言作为官方语言在南非扮演什么角色？"官方语言"一词对于这些语言及其使用者来说意味着什么？沃克（Walker，1984：161）将官方语言定义为政府法令指定的作为特定国家在政府、行政、法律、教育和一般公共生活中的官方交流方式。伊士曼（Eastman，1990：71）将其视为政府业务中使用的一种语言。法索尔德（Fasold，1984：74）说，一种真正的官方语言可以完成下面第1-5项中列出的全部或部分功能，以及费什曼（Fishman，1971：288）添加的第6项和第7项的内容。使用官方语言：

1. 作为政府官员在国家层面履行职责的沟通语言；

2. 用于国家级政府机构之间和内部的书面沟通；

3. 在国家层面保存政府记录；

4. 对涉及全国的法律、法规的原始制定；

5. 用于诸如税表之类的表格；

6. 在学校；

7. 在法庭上。

如前文所述，南非当前的语言实践表明，只有阿非利堪斯语和英语才能执行这些功能的部分或全部。至少可以说，宪法中包含的 9 种非洲语言似乎只是象征性的。从更高领域（例如媒体、军队、立法、教育）语言实践的描述中可以明显看出，政府机构未能执行所提议的多语政策。因此，几乎不可能让家长和学生相信多种语言是一种资源，以及非洲语言可以用作整个教育系统的教学媒介。因此，当面对下列识字模式时，绝大多数父母会选择第三种模式就不足为奇了。[26]

1. 最初以母语识字，然后转向英语。

2. 最初的双语能力是英语加上一门本土语言。

3. 在整个教育系统中自始至终只用英语来识字。（例如：de Klerk，2000b；Heugh，1995a；Roodt，2000）

如前所述，必须在对非洲语言持消极态度的背景下理解人们放弃非洲语言选择英语的事实，这种选择是种族隔离时期班图教育所产生的明显后果。此外，人们认为英语比非洲语言更能获得物质回报。例如，在 1992 年非国大的语言政策文件中，休（Heugh，1995a：341）报告说，"大部分黑人城市社区已经迫使小学从第一天开始就将英语作为教学语言"。在最近关于比勒陀利亚地区教学媒介语选择的调查中，鲁特（Roodt，2000）还发现，"98%的黑人父母希望他们的孩子[27]接受英语教育，1% 选择阿非利堪斯语，只有1% 选择非洲本土语言"。他的结论是，许多英语非母语的人，无论母语是祖鲁语、柯萨语、茨瓦纳语、索托语、文达语、聪加语还是阿非利堪斯语等，都选择放弃母语，对孩子说英语。德·克拉克（De Klerk，2000b）在她对格雷厄姆斯敦（Grahamstown）柯萨语社区的语言实践调查中得出了类似的结论。研究显示，柯萨人父母不仅选择将孩子送到英语学校，还鼓励他们在家里说英语而不是柯萨语。以下是德·克拉克和柯萨人的父母之间的采访摘录。他们表明，出于经济原因，父母更喜欢用英语而不是柯萨语来教育他们的孩子：

○我和我的孩子之间有一个传统，如果他们发现对方说柯萨语（参见文末关于非洲语言名称拼写的注释4），他们会发两次"咋咋"声提醒对方说英语；

○他们（孩子们）几乎不会说柯萨语……他们一直喜欢英语。我不鼓励他们说柯萨语，一点也不；

○让它（柯萨语）死了也没啥的。我们从来没有教过[1]我们的儿子柯萨语；

○我不认为以后会有说柯萨语的必要；

○我是柯萨人，但我不能在其他任何地方使用它；柯萨语切断了你的外在联系。（de Klerk，2000b：93－94，103）

这种状况对保持非洲语言的影响将在下面的"语言保持和前景"这一部分中讨论。然而，这些摘录表明，除非黑人社区[28]重视他们自己的语言，正如阿非利堪人自英语化时代以来就重视他们的语言一样，政府将无力实施变革，因此自上而下推广本土语言的努力不会成功。下一节将介绍语言规划机构。在随后的部分中，将讨论影响政治中语言政策与规划的一些因素，重点讨论市场力量、种族隔离教育的遗留问题、精英封闭和语言歧视主义以及识字率。

语言规划机构

多年来，许多政府和非政府机构在南非的语言规划中发挥了重要作用。这些机构中的人大多数都列在韦伯（Webb，1994：261）的研究中。它们包括：

- 政府部门；
- 政府资助的机构，如国家术语服务部门、国家语言服务部门等；
- 主要公司的语言部门，如邮政和电话服务、电力供应委员会、南非广播公司；
- 大学、艺术、文化、科学和技术部；
- 国家和省级语言委员会；
- 专业语言协会，如南非语言学会（Linguistic Society of Southern Africa，LSSA）、南部非洲非洲语言协会（African Languages Association

---

① 英语原文为 teach，应作 teached，英文有误，说明家长的英语不好。

of Southern Africa，ALASA）、南非应用语言学协会（South African Applied Linguistics Association，SAALA）、南非语言教学协会（South African Association for Language Teaching，SAALT），英语学会（English Academy），以及以阿非利堪斯语为基础的协会，如阿非利堪斯语基金会（Foundation for Afrikaans）和南非人文与科学学会（South African Academy for Arts and Science）。

除了这些语言规划机构外，其他近期由个人和政府资助的语言规划机构包括：南非替代教育研究项目（Project for the Study of Alternative Education in South Africa，PRAESA）、语言计划任务组（Language Plan Task Group，LANGTAG）和泛南非语言委员会（Pan South African Language Board，PANSALB）。PRAESA 是一个独立的研发单位，由开普敦大学的内维尔·亚历山大（Neville Alexander）博士于 1992 年创立。它是从反对种族隔离教育的斗争中产生的，试图为种族隔离教育提供一种替代方案。其主要目标是：

- 进一步推动附加双语主义和双语读写教育；
- 提高（官方）非洲语言的地位，重点是西开普省的柯萨语；
- 协助教师应对在多语言课堂中的挑战；
- 助力语言政策、规划和实践相关的研究数据库建设。（PRAESA，1999a：3）

语言计划任务组（LANGTAG）是 PANSALB 的前身，是 1995 年由艺术、文化、科学和技术部长认定的政策咨询机构。它的任务是编写一份报告，为当时的民族团结政府提供以下指导方针：

- 在所有社会部门贯彻语言政策与规划；
- 促进使用多种语言，更具体地说，促进非洲语言的发展；
- 积极应对由于许多南非人认为多语言是一个问题而导致的单一语言化趋势。（PRAESA，1999b：13）

LANGTAG 于 1996 年 8 月完成并提交给南非艺术、文化、科学和技术部长一个题为《语言计划任务组南非国家语言规划：语言计划任务组的最终报告》的报告。该报告包含了南非语言政策与规划的讨论、建议和数据等内容，讨论了语言公平、语言发展、语言作为资源、教育中的语言、公共服务中的语言等问题。

PANSALB 是一个独立的法定机构，由参议院任命并载入新宪法。根据 1996 年宪法第 1 章第 5 节的规定，其目标是：

> 为促进所有官方语言、科伊语（Khoi）、纳马语（Nama）、桑语（San languages）和手语的发展和使用，并为之创造条件；促进并确保尊重南非社区常用的所有语言，包括德语、古吉拉特语、印地语、葡萄牙语、泰米尔语、泰卢固语和乌尔都语以及在南非用于宗教目的的阿拉伯语、希伯来语（Hebrew）、梵语（Sanskrit）和其他语言。

PANSALB 尚未实现其载入宪法的目标。财政拮据和缺乏政治支持使 PANSALB 难以执行其促进多语制的宪法授权。除了已经讨论过的语言规划机构之外，还有几个利益集团参与了语言规划活动，尤其是阿非利堪斯语和英语的规划活动。除了专注于西开普省柯萨语活动的 PRAESA 外，很少有语言规划组织参与其余的非洲语言的相关活动。

影响国家语言政策与规划的因素

上一节中强调的语言规划机构支持新的多语语言政策，这些机构也当然希望看到新的多语语言政策得到实施。然而，有相当多的因素以复杂的方式相互作用以阻碍政策的实施，特别是在非洲语言方面。其中一些因素包括：（1）种族隔离教育的遗留问题；（2）市场力量；（3）精英封闭；（4）语言歧视主义（linguicism）。

我已经就种族隔离教育的遗留问题发表了评论，指出它使非洲本土语言变得毫无使用价值，并预示着目前对将这些语言主要用作学习语言的建议（黑人学校低年级除外）所持的消极态度。正如前面所解释的，一般来说使用非洲语言的教育被认为是一条死路，目的是剥夺人们接触英语的机会。英语是目前统治阶级使用的语言，正如林恩（Lynn，1995：55）所说，精英阶层在英语中自我复制。

就市场力量而言，由于学术、经济、行政和就业的原因而对非洲语言没有持续的需求。缺乏这种需求确保了英语和阿非利堪斯语（在某种程度上）仍然是几乎所有语言高级使用领域的核心。正如维尔霍夫（Verhoef，1998：192）所说，非洲语言对多语言技能的需求将有助于提高这些语言的地位并改变各种语言社区对这些语言的看法。例如，几项研究表明，南非黑人对自己的语言持矛盾态度：他们高度重视语言，只是将其视为民族语言身份的象征和土著文化及传统代际传承的工具；但他们更喜欢使用英语来从事高级职务和进行个人的向社会上层的流动（参见 Slabbert，1994；Verhoef，1998；Virasamy，1997）。

精英封闭（Scotton，1990）指的是由于使用一种只有精英才知道或偏爱的语言（在这种情况下是英语）而造成的"语言差异"。这种差异作为一种控制措施可能是有目的的。莱廷（Laitin，1992）观察到精英群体使用首选语言进行精英内部交流，使用不同的通用语言与大众交流。然而在南非，精英的语言行为的特点是人们几乎只使用首选语言英语，而不管他们是与自己交流还是与对英语知之甚少或一无所知的大众交流。这并不意味着精英们不努力与其他人在语言上趋同，然而这种趋同的努力通常是阶段性的和有目的的。例如，在选举时，精英阶层在向群众讲话时倾向于使用英语和当地语言的转用；但他们很少在其他时间这样做。此外，文献表明，为了保留与首选语言知识相关的特权，精英们倾向于抵制任何旨在推广大众语言的语言规划工作（见 Bamgbose，1991；Kamwangamalu，1997a；Schiffman，1992）。在非洲的其他地方，这种抵制是蓄意的，而不是无意的，就像坦桑尼亚的精英们做的那样（Mafu，1999）。马福（Mafu）指出，虽然官方表示支持斯瓦希里语教学，但坦桑尼亚精英通常将他们自己的孩子送到"英语学院"，即在坦桑尼亚市中心迅速发展的私立英语学校。在南非，新的语言政策与高级领域的语言实践（如上所述）之间的不匹配类似于坦桑尼亚，尽管南非本土语言没有斯瓦希里语在坦桑尼亚那么高的公众关注度（profile）。此外，通过采用英语作为议会议事记录和法庭记录的唯一语言，南非精英或许是有意识地抵制新的语言政策。

语言歧视主义指的是"一种意识形态和结构，用于使基于语言划分的权力和资源的不平等分配合法化、生效和复制"（Skutnabb-Kangas，1988：13；另见 Phillipson，1988，1992）。根据这种意识形态，在政治或经济上占主导地位的群体或阶级的语言被赋予比本土语言更高的社会地位。这种观点在南非是不言而喻的，在那里，英语和阿非利堪斯语历来被赋予比非洲语言更高的地位。例如，由于语言歧视主义，西方捐助者倾向于支持递减的和过渡性的双语教育计划。在这些计划中，非洲语言只在早期的学校教育中被使用，随后世界语言（英语）成为教学语言。在这方面，休（Heugh，1995a：343）观察到，包括 1992 年访问南非的世界银行官员在内的外国捐助者明确表示，附加的双语制不在世界银行的议程上，而且不会提供资金来支持这种计划。正如卡姆旺加马鲁（Kamwangamalu，1998a，b）在别处观察到的那样，外国援助在一定程度上构成了在教育领域实施新语言政策的挑战，尤其是如果这样做是针对加法双语而不是减法双语的话；外国捐助者不仅通过提供资金来影响语言教育政策，他们还经常担任该政策的政府顾问。因此，波帕姆（Popham，1996：39，转引自 Master，1998：717）是正确的，他指出"虽然殖民主义和南非的种族隔离的引擎很久以前就已经失去动力，但其语言和遗产的势头仍然令人生畏，而较小的语言则只能通过反对暴政生存"。因此，像德·克拉克（de Klerk，2000b）的研究一样，已成为或将成为英语和非洲语言双语的学生为了生活的成功必须在实践中成为英语单语的人。与此同时，双语主义以及双语学习者，被视为一种缺陷，成了需要克服的问题，而不是应该推广的资源（Landon，2000）。

识字教育

在文献中可以找到许多关于识字教育的定义。然而赫伯特和罗宾逊（Herbert & Robinson，1999：248）指出，识字教育作为一种不受社会环境影响的中立技术技能［或 Street（1995）称之为"自主模式"］的主流观点已经发生了根本性的转变。更广泛的观点是"意识形态模式"，即物质和社会条件决定的结果。斯特里特（Street，1984：28）曾预见到后一种模式，并将识字教育定义为"一种社会建构，而非中立技术……［其］用途嵌入了权力关系和资源争夺"。这种识字教育的观点在南非怎么强调都不为过，稍后从该国识字状况分布的统计数据中可以明显看出这一点。笔者之前已经提到过，随着1652年荷兰在好望角为荷兰东印度公司（Vereenigde Oostindische Companie）的船只建立补给站，识字教育就来到了南非。然而，正如弗伦奇（French，1988：27）指出的那样，直到19世纪，传教士、白人殖民扩展以及以发现钻石和黄金为中心的工业革命才将识字教育引入到该国的许多人之中。

在种族隔离时代，本土语言的识字教育得到了大力提倡；现在属于南非官方语言的各种语言都有自己的语言委员会。但正如博拉（Bhola，1992：251）指出的那样，提高这些语言的识字率是一种将黑人边缘化并将其排斥在经济和政治领域之外的机制，因为这些领域需要英语和阿非利堪斯语。在新南非，受教育和识字的权利已被写入该国1996年的宪法。根据该宪法第29（1）条：

> 人人有权接受（i）基础教育，包括成人基础教育；（ii）继续教育，国家必须通过合理的措施，逐步提供和普及。

宪法第 29（2）条还规定：

> 人人有权在合理可行的公共教育机构接受官方语言或他们选择的语言的教育。

这些宪法原则在理论上是大胆的，但在实践中仍未得到实施。例如，尽管以前的白人、印度人和有色人种学校的黑人学生入学率有所增加，但学校的语言政策在教学语言方面并没有发生类似的变化。而且，正如一位评论家所观察到的，学校的政策为什么发生变化，首要因素正是学校的政策吸引了学生。这里的问题是学校的固有政策与新的语言教育政策之间的不匹配。无论是作为学习媒介还是作为一门学科，这些学校中的大多数都不提供非洲语言的教学。基于种族隔离时期班图教育的传统使得父母和政治家们难以在学校的头几年支持任何非洲语言的识字教育（即母语教育），或者在以后维持额外的双语能力（Reagan，1995：324）。大多数黑人父母认为非洲语言在教育过程无中关紧要（Msimang，1993：38），因为与以英语或阿非利堪斯语为媒介语的教育不同，用非洲语言进行的教育没有回报。在这种背景以及种族隔离时期的班图教育的影响下，与非洲语言教育相关的污名化挥之不去。因此，那些不能达到外语（在这种情况下是英语）学习要求的学生干脆辍学，从而加剧了黑人社区的高文盲率。

在南非，如果一个人已经完成了 7 年级，那么他就会被描述为已经脱盲。但是，在种族隔离的教育背景下，LANGTAG 的报告（1996：143）建议更现实的脱盲衡量标准是完成 9 年级，这也是南非义务教育的截止年级。然而必须指出的是，完成给定年级（在这种情况下为 9 年级）可能并不是衡量南非每个学习者读写能力的好的衡量标准。由于缺乏足够的设施，在农村学校完成 9 年级的学习者可能不如在设施完善的城市学校的学习者的读写水平。从这个角度来看，读写能力不仅仅是阅读和写作的能力，它还是利用阅读和写作来实现社会目标的能力（Kaplan，1992：289），发展自己的全部潜力，并通过终身学习参与国家的社会、经济和政治生活的能力（Bock，1996：32）。按照这一思路，希勒里希（Hillerich，1976：53）指出：

> 当一个人获得了基本的知识和技能，使他（原文用男性"他"）能够从事所有那些需要读写能力才能在他的团体和社区中进行有效参与的活动，并且他有阅读、写作和算术方面的能力可以让他继续使用这些技

能来促进他自己和社区的发展时，他就是脱盲的人。

关于南非脱盲和文盲的统计数据因研究而异。然而，它们都有一个共同点：都证明了有大量的南非人是文盲，其中大多数是黑人；白人和印度裔南非人的识字率最高，分别为99%和93%（Ellis，1987；LANGTAG，1996；*The Population of South Africa Census 1996*，1998：41；van Zyl Slabbert *et al.*，1994）。埃利斯（Ellis，1987：17）将1980年不识字的成年黑人人数定为500万人，占总成年人口的55%。值得注意的是，当时黑人文盲人数一定要高得多，尤其是埃利斯的研究不包括当时居住在独立家园的黑人人口。根据1991年的人口普查数据，49%的15岁至24岁黑人青年不会说、读或写英语（van Zyl Slabbert *et al.*，1994：109）。现任教育部长卡德尔·阿斯马尔（Kader Asmal）教授最近的一份报告指出，有1200万南非人是文盲，另外还有大约2000万人，其中大多数是学童，不能用任何语言流畅地阅读（*The Sunday Times*，16 April 2000）。笔者想再次强调，所有这些关于识字教育的数字主要是指黑人社区。在最新的识字教育调查中，泛南非语言委员会（PANSALB）的报告称，大约50%的非英语南非人（主要是南非黑人）不理解政府官员用英语发表的声明或演讲（*The Star*，8 September 2000）。识字率的分布反映了南非的不平等状况，并在许多领域损害了对非洲语言的使用。在下文的语言保持和前景中，将就如何提高本土语言的识字率，使群众积极参与国家发展提出建议。

许多识字教育机构已经建立了，包括政府和非政府机构，以促进识字，特别是在黑人社区。南非第一个（成人）识字组织——南非识字和文学局（Bureau of Literacy and Literature）——始创于1946年（French，1988：27），即在种族隔离政府上台前两年。该组织出版了大多数南部非洲本土语言的教科书，并为扫盲教师开设了培训课程。最近成立的识字机构之一是南非国家识字倡议（SANLI），一个政府资助的机构，其宗旨是通过动员志愿服务支持全国识字运动，为志愿教育者制订培训计划，评估、开发和采购用于全国识字运动的阅读和资源材料，以及利用招募学习者并满足他们的需求等方式减少成人文盲（*Sunday Times*，12 November 2000）。其他识字机构还包括教堂、SABC的电视和广播（识字教育）节目、报纸、工会（COSATU）识字项目、大学，南非识字和成人教育协会与国际成人教育理事会有密切联系，而且与国家识字合作和识字项目紧密联系，9个省中的每个省至少有一个区域分支机构。这些机构中的大多数为成人制作学习材料，并为扫盲教师提供基本方法培训。

第四部分　语言保持与展望

在本文的最后一部分，我将考虑当前的多语言政策和实践对语言保持和转用的影响，重点是南非的官方语言。目前，这些语言共存于一个表现为有等级的、三层而且是三语的系统中，其中英语位于顶部，阿非利堪斯语位于中间，非洲语言位于底部。继克莱因（Clyne，1997：306）之后，这种三语系统可以被描述为不对称的多语制，因为至少有一种语言，即英语，比其他语言更有声望。该系统反映了官方语言在南非社会中扮演的角色。这些角色在南非的语言概况中已经讨论过，为了在多语言政策的背景下便于参考，我将在下面简要回顾，它们对确定该国官方语言的语言保持、转用与前景至关重要。

约书亚·费什曼（Joshua Fishman），一位研究语言保持和转用的先驱学者，他将该领域定义为：

> 一方面，语言使用模式的变化（或稳定性）与持续的心理、社会或文化过程之间的关系；另一方面，包含在群体内或群体间使用一种以上语言多样性的人群中（1972：76）。

"语言转用"一词在这里引用的含义是费什曼（Fishman，1991：1）的，他用它来指代"母语受到威胁的言语社区，因为他们的代际连续性正在以负面方式进行，每过一代使用频率或使用者（使用者、读者、写作者甚至理解者）就越来越少"。语言转用的反面是语言保持。文献表明，许多因素与语言的保持和转用有关，其中最重要的是代际相传、一个群体相对于其他少数群体和多数群体的人数、语言地位、社会经济价值、教育和机构支持或政府政策（参见 Fishman，1991；Paulston，1987；Romaine，1995；Sridhar，1988）。我认为，这些因素并不是彼此独立运作的，而是在决定语言保持和转用的过程中以复杂的方式相互作用。例如，相当多的学者认为代际相传是语言保持和转用的最重要因素（Fishman，1991；Gupta &Yeok，1995；Sridhar，1988）。有人认为，父母将祖先语言传承给子女的能力和愿望（Gupta &Yeok，1995：302）或该语言在年轻一代中的使用程度（Sridhar，1988：83）是语言保持和转用的试金石。然而，值得注意的是，个人决定传承或不传承祖先语言不仅受代际相传的影响，还受到其他因素的影响，例如祖先语言在更广泛社会中的地位、政府对祖先语言的语言政策、社区的支持，等等（Tollefson，1991）。

一个典型的例子是南非印度社区从印度语向英语的转变。帕巴卡兰（Prab-hakaran，1998：302）将这种转变描述为印度父母为孩子做出的有意识的选择。她解释说，父母强迫他们的孩子学习英语，不鼓励他们学习泰卢固语（Telugu）或任何其他方言，因为首先，与英语相关的社会认同比与印度语相关的社会认同更受欢迎，其次，政府的语言政策没有赋予印度语在南非社会任何角色。在接下来的内容中，我将研究本部分所强调的因素，特别是教育、社会经济价值、代际相传和语言政策对南非官方语言（英语、阿非利堪斯语和 9 种以前被边缘化的本土语言）的语言保持、转用及前景的影响。

英语

南非的新宪法并未赋予英语相对于其他官方语言的任何特殊权利或优势。事实上，宪法第 3 条（2）规定"任何人都可以以任何官方语言与政府部门进行书面或口头交流"，并且"政府以任何语言方式行事的任何企图，或允许任何语言支配其他语言将是违宪的"（*The Constitution of South Africa*，1996）。已在语言政策与规划下讨论的其他宪法措施也要求官方语言之间的尊重、平等和使用的公平性。尽管采取了这些措施，但该国机构的语言实践却反映出不同的现实——英语在南非具有特殊地位。如上所述，从媒体、立法、教育和军队等高级领域的语言实践中可以明显看出这一点。从政治事件的语言实践中也可以看出这一点，例如在 1994 年纳尔逊·曼德拉（Nelson Mandela）成为南非第一位民选总统的就职典礼上、每年的议会开幕式上、1996 年 12 月 10 日南非新宪法的签署仪式上以及各种官方公告或新闻稿上，都可以获得佐证。在南非，大多数官方活动，都完全是通过英语进行的。

英语的霸权可以用前面概述的语言保持和转用的关键因素来解释：地位、代际相传、社会经济价值、人数优势、教育和政府语言政策。就地位和社会经济价值而言，由于它在南非社会中发挥着多重作用（参见上文南非的语言概况），英语的排名高于该国的任何其他官方语言。因为它被视为在社会中向上流动的关键，所以英语是大多数南非父母希望他们的孩子接受教育所使用的语言。这一现实解释了为什么当种族隔离于 1994 年结束后，学校的隔离也结束了，该国目睹了大量讲非洲语言的人涌入以前的白人或印度人学校，寻求仅通过英语进行教育。就代际相传而言，英语不仅得到少数群体（例如，以英语为母语的阿非利堪人）和许多讲阿非利堪斯语的父母的大力支持，他们相信他们的孩子的未来取决于全球语言——英语，还得到了所有以英语为第二或第三语言的南非黑人的支持，与自己的本土语言相比，他们更重视英语。例如，我们已经看到非洲议员几乎完全用英语发言，一些省级当局不回复用英语以外的语言写成的信件和行政备忘录。国会议员和其他权威的语言习惯也增加了英语的霸权。最后，在新的语言政策方面，英语已经被暗中提上了台面。例如，当政策规定"为了政府的目的（见前面的讨论），国家政府和各省政府必须<u>至少使用两种官方语言</u>"（下划线为作者所加），这通常被理解为所需的两种官方语言之一必须是英语。因此，新南非在实践中的多语制是指英语加上任一其他语言，而不是使用没有英语的任何两种语言［即新加坡的基于英语的双语制，见 Pakir（1998）］。因此，在新南非，英语是至高无上的，它的霸权在全国范围内都被感受到，尤其是在高级领域，其他官方语言都无法与之匹敌。英语在南非社会中扮演的多重角色表明该语言不太可能受到其他官方语言的任何威胁。其他官方语言，尤其是非洲语言，很可能会看到在一些传统领域（例如家庭）被英语取代，尤其是在城市社区。现在讨论阿非利堪斯语的前景，然后讨论语言转用和本土语言的前景。

阿非利堪斯语

除了外交领域之外，阿非利堪斯语是唯一可以在所有高级领域挑战英语霸权的语言。尽管阿非利堪斯语已经失去了它在种族隔离时代所拥有的大部分特权和政治声望。它不再是该国教育系统中的义务教育科目，也不再得到种族隔离时期的特别财政支持，更不再是军队的唯一语言，这个领域正逐渐地被英语所取代，以容纳已被并入新的南非国防部队的前解放军军队的成员（de Klerk & Barkhuizen，1998；Barkhuizen & de Klerk，2000）。此外，阿非利堪斯语正在努力摆脱其作为压迫语言的玷污形象，获得这种形象是因为阿非利堪斯语政客将这种语言与种族隔离联系在一起。在前面概述的语言保持和转用的决定性因素中，代际相传、教育和社会经济价值是保持阿非利堪斯语的关键。关于代际相传，阿非利堪斯语是阿非利堪人身份和文化的象征，也是排他性和独立性的象征。它是阿非利堪人[29]（即荷兰裔南非白人）的核心，如果不是唯一重要特征的话。它被用于该国公共和私人生活的各个领域，在阿非利堪人社区中占据中心位置，用于日常交流、文化仪式、教堂服务、休闲和运动，尤其是橄榄球和板球。以社区为基础的支持保证了阿非利堪斯语的代代相传。

除了阿非利堪斯语社区外，大多数所谓的"有色人种"也为阿非利堪斯语的代际传播做出了贡献，他们也以阿非利堪斯语为母语。然而，由于阿非利堪斯语与种族隔离压迫有关，"有色人种"社区中的一些人已经背弃了阿非利堪斯语（McCormick，1989），尽管他们的人数不足以对语言产生负面影响。还要注意的是，麦考密克（McCormick）的研究现在已经过去太久了。从那时起，许多以英语为导向的有色人种可能已经改变了对阿非利堪斯语的态度。新的研究可能会阐明有色人种社区的语言使用和语言态度。在教育方面，与英语一样但与非洲语言不同的是阿非利堪斯语拥有完善的基础设施。其丰富的文献及其作为各级教育（初等、中等和高等教育）的教育媒介的使用，以及几乎在所有高级领域的使用，确保该语言保留了种族隔离时代发展起来的大部分活力。正如范·伦斯堡（van Rensburg，1999：92）所说，阿非利堪斯语的负面形象似乎正在被抛弃。它的使用与南非的未来交织在一起，以至于阿非利堪斯语所扮演的角色没有任何实质性的减少。

阿非利堪斯语通过多种举措保持着活力，例如筹备阿非利堪斯语私立学校、大学、电视台等；以及在 1994 年后成立了人民国家委员会（Volkstaat Council），这是一个政治机构，负责调查为讲阿非利堪斯语的白人社区实现自治（比如建立一个独立家园）的可能性（Webb & Kriel，2000：44）。除了代际相传和教育，阿非利堪人是南非最大、经济实力最强的少数族群。例如，阿非利堪斯语倡导者在 SABC 电视台（2001 年 5 月 1 日）发表的一份声明中说，阿非利堪人至少控制了南非经济的 52%。在声明中，发言人指责政府反对阿非利堪斯语。他敦促阿非利堪人利用他们对经济的控制来维持阿非利堪斯语和他们的生活水平。因此，正如罗梅（Romaine，1994）所说，阿非利堪人是凭借数量和经济实力而处于更好的位置，使自己脱颖而出并动员大家支持他们自己的语言。事实上，19 世纪 80 年代，英国政府曾禁止阿非利堪斯语在公共服务中使用。鉴于英国政府的语言压制政策，阿非利堪人动员起来使用阿非利堪斯语，才使其出现在南非语言舞台上。在 1948 年随着国民党上台而声名鹊起之前，（荷兰语的）阿非利堪斯语在英国的压迫下幸存了 300 年。在现任政府领导下，阿非利堪斯语与所有其他官方语言一样，受宪法保护。因此，尽管由于种族隔离制度的终结，阿非利堪斯语不再受到政府的特殊待遇，并已沦为该国官方语言遗产中的 11 种语言之一，但这种语言不太可能受到消失的威胁，尽管在高级领域，比如政府和行政管理、媒体、军队、法庭等，已经失去了领地，而且很可能会输给它的历史对手英语。相反地，我想假设英语和阿非利堪斯语之间的持续竞争可能会导致阿非利堪人再次为他们的语言而发动运动起来，正如韦伯和克里尔（Webb & Kriel，2000：20）指出的那样，他们自称"热爱"并且为此准备做出物质牺牲以确保其获得持续维护。如果说上面提到的新闻声明有什么象征意义的话，那就是第三次阿非利堪斯语运动的种子可能已经播下了。

官方本土语言

由于过去的语言政策，特别是班图教育法案，大多数非洲人对英语的重视程度高于母语，他们认为母语有缺陷，不适合在现代社会中使用（Maartens，1998）。这一点在尼亚门德（Nyamende，1994：213 - 14）的研究中得到了呼应，他描述了柯萨语使用者对他们自己语言的态度：

> 不仅柯萨语的变体在今天被贬低，就连作为学校科目或大学课程的标准柯萨语，也被学生视为头脑简单或乡巴佬的科目。

发展本土语言的努力要取得成功，必须解决两个因素，即英语的霸权和人们对本土语言的消极态度。使用英语不应导致本土语言的消亡。此外，如果本土语言在社区中具有重要的经济意义，那么人们对本土语言的态度可能会发生变化。最后一点将在本文的最后一节进一步讨论。随后的讨论突出了政府资助的机构为使非洲语言现代化而采取的正式步骤。

新的语言政策规定了官方本土语言的发展，以便语言可以在家庭、家族和直接社区等传统领域之外的媒体、教育系统和科学技术等领域发挥作用（例如：Department of Education，1994a；Department of Arts，Culture，Science and Technology，1996）。此外，研究还表明，12 年级末在英语中学习科学和数学的学校中，其学生的科学和数学的失败率要比母语教学的学校高得多（Carstens，1997：1）。因此，确实需要发展本土语言，以便学生可以通过母语学习科学和技术。在当前的南非，发展本土语言尤其需要对其词汇进行精心设计和现代化，特别是在科学和技术领域。正如戈德曼和维尔特曼（Godman & Veltman，1990：196）所说，这具有经济上的好处，可以使科学和技术及其他高级领域用本土语言传播。在这方面，克罗弗（Cluver，1996）指出，词典编纂者必须接受培训才能着手为每种官方本土语言创建科学词典。此外，必须对非洲语言从业者进行培训，以便利用官方本土语言传播信息。这些都是自上而下且成本高昂的工作，单靠政府无法负担所有本土语言的费用。主要挑战将是每个语言社区与政府机构合作，带头开发自己的语言，以便他们能够通过该语言获得科学和技术。语言学家与南非各大学的科学家合作发起了许多语言开发项目，包括词典编纂项日和所有官方语言的电子语料库项目。其中一个是由比勒陀利亚大学阿非利堪斯语系和南非科学与艺术学院化学部的卡斯滕（A. Carstens）博士于 1998 年发起的面向化学学生的多语词典项目。这个项目名为《四语化学解释词典》，旨在通过用户的第一语言教授新的或未完全学习的专业概念。卡斯滕（A. Carstens，1997：2）将该项目描述为"旨在成为以英语为源语言，阿非利堪斯语、祖鲁语和佩迪语为目标语言的多语言解释性专业教学词典"。它的重点是由化学家提供的科学术语的易懂的英文定义，加上其余三种语言（阿非利堪斯语、祖鲁语和佩迪语）对这些术语的等效翻译和定义。值得注意的是，通过英语、阿非利堪斯语、佩迪语和祖鲁语提供语言和百科全书式信息，学科领域的概念不仅可以通过更广泛交流的语言——英语来理解，而且还可以通过学生的母语（佩迪语，祖鲁语，阿非利堪斯语）来理解。迄今为止，该词典已汇编了 1000 个科学术语。政府和语言活动家必须让社区意识到这里描述的项目的好处，因为它们都有助于语言发展并确保语言的保持。

就前面讨论的语言保持和转用的关键因素而言，数量和代际相传这两个因素构成了主要官方本土语言生存的生命线。例如祖鲁语和柯萨语，它们的使用者分别超过了 900 万人和 700 万人。次要的官方本土语言，例如文达语和恩德贝勒语，它们的使用者都不到 100 万人（见表 21），面临着来自英语的严重威胁，尤其是在城市地区。他们在这些地区的生存机会比任何其他本土语言（包括祖鲁语和柯萨语）都要小得多。此外，就高级领域的表现而言，次要官方语言的知名度越来越不如主要的本土语言，这从媒体和其他领域的语言使用数据中可以明显看出。最近的研究表明，在城市地区，英语正在稳步地侵入家庭的日常交流领域，尤其是在年轻一代中（Bowerman，2000；de Klerk，2000b）。阿佩尔和迈斯肯（Appel & Muysken，1987：39，41）观察到，领域入侵是语言转用的明显警告标志。罗梅（Romaine，1994）指出，语言转用通常先经过双语（使用两种语言）阶段，然后过渡为另一种新语言的单语化。她继续解释说：

> 通常，一个曾经使用单一语言的社区由于与另一个（通常在社会和经济上更强大）群体接触而变成双语，并在新语言中过渡性地使用双语，直到完全放弃他们自己的语言（Romaine，1994：50）。

沿着这一思路，正如费什曼（Fishman，1989：206）所说，"（随着新语言的侵入，本土语言）先从社会领域和经济流动领域开始瓦解，在三代左右的时间里，作为婴儿的语言也结束了，即使是在民主和多元主义的背景下也是如此"。费什曼和罗梅的言论反映了南非科伊桑人（Khoisan）和印度人社区内发生的事情。由于与经济上更有用的语言（在这种情况下是阿非利堪斯语和英语）接触，科伊桑人和印度社区现在大多使用单一语言，要么使用阿非利堪斯语，要么使用英语。在这种背景下，随着英语越来越多地渗透到非洲城市社区的家庭领域，问题出现了，这些社区是否正在走向使用单一语言——英语。鲍威尔斯（Pauwels，1988：12）观察到，民族语言在其交际功能中的保持似乎在很大程度上取决于该社区中不能充分依赖英语来满足其交际需求的说话者的数量。目前，大多数南非黑人生活在农村地区，日常交流需要依靠本土语言。因此，如果这些语言要让步于英语，他们很可能会在城市而不是农村地区，正如最近的两项研究表明的那样（Bowerman，2000；de Klerk，2000a）。鲍尔曼（Bowerman，2000）对西开普省城市黑人社区的语言使用情况进行了研究，这项研究的两个方面与我们的目的相关，即与家庭成员和邻居朋友互动时的语言使用。研究表明，受访者在与老年家庭成员互动时使用非洲语言而不是英语，而不管后者的英语熟练程度如何。然而，在与同龄家庭成员的互动中，他们经常使用英语。该研究得出的结论是，"在与年轻一代的家庭成员交流时，英语使用者显著增多（共31名受访者中，英语使用者超过三分之一）"（Bowerman，2000：138）。在与邻居和朋友互动时的语言使用方面作者得出了类似的结论："如果邻居或朋友的对话者是年轻一代，……在这些互动中，英语的主导地位显著增加"（pp. 157 - 158）。德·克拉克（de Klerk，2000a）的报告是关于东开普省说柯萨语的人涌入英语媒介学校的情况。特别是，德·克拉克的研究旨在调查父母把孩子送到这些学校的原因，以及这一过程对儿童的语言和心理的影响，及对其母语柯萨语长期情况的影响。研究表明，在说柯萨语的社区中，在更富裕和更有特权的成员中，语言正在从柯萨语转向英语，无论是在实践层面还是在社会心理层面。德·克拉克的另一项研究发现，父母和孩子在进行这种语言转用时，在他们未来生活中，柯萨语和文化的作用存在相当大的内部冲突。如果德·克拉克和鲍尔曼研究中所描述的语言转用趋势继续下去，人们可以预测，在接下来两代左右的时间里，本土语言，尤其是少数族裔语言（例如文达语和恩德贝勒语等）最有可能被英语取代，尤其是在城市黑人社区。如果发生这种情况，其结果将是斯库特纳布－坎加斯（Skutnabb-Kangas，2000）所说的"语言种族灭绝"。通过这个术语，斯库特纳布－坎加斯的意思是，正如人们被系统地杀害时发生的肉体种族灭绝一样，用她的话来说，当（本土）语言由于与更强大的语言接触而被系统地扼杀时，语言种族灭绝就会发生。教育将在制止或确保本土语言种族灭绝方面发挥重要作用。如前所述，教育经常被认为是语言保持和转用的关键因素之一（Walker，1984）。例如，李（Lee，1982）认为，受过高等教育和社会经济地位较高的人（如德·克拉克研究中所描述的）拥有更多资源来保持本土传统，比如语言。然而德摩斯（Demos，1988）提出了相反的观点。在一项关于希腊东正教美国人母语保持的研究中，他的结论是，教育成就是社会和地域流动的工具，大学教育特别有可能鼓励批判性价值观的发展，这与语言等传统力量互不相容（Demos，1988：67）。德·克拉克（de Klerk，2000a）和鲍尔曼（Bowerman，2000）所描述的南非城市非洲人社区当前的语言实践为德摩斯的研究提供了支持。实践表明，较高的教育水平对民族第一语言的保持有负面影响，尤其是在非洲城市社区。在这些社区，父母有意识地选择英语来接受各级学校教育，包括初等、中等和高等教育。例如，最近的新闻报道表明，自1996年以来，在大学学习非洲语言的学生人数每年下降一半。据南非大学（UNISA）（这是唯一提供所有官方非洲语言课程的机构）称，"注册这些课程的本科生人数从1997年的25000人下降到今年（即2001年）的3000人。研究生人数也有所减少，从同期的511人减少到53人"（*Sunday Times*，4 March 2001，p. 2）。这些事实对保持本土语言和语言政策的影响尚待充分调查。正如卡姆旺加马鲁（Kamwangamalu，1998b：122）在别处指出的那样，除非这些社区有意识地努力保持和推广他们自己的语言，否则这些语言很可能会面临与印度语言和科伊桑语（Khoisan languages）相同的命运——慢慢消退并最终灭亡。在这方面，洛佩斯（Lopes，1997）关于提高莫桑比克父母和学生对本土语言意识和态度的建议同样适用于南非的语言状况：

> 教育当局必须成功地通过教学媒介（母语、更广泛交流的语言或两者兼有）向家长、教师和儿童解释教与学的影响，并成功地使他们相信推广母语教育以及促进个人和社会的双语能力所带来的教育和文化优势。（Lopes，1997：25）

卢克特（Luckett，1992）表达了类似的观点，他说：

> 在非洲语言的教育资源发展到更高的概念水平之前，除非这些语言被认为有助于他们进入更广泛的社会和经济发展之中，否则英语比非洲语言更具吸引力（Luckett，1992：18）。

下面的部分通过解决上述语言转用趋势对当前语言政策的影响来结束本文。需要指出的主要观点是，如果要扭转这一趋势，南非必须重新审视其语言政策，以重新评估民族第一语言的价值。这可以通过将这些语言的使用扩展到所有高级领域并奖励多语言技能来实现。讨论将集中在这样一个领域——教育，并将为非洲语言的母语教育提供案例。在这一点上值得注意的是，在语言不够现代化的情况下，将非洲语言提高到与英语和阿非利堪斯语真正平等水平的希望似乎渺茫。因此，对英语的需求很可能继续不减，尤其是在城市黑人社区（参见注释28）。

语言政策与规划：前进之路

本文强调的关键问题之一，也是我想在本部分中重点关注的，就是南非的多语言政策与语言实践之间的不匹配。语言政策促进了附加的多语制发展，或者如菲利普森和斯库特纳布－坎加斯（Phillipson & Skutnabb-Kangas，1996）所说的"语言生态学范式"；而语言实践则促进了英语的单语制，或者如作者所说的"英语传播范例"。正如本文所示，关于教育、媒体和其他更高领域的语言实践，有强有力的证据表明，在南非，英语的传播范式几乎在该国的所有机构中都在发展壮大。我已经解释过，语言政策和语言实践之间的不匹配主要源于三个关键因素，包括英语作为全球语言的地位和工具价值、国家宪法中与语言相关的矛盾条款、和种族隔离的语言教育政策的遗产，尤其是《班图教育法》。这些因素，连同既得利益和市场力量一起，一直是该国在促进非洲语言在高级领域，包括教育中地位提升方面所面对的障碍。

至少在过去的200年里，南非已经正式使用了英语。然而，英语的分布仍然局限于少数族裔精英群体，让大众能够使用英语的努力遭遇了巨大的失败，大多数人仍处于边缘地带。基于语言的分化在加剧，而经济发展未能惠及大多数人（Alexander，1997：88），文盲率仍然很高，尤其是在黑人人口中。尽管人们总是想学习英语，特别是因为它的工具价值，但仍有必要将本土语言的使用扩展到所有高级领域，尤其是整个教育系统。在教育等高级领域使用本土语言至关重要，不仅对有效推广这些语言，而且对快速和大规模地发展和普及民众的识字能力，使他们能够积极参与社会、政治和国家的经济发展，都具有重要意义。

推广本土语言一方面需要进行政策修订，另一方面需要消除《班图教育法》留下的语言遗产。对于前者，语言政策必须明确规定在哪个省为了什么目的必须使用哪种官方语言。仅仅通过立法给予所有语言官方的承认和平等的地位是不够的。任何语言都需要一个持续的政策，而不是一个自由放任的政策（见 Kaplan & Baldauf，1997：210 - 213）。这是因为，正如席夫曼（Schiffman，1992）所指出的那样，语言政策中的平等主义不一定会导致平等的结果，也不一定需要语言推广。语言政策不仅仅是宪法中的语言条款，正如吉特（Djité，1990：96）所指出的那样，"语言政策实际上是关于语言作为一种文化遗产和社会经济发展主要因素的认识和意识的提高，是对教育和行政语言的适当选择，以及政策的实际实施。"除非堵住现行语言政策固有的漏洞，否则推广本土语言的努力注定会失败。幸运的是，政策修订问题现在似乎是教育部长卡德尔·阿斯马尔（Kader Asmal）教授的首要任务之一。在最近的一篇报纸文章中，部长评论说"语言政策"并不适用于所有"官方语言"，因此它"需要立即审查"（*Daily News*，8 May 2001）。他指出：

> 虽然 1997 年颁布的语言政策在理论上是合理的，但并没有真正奏效，……一些学校管理机构因种族主义而拒绝遵守语言教育政策的所有规定，并使用学校文化、企业愿景、能力和资源可用性等各种解释作为其行动的掩护（*Daily News*，8 May 2001）。

目前尚不清楚将对语言政策进行哪些修正，但应该根据本文讨论的当前研究成果，了解为什么该政策起初没有奏效（e. g. Kamwangamalu，1997a，1998b；LANGTAG，1996；Verhoef，1998）。最重要的是，这些修正案应着眼于使本土语言在各自社区中"填补空缺"，如下所述。

最后，种族隔离[30]教育的遗产不仅使本土语言失去了实用价值，而且还导致南非黑人将本土语言（他们自己的语言）教育等同于低劣教育。因此，为了使本土语言能够与英语或阿非利堪斯语媒介的教育竞争，他们必须"洗刷"几十年来一直背负的劣等印记（Kamwangamalu，1996，199b）。这种净化可以通过赋予本土语言一些目前仅与英语或阿非利堪斯语相关的优势和特权来实现。例如，经过认证的本土语言知识应该成为社会阶层向上流动、政治参与和获得公务员职位的标准之一，就像荷兰化、英国化和阿非利堪斯化时代的情况一样（Kamwangamalu，2000a，2001b）。黑人社区不会接受以非洲语言为媒介的教育，他们会用自己的语言换取英语，除非他们确信非洲语言的教育结果将与以英语和阿非利堪斯语为媒介的教育一样有回报。换句话说，以非洲语言为媒介的教育会提高目标人群的生活水平吗？会让他们在就业市场上获得竞争优势吗？因为具有本土语言的技能，在劳动力市场上，个人实际上能获得什么好处？正如格林（Grin，1995：227 - 31）所问的，这些好处能与英语或阿非利堪斯语技能带来的好处相比吗？

一个相关的问题是，谁能确保本土语言在经济上可行？语言社区往往依赖政府来发展他们各自的语言。但政府没有资源来发展所有这些语言，同时，就像索韦托起义（Soweto uprising）所显示的那样，它也没有将特定语言强加给民众的固有权力。一种语言在经济上是否可行在很大程度上取决于其使用者。正如赫勒（Heller，1995）在加拿大和伍拉德（Woolard，1988）在加泰罗尼亚的研究表明的那样，语言价值观的根本转变是伴随大量人口围绕特定的作为身份和国籍象征的语言活动而发生的。伴随着这个想法，语言活动家应该动员本土语言使用者围绕他们各自的语言，既要改变他们对这些语言的价值观和态度，又要避免语言种族灭绝的威胁（Skutnabb-Kangas，2000）。语言活动家已经动员他们各自的社区反对协调，这种协调是一种语言规划的演练，试图为恩古尼语和索托语的每一种语言开发一个标准的变体，但没有成功，因为他们认为这是对他们文化和语言的威胁，无论是真实的还是潜在的。因此，如果语言活动家设法改变他们的语言价值观，那么类似的努力没有理由不会成功。实现这种转变并不意味着要告别英语和阿非利堪斯语。恰恰相反，它意味着避免当前语言从本土语言转向英语的趋势，特别是在城市黑人社区，并为英语、阿非利堪斯语和以前被边缘化的本土语言在各行各业中共同发挥作用创造了条件。

致　谢

感谢维克·韦伯（Vic Webb）对本文早期草稿提出的富有洞察力的评论和建议，并为我指出了有关"语言与宗教"的重要参考资料。

注　释

1. 每个种族群体都必须拥有自己的领土的想法，是由提倡民族自决，也就是拥有阿非利堪人独立的地区和家园（Volkstaat）的阿非利堪人的政党自由阵线党提出的。

2. 我使用"非洲人"一词特指南非黑人。在南非，政治家有时用这个词来指代所有所谓的"非白人"，这就包括了印度人、有色人种和黑人。

3. 这些会议包括涉及宪法规定的多语主义的第 15 届南部非洲应用语言学协会（15th Southern African Applied Linguistics Association，SAALA）的会议：挑战和回应（Stellenbosch, South Africa, 1995）；后殖民语言问题和语言规划工作坊的会议：评估过去的半个世纪（Utrecht, The Netherlands, 1996）；

多语种的社会语用和社会语言学方法小组的第 6 届国际语用学会议（Reims, France, 1998）；乔治城大学语言和语言学圆桌会议（Washington, DC, 2000）；纳塔尔大学第 17 届语言发展和语言使用会议（Durban, South Africa, 2000）。此外，在撰写这本专著时，我参考了系列编辑罗伯特·卡普兰（Robert Kaplan）和小理查德·B. 巴尔道夫（Richard B. Baldauf, Jr）提供的 22 个问题，以及关于邻国马拉维（Kayambazinthu, 1998）和莫桑比克（Lopes, 1998）的语言规划情况的专著。

4. 为与南非的新宪法提法统一，在本文的本土语言中，如祖鲁语、柯萨语、恩德贝勒语、斯威士语、聪加语和文达语，它们名字的拼写我都使用了前缀，用前缀来区分不同的语言（例如 isiZulu, siSwati, Tshivenda）及其使用者（例如祖鲁人、斯威士人、文达人）。但是请注意，本土语言的名称也通常可以不加前缀拼写，例如 Zulu, Xhosa, Ndebele, Swati, Tsonga 等。

5. 19 世纪，南非荷兰定居者的后裔被称为布尔人，意思是农民。到 20 世纪初，这些人称自己为阿非利堪人（Afrikaners），即非洲人。他们的语言是阿非利堪斯语，一种本地演变而来的荷兰语（Attwell, 1986：ix）。

6. 这场战争是由多种因素共同引发的，其中 1886 年在威特沃斯兰德发现了黄金，促成了布尔人和维特兰人（Uitlanders），即新移民（其中主要是英国人）之间的冲突。布尔人否定了维特兰人的政治权利以及英国希望整合南非而将整个国家置于大英帝国的控制之下的意图。

7. 宪法或联邦法案中使用了荷兰语而非阿非利堪斯语的规定引发了联邦各方之间的冲突。1925 年，《联邦法案》第 137 条赋予英语和荷兰语作为联邦官方语言同等地位的权力，补充的条目明确规定了在提到荷兰语时也包括阿非利堪斯语（Maartens, 1998：29）。

8. 有关阿非利堪斯语发展的深入讨论，参见 Ponelis（1993）、van Rensburg 和 Jordan（1995）以及 Webb 等（1992）。

9. 这些组织包括南非印度教大会（South African Hindu Maha Sabha）、纳塔尔泰米尔吠陀协会（Natal Tamil Vedic Society）、南非安得拉大会（Andhra Maha Sabha of South Africa）、南非艾莉亚代表大会（Arya Pratinidhi Sabha of South Africa）、卡提亚瓦印度塞瓦塞米（Kathiawad Hindu Seva Samj）、苏拉特印度教协会（Surat Hindoo Association）和纳塔尔什里萨纳坦萨巴（Shree Sanathan Sabha of Natal）。

10. 在穆斯林社区，一些此类组织包括了伊斯兰传播中心（Islamic Propagation Centre）、俱玛穆吉德圣母信托（Juma Musjid Madressa Trust）、达娄吴璐木信托（Darul Uloom Trust）和东方伊斯兰教育学院（Orient Islamic Educa-

tional Institute）等。

11. 参与推广印度语言的其他组织有：印地语锡克教协会（Hindi Sikha Sangh）；古吉拉特语卡蒂亚瓦协会（在古吉拉特语学校教授古吉拉特语和文化）；纳塔尔泰米尔联邦（Natal Tamil Federation）［南非泰米尔吠陀协会的姊妹组织，通过舞蹈、歌曲和用泰米尔语写成的印度教宗教文本（The-varam）学习泰米尔语］；印度语言研究所（一个新组织，由德班韦斯特维尔大学的一些相关学者于 1995 年成立，旨在为南非的印度语言权利而斗争）。

12. 东南部语言（包括南非的九种官方本土语言）的一个显著语法特征是位置词和缩略词由名词后缀组成，而大多数其他班图语言则使用前缀（Schuring, 1990：25）。比如，九种官方本土语言中的两种，即索托语和斯威士语，也分别作为邻近王国莱索托和斯威士兰的官方语言。

13. 其中一些语言，特别是祖鲁语，在一些海外大学里教授，例如伊利诺伊大学厄巴纳－香槟分校、耶鲁大学、加州大学洛杉矶分校等。

14. 1981 年，实行种族隔离政策的政府指令一个人类科学研究委员会对 1976 年索韦托起义引发的危机进行深入调查。这个委员会建议南非应以建立单一的非种族教育体系为目标。该委员会的报告名为德朗哥（De Lange）报告（以其主席 Pieter de Lange 教授的名字命名）。除其他外，报告同时建议：

> 应该只有一个教育部门负责在南非提供第一级或国家级的教育；二级教育管理应以区域为基础；应该给予最接近家长和教师的机构，也就是学校，最大程度的自主权，即学校、家长和老师应该在这个级别的决策中占主要作用（Engelbrecht, 1992：510）。

15. 尽管学校隔离已经结束，但以前的白人学校还有把关机制，例如冗长的等候名单和高额费用，以确保现状保持不变，或者只接受少量的黑人学生以证明做出了一点轻微的改变。例如，在有关德班学前教育阶段识字教育的一项研究中，阿登道夫和纳尔（Adendorff & Nel, 1998：211）发现现在的南非歧视采取了一种不同且不易辨别的形式。限制性机制将只是在数量上对精英课程进行限制，但不会威胁到现状，这表明虽然官方层面已经取消了黑人和白人教育的隔离，但是原来的状况还是得到了维持。

16. 安德鲁·冈萨雷斯（Andrew Gonzalez, 1990：322）使用术语"错误性教育"（miseducation）来描述菲律宾学生对使用英语而不是他们的母语菲律宾语作为教学语言的态度。学生们认为在菲律宾教育系统中使用英语是美国文化和语言帝国主义的延续。与菲律宾不同，在南非，由于班图教育系统的遗留问题，学生和家长认为在教育中使用本土语言而不用英语是"错误性教育"。

17. 直到最近才区分了三个级别，即高级、标准级和低级。

18. 描述主要来自以下来源：*South Africa Year Book*，1998，1999；*Europa World Year Book*，1999；*Africa South of the Sahara*，1999。

19. 每天 M-Net 向公众（称为开放时间观众）免费广播两个小时（下午5 – 7点）。

20. 民族语言竞争并非南非独有。正如莱廷和门萨（Laitin & Mensah，1991）指出的那样，推广任何本土语言作为官方语言常常会招致反对，反对不仅来自那些从事技术工作的人，也来自"没有选上的"语言的主要政治家。这在尼日利亚酋长安东尼·阿纳霍罗（Anthony Anahoro）的以下声明中得到了说明。

他反对选择柯萨语作为该州的官方语言，因为作为一个来自少数部落的人，我对这方面的持续证据感到遗憾，人们希望将他们的习俗、语言甚至生活方式强加于给小部落的国家……我的人民只有一种语言，这种语言是通过一千年的传统和习俗流传下来的。当贝宁帝国与葡萄牙交换大使时，今天的许多新的尼日利亚语言都还不存在呢（Laitin，1992：96）。

21. 1997 年，教育部给条款添加了附加条件：

如果1至6年级中至少有40名学生或7至12年级中至少有35名学生要求在特定学校特定的年级学习该语言，那以特定的学习语言提供教育是可行的。

但是，与此同时，它在政策中添加了以下列出的带有非承诺性和开放性条款：

省教育厅要探索共享稀缺人力资源的方式方法；它同样必须也要在这些无法提供以学习者母语以外的教学语言的学校和学区里去进行语言保持和寻找替代方案（Government Gazette，17 July 1997）。

22. 正如在语言传播中已经描述的那样，这里使用的母语一词是建立在联合国教科文组织〔(1953)1995〕的意义之上的。值得注意的是，母语"不一定是一个人父母使用的语言；它也不必是人们第一次学会说话的语言，因为特殊情况可能会导致人们在很小的时候或多或少地完全放弃这种所谓的第一语言"〔UNESCO，(1953)1995〕。

23. 根据这项提议，其他官方语言，包括阿非利堪斯语，目前正在每月轮流地作为记录语言来使用（The Sunday Times, 31 May 1998）。

24. 在种族隔离时代，"C型学校"一词被用来指代"仅限白人"的学校，尤其是白人英语学校。

25. 顺便说一下，当前关于英语的语言实践可以追溯到1993年由现执政党 ANC 提出的语言政策提案中。该提案的第一条内容如下：

> 宪法上不得将任何语言指定为官方语言。但是，可以通过立法指定一种语言作为国家、地区和地方各级政府记录的语言。在国家层面，这种语言可能是英语。

将此提议与一年前南部非洲英语学院提出的提议进行比较：

> 通常被公认为南非使用的所有11种语言的主要语言都应具有同等地位，虽然这个说法是可取的，但是唯一可行的解决方案是使一种语言成为更广泛通用地交流语言，让其他语言都应该在公共生活的各个层面、各种情况下，并可能在有地理的基础上，都具有官方地位，并且在宪法中进行广泛的规定，并在相应的立法机构中进行更详细的阐述（English Academy of Southern Africa, 1992: 3）。

请注意，英语学院没有将它所说的语言命名为更广泛通用的交流语言。但很明显，所讨论的语言必须是英语。

26. 国家教育政策调查（NEPI, 1992: 4 – 16）的语言研究小组深入讨论了各种教学语言政策，它们的优缺点以及成功的必要条件。

27. 在一篇题为《当不喜欢母语教育时》的文章中，古普塔（Gupta, 1997: 506）就马来西亚的城市中产阶级泰米尔语父母抵制泰米尔语（Tamil）的母语教育行为发表了类似的评论。特别是古普塔引用了席夫曼（Schiffman, 1996）的话，指出父母"声明他们不会把他们的孩子送去马来西亚的泰米尔语（Tamil）学校，因为泰米尔语学校在专业和社会方面都是死胡同，是没未来的"。

28. 据媒体报道，一个叫文达语的语言社区，似乎已经将英语对它语言的威胁铭记在心。为了扭转社区所说的与英语相关的"文化帝国主义"会造成"文化种族灭绝"的现象。一群讲文达语的人发起了一场运动，他们在约翰内斯堡建立一所学校，学校给文达人的儿童们教授文达语和文达文化。由说文达语的人来第一个发起这种倡议，这并不奇怪，因为他们是南非本土语言社区中最小的一个，因此，在语言和文化损失方面，他们比任何其他本土语言社区都更加脆弱。

29. 维克·韦伯（Vic Webb）（通过2001年的个人之间的交流）说，许多人对"阿非利堪人"（Afrikaner）一词的定义理解更为狭隘，理解如下：（1）支持有自决能力的或种族隔离，抑或是具有（政治上）分离主义的；（2）白人（种族）；（3）荷兰教会的成员资格（宗教）；（4）一种对于辉煌过去的感觉（历史上）；（5）特定的价值观、态度和规则（文化上）。

30. 不可否认，种族隔离无疑是南非许多罪恶的根源。然而，值得注意的是，没有实行种族隔离的非洲的其他地区，它们的语言规划情况与南非非常相似，因此殖民主义、奴隶制和基督教化等其他因素也肯定对南非的语言情况产生了影响。

参考文献

Adendorff, R. (1995) Fanagalo in South Africa. In R. Mesthrie (ed.) *Language and Social History: Studies in South African Sociolinguistics* (pp. 176 – 92). Cape Town: David Philip.

Adendorff, R. and Nel, T. (1998) Literacy and middle-class privilege in post-apartheid South Africa: Evidence from planning time sessions at Church Pre-school. In N. M. Kamwangamalu (ed.) *Aspects of Multilingualism in Post-apartheid South Africa: A Special Issue of Multilingua* 17 (2 – 3), 197 – 226. Berlin: Mouton.

African National Congress (1992) ANC *Policy Guidelines for a Democratic South Africa*. Johannesburg, South Africa: ANC.

Africa South of the Sahara (1999) (28th edn). London: Europa Publications.

Akinnaso, F. N. (1993) Policy and experiment in mother tongue literacy in Nigeria. *International Review of Education* 39, 255 – 85.

Alexander, N. (1989) *Language Policy and National Unity in South Africa/Azania*. Cape Town: Buchu Books.

Alexander, N. (1997) Language policy and planning in the new South Africa. *African Sociological Review* 1, 82 – 98.

Appel, R. and Muysken, P. (1987) *Language Contact and Bilingualism.* London: Edward Arnold.

Archer, M. S. (1984) *Social Origins of Educational Systems.* London: Sage.

Ashley, M. J. (1974) African education and society in the nineteenth-century Eastern Cape. In C. Saunders and R. Derricourt (eds) *Beyond the Cape Frontier: Studies in the History of the Transkei and the Ciskei* (pp. 199 – 212). London: Longman.

Ashley, M. J. (1980) Universes in collision: Xhosa, Missionaries and education in nineteenth-century South Africa. *Journal of Theology for Southern Africa* 32, 28 – 38.

Ashley, M. J. (1982) Features of modernity: Missionaries and education in South Africa, 1850 – 1900. *Journal of Theology for Southern Africa* 38, 49 – 58.

Attwell, M. (1986) *South Africa: Background to the Crisis.* London: Sidgwick & Jackson.

Bamgbose, A. (1991) *Language and the Nation: The Language Question in Sub-Saharan Africa.* Edinburg: Edinburg University Press.

Barkhuizen, G. and de Klerk, V. (2000) Language contact and ethnolinguistic identity in an Eastern Cape army camp. In N. M. Kamwangamalu (ed.) *Aspects of Multilingualism in Post-Apartheid South Africa: A Special Issue of Multilingua* 17 (2 – 3), 95 – 118. Berlin: Mouton.

Barkhuizen, G. and Gough, D. (1996) Language curriculum development in South Africa: What place for English? *TESOL Quarterly* 30, 453 – 71.

Beck, R. B. (1989) Bibles and beads: Missionaries as traders in Southern Africa in the early nineteenth century. *Journal of African History* 30, 211 – 25.

Bhola, H. S. (1992) Literacy in Southern Africa. In W. Grabe *et al.* (eds) *Annual Review of Applied Linguistics, 12: Literacy* (pp. 243 – 59). New York: Cambridge University Press.

Bock, Z. (1996) Uswe's development-driven ABET curriculum. *Southern African Journal of Applied Language Studies (SAJALS)* 4 (2), 32 – 49.

Bowerman, S. A. (2000) Linguistic imperialism in South Africa: The unassailable position of English. MA dissertation, University of Cape Town.

Branford, W. (1996) English in South African society: A preliminary overview. In V. de Klerk (ed.) *English Around the World: Focus on South Africa* (pp. 35 – 51). Amsterdam: Benjamins.

Breutz, P. L. (1989) *A History of the Batswana.* Margate, Natal: P. L. Breutz.

Brown, D. (1995) The rise and fall of Fanakalo: Language and literacy policies of the South African Gold mines. In V. Webb (ed.) *Language in South Africa: An Input into Language Planning for a Post-Apartheid South Africa* (pp. 309 – 27). Pretoria: The LiCCA Research and Development Program.

Bryan, M. A. (1959) *The Bantu Languages of Africa.* New York: Oxford University Press.

Calteaux, K. (1996) *Standard and Non-Standard African Language Varieties in the Urban*

Areas of South Africa：*Main Report for the STANON Research Program*. Pretoria：Human Sciences Research Council Publishers.

Carstens, A. (1997) Issues in the planning of a multilingual explanatory dictionary of chemistry for South African students. *Lexikos* 7, 1 – 24.

Chidester, D. (1992) *Religions of South Africa*. London/New York：Routledge.

Chidester, D. (1996) *Savage Systems*：*Colonialism and Comparative Literature in Southern Africa*. Cape Town：University of Cape Town Press.

Cluver, A. D. de V. (1992) Language planning models for a post-Apartheid South Africa. *Language Problems and Language Planning* 16, 104 – 33.

Cluver, A. D. de V. (1996) Language development. In Language Plan Task Group (LANGTAG) (1996) *Toward a National Language Plan for South Africa*：*Final Report of the Language Plan Task Group*. Pretoria：DACST.

Clyne, M. (1997) Multilingualism. In F. Coulmas (ed.) *The Handbook of Sociolinguistics* (pp. 301 – 14). Oxford：Blackwell.

Cobbing, J. (1988) The Mfecane as Alibi：Thoughts on Dithakong and Molompo. *Journal of African History* 29, 487 – 519.

Cochrane, J. R. (1987) *Servants of Power*：*The Role of English-speaking Churches in South Africa*, 1903 – 30. Johannesburg：Ravan Press.

Cole, D. T. (1953) Fanagalo and the Bantu languages in South Africa. *African Studies* 12, 1 – 9.

Combrink, J. (1978) Afrikaans：Its origin and development. In L. W. Lanham and K. P. Prinsloo (eds) *Language and Communication Studies in South Africa* (pp. 69 – 95). Cape Town：Oxford University Press.

Constitution of the Republic of South Africa (1996) Pretoria：Government Printer.

Cooper, R. L. (1989) *Language Planning and Social Change*. Cambridge：Cambridge University Press.

Cope, R. L. (ed.) (1977) *The Journal of the Rev. T. L. Hodgson*. Johannesburg：Wits University Press.

Davenport, T. R. H. (1991) *South Africa-A Modern History* (4thedn). London：Macmillan.

de Gruchy, J. (1995) Settler Christianity. In M. Prozesky and J. de Gruchy (eds) *Living Faiths in South Africa* (pp. 28 – 44). New York & London：St Martin's Press & Hurst and Company.

de Klerk, V. (ed.) (1996) *English Around the World*：*Focus on South Africa*. Amsterdam/Philadelphia：Benjamins.

de Klerk, V. (2000a) To be Xhosa or not to be Xhosa … That is the question. *Journal of Multilingual and Multicultural Development* 21, 198 – 215.

de Klerk, V. (2000b) Language shift in Grahams town：A case study of selected Xhosaspeakers. *International Journal of the Sociology of Language* 146, 87 – 110.

de Klerk, V. and Barkhuizen, G. (1998) Language attitudes in the South African National Defense Force: Views from 6SAI. In N. M. Kamwangamalu (ed.) *Aspects of Multilingualism in Post-apartheid South Africa: A Special Issue of Multilingua* 17 (2 – 3) 155 – 79. Berlin: Mouton.

Demos, V. (1988) Ethnic mother tongue maintenance among Greek Orthodox Americans. *International Journal of the Sociology of Language* 69, 59 – 71.

Department of Arts, Culture, Science and Technology (1996) *Towards a National Language Plan for South Africa: Final Report of the Language Plan Task Group (LANGTAG)*. Pretoria: Department of Arts, Culture, Science and Technology.

Department of Arts, Culture, Science and Technology (1996) White Paper on Science and Technology. *Government Gazette* vol. 378, no. 17675. 20 December 1996.

Department of Arts, Culture, Science and Technology (1998) *Programme Selected Activities*. Pretoria: Department of Arts, Culture, Science, and Technology.

Department of Education (1994) *South Africa's New Language Policy: The Facts*. Pretoria: Department of Education.

Department of Education (1994a) White Paper on Reconstruction and Development in the School System. *Government Gazette* Vol. 351, no. 15974, 23 September 1994.

Department of Education (1997) Language in Education Policy. (South African Schools Act no. 84, 1996) *Government Gazette* no. 18546, 19 December.

Department of Education (1998b) National Education Policy Act no. 27 of 1996. *Government Gazette* no. 19640, 23 December.

Department of Education (1999) National policy on the conduct of the senior certificate examinations. *Government Gazette* no. 20280, 9 July.

Djité, P. G. (1990) The place of African languages in the revival of the Francophone movement. *International Journal of the Sociology of Language* 86, 87 – 102.

Doke, C. M. and Cole, D. T. (1961) *Contributions to the History of Bantu Linguistics*. Johannesburg: Witwatersrand University Press.

du Plessis, J. ([1911] 1965) *A History of Christian Missions in South Africa*. London: Longman.

Eastman, C. M. (1990) Language planning in post-apartheid South Africa. *TESOL Quarterly* 24, 9 – 22.

Eggington, W. and Baldauf, R. B., Jr. (1990) Towards evaluating the Aboriginal bilingual education program in the Northern Territory. In R. B. Baldauf, Jr and A. Luke (eds) *Language Planning and Education in Australasia and the South Pacific* (pp. 89 – 105). Clevedon: Multilingual Matters.

Ellis, C. S. (1987) *Literacy Statistics in the RSA, 1980*. Pretoria: Human Sciences Research

Council.

Engelbrecht, S. W. H. (1992) The De Lange Report revisited ten years down the road. In R. McGregor and A. McGregor (eds) *Education Alternatives* (pp. 495 – 513) Cape Town: Juta & Co.

English Academy of Southern Africa (1992) A draft language-policy proposal. *Language Projects Review* 7 (1), 3.

Europa World Year Book (1999) London: Europa Publications.

Fasold, R. (1984) *The Sociolinguistics of Society.* Oxford: Basil Blackwell.

Ferguson, C. A. (1992) Foreword to the First Edition. In B. B. Kachru (ed.) *The Other Tongue: English Across Cultures* (2nd edn) (pp. xiii – xvii). Delhi: Oxford University Press.

Fishman, J. A. (1971) The sociology of language. In J. A. Fishman (ed.) *Advances in the Sociology of Language* (Vol. 1) (pp. 217 (ed.) The Huge: Mouton.

Fishman, J. A. (1972) Language maintenance and shift as a field of inquiry (revisited). InA. S. Dil (ed.) *Language in Sociocultural Change: Essays by J. A. Fishman, Selected and Introducted by A. S. Dil.* (pp. 76 – 134). Stanford: Stanford University Press.

Fishman, J. A. (1987) Conference comments: Reflections on the current status of language planning. In L. Laforge (ed.) *Proceedings of the International Colloquium on Language Planning* (pp. 405 – 28). Quebec: Presses de l'Université de Laval.

Fishman, J. A. (1989) *Language and Ethnicity in Minority Sociolinguistic Perspective.* Clevedon: Multilingual Matters.

Fishman, J. A. (1991) *Reversing Language Shift: Theoretical and Empirical Assistance to Threatened Languages.* Clevedon: Multilingual Matters.

Fivaz, D. (1981) Southern Bantu typology-a renewed phase of enquiry. *South African Journal of African Languages Supplement*, 2 – 11.

French, E. (1988) Adult literacy work in South Africa: A history to be made. *Africa Insight18* (1). Pretoria: Human Sciences Research Council.

Geertz, C. (1973) *The Interpretation of Cultures.* New York: Basic Books.

Giliomee, H. (1989) The beginning of Afrikaner ethnic consciousness, 1850 – 1915. In L. Vail (ed.) *The Creation of Tribalism in Southern Africa* (pp. 21 – 54). London: James Curry.

Godman, A. and Veltman, R. (1990) Language development and the translation of scientific texts. *Babel 36* (4), 193 – 212.

Gonzalez, A. (1990) Evaluating bilingual education in the Philippines: Towards a multidimensional model of evaluation in language planning. In R. R. Baldauf, Jr and A. Luke (eds) *Language Planning and Education in Australasia and the South Pacific* (pp. 319 – 34). Clevedon: Multilingual Matters.

Grin, F. (1994) The economics of language: Match or mismatch? *International Political Science Review* 15, 25 – 43.

Grin, F. (1995) The economics of foreign language competence: A research project of the Swiss National Science Foundation. *Journal of Multilingual and Multicultural Development 16*, 227 – 31.

Grobler, J. (1988) *A Decisive Clash?* Pretoria: Arcadia.

Grobler, E., Prinsloo, K. P. and van der Merwe, I. I. (1990) *Language Atlas of South Africa: Language and Literacy Patterns*. Pretoria: Human Sciences Research Council.

Gultig, J., Lubisi, C., Parker, B. and Wedekind, V. (eds) (1998) *Understanding Outcomes-based Education: Teaching and Assessment in South Africa*. Cape Town: Oxford University Press.

Gunning, E. (1997) Engels voer botoon in provinsies, skuif ander tale uit [English dominates in provinces, edges out other languages]. Rapport (6 April).

Gupta, A. (1997) When mother tongue education is not preferred. *Journal of Multilingual and Multicultural Development* 18, 496 – 506.

Gupta, A. F. and Siew PuiYeok (1995) Language shift in a Singapore family. *Journal of Multilingual and Multicultural Development* 16, 301 – 14.

Guthrie, M. (1948) *The Classification of the Bantu Languages*. London: Oxford University Press.

Guthrie, M. (1971) *Comparative Bantu: An Introduction to the Comparative Linguistics and Prehistory of the Bantu Languages*. Farnborough, England: Gregg International Publishers.

Hartshorne, K. B. (1987) Language policy in African education in SA 1919 – 1985, with particular reference to the medium of instruction. In D. Young (ed.) *Bridging the Gap Between Theory and Practice in English Second Language Teaching*. Cape Town: Maskew Miller Longman.

Hartshorne, K. (1995) Language policy in African education: A background to the future. In R. Mesthrie (ed.) *Language and Social History: Studies in South African Sociolinguistics* (pp. 306 – 18). Cape Town: David Philip.

Headlam, C. (1931) *Selections from The Milner Papers*. London: Cassell.

Heller, M. (1995) Language choice, social institutions, and symbolic domination. *Language in Society* 24, 373 – 405.

Herbert, P. and Robinson, C. (1999) Another language, another literacy? Evidence from Africa. *Written Language and Literacy* 2 (2), 247 – 66.

Herbert, R. K. (1993) *Foundations in Southern African Linguistics*. Johannesburg: Witwatersrand University Press.

Heugh, K. (1995a) The multilingual school: Modified dual medium. Mimeo.

Heugh, K. (1995b) Disabling and enabling: Implications of language policy trends in South Africa. In R. Mesthrie (ed.) *Language and Social History: Studies in South African Sociolinguistics* (pp. 329 – 50). Cape Town: David Philip.

Heugh, K. (1996) Why is the water so muddied? A response to Strauss's 'The economics of language'. *The Economics of Language: Language Planning Report* 5 (2), 38 – 46.

Hexham, I. (1981) *The Irony of Apartheid: The Struggle for National Independence of Afrikaner Calvinism Against British Imperialism.* New York: Edwin Mellen Press.

Hillerich, R. L. (1976) Toward an assessable definition of literacy. *English Journal* 65 (2), 50 – 55.

Hinchliff, P. (1963) *The Anglican Church in South Africa.* London: Darton, Longman & Todd.

Hofmeyr, J. and Buckland, P. (1992) Education system change in South Africa. In R. McGregor and A. McGregor (eds) *Education Alternatives* (pp. 15 – 59). Cape Town: Juta.

Hofmeyr, J. W. and Cross, K. E. (1986) *History of the Church in Southern Africa. Volume 1: A Select Bibliography of Published Material to 1980.* Pretoria: Union of South Africa.

Holman, L. (2001) Outcomes-based education is a success. *Daily News*, (7 March), 8.

HSRC. (1985) *Religion, Intergroup Relations and Social Change in South Africa.* Pretoria. *Interim Constitution of the Republic of South Africa* (1995) Pretoria: Government Printer.

Kamwangamalu, N. M. (1995) English in language planning in the new South Africa. *The Proceedings of the 15th Annual Conference of the Southern African Applied Linguistics Association (SAALA)* 15: 85 – 107. University of Stellenbosch.

Kamwangamalu, N. M. (1996) Multilingualism and education policy in post-apartheid South Africa. Paper presented at the at the Paper presented at the 'Workshop on post-colonial language problems and language planning: Assessing the past half century'. *The 5th conference of the International Society for the Study of European Ideas (ISSEI).* Utrecht, Holland, 18 – 24 August.

Kamwangamalu, N. M. (1997a) The colonial legacy and language planning in sub-Saharan Africa. *Applied Linguistics* 18, 69 – 85.

Kamwangamalu, N. M. (1997b) Multilingualism and education policy in post-apartheid South Africa. *Language Problems & Language Planning* 21, 234 – 53.

Kamwangamalu, N. M. (ed.) (1998a) *Aspects of Multilingualism in post-apartheid South Africa: A Special Issue of Multilingua* 17 (2 – 3). Berlin: Mouton.

Kamwangamalu, N. M. (1998b) A new language policy, old language practices: Statusplanning for African languages in a multilingual South Africa. The 6th International Pragmatics Association Conference, Reims, France, 19 – 24 July.

Kamwangamalu, N. M. (2000a) A new language policy, old language practices: Status planning for African languages in a multilingual South Africa. *South African Journal of African Languages* 20 (1), 50 – 60.

Kamwangamalu, N. M. (2000b) Language policy and mother tongue education: The case for a market-oriented approach. Paper presented at the Georgetown University Roundtable on Languages and Linguistics (GURT). Georgetown University, Washington, DC, 4 – 6 May.

Kamwangamalu, N. M. (2001a) When 2 + 9 = 1: English and the politics of language planning in a multilingual society, South Africa. The 3rd conference on Major Varieties of English (MAVEN). Freiburg, Germany, 6 – 9 June.

Kamwangamalu, N. M. (2001b) A linguistic renaissance for an African renaissance: Language policy and planning. In E. Maloka and E. le Roux (eds) *Africa in the New Millennium* (pp. 131 – 43). Pretoria: Africa Institute of South Africa (AISA).

Kaplan, R. B. (1992) Summary comments (on literacy). In W. Grabe *et al.* (eds) *Annual Review of Applied Linguistics 12: Literacy* (pp. 285 – 91). New York: Cambridge University Press.

Kaplan, R. B. and Baldauf, R. B. , Jr. (1997) *Language Planning: From Practice to Theory.* Clevedon: Multilingual Matters.

Kayambazinthu, E. (1998) The language planning situation in Malawi. In R. B. Kaplan and R. B. Baldauf, Jr (eds) *Language Planning in Malawi, Mozambique and the Philippines* (pp. 15 – 85) (*Journal of Multilingual and Multicultural Development* 19, 369 – 439.) Clevedon: Multilingual Matters.

Khumalo, J. (1984) A new term for 'Bantu' in linguistic studies. *South African Journal of African Languages*, Supplement 1, 111 – 20.

Kritzinger, D. (1995) The religious field. In V. N. Webb (ed.) Language in South Africa: An input to language planning for a post-apartheid South Africa (pp. 265 – 71). The (provisional) LICCA (SA) Research Report (unpublished), University of Pretoria.

Kritzinger, J. J. (1993) The religious scene in present-day South Africa. In J. Killian (ed.) *Religious Freedom in South Africa* (pp. 2 – 4). Pretoria: UNISA.

Laitin, D. (1992) *Language Repertoire and State Construction in Africa.* Cambridge: Cambridge University Press.

Laitin, D. and Mensah, E. (1991) Language choice among Ghanaians. *Language Problems and Language Planning* 15, 1399 – 61.

Landau, S. P. (1995) *The Realm of the Word: Language, Gender, and Christianity in a Southern African Kingdom.* Portsmouth, NH, Cape Town and London: Heinemann, David Philip & James Curry.

Landon, J. (2000) Language policy development in primary education in Scotland. Paper presented at the ELET conference, Durban, 27 – 28September.

Language Plan Task Group（LANGTAG）（1996）*Toward a National Language Plan for South Africa*：*Final Report of the Language Plan Task Group*. Pretoria：DACST.

Lanham, L. W.（1978）An outline history of the languages of Southern Africa. In LW. Lanham and K. P. Prinsloo（eds）*Language and Communication Studies in South Africa*：*Current Issues and Directions in Research and Inquiry*（pp. 13 – 28）. Cape Town：Oxford University Press.

Lanham, L. W.（1996）A history of English in South Africa. In V. de Klerk（ed. ）*English Around the World*：*Focus on South Africa*（pp. 19 – 34. ）Amsterdam / Philadelphia：Benjamins.

Lass, R.（1995）South African English. In R. Mesthrie（ed. ）*Language and Social History*：*Studies in South African Sociolinguistics*（pp. 68 – 88）. Cape Town：David Philip.

Lee, W. L.（1982）The language shift of Chinese-Americans. *International Journal of the Sociology of Language 38*, 109 – 24.

Lopes, A. J.（1997）*Language Policy*：*Principles and Problems*. Maputo：Livraria Universitaria, Universidade Eduardo Mondlane.

Lopes, A. J.（1998）The language situation in Mozambique. In R. B. Kaplan and R. B. Baldauf, Jr（eds）*Language Planning in Malawi, Mozambique and the Philippines*（pp. 86 – 132）（*Journal of Multilingual and Multicultural Development 19*, 440 – 86. ）Clevedon：Multilingual Matters.

Luckett, K.（1992）*National Additive Bilingualism*（Report from the Medium of Instruction sub-group to the Language Policy Research Group）. Pretoria：National Education Policy Investigation（NEPI）.

Lye, W. F. and Murray, C.（1980）*Transformations on the Highveld*：*The Tswana and Southern Sotho*. Cape Town and London：David Philip.

Lynn, T.（1995）The language situation in Lesotho today. In V. Webb（ed. ）*Language in South Africa*：*An Input into Language Planning for a Post-apartheid South Africa*（pp. 43 – 60）. Pretoria：LiCCA Research and Development Program.

Maartens, J.（1998）*Multilingualism and language policy in South Africa*. In G. Extra and J. Maartens（eds）*Multilingualism in a Multicultural Context*：*Case Studies on South Africa and Western Europe*（pp. 15 – 36）Tilburg：Tilburg University Press.

Macdonald, C. A.（［1987］1990）*Crossing the Threshold into Standard Three*：*Main Report of the Threshold Project*. Pretoria：Human Science Research Council（HSRC）.

Macdonald, C. A. and Burroughs, E.（1991）*Eager to Talk and Learn and Think*：*Bilingual Primary Education in South Africa*. Cape Town：Maskew Miller Longman.

Mafu, S. T. A.（1999）The myth of English language vs. knowledge in some former British colonies：The case of Tanzania. *The 2nd International Conference on Major Varieties of English*. Lincoln, United Kingdom, 9 – 11 September.

Maharaj, S. R. (1974) *An Investigation into the Status of the Vernacular Languages among Indians in Natal*. Durban: University of Durban-Westville.

Majeke, N. (1952) *The Role of the Missionaries in Conquest*. Johannesburg: Society of Young Africa.

Makhudu, K. D. P. (1995) An introduction to *Flaaitaal*. In R. Mesthrie (ed.) *Language and Social History: Studies in South African Sociolinguistics* (pp. 298 – 305). Cape Town: David Phillip.

Makoni, S. (1997) Linguistic imperialism: Old wine in new bottles. *SAALA Newsletter* (June), 13 – 15.

Malherbe, E. G. (1925) *Education in South Africa (1652 – 1922)*. Cape Town: Juta.

Malherbe, E. G. (1977) *Education in South Africa II: 1923 – 275*. Cape Town: Juta.

Masemola, T. and Khan, F. (2000) English onslaught: Indigenous languages under threat. *Daily News*, 6 December.

Master, P. (1998) Positive and negative aspects of the dominance of English. *TESOL Quarterly* 32, 716 – 27.

McCormick, K. (1989) English and Afrikaans in District Six: A sociolinguistic study. Unpublished doctoral dissertation, University of Cape Town.

McLean, D. (1999) Neocolonizing the mind? Emergent trends in language policy for South African education. *International Journal of the Sociology of Language* 136, 7 – 26.

Mesthrie, R. (1992) *Fanagalo* in colonial Natal. In R. K. Herbert (ed.) *Language and Society: The Theory and Practice of Sociolinguistics* (pp. 305 – 24). Johannesburg: Witwatersrand.

Mesthrie, R. (1995a) Historical sketch: Indian languages in South Africa. In V. Webb (ed.) *Language in South Africa: An Input into Language Planning for a Post-apartheid South Africa* (pp. 141 – 2) Pretoria: LiCCA Research and Development Program.

Mesthrie, R. (ed.) (1995b) *Language and Social History: Studies in South African Sociolinguistics*. Cape Town: David Philip.

Mesthrie, R. (1996) Language contact, transmission, shift: South African Indian English. In V. de Klerk (ed.) *English Around the World: Focus on South Africa* (pp. 79 – 98) msterdam / Philadelphia: Benjamins.

Mfenyana, B. (1977) *Isi-khunshanesitsotsi*: The sociolinguistics of school and town *sintu* in South Africa (1945 – 1975). Unpublished MA thesis, Boston University, USA.

Moodie, D. T. (1975) *The Rise of Afrikanerdom: Power, Apartheid, and the Africaner Civil Religion*. Berkeley: University of California Press.

Msimang, C. T. (1993) The future status and functions of Zulu in the new South Africa. In P. H. Swanepoel and H. J. Pieterse (eds) *Perspectives on Language Planning for South Africa* (pp. 29 – 41). Pretoria: Unisa.

Murray, S. and van der Mescht, H. (1996) Preparing student teachers to teach English first and second language-problems and challenges. In V. de Klerk (ed.) *English Around the World: Focus on South Africa* (pp. 251 – 67). Amsterdam/Philadelphia: Benjamins.

Musker, P. (1993) Child illiteracy in farm schools. In P. H. Swanepoel and H. J. Pieterse (eds) *Perspectives on Language Planning for South Africa* (pp. 18 – 25). Pretoria: Unisa.

National Education Policy Investigation (NEPI) (1992) Language policies for medium of instruction: An informal document for discussion by parents, teachers and principals. *English Language Teaching Information Center (ELTIC) Reporter* 16 (2&3), 4 – 16.

Nomvete, S. (1994) From oppression to opportunity: Multilingual policies for schools. *ELTIC Reporter* 18 (1 – 2), 11 – 17.

Ntshangase, D. (1993) The social history of Iscamtho. MA thesis, University of the Witwatersrand.

Ntshangase, D. (1995) *Indaba yami i*-straight: Language and language practices in Soweto. In R. Mesthrie (ed.) *Language and Social History: Studies in South African Sociolinguistics* (pp. 291 – 7). Cape Town: David Philip.

Nyamende, A. (1994) Regional variation in Xhosa. In R. P. Botha, M. A. Kemp, C. le Roux and W. Winckler (eds) *Linguistics for the Language Professions* 2, (SPIL PLUS 26) (pp. 202 – 17). Stellenbosch: Department of General Linguistics, University of Stellenbosch.

Nyati-Ramahobo, L. (2000) The language situation in Botswana. *Current Issues in Language Planning* 1 (2), 243 – 300.

Omer-Cooper, J. D. (1999) South Africa: Recent history. In Africa South of the Sahara (28thedn) (pp. 974 – 84). Europa Publications.

Oosthuizen, G. C. (1987) *The Birth of Christian Zionism in South Africa*. KwaDlangezwa: University of Zululand.

Oosthuizen, G. C. (1989) *Black Zionism. The Condenser.* Tongaat, Natal: Tongaat-Hulett.

Oosthuizen, G. C., Edwards, S. D., Wessels, W. H. and Hexham, I. (eds) (1989) *Afro-Christian Religion and Healing in Southern Africa* (pp. 5 – 8). Lewiston, NY: Edwin Mellen Press.

Ownby, C. P. (1981) Early Nguni history: Linguistic suggestions. *South African Journal of African Languages*, Supplement, 60 – 81.

Pakir, A. (1998) Connecting with English in the context of internationalization. *TESOL Quarterly* 33 (1), 103 – 14.

Pandor, N. (1995) Constitutional multilingualism: Problems, possibilities, practicalities. *Proceedings of the 15th Annual Conference of the Southern African Applied Linguis-*

tics Association (*SAALA*) (pp. 57 – 74): University of Stellenbosch.

Paulston, C. B. (1987) Catalan and Occitan: Comparative test cases for a theory of language maintenance and shift. *International Journal of the Sociology of Language* 63, 31 – 62.

Pauwels, A. (1988) Introduction: The future of ethnic languages in Australia. *International Journal of the Sociology of Language* 72, 5 – 14.

Peirce, B. N. (1992) English, difference and democracy in South Africa. Extracted from *TESOL Matters* June/July 1992 and reprinted in *SAALA Communique* 4 (2), 6.

Petersen, K. H. (ed.) (1987) *Religion, Development and African Identity*. Uppsala: Scandinavian Institute of African Studies.

Phillipson, R. (1988) Linguicism: Structures andideologies in linguistic imperialism. In T. Skutnabb-Kangas and J. Cummins (eds) *Minority Education: From Shame to Struggle*. Clevedon: Multilingual Matters.

Phillipson, R. (1992) *Linguistic Imperialism*. Oxford: Oxford University Press.

Phillipson, R. and Skutnabb-Kangas, T. (1996) English only worldwide or language ecology? *TESOL Quarterly* 30, 429 – 54.

Pienaar, S. W. (ed.) (1964) *Glo in U Volk: D. F. Malan as Redenaar*, 1908 – 1954. Cape Town: Tafelberg.

Ponelis, F. (1993) *The Development of Afrikaans*. (Duisberger Arbeiten zur Sprach-und Kulturwissenschaft.) Frankfurt am Main: Peter Lang.

Potenza, E. (2001) Looking forward to curriculum reform. *Read Right*, a supplement to *Sunday Times* (5 August), 4.

Poulos, G. (1990) *A Linguistic Analysis of Venda*. Pretoria: Via Afrika.

Prabhakaran, V. (1998) Multilingualism and language shift in South Africa: The case of elugu, anIndian language. In N. M. Kamwangamalu (ed.) *Aspects of Multilingualism in Post-apartheid South Africa: A Special Issue of Multilingua* 17 (2 – 3), 297 – 319.

Prah, K. (1995) *African Languages for the Mass Education of Africans*. Bonn: Education, Science and Documentation Center.

Project for the Study of Alternative Education in South Africa (PRAESA) (1999a) *Summative Report* (1996 – 1998) Cape Town: University of Cape Town.

Project for the Study of Alternative Education in South Africa (PRAESA) (1999b) Information brochure. Cape Town: University of Cape Town.

Prozesky, M. (1995a) Introduction. In M. Prozesky and J. de Gruchy (eds) *Living Faiths in South Africa* (pp. 1. – 14) New York and London: St Martin's Press and Hurst and Company.

Prozesky, M. (1995b) Important events in the history of South Africa's religions. In M. Prozesky and J. de Gruchy (eds) *Living Faiths in South Africa* (pp. 229 – 36). New York and London: St Matin's Press and Hurst and Company.

Prozesky, M. and de Gruchy, J. (eds) (1995) *Living Faiths in South Africa*. New York and London: St Martin's Press and Hurst and Company.

Rautenbach, W. (1992) The crucial role of technical and vocational education in the restructuring of education in South Africa. In R. McGregor and A. McGregor (eds) *McGregor's Education Alternatives* (pp. 357 – 75). Cape Town: Juta.

Reagan, T. G. (1995) Language planning and language policy in South Africa: A perspective on the future. In R. Mesthrie (ed.) *Language and Social History: Studies inSouth African Sociolinguistics* (pp. 319 – 28). Cape Town: David Philip.

Reitz, F. W. (1900) *A Century of Wrong*. London: Review of Reviews.

Republic of South Africa (1985) *Population Census 1980. Social Characteristics.* Report no. 02 – 80 – 12. Pretoria: Government Printer.

Research and Education in South Africa (RESA) (1988) *The Struggle Against Apartheid Education: Towards People's Education in South Africa*. RESA paper no. 3. Colchester: University of Essex.

Roberge, P. T. (1995) The formation of Afrikaans. In R. Mesthrie (ed.) *Language and Social History: Studies in South African Sociolinguistics* (pp. 51 – 67). Cape Town: David Philip.

Romaine, S. (1994) *Language in Society: An Introduction to Sociolinguistics*. New York: Oxford University Press.

Romaine, S. (1995) *Bilingualism*. Oxford: Basil Blackwell.

Roodt, D. (2000) The information age is leading to cultural and linguistic apartheid. *Star* (23 September), 3.

Rose, B. and Turner, R. (1975) *Documents in South African Education*. Johannesburg: A. D. Donker.

Sadie, J. L. (1993) *A Projection of the South African Population* 1991 – 2011. Pretoria: Unisa.

Samuels, J. (1995) Multilingualism in the emerging educational dispensation. *Proceedings of the Southern Africa Applied Linguistics Association* 15, 75 – 84. University of Stellenbosch.

Schapera, J. (1937) *The Bantu-speaking Tribes of South Africa*. London: Routledge.

Schapera, I. and Comaroff, J. L. [1953] (1991) *The Tswana* (revised edn). London: Keagan Paul International in association with the International African Institute.

Schiffman, H. (1992) 'Resisting arrest' in status planning: Structural and covert impediments to status change. *Language and Communication* 12 (1), 1 – 15.

Schmied, J. (1991) *English in Africa*. London: Longman.

Schuring, G. K. (1990) Home language: African languages. In E. Grobler, K. P. Prinsloo andI. J. van der Merwe (eds) *Language Atlas of South Africa: Language and Literacy*

Patterns (pp. 25 – 32). Pretoria: Human Sciences Research Council.

Schuring, G. K. and van derMerwe, I. J. (1990). Conclusion. In E. Grobler, K. P. Prinsloo andI. J. van der Merwe (eds) *Language Atlas of South Africa: Language and Literacy Patterns* (pp. 73 – 74). Pretoria: Human Sciences Research Council.

Scotton, C. M. (1990) Elite closure as boundary maintenance. In B. Weinstein (ed.) *Language Policy and Political Development* (pp. 25 – 52) Norwood, NJ: Ablex.

Shingler, J. (1973) Education and political order in South Africa, 1902 – 1961. Unpublished doctoral dissertation, Yale University, New Haven, CT.

Silverstein, R. O. (1968) A note on the term 'Bantu' as first used by W. H. I. Bleek. *African Studies* 2, 211 – 12.

Skinner, J. (1998) *The Stepmother Tongue: An Introduction to New Anglophone Fiction.* Londonand New York: Macmillan and St. Martin's Press.

Skutnabb-Kangas, T. (1988) Multilingualism and education of minority children. In T. Skutnabb-Kangas and J. Cummins (eds) *Minority Education: From Shame to Struggle.* Clevedon: Multilingual Matters.

Skutnabb-Kangas, T. (2000) *Linguistic Genocide in Education or Worldwide Diversity and Human Rights?* Mahwah, NJ: Lawrence Erlbaum.

Slabbert, S. (1994) What is the mother tongue of the Sowetan teenager? And is this the same as home language (s)? BUA (formerly *Language Projects Review*) 9 (1), 4 – 7.

South Africa Year Book (1998) Pretoria: Bureau for Information, Department of Foreign Affairs.

South Africa Year Book (1999) Pretoria: Bureau for Information, Department of Foreign Affairs.

Spady, W. (1995) *Outcomes-based Education: Critical Issues.* American Association of School Administration. USA: Breakthrough Systems.

Sridhar, K. K. (1988) Language maintenance and language shift among Asian-Indians: Kannadigas in the New York area. *International Journal of the Sociology of Language* 69, 73 – 87.

Strassburger, E. (1974) *Ecumenism in South Africa*, 1936 – 1960. Johannesburg: South African Council of Churches.

Street, B. V. (1984) *Literacy in Theory and Practice.* Cambridge: University Press.

Street, B. V. (1995) *Social Literacies: Critical Approaches to Literacy in Development, Ethnography and Education.* London: Longman.

Sundermeier, T. (ed.) (1975) *Church and Nationalism in South Africa.* Johannesburg: Ravan Press.

Sundkler, B. G. (1961) *Bantu Prophets in South Africa* (2nd edn). Oxford: Oxford University Press.

Sylva, Penny *et al.* (eds.) (1996) *A Dictionary of South African English on Historical Principles.* Oxford: Oxford University Press.

The People of South Africa Population Census 1996 (1998) Pretoria: Statistics South Africa.

Thompson, L. (1985) *The Political Mythology of Apartheid.* New Haven: Yale University Press.

Tollefson, J. W. (1991) *Planning Language, Planning Inequality.* New York: Longman.

UNESCO ([1953] 1995) *The Use of Vernacular Languages in Education.* Paris: UNESCO.

van den Berghe, P. (1990) Review essay: Language and politics in South Africa. *South Africa Sociological Review* 3, 1.

van der Horst, C. and Macdonald, R. (1997) Outcomes-based education. *Sunday Times* (22June).

van der Kemp, J. T. (1804) An account of the religion, customs, population, government, language, history, and natural productions of Caffraria. *Transactions of the* [*London*] *Missionary Society* 1, 432 – 41. London: Bye and Law.

van der Merwe, I. J. and van Niekerk, L. O. (1994) *Language in South Africa: Distribution and Change.* Stellenbosch: University of Stellenbosch Press.

van Rensburg, C. (1999) Afrikaans and apartheid (translated from the Afrikaans by K. McCormick). *International Journal of the Sociology of Language* 136, 77 – 96.

van Rensburg, C. and Jordaan, A. (1995) The growth of Afrikaans in South Africa. In V. Webb (ed.) *Language in South Africa, An Input into Language Planning for a Post-apartheid South Africa. The LICCA (SA) Report.* (pp. 107 – 32). Pretoria: University of Pretoria.

van Zyl Slabbert, F., Malan, C., Marais, H., Oliver, K. and Riordan, R. (1994) *Youth in the New South Africa: Towards Policy Formation.* Pretoria: HSRC Publishers.

Verhoef, M. (1998) In pursuit of multilingualism in South Africa. In N. M. Kamwangamalu (ed.) *Aspects of Multilingualism in Post-apartheid South Africa: A Special Issue of Multilingua* 17 (2 – 3), 181 – 96.

Villa-Vicencio, C. (1988) *Trapped in Apartheid.* Maryknoll, NY: Orbis.

Virasamy, C. (1997) An investigation into teacher-elicited Zulu-mother tongue use by Zulu-speaking pupils in an English-only classroom. MA thesis, Department of Linguistics, University of Natal, Durban, South Africa.

Wald, B. (1987) Swahili and the Bantu languages. In B. Comrie (ed.) *The Major Languages of South Asia, the Middle East and Africa* (pp. 285 – 308). London: Routledge.

Walker, A. G. H. (1984) Applied sociology of language: Vernacular languages and education. In P. Trudgill (ed.) *Applied Sociolinguistics* (pp. 159 – 202). London: Academic Press.

Walters, P. (1996) Issues in English teaching in black primary schools. In V. de Klerk (ed.) *English Around the World: Focus on South Africa* (pp. 211 – 30). Amsterdam/Philadelphia: Benjamins.

Warwick, P. (ed.) (1980) *The South African War: The Anglo-Boer War*, 1899 – 1902. London: Longman.

Watermeyer, S. (1996) Afrikaans English. In V. de Klerk (ed.) *English Around the World: Focus on South Africa* (pp. 99 – 124). Amsterdam/Philadelphia: Benjamins.

Webb, V. (1993/1994) Language policy and planning in South Africa. In W. Grabe *et al.* (eds) *Annual Review of Applied Linguistics* 14: *Language Policy and Planning* (pp. 254 – 73) New York: Cambridge University Press.

Webb, V. , Dirven, R. and Kock, E. (1992) Afrikaans: Feite en interpretasies [Afrikaans: Facts and interpretations] . In V. Webb (ed.) *Afrikaans na Apartheid* [*Afrikaans after Apartheid*] (pp. 25 – 68). Pretoria: J. L. van Schaik.

Webb, V. and Kriel, M. (2000) Afrikaans and Afrikaner nationalism. In N. M. Kamwangamalu (ed.) *Language and Ethnicity in the New South Africa. A Special Issue of the International Journal of the Sociology of Language 144* (pp. 19 – 51). Berlin: Mouton.

Webb, V. and Sure, K. (eds) (2000) *African Voices: An Introduction to the Languages and Linguistics of Africa.* Cape Town: Oxford University Press.

Wiley, T. (1996) Language planning and policy. In S. L. McKay and N. H. Hornberger (eds) *Sociolinguistics and Language Teaching* (pp. 103 – 47). Cambridge: Cambridge University Press.

Williams, C. H. (1994) *Called Unto Liberty! On Language and Nationalism.* Clevedon: Multilingual Matters.

Woolard, K. A. (1988) Code switching and comedy in Catalonia. In M. Heller (ed.) *Code Switching: Anthropological and Sociolinguistic Perspectives* (pp. 53 – 76). The Hague: Mouton. (Also in *International Pragmatic Association Papers on Pragmatics* 1, 106 – 22 (1987)).

Young, D. (1988) English for what for whom and when. *Language Projects Review* 3 (2), 8.

Zulu, A. (1972) *The Dilemma of the Black South Africa.* Cape Town: University of Cape Town.

作者简介

阿曼多·豪尔赫·洛佩斯（Armando Jorge Lopes）在威尔士大学获得博士学位，是莫桑比克蒙德拉内大学应用语言学教授，曾担任该校教学事务副校长。他还曾担任（1990—1995 年）SADC 大学语言学协会的主编。他在亚的斯亚贝巴为英联邦和非洲统一组织承担了多项顾问任务。他出版了两本专著，并在专家审稿期刊和书籍章节中发表了大约二十多篇文章。他的研究兴趣包括话语分析、对比修辞、语言规划与语言政策。

恩康科·M. 卡姆旺加马鲁（Nkonko M. Kamwangamalu）是华盛顿特区霍华德大学英语和语言学副教授。他曾在新加坡国立大学、斯威士兰大学和南非德班的纳塔尔大学教授语言学，并担任纳塔尔大学语言学项目的教授和主任。他拥有伊利诺伊大学厄巴纳－香槟分校的语言学博士学位，还获得了富布赖特奖。他的研究兴趣包括多语制、代码转用、语言政策与规划、语言和身份、新英语和非洲语言学。他在这些领域发表了大量文章。他是近期专著《南非的语言规划情况》的作者（Multilingual Matters，2001），并在《国际语言社会学杂志》[The International Journal of the Sociology of Language (Vol. 144，2000)]，《多语言》[Multilingua (Vol. 17，2－3，1998)] 和《世界英语》[World Englishes (Vol. 21，1，2002)] 和筹备中的《语言问题和语言规划》（Language Problems and Language Planning）等刊物担任客座编辑。

埃德林尼·卡扬巴津胡（Edrinnie Kayambazinthu）博士拥有澳大利亚拉筹伯大学的博士学位，是马拉维大学校长学院英语系的高级讲师。她在马拉维的社会语言学和语言规划领域发表了多篇文章。她有关马拉维语言背景形势的主要作品首先是 1998 年在《语言及其多文化的发展》（Journal of Multilingual and Multicultural Development）上发表。她的其他出版物，如在《人文杂志》上发表的"社会语言学理论：马拉维数据的一些结论，语码转用和代码结合"和在《当代非洲研究》杂志上发表的"马拉维语言使用形式"。

莉迪亚·尼亚蒂·拉马霍博（Lydia Nyati Ramahobo）教授于 1991 年获得宾夕法尼亚大学应用语言学博士学位。1996 年至 1999 年担任博茨瓦纳大学基础教育系主任，2000 年以来任教育学院院长。拉马霍博教授在 1992 年到 1995 年间担任东部和南部非洲教育研究网络的协调员。她的主要著作包括专著《民族语言：问题还是资源》（Pula Press），《博茨瓦纳的女童》（联合国儿童基金会）和一篇在《南部非洲研究》杂志第 28 期第 4 卷上发表的题为《从打给高等法院的电话说起：瓦耶伊语（Wayeyi）的可见性和少数族裔权利以及卡马纳考协会在博茨瓦纳的语言和文化权利运动》的长文。她感兴趣的研究领域是教育语言、语言和种族、教育研究和女性教育。

图书在版编目（CIP）数据

非洲语言规划与政策. 第一卷，博茨瓦纳、马拉维、
莫桑比克、南非／（澳）小理查德·B.巴尔道夫
（Richard B. Baldauf, Jr.），（美）罗伯特·B.卡普兰
（Robert B. Kaplan）主编；徐丽华，徐雷方，罗丽译
. -- 北京：社会科学文献出版社，2023.6
（"一带一路"国家语言政策与语言教育译丛）
书名原文：Language Planning and Policy in
Africa, Vol. 1 Botswana, Malawi, Mozambique and
South Africa
ISBN 978 - 7 - 5228 - 2256 - 3

Ⅰ.①非… Ⅱ.①小… ②罗… ③徐… ④徐… ⑤罗
… Ⅲ.①语言规划 - 研究 - 非洲②语言政策 - 研究 - 非洲
Ⅳ.①H002

中国国家版本馆 CIP 数据核字（2023）第 144722 号

"一带一路"国家语言政策与语言教育译丛

非洲语言规划与政策(第一卷)：博茨瓦纳、马拉维、莫桑比克、南非

主　　编／〔澳〕小理查德·B.巴尔道夫（Richard B. Baldauf, Jr.）
　　　　　〔美〕罗伯特·B.卡普兰（Robert B. Kaplan）
译　　者／徐丽华　徐雷方　罗　丽

出 版 人／冀祥德
责任编辑／李建廷　王霄蛟
责任印制／王京美

出　　版／社会科学文献出版社（010）59367215
　　　　　地址：北京市北三环中路甲 29 号院华龙大厦　邮编：100029
　　　　　网址：www. ssap. com. cn
发　　行／社会科学文献出版社（010）59367028
印　　装／三河市龙林印务有限公司

规　　格／开　本：787mm×1092mm　1/16
　　　　　印　张：20.5　字　数：377 千字
版　　次／2023 年 6 月第 1 版　2023 年 6 月第 1 次印刷
书　　号／ISBN 978 - 7 - 5228 - 2256 - 3
著作权合同
登 记 号　／图字 01 - 2023 - 4108 号
定　　价／128.00 元

读者服务电话：4008918866